Peter Kline & Bernard Saunders
Zehn Schritte zur Lernenden Organisation
Das Praxisbuch

Reihe

Die Lernende Organisation in der Praxis

Band 1

Herausgegeben von Klaus Marwitz

Peter Kline
& Bernard Saunders

Zehn Schritte zur Lernenden Organisation

Das Praxisbuch

Aus dem Amerikanischen von
Michael Schmidt-Brodersen

Junfermann Verlag • Paderborn

© der deutsche Ausgabe: Junfermannsche Verlagsbuchhandlung, Paderborn 1996

2. Auflage 1997

Copyright © 1993 by Peter Kline and Bernard Saunders

Published by Great Ocean Publishers, Arlington, West Virginia

Titel der amerikanische Originalausgabe: Ten Steps to a Learning Organization.

Übersetzung: Michael Schmidt-Brodersen

Covergestaltung: Petra Friedrich

Für Syril und Connie,
unsere Ehefrauen und Mentorinnen

Satz: La corde noir – Peter Marwitz, Kiel

Die Deutsche Bibliothek – CIP-Einheitsaufnahme

Kline Peter:

Zehn Schritte zur Lernenden Organisation: Das Praxisbuch / Peter Kline; Bernard Saunders. Aus d. Amerikan. von Michael Schmidt-Brodersen. – Paderborn: Junfermann, 1996.

    Einheitssacht.: Ten Steps to a Learning Organization <dt.>

    ISBN 3-87387-164-5

NE: Saunders, Bernard

ISBN 3-87387-164-5

Inhalt

Danksagungen 7

Einführung 9

Schritt 1 – Beurteilen Sie Ihre Lernkultur 27

Schritt 2 – Fördern Sie das Positive 59

Schritt 3 – Ermöglichen Sie sicheres Denken am Arbeitsplatz 89

Schritt 4 – Belohnen Sie das Eingehen von Risiken 117

Schritt 5 – Helfen Sie den Menschen,

Ressourcen füreinander zu werden 143

Schritt 6 – Machen Sie sich mit Lernpower an die Arbeit 173

Schritt 7 – Geben Sie Ihrer Vision gute Karten 211

Schritt 8 – Erwecken Sie Ihre Vision zum Leben 241

Schritt 9 – Verbinden Sie die Systeme 271

Schritt 10 – "Get the Show on the Road" 289

Anmerkungen 314

Danksagungen

Diese gemeinschaftliche Exkursion hätte nie so bereichernd sein können, ja, sie wäre überhaupt nicht möglich gewesen ohne das hingebungsvolle Engagement zahlreicher Freunde und Kollegen, von denen allerdings keiner für die endgültige Form verantwortlich gemacht werden sollte. Fast zwei Jahre lang haben wir immer wieder Freunde eingeladen, sich ein Bild von den Früchten unseres Denkens und unserer Leidenschaften zu machen, Anregungen zu geben und zu diskutieren. Keiner hat jemals nein gesagt. Obwohl wir nicht alle Anregungen aufgegriffen haben, haben wir alle sehr zu schätzen gewußt. Andere Anregungen haben uns im Laufe der Jahre auf eine Weise beeinflußt, die einen dauerhaften Abdruck auf diesen Seiten hinterließ. Für dieses Engagement sind wir wirklich dankbar.

Unser Dank geht an: Rosie Barry, Shona Bellew, Bob Blake, Robert Cournoyer, Mary Ann Donahue, Hope Esparolini, Dot Feldman, Bill Gjetson, Charles B. Gompertz, Deane Gradous, Bob Heberger, Ron Heidke, Tom Huberty, Harvey Jackins, Mark Kinnich, Peter Koestenbaum, Nancy Kline, Thomas Jefferson Kline, Myron Lowe, Carol Lucas, David Meier, Paul R. Messier, Lewis R. Mobley, Thomas A. Norfleet, Jerri Olsen, Karen Osterling, Becky Reid, A. B. Reynolds, Graham Richard, Bruce Richardson, Chuck Roe, Paul Scheele, Barry Sheehy, Audrey Siemens, Robin Smith, John Solberg, Tony Stockwell, Larry Van Etten, Keith Von Seggren, Frank Vullo, Robert Ward, Ed White, Doug Whitfield und Barbara Whitmore.

Obwohl wir es selbst nicht fair finden, daß einige Beitragende, die Dank verdient haben, ausgelassen werden, vertrauen wir darauf, daß sie verstehen und vergeben werden.

Wir danken den folgenden Gruppen und Organisationen für Gelegenheiten zum Lernen; sie erlaubten uns, einige der Schlüsselkonzepte in diesem Buch zu testen: den Teilnehmern am Masterkurs im Learning Technologies Program, St. Thomas University, St. Paul, MN; dem Kurs von Dr. Charles Warfield an der Western Michigan University, Kalamazoo, MI; der Minnesota-Sektion der National Society for Performance and Instruction; der Minnesota-Sektion der American Society for Training and Development.

James Perron, Bürgermeister von Elkhart, Indiana, und Celia Leaird, Elkhart County Director, Division of Family and Children, hatten die Vision, diese Konzepte unter dem Namen Aurora Project auf ein Stadtparlament anzuwenden.

Merrill Leffler verwandte große Sorgfalt und Geschicklichkeit auf das Manuskript in seinen späteren Entwürfen. Emily Taylor leistete ähnliche Dienste bei den Druckvorbereitungen. Bruce Whitehead half, die Assessment-Matrix der Lernenden Organisation in ihre endgültige Form zu bringen.

Unsere Lektoren, Mark und Margaret Esterman, hätten es wirklich verdient, als Co-Autoren aufgeführt zu werden. Ihre unermüdliche Suche nach besseren Möglichkeiten, eine Idee auszudrücken, ihre Bereitschaft, das gleiche Kapitel ein dutzendmal umzustellen, ihre Beharrlichkeit dabei, genau das richtige Wort oder die richtige Formulierung zu finden, wo ein Dutzend anderer Formulierungen weniger gut abgeschnitten hätten, haben in diesem Buch einen bleibenden Eindruck und Glanz hinterlassen.

Einführung

Im Oktober 1985 luden zwei Manager eines großen amerikanischen Unternehmens die Autoren ein, ein Trainigsprogramm zum Thema Quality Management zu entwerfen und durchzuführen. Unsere Erfahrung mit der Anwendung innovativer Lern- und Unterrichtsansätze in einer Vielzahl von Umgebungen brachten sie dazu, sich an uns zu wenden. Sie baten uns, bei der Schulung Integratives Lernen einzusetzen.

Das Integrative Lernen schien für diesen Zweck besonders geeignet, weil es darauf abzielt, das in jedem Menschen jeden Lebensalters angelegte enorme Lernpotential zu realisieren und die Umgebung, in der es eingesetzt wird, so zu verändern, daß sie erfolgreiches Lernen auf bestmögliche Weise unterstützt. Das Integrative Lernen beruht auf Lehrmethodiken wie *Accelerated Learning*, *Neurolinguistisches Programmieren (NLP)* und *Cooperative Learning* und wird seit 1982 in öffentlichen Schulen mit wachsendem Erfolg eingesetzt. Es erwies sich sowohl für „Problemschüler" in Innenstadtschulen als auch für akademisch begabte Schüler in Vorstadtschulen als äußerst effektiv. Bereits 1985 war das Integrative Lernen in jeder Jahrgangsstufe und in jedem Fach einmal implementiert worden.

So profitabel ist es, anders zu lernen

Mittlerweile hatten auch Unternehmen begonnen, eine ähnliche Technologie einzusetzen — ebenfalls mit hervorragenden Resultaten. Der Unternehmensberater David Meier nutzte Techniken des Accelerated Learning für die Kundendienstvertreter-Grundschulung der Angestellten der Bell Atlantic Company und sparte dadurch viel Zeit und Geld. Die Einsparungen waren beeindruckend. Ebenso beeindruckend war die phänomenale, von Meier und der Trainerin Mary Jane Gill dokumentierte Leistungssteigerung der Angestellten. Frischgeschulten Angestellten wurden von ihren Vorgesetzen bessere Leistungen auf folgenden Gebieten bescheinigt: berufliches Selbstbewußtsein, Problemlösefähigkeit, Fähigkeit, selbständig ohne ständige Kontrolle zu arbeiten, Präzision, Tempo, Fähigkeit, komplette Informationen zu geben, persönliche Zuverlässigkeit und soziale Fähigkeiten.

Wir glaubten, daß sich ebenso gute Ergebnisse auch in Quality-Programmen für Unternehmen erzielen ließen. Im Verlauf unseres Trainingsprogrammes wurde deutlich, daß wir recht hatten. Alle Teilnehmer waren der Meinung, daß ihnen das Format des Integrativen Lernens weit mehr gab, als sie von einem Quality-Kurs erwartet hatten. Sie waren begeistert, wie vollständig die im Kurs vermittelten Konzepte verinnerlicht, wie natürlich und mühelos sie in den Situationen angewandt werden konnten, in denen sie benötigt wurden, und wie dauerhaft das Gelernte saß. Zahlreiche Teilnehmer gingen noch weiter und meinten, das Integrative Lernen würde schon bald allerorten den Bereich der Unternehmensschulung auf der ganzen Linie für sich gewinnen.

Leider hatten wir jedoch den Fehler begangen, auf einer zu niedrigen Stufe der Machtpyramide in ein großes Unternehmen einzusteigen. Was erreicht worden war – und was hätte erreicht werden können –, wurde nur in einem relativ kleinen Teil des Unternehmens wahrgenommen. Acht Monate, nachdem wir das Programm begonnen hatten, ging es im Kreuzfeuer interner bürokratischer Streitigkeiten unter und wurde schließlich ganz fallengelassen.

Drei Jahre sollten vergehen, bevor einer von uns eine weitere Chance bekam, zu zeigen, was das Integrative Lernen für die Steigerung der Effizienz am Arbeitsplatz leisten konnte.

Schulung der Learning Leaders bei Kodak

1989 wurde Peter Kline dann zusammen mit einigen seiner Partner — einschließlich Laurence Martel, Larry Van Etten und Syril Kline von der National Academy of Integrative Learning — von Ron Heidke, Fertigungsleiter bei Kodak Park in Rochester, New York, unter Vertrag genommen. Ihre Mission bestand darin, eine

Gruppe von knapp fünfundzwanzig Managern darin zu schulen, einen MRP-II-Kurs (*Manufacturing Resource Planning*) zu entwickeln und durchzuführen. Als primäre Unterrichtsmethode sollte dabei das Integrative Lernen dienen. Diese neue Gruppe wurde die *Learning Leaders* genannt.

Dieses Projekt, das wir ausführlich in diesem Buch beschreiben, war ein durchschlagender Erfolg. Dr. Heidke faßte den Prozeß zusammen:

> Als wir versuchten, unsere Wettbewerbsposition auf dem Weltmarkt zu verbessern, wurde mir klar, daß es für unsere zukünftige Position absolut nötig war, die Lernkultur und Leistungsfähigkeit unserer Arbeitskräfte zu verbessern. Als wir uns nach Möglichkeiten dazu umsahen, erkannten wir, daß die Bildung, das Ausbilden der Arbeitskräfte, eine der Haupthürden darstellte, die wir zu überwinden hatten ... Wir sahen uns einer massiven Herausforderung hinsichtlich der Ausbildung gegenüber, und das erschien uns als eine Gelegenheit, das Integrative Lernen auf die Probe zu stellen. Dazu stellten wir ein Team zusammen, das darin geschult wurde, diese Lernfähigkeiten zur Verbesserung des Lernprozesses zu nutzen. Dazu begannen wir, unseren Arbeitskräften zu vermitteln, worum es beim MRP II ging. Und wir hatten Erfolg.
>
> Jedes Werkzeug, jeder Prozeß, der die Lerngeschwindigkeit und das Tempo operationaler Verbesserungen erhöhen kann, wird entscheidend für den Erfolg. Deshalb ist das Integrative Lernen so signifikant – es bietet Managern in der ganzen Welt genau diese Gelegenheit. Damit sie seine Durchschlagskraft und sein Potential verstehen, müssen sie sich dem Integrativen Lernen vom Dreh- und Angelpunkt der Produktzyklus-Zeit, Kostensenkung und gesteigerter Leistungsfähigkeit der Arbeitskräfte nähern. Denn genau auf diesen Gebieten bewies das Integrative Lernen seinen Wert.

Doug Whitfield, Teamleiter des Programms, schätzte, daß das Kodak-Programm in den ersten eineinhalb Jahren seiner Laufzeit mindestens zehn Millionen Dollar, wahrscheinlich noch wesentlich mehr, eingespart hat. Auch verblüffte Heidke und andere Kodak-Manager die sichtbar veränderte Arbeitsatmosphäre und -moral unter den Arbeitskräften – die sie mit dem Gewinn und dem Erfolg des Unternehmens in der Zukunft in Beziehung setzen konnten.

> Es ist interessant [bemerkt Heidke], daß sich all die unterhaltsamen Dinge, die wir zu Hause mit unseren Familien unternehmen, nicht ohne weiteres auf den Arbeitsplatz übertragen lassen. Der Arbeitsplatz ist ein Ort, an dem jeder voll konzentriert zu sein hat, an dem es rigide zugeht. Da gibt es Disziplin, da hat man ein Prozedere einzuhalten, da wird einem nicht erlaubt, kreativ zu sein, da muß man die Regeln befolgen. Nur ist diese Art Arbeitsplatz gegenüber der Konkurrenz chancenlos. Der Arbeitsplatz der Zukunft ist ein Ort, an dem sich die Menschen wie zu Hause fühlen können, an dem sie genießen können, mit anderen Menschen zu arbeiten, an dem sie Dinge miteinander teilen, kreativ sein können. Dort können sie ein Gefühl für Teamwork und Leistung, für Offenheit haben. Das ist die Kombination, die das Rennen macht.

Mittlerweile wurde Berhard Saunders von einem großen Unternehmen beauftragt, ein unternehmensübergreifendes Kommunikationssystem zu entwerfen und zu installieren. Zusammen mit seinen Mitarbeitern, die er im Integrativen Lernen ausgebildet hatte, leitete Saunders dieses Seminar mit ungefähr 250 Angestellten des Unternehmens. Und wieder übertrafen die Resultate die Erwartungen.

Das Bedürfnis nach hierarchieübergreifender Veränderung

Diese Erfolge ließen sich zumindest teilweise der Tatsache zuschreiben, daß das Integrative Lernen nicht nur die Effizienz von Unternehmensschulungen und -entwicklungen steigert, sondern auch zu einem spontanen Kulturwandel in Unternehmen führt, die das Integrative Lernen als Schulungsprogramm einsetzen.

Nichtsdestotrotz stellten wir fest, daß es für den Kulturwandel Grenzen gab. Wir waren zwar in der Lage, in den Teilnehmern hohe Erwartungen auf einen weitaus freundlicheren, vergnüglicheren und produktiveren Arbeitsplatz zu wecken. In vielen Fällen verkümmerten diese Erwartungen jedoch langsam wieder, als alte Management- und Gruppenverhaltensmuster erneut einrasteten und das Vertrauen und die Hoffnungen, die viele unserer Teilnehmer aufgebaut hatten, der alten Routine zum Opfer fielen.

Der resultierende qualitative Leistungsabfall, obgleich minimal, machte uns zu schaffen. Wir erkannten, daß noch etwas Bestimmtes fehlte, um die Unternehmenskultur, die sich beim Einsatz des Integrativen Lernens in Schulungs- und Entwicklungsprogrammen anscheinend spontan einstellte, zu hegen und zu pflegen.

Ungefähr zur gleichen Zeit lasen wir beide Peter Senges einflußreiches und in weiten Kreisen bewundertes Buch *Die fünfte Disziplin*[1], das die Idee einer Lernenden Organisation entwickelte. Das war genau die Richtung, die das Integrative Lernen unserer Meinung nach einschlagen mußte, um seine Erfolge auf dem Gebiet der Unternehmensschulungen zu konsolidieren und auszubauen. Wir bemerkten auch, daß viele, die Peter Senges Buch gelesen hatten, spezifischere Informationen darüber wünschten, wie sich eine Lernende Organisation aufbauen läßt.

Was fehlte

Das Integrative Lernen, das wußten wir, stellte ein Grundwerkzeug für jede Organisation bereit. Aber wir waren zu der Überzeugung gekommen, daß noch etwas fehlte. Was fehlte, war ein klar beschriebener Prozeß zum Aufbau einer Lernenden Organisation: Auf jeder Ebene war ein lernförderndes Umfeld zu entwickeln und aufrechtzuerhalten. Die Macht und Freude des Lernens mußte in allen Mitgliedern der Organisation, unabhängig von Position und Hintergrund, wiedererweckt und stimuliert werden; das neu Gelernte mußte zum größtmöglichen Nutzen der Organisation genutzt werden.

Mit Unterstützung durch den Unternehmensberater Peter Koestenbaum kamen wir zu der Überzeugung, daß sich zum Aufbau einer Lernenden Organisation ein Zehn-Schritte-Prozeß entwickeln läßt. Wir begannen, die Vision eines Prozesses zu entwickeln, der von den Anfangsphasen der Unternehmensbeurteilung bis zur Beherrschung des Denkens in Systemen führte – die fünfte Disziplin, die Senge vertritt und für die W. Edward Deming so machtvoll eintritt.

Jeder muß einen Teil übernehmen

In den letzten Jahren hat das häufige Scheitern vieler Quality-Programme im ganzen Land mehr und mehr Anlaß zur Besorgnis gegeben. Nach Ansicht vieler Analytiker waren mindestens fünfzig Prozent all dieser Programme derart erfolglos, daß sie besser nie hätten unternommen werden sollen. Nur zirka zwanzig Prozent erreichten die Ziele, für die sie entworfen worden waren.

Wenn die Quality-Konzepte richtig verstanden und mit vollem Engagement des Managements von der obersten Ebene der Organisation an umgesetzt wurden, waren die Resultate hervorragend. Solche beispielhaften Quality-Organisationen sind der lebendige Beweis dafür, daß die Modelle funktionieren. Aber in zu vielen Fällen fehlte der Organisation das nötige innere Verständnis und Engagement, um Qualität zu einem Teil der gesamten Kultur zu machen. Genau dafür konnte unserer Meinung nach das Integrative Lernen sorgen, wenn es richtig in die Struktur der Organisation eingebunden wurde.

In seinem Buch *Megatrends*² gibt John Naisbitt einen Hinweis, warum diese allzuoft fehlende Zutat so unerläßlich ist. Er bemerkt, daß mit zunehmender technologischer Komplexität auch das Bedürfnis nach einem vernünftigen Umgang mit
den Menschen zunimmt. Er nennt dieses Phänomen „High Tech – High Touch".
Naisbitts Einsichten entkräften frühere Befürchtungen, nach denen der Siegeszug
der Hochtechnologie individueller Freiheit und Kreativität eine düstere Zukunft
bescheren würde. Sie entkräften auch die Prognosen, denen zufolge die meisten
Menschen mit zunehmender Automation zu bloßen, durch eine Machtelite mani-
pulierten Zahnrädchen würden.

Die Geschichte hat das Gegenteil bewiesen. Zur gleichen Zeit kam das Ende der
Sowjetunion, und die Industrienationen bemerkten, daß die Automation Beschäftigte erfordert, die besser ausgebildet sind als bisher. Weiterhin stellten viele Organisationen fest, daß sie auf kluge Entscheidungen eines großen Teils ihrer Mitarbeiter angewiesen sind, da ihre Operationen viel zu komplex sind, als daß sie von
einer kleinen Gruppe von Managern vollständig verstanden werden könnten.
Menschliche Freiheit und Verantwortlichkeit wird durch Technologie also sogar
noch vergrößert. Diese Entwicklung weist auf das Bedürfnis nach einem signifikant
neuen Managementstil hin.

Warum das wissenschaftliche Management funktionierte und warum es heute nicht mehr funktioniert

Das wissenschaftliche Management, wie es von Frederick Taylor entwickelt wurde,
diente den Fließbandfabriken in der ersten Hälfte des zwanzigsten Jahrhunderts.
Aber die alte Denkschule ist mit dem Abschied der Beschäftigten von der Rolle pas-
siver Erweiterungen der Produktionsmaschinerie immer mehr aus der Mode
gekommen – heute wird von den Beschäftigten verlangt, Denker und Problemlöser
zu werden, deren Kreativität entscheidend zu ihrem Wert für das Unternehmen
beiträgt. Manager können sich nicht länger auf militärische Führungsstile verlassen;
sie müssen allmählich zu Lehrern, Coachs und Katalysatoren werden. Eine neue
Ära menschlicher Freiheit, Verantwortlichkeit und Intelligenz am Arbeitsplatz ist
angebrochen.

Alle Zeichen weisen deutlich in die Richtung der „Lernenden Organisation". Der alte Managementstil mit seiner Machtpyramide, die sich in einem einzelnen, allmächtigen Chef zuspitzt, streckt die Waffen zugunsten der neuen Dynamik von Machtteilung, Teamwork, abgeflachter Organisation und Peer Review*. Als wir diesen Übergang reflektierten, wurden wir uns des Bedürfnisses nach einer neuen Psychologie des Unternehmens bewußt, die den Erfolg organisatorischer Veränderungen sicherstellen konnte.

Einen ausbeuterischen Betrieb oder eine Produktionsstätte alter Schule zu leiten zeugt zwar nicht mehr von guten Manieren, aber man macht immer noch einen guten Schnitt durch das Herumschubsen und Konformmachen der Menschen. Der Entwicklung von High-Tech-Industrien sind solche Einstellungen jedoch im Weg; sie reduzieren die Effektivität des Unternehmens erheblich.

Was wir heute brauchen, ist ein System, das der gesamten Organisation vermittelt, mit Respekt für die Kreativität und Einzigartigkeit aller ihrer Mitglieder zu arbeiten, ein System, daß ihnen neue Werkzeuge zum Denken und Kommunizieren gibt, das sie für das „Drama" begeistert, die Herausforderungen anzunehmen, denen ihre Organisation gegenübersteht.

Dafür ist der Zehn-Schritte-Prozeß gedacht. Er bildet nicht nur ein Programm für das Management, sondern für die Veränderung der gesamten Unternehmenskultur. Wir stellen beispielsweise fest, daß es keinen Sinn hat, eine Unternehmensvision zu entwickeln, wenn die breite Mehrheit der Menschen in einer Organisation keine Vorstellung davon hat, was „Unternehmensvision" wohl bedeuten könnte. Die Kapazität für eine gemeinsame Vision kann jedoch geschaffen werden, wenn die Menschen lernen, auf neue, intelligentere und humanere Weise miteinander umzugehen.

Es geht los

Wir schlagen vor, daß Organisationen die in diesem Buch empfohlene Reihenfolge der „Zehn Schritte" einhalten. Beim Studium der Kapitel in der vorgesehenen

---

* Peer Review = Effektivitätsanalyse einer Gruppe anhand der Leistungen einer Vergleichsgruppe

Reihenfolge wird Ihnen klarwerden, daß viele Menschen in Ihrer Organisation einige, wenn nicht sogar die meisten der Prinzipien der Zehn Schritte bereits erfassen.
Hier gibt es keine elitären oder Insidergeheimnisse; der Prozeß würde mit solchen
Geheimnissen längst nicht so effektiv funktionieren. Einige wenige Einzelne sind
vielleicht nach wir vor nicht in der Lage, ihre Arbeit positiv zu sehen (ein Problem,
das wir in Schritt Eins und Zwei erörtern), während andere erfahrene und effektive
Systemdenker sind (Schritt Neun).

Wir möchten jedoch betonen, daß dieses Buch nicht von der Evolution Einzelner handelt, sondern von der Evolution der Organisation als ganzer. Wir schlagen vor, daß Sie mit Schritt Eins beginnen und sicherstellen, daß jeder in Ihrer
Organisation die Ziele dieses Schrittes erreicht hat, bevor Sie offiziell Schritt Zwei als
nächstes Ziel in Angriff nehmen. Wir empfehlen also, geordnet vorzugehen und
jeden Schritt der Reihe nach abzuhaken. Dabei werden Sie sicher einige maß-
geschneiderte Methoden einsetzen wollen, die dem einzigartigen Charakter und
den Bedürfnissen Ihrer Organisation gerecht werden und die Ihnen helfen, zu
ermitteln, wann die gesamte Organisation die einzelnen Schritte verinnerlicht hat.

Vielleicht wollen Sie anfangs trotzdem nicht diese Route einschlagen, und deshalb haben wir das Buch mit Aktivitäten, Übungen und Philosophie gefüllt, die
auch in einem allgemeineren Rahmen noch nützlich sein können, wenn die Zehn
Schritte nicht der Reihe nach befolgt werden. Es gibt beispielsweise keinen Grund,
warum Sie eine in Schritt Sieben beschriebene Übung nicht in ein Trainingsprogramm einführen sollten, das Sie gleich am nächsten Tag nach der Lektüre dieses
Buches leiten wollen. Der Einsatz von Übungen außerhalb der hier dargebotenen
Reihenfolge bereitet keine Probleme, außer in den Fällen, in denen wir bei einer
bestimmtem Übung ausdrücklich darauf hinweisen, daß ein bestimmter
Hintergrund oder eine gewisse Vorbereitung erforderlich sind.

Das Entstehen der Lernenden Organisation

Wir gehen davon aus, daß die erste Reaktion vieler Leser sein wird, das Buch auf
sich selbst anwenden und einige der Übungen entweder an sich oder in ihren Trainingsprogrammen ausprobieren zu wollen (normalerweise ist es eine gute Idee, et-

was zuerst an sich selbst auszuprobieren, bevor man es in eine Gruppenübung ein-
führt).

Wir glauben, daß der Leser zu dem Schluß kommen wird, daß der Zehn-
Schritte-Prozeß in der von uns dargestellten Reihenfolge ablaufen sollte, so daß
jedes Mitglied der Organisation in jeden Schritt voll einbezogen wird. Auf diese
Weise beginnt das Lernen auf der Ebene des Einzelnen, pflanzt sich auf der Ebene
des Teams fort und wird auf der Ebene der Prozesse und Systeme verinnerlicht,
kodiert und gespeichert, die so gut eingefahren sind, daß jeder, der mit ihnen in
Berührung kommt, in der Lage ist, nutzbringend an ihnen teilzunehmen. Das ist
der sicherste Weg für das Entstehen einer wahrhaft Lernenden Organisation, einer
selbständig lernenden Organisation, die weit über die zahlreichen individuellen
Lernerfahrungen hinausgeht, die innerhalb der Organisation außerdem stattfinden.

Dadurch, daß wir viele dieser Prozesse in unseren Kursen mit Integrativem
Lernen selbst einsetzen, haben wir mit diesen Prozessen viel Erfahrung. Dieses
Buch handelt jedoch nicht speziell vom Integrativen Lernen, und diejenigen, die
eine Erklärung dieses Konzeptes wünschen, sollten das Buch *Das alltägliche Genie*
von Peter Kline[3] lesen. Das vorliegende Buch ist unsere Antwort auf die zahlreichen
Fragen, die sich in Unternehmen und anderen Organisationen vor unseren Augen
als Resultat von Veränderungen ergaben, die – unserer Meinung nach – in der
falschen Reihenfolge abliefen.

Die Arbeit gehirn-kompatibel machen

Wir glauben, daß im amerikanischen Geschäftsleben und in der amerikanischen
Industrie die Ertragseinbußen aufgrund von Ineffizienz enorm sind. Der größte Teil
dieser Ineffizienz liegt an ungeeigneten Trainingsprogrammen, zusammen mit einer
Unternehmenskultur, die eine Brutstätte der Unzufriedenheit und des Unmutes ist.

Die effizientesten Mitarbeiter sind oft auch die glücklichsten. Zwar ist das keine
ewige Wahrheit; wahr ist aber, daß sich jeder Job und jede Karriere grundsätzlich
lohnen sollten. Arbeit, die sich nicht lohnt, ist normalerweise auf eine Weise orga-

nisiert, die wir „gehirn-antagonistisch" nennen könnten. Das heißt, diese Arbeit entspricht nicht der Funktionsweise des menschlichen Gehirns. Die gleiche Arbeit läßt sich häufig in eine andere Struktur transformieren, die sie „gehirn-kompatibel" macht. Wenn wir lernen, in diesen Begriffen zu denken, können wir sehen, daß der menschliche Geist fähig ist, organisatorisches Verhalten auf eine Weise neu zu strukturieren, so daß jeder die Chance hat, sowohl beruflich als auch persönlich aufzublühen. Wir glauben, daß dies nie unmöglich ist, obwohl es vielleicht eine gewisse Zeit erfordert.

Was uns vorschwebt, sind Organisationen, deren Planung die Bedürfnisse derjenigen Menschen berücksichtigt, aus denen die Organisation besteht. So wie sich physikalische Strukturen ergonomisch gestalten lassen, so daß sie dem menschlichen Körper angepaßt sind, stellen wir uns die Lernende Organisation als eine Organisation vor, deren Struktur voll kompatibel mit der menschlichen Psyche ist – eine Organisation, die zu freudiger Bestätigung all der Dinge einlädt, die eine Organisation tun muß, um durch das Erreichen ihrer Ziele die Gemeinschaft zu bereichern.

Sechzehn Prinzipien, die das Lernen fördern

Wie sieht ein „gehirn-kompatibler" Arbeitsplatz, eine Lernende Organisation, aus? Das ist eine Frage, die uns oft gestellt wurde, und die wir uns selbst stellten, als wir die Umstände durchdachten, die für die Erschaffung und Aufrechterhaltung einer Lernenden Organisation erforderlich sind. So haben wir allmählich eine Anzahl von Prinzipien entwickelt, die unserer Meinung nach allem in diesem Buch Gesagtem zugrunde liegen. Sobald diese Prinzipien auf der höheren Ebene der Organisation akzeptiert sind, weiten sie sich notwendig auf das innere Glaubenssystem von Beschäftigten aus und werden von der organisatorischen Kultur und Struktur verinnerlicht – so sehr, daß sie unter Umständen gar nicht weiter diskutiert werden müssen.

Wir erwähnen diese Prinzipien schon hier – nicht, weil wir erwarten, daß der Leser sie automatisch gutheißt oder erkennt, wie relevant sie für die Veränderungen sind, die er in seiner eigenen Organisation möglicherweise herbeiführen möchte.

Ganz im Gegenteil scheinen sie an dieser Stelle manchem Leser vielleicht weder relevant noch erwünscht. Dennoch glauben wir, daß der Leser bei der Entwicklung des Zehn-Schritte-Prozesses feststellen wird, daß diese Prinzipien logische und gerechtfertigte Grundlagen für die Veränderungen sind, die er selbst anstrebt. Im Moment bilden sie eine Art Vorschau und Richtlinie für die Veränderungen in Einstellung und Verhalten, die eine im Werden begriffene Lernende Organisation charakterisieren.

1. **Vermitteln Sie dem Geist jedes Einzelnen, sich auf jeder Ebene selbst zu lenken.** Erlernte Hilflosigkeit ist zu oft das Resultat formellen Unterrichts. Weil die Organisation Resultate braucht, die im harten Tageslicht der Realität Bestand haben, können Organisationen, insbesondere produzierende Unternehmen, von der Umkehrung dieses Trends in hohem Maße profitieren. Wenn Menschen lernen, sich selbst und anderen beim Lernen zu helfen, hat die Organisation die Garantie für kontinuierliche Verbesserung.

2. **Betrachten Sie Fehler als Sprungbrett zu kontinuierlichem Lernen und als nötig für weiteres geschäftliches Wachstum.** Manche der größten Entdeckungen der Welt waren das Resultat von Fehlern. Ein gesundes Niveau des Fehlermachens ist wesentlich für den Erfolg einer Organisation, denn es bedeutet das Schaffen neuer Möglichkeiten. Diejenigen, die die Fehler machen, lernen, die Verantwortung für ihre Fehler zu übernehmen, damit sie sich nicht wiederholen.

3. **Es muß die Bereitschaft vorhanden sein, ständig alle Arten organisatorischer Systeme und Strukturen zu überarbeiten.** Dies ist der eigentliche Wachstumsprozeß, denn Wachstum ist unmöglich ohne ständige Neugestaltung, bei der alte Gewohnheiten ausgemistet und neue Möglichkeiten erforscht werden. Alle Systeme und Strukturen haben sich im Zusammenhang mit der Deckung praktischer Bedürfnisse entwickelt. Mit dem Wandel der Bedürfnisse müssen sich auch diese Strukturen wandeln.

4. **Weil Lernen ein emotionaler Prozeß ist, ist die Unternehmenskultur ein Ort, der Menschen fördert.** Wenn jeder Beschäftigte ein kontinuierliches Wachstum seines Selbstvertrauens erleben kann, steigt die Arbeitsmoral und vertieft sich das Engagement für die Organisation.

5. **Zelebrieren Sie den Lernprozeß um seiner selbst, nicht nur um seines Endergebnisses willen.** Wenn die Beschäftigten den begabten Lerner in sich

selbst wiederentdecken, werden die Spannung, Überraschung, Wahrnehmung und Begeisterung kontinuierlichen Entdeckens und Lernens neu geboren. Das Lernen selbst ist wichtig, nicht nur ein bestimmtes Ergebnis, weil wir nie vorhersagen können, welche neuen praktischen Gewinne sich durch häufiges Erfahren des Lernprozesses möglicherweise ergeben.

6. **Schätzen Sie alle Lerner gleichermaßen.** Niemand fühlt sich in Hierarchien wohl. Es stimmt nicht, daß jeder die gleichen Begabungen hat, daß jeder gleich viel weiß oder mit der gleichen Geschwindigkeit lernt; aber jede Lernerfahrung ist einzigartig und wertvoll; also verdienen alle, gleichermaßen gewürdigt zu werden.

7. **Bewerkstelligen Sie so viel Transfer von Wissen und Leistungsfähigkeit von Mensch zu Mensch wie möglich.** Wann immer zwei Menschen zusammenkommen, können sie Informationen austauschen, sich also gegenseitig etwas beibringen. In einer voll entwickelten Lernkultur wird das praktisch ununterbrochen geschehen.

8. **Ermutigen Sie die Lerner, und bringen Sie ihnen bei, ihr Lernen selbst zu strukturieren, anstatt ihnen das abzunehmen.** Wenn die Informationen zur Verfügung stehen und flexibel und vielgestaltig aufgenommen werden können, kann jeder lernen. Jede Lernerfahrung sollte mindestens zwei Komponenten beinhalten: Aneignung des Stoffes/der Fähigkeit und Lernen, wie man lernt.

9. **Vermitteln Sie den Prozeß der Selbsteinschätzung.** Wenn wir uns selbst realistischer sehen, können wir unser eigenes Lernen selbst lenken und dadurch unsere Arbeit besser machen.

10. **Erkennen und Akzeptieren Sie als Ziel die Befreiung aller menschlichen Intelligenz.** Jeder Schritt auf dem Weg zur Befreiung der Intelligenz schafft neue Chancen für jeden Menschen, denn das Gemeinwohl der Welt ergibt sich aus dem kombinierten effektiven Funktionieren der menschlichen Rasse. Die Intelligenz von Menschen zu beschränken ist genauso unvernünftig, wie die Erde zu zerstören.

11. **Erkennen Sie, daß unterschiedliche Lern-Präferenzen alternative Werkzeuge für Herangehensweise und Erfolg beim Lernen sind.** Mit jemandem zu lernen, der anders lernt als man selbst, hat den Vorteil, daß man durch das

bessere Verständnis des Lernprozesses des anderen neue Wege zur Aktivierung des eigenen Lernprozesses findet.

12. **Ermutigen Sie die Menschen zur Entdeckung ihres persönlichen Lern- und Denkstils und tauschen Sie sich mit anderen aus.** Je mehr wir unseren persönlichen Stil mit anderen teilen und voneinander lernen, desto größer wird die gemeinsame Kommunikationsbasis mit allen Menschen.

13. **Kultivieren Sie die Fähigkeiten jedes einzelnen Beschäftigten auf allen Wissensgebieten, und machen Sie sich für die Idee stark, daß für Menschen nichts ewig unerreichbar ist.** Man kann nicht vorhersagen, wie Wissen oder Fähigkeiten auf einem Gebiet sich möglicherweise auf einem anderen Gebiet als relevant oder nützlich erweisen.

14. **Erkennen Sie, daß alles, was Ihnen beim Lernen leichtfallen soll, logisch, moralisch und vergnüglich sein muß.** Lernen ist ein Prozeß des Harmonisierens und Bestärkens der ganzen Persönlichkeit und der Werte, für die die Persönlichkeit eintritt, vorausgesetzt, diese Werte vertragen sich mit den Werten der Menschlichkeit insgesamt.

15. **Ideen lassen sich am besten durch Dialog und Diskussion entwickeln.** Lernen findet in jeder Atmosphäre statt, in der Menschen kontinuierlich gemeinsam informelle Möglichkeiten erforschen und das Miteinander beim Entwickeln ihrer Ideen als normalen Teil der Kultur verstehen.

16. **Alles ist neuer Betrachtung und Erforschung unterworfen.** Es gibt keine Heiligen Kühe, und die Annahmen, die unseren Operationen zugrunde liegen, sollten im Lichte neuer Daten immer wieder neu überdacht werden.

Kunden richtig behandeln

Stanley Markus begann mit der Prämisse, daß „der Kunde immer Recht hat" und machte sie zur Grundlage eines sehr erfolgreichen Geschäftes. Aber mit „Kunde" meinte er jemanden von außerhalb des Ladens, der hereinkam, um etwas zu kaufen.

Später wurde die Bedeutung des Wortes „Kunde" dann stark erweitert. Heute bezeichnen Sozialarbeiter die Menschen, mit denen sie arbeiten, als Kunden.

Sektionen innerhalb einer großen Industrie, die nur mit sich und nie mit der Öffentlichkeit zu tun haben, beziehen sich aufeinander als Kunden. Heute gibt es sogar einen Trend unter Managern, sich die Menschen, die für sie arbeiten, als Kunden vorzustellen.

Wenn wir jeden, mit dem wir in Berührung kommen, als Kunden behandeln, bedeutet das, daß wir alles tun was möglich ist, um uns ihrer Wünsche anzunehmen und im Dienste dieser Wünsche zu handeln.

In ihrem Buch *Samurai Selling* beschreiben Chuck Laughlin und Karen Sage Ki, die spirituelle Kraft, die den Samurai-Kriegern bei der Überwindung jedes Hindernisses half. Beim Verkaufen kann man diese spirituelle Kraft nutzen, um sich selbst so vollständig in den Kunden hineinzuversetzen, daß man die Dinge ganz und gar vom Standpunkt desjenigen sieht, den man beeinflussen möchte. Und wenn man dann auch so denkt, wie der Kunde wahrscheinlich denkt, werden der eigene Einfluß auf den Kunden und die Leistung, die man zu bieten hat, den Bedürfnissen des Kunden wahrhaft gerecht. Dadurch werden auch die alten Vorbehalte gegenüber Verkäufern verschwinden und durch eine neue, beiderseitig gewinnbringende Beziehung ersetzt.

Was wäre, wenn

Stellen Sie sich einen Moment lang die möglichen Folgen vor. Stellen Sie sich vor, jeder menschliche Kontakt würde in diesem Geist begonnen und fortgeführt. Stellen Sie sich vor, jemand hält Sie auf der Straße an und fragt Sie nach dem Weg, und Sie tun alles, was Sie können, um diesen Menschen glücklich zu machen, daß er *Sie* gefragt hat und niemand anderen.

Stellen Sie sich vor, jeder Lehrer würde derart gut arbeiten, daß jeder Schüler froh wäre, in seiner Klasse zu sein – nicht, weil der Unterricht leicht ist, sondern weil das die bestmögliche Art ist, dem Schüler das Lernen und Wachsen zu erleichtern.

Stellen Sie sich vor, alle Eltern hätten ein so gutes Verhältnis zu ihrem Kind, daß das Kind fortwährend dankbar für die Chancen zu wirklichem Wachstum und wirklicher Entwicklung wäre, die seine Eltern ihm bieten.

Stellen Sie sich vor, jeder Ehemann würde seine Frau so behandeln, und jede Ehefrau würde diese Gefühle stets erwidern.

Und stellen Sie sich vor, daß Sie „auf der Arbeit" immer, wenn Sie einmal innehalten, um sich mit einem Kollegen zu unterhalten, alles tun, was in Ihrer Macht steht, um diese bestimmte Unterhaltung zum Höhepunkt des Arbeitstages Ihres Kollegen werden zu lassen. Stellen Sie sich vor, jeder Manager wollte, daß jeder Mitarbeiter äußerst stolz und glücklich ist, in *seiner* Abteilung zu sein; stellen Sie sich vor, jedes Unternehmen würde mit aller Macht danach streben, der beste Arbeitgeber der Welt zu sein, und wir würden in jeder Interaktion lernen, uns der Bedürfnisse und Wünsche desjenigen, mit dem wir gerade zusammen sind, so bewußt wie nur möglich zu sein.

Stellen Sie sich vor, was Sie von anderen lernen könnten, wenn Sie jeden so behandeln würden, und wie reich und bedeutungsvoll Ihr Leben würde.

Vielleicht denken Sie, daß sich das reichlich phantastisch anhört – eine Art Utopie, ein Traum „Was wäre, wenn alles perfekt wäre". Vielleicht weisen Sie diese Phantasie auch als einfach unmöglich von der Hand.

Ist es aber für uns nicht selbstverständlich, daß das neue Auto, das wir kaufen, ordentlich fährt und die Bremsen auf der Autobahn nicht versagen? Wir haben uns an Standards konstanter technologischer Hochleistung gewöhnt, die weit über die Standards hinausgehen, die wir an unsere zwischenmenschlichen Beziehungen anlegen. Wir akzeptieren die Vorstellung, daß es richtig sei, sich gegenseitig niederzumachen, miteinander zu zanken, sich in großzügig verteilter Kritik und rüdem Verhalten zu ergießen, während wir oft als selbstverständlich hinnehmen, was eigentlich Lob und Würdigung verdient hat. Aber es ist nicht sehr schwierig, all diese negativen kulturellen Gewohnheiten zu verändern und einander ständig mit vollem Respekt zu behandeln. Dadurch würden wir für Beziehungen im zwischenmenschlichen Bereich die gleichen Standards setzen, wie sie schon heute im technologischen Bereich üblich sind.

In vielen Unternehmen sind solche Standards längst akzeptiert. Wenn Sie das bezweifeln, achten Sie einmal darauf, wie Sie von Beschäftigten vieler unserer größten und erfolgreichsten Unternehmen behandelt werden, und beachten Sie die Evolution des Geschäftslebens während der letzten fünfzig Jahre.

Das Wunder ist schon geschehen

Es gibt einen populären Film im Fernsehen, der in den USA immer zu Weihnachten gezeigt wird, *Miracle on 34th Street*. Darin beginnt ein abtrünniger, eigentlich für *Macy's* arbeitender Weihnachtsmann den Kunden zu erzählen, was sie für die Erfüllung ihrer Wünsche bei *Gimbel's* bekommen können, wenn Macy's nicht hat, was sie wünschen. In dieser unmöglichen Weihnachtsgeschichte haben sich die Filmemacher eine ideale Welt vorgestellt, in der zwei große konkurrierende Warenhäuser auf ihre mörderische Konkurrenz jedenfalls so weit verzichten, daß für sie die Wünsche der Kunden an erster Stelle stehen.

Dieser Film ist heute so etwas wie ein Anachronismus. Heute ist, was 1947, als der Film gedreht wurde, wie eine Utopie erschien, in unserer Geschäftskultur bereits in weiten Bereichen gang und gäbe. Gehen Sie in einen beliebigen Laden; wenn Sie nicht finden können, was Sie brauchen, fragen Sie den Verkäufer, wo Sie sonst vielleicht fündig werden könnten. In neun von zehn Fällen wird Sie der Verkäufer zu einem Konkurrenten schicken, der hat, was Sie suchen.

Dümmlicher Idealismus? Nein, gutes Geschäft. Heute wissen die Geschäfte allerorten, daß sie mehr gewinnen als verlieren, wenn sie die Bedürfnisse des Kunden stets an die erste Stelle setzen. Natürlich wollen sie den Kunden erst einmal selbst zufriedenstellen. Aber wenn das nicht möglich sein sollte, schicken sie ihn zu jemandem, der ihm das Gewünschte bietet. Denn sie wissen, daß er ihnen dafür dankbar ist und beim nächsten Mal wieder zu ihnen kommt.

Über Kooperation anstelle von Konkurrenz

Alfie Kohn vertritt schon lange die Idee, daß Kooperation in der Unternehmenswelt wesentlich mehr nützt als Konkurrenz. In der Tat ist unnötige und nutzlose Konkurrenz verantwortlich für einen großen Teil der Ineffizienz unseres gegenwärtigen Systems. Wenn wir uns auf Qualität konzentrieren und darauf, den Menschen zu geben, was sie wollen und brauchen, können wir unseren Fokus darauf richten, wo er eigentlich hingehört – eben nicht darauf, der Konkurrenz den Hals umzudrehen, sondern darauf, die Menschen zufriedenzustellen. Diejenigen mit dem besten Service werden schließlich alle diejenigen überleben, die vergessen, daß die Kunden der einzige Grund für ihre Existenz sind.

Diese Art Konkurrenz ist wahrhaft human. Sie bringt den Menschen bei, über die Wünsche und Interessen des jeweils anderen nachzudenken. Indem das Geschäftsleben eine Vorreiterrolle dabei übernimmt, uns zu helfen, gut voneinander zu denken, übertragen wir diese Lektionen in unser Privatleben und in unseren Dienst an der Gemeinschaft.

Es ist also nicht nur gut fürs Geschäft, wenn man lernt, durch die Verwandlung des Unternehmens in eine Lernende Organisation die Essenz der Qualität in einem Unternehmen mit Leben zu erfüllen. Es ist auch gut für die Menschen. Und deshalb können wir davon ausgehen, daß uns zur Steigerung der Effizienz und Effektivität unseres Geschäfts wesentlich mehr Energie zur Verfügung stehen wird, als wir in den Tagen des Ausbeuterbetriebes und der Räuberbarone jemals hatten.

Auf dem Weg zu einer freundlicheren und klügeren Welt

Dieses Buch ist also höheren Erträgen gewidmet – dem Unternehmen zu ermöglichen, alles für die Menschen zu tun, die sich harmonisch für das Geschäft engagieren. Dadurch entfaltet die Organisation ihre maximal mögliche Effizienz und Effektivität. Gleichzeitig denken wir an die Mitarbeiter selbst, denn auch sie sind Kunden. Wenn die Philosophie, den Kunden an erste Stelle zu setzen, ein Unternehmen durchdringt, werden auch die Mitarbeiter das Leben als befriedigender und lohnender empfinden, und sie werden viele Techniken mit nach Hause nehmen, von denen auch ihre Familien und Freunde profitieren. Sie werden, kurz gesagt, ihren Teil dazu beitragen, die freundlichere und liebenswürdigere Welt zu erschaffen, in der wir alle gerne leben würden.

Freiheit und Demokratie haben über den Alptraum kommunistischer Unterdrückung gesiegt, und die Welt ist nun bereit, den Kapitalismus für den Aufbau eines besseren Lebens für jedermann zu nutzen. Die kleinen Hersteller im Mittleren Westen der USA, die die Multis mit Teilen für Autos oder Computer beliefern, die großen Franchises, die die benötigten Produkte und Dienstleistungen weltweit vertreiben, die Banken und Finanzdienstleistungs-Organisationen – sogar die

Krankenhäuser und Schulen –, sie alle sind unter den Vorreitern beim Erschaffen einer blühenderen und gerechteren Welt.

Denn die Geschäftswelt hat die Maxime gut gelernt, daß „ich meinen eigenen Interessen am besten diene, indem ich deinen diene". Schlampige und ausbeuterische Dienstleistungen werden mehr und mehr der Vergangenheit angehören. Große renommierte Gesellschaften – die häufig das Beispiel kleinerer Unternehmen übernehmen – wissen, daß sie hinter allem stehen müssen, was sie verkaufen. Das geht soweit, daß sie kostenlos ersetzen, was nicht zufriedenstellt. Der Geist und der Ethos, die das Herz einer Lernenden Organisation ausmachen, ähneln dem Geist und Ethos der sozialen Leitfigur eines scharfsinnigen und „weisen" Geschäftsmannes und dem Geist und Ethos desjenigen, für den ein reiches und erfüllendes Familienleben der Schlüssel zum Glück ist.

Der Gewinn unter dem Strich

Alles im Zehn-Schritte-Prozeß – zu dem wir Sie jetzt einladen – wurde zur Erhöhung der Grund-Profitabilität und des Grunderfolges einer beliebigen Organisation entworfen. Die Lernende Organisation, die uns vorschwebt und die wir in der Praxis gesehen haben, erhöht Gewinne und reduziert Verluste in einem verblüffenden Maße. Aber die Veränderungen, die wir empfehlen, sind mehr: eine Reaktion auf die Veränderungen, die wir alle erleben, sozial wie ökonomisch, lokal wie global.

Es ist, so glauben wir, mehr als Zufall, daß wir in dem Prozeß des Schaffens und Stärkens Lernender Organisationen jedem, der außer uns daran teilnimmt, helfen sollten, ein besseres Leben zu führen – teilweise, weil wir damit ein gutes Geschäft machen – aber auch, weil es einfach das ist, was man tun sollte.

Schritt 1
Beurteilen Sie Ihre Lernkultur

Seit uns unsere Arbeit als Trainer in eine Vielzahl von Organisationen und Unternehmen führt, bemerken wir, daß wir bereits eine Menge Informationen über diese Organisationen aufnehmen, sobald wir zur Tür hereinkommen.

Erst kürzlich hatte ich eine Verabredung mit einem zukünftigen Klienten. Kaum schlenderte ich durch die Flure, um einen leitenden Angestellten des Unternehmens zu treffen, da hatte ich schon das dumpfe Gefühl, das Gespräch würde nur verschwendete Zeit sein. Wo ich hinsah, konnte ich Anzeichen von Unzufriedenheit entdecken. Keine Anzeichen der offensichtlichen Art – es war keine offene Rebellion. Die Unzufriedenheit war eher von der Art, die eine Brutstätte für Verdrossenheit und Feindseligkeit ist. Ein Symptom dafür war, daß keine Menschenseele von mir Notiz nahm, als ich durch die Flure ging. Und auch miteinander schien man hier nicht viel zu tun zu haben.

Schon der Pförtner, der meinen Besuch angemeldet hatte, schien wesentlich interessierter an seiner Zeitung zu sein als an mir. Er war ein älterer Mann mit beginnender Glatze, und ich hatte das Gefühl, daß er hier nur noch die Zeit bis zu seiner Pensionierung absaß.

Als ich an einem Büro vorbeikam, hörte ich jemanden sagen: „Sie meinen, hier weiß auch nur irgendeiner, was die tun?"

Als ich dann schließlich das Büro des Managers betrat, hatte ich mir das Ergebnis in Gedanken schon ausgemalt. Ich war hier, um ein neues Trainingskonzept zu diskutieren, aber ich wußte schon, daß es nicht klappen würde. In einer Organisation, die die besten Impulse all ihrer Beschäftigten so effektiv abwürgte, *konnte* die Schulung keinen Erfolg haben. Ich hatte bereits erkannt, daß wahrscheinlich kein Mensch im ganzen Unternehmen gerne hier war. Man könnte die allgemeine Unternehmenskultur kurz und prägnant mit den Worten eines Teilnehmers eines anderen, kürzlich veranstalteten Workshops beschreiben: „Die Kultur stinkt zum Himmel."

Wichtig: ehrlich Bilanz ziehen

Wie wir noch sehen werden, läßt sich keiner der Zehn Schritte ohne die Bereitschaft der Entscheidungsträger im Unternehmen umsetzen, die Wahrheit darüber zu erfahren, was jeder Beschäftigte denkt.

Ehrlich Bilanz zu ziehen – anzuerkennen, was nicht funktioniert – ist der notwendige erste Schritt, um aus der Grube herauszukommen, in der sich heutzutage so viele Organisationen wiederfinden, und zugleich der erste Schritt zum Aufbau eines kreativen und dynamischen Unternehmens, das in der Lage ist, sich selbst zu revitalisieren.

In Schritt Eins erörtern wir zwei unterschiedliche Möglichkeiten, Bilanz zu ziehen. Die erste ist institutioneller Natur: *Sie sollten wissen, was jeder denkt.* Die zweite Möglichkeit ist individueller Natur: Sobald Sie Teil einer Organisation sind, die Ihre Meinung respektiert, *sollten Sie beginnen, für das, was Sie denken und was Sie tun, Verantwortung zu übernehmen.* Diese Straße führt in zwei Richtungen.

Diese zwei Arten der Selbstbeurteilung – Unternehmensbeurteilung und individuelle Beurteilung – gehen Hand in Hand. Entfremdete Menschen in einer entfremdenden Organisation haben wenig Interesse daran, in mehr als einem technischen Sinn persönlich für etwas verantwortlich zu sein. Menschen, die wissen, daß ihr Betrieb Anteil an ihnen nimmt, werden auch mehr und mehr Anteil an ihrem Betrieb nehmen und ihr Bestes für ihren Betrieb geben wollen. Zur Steigerung ihrer Leistung wird es nötig sein, daß sie ihre eigenen Handlungen beurteilen.

Erstens: Finden Sie heraus, was die Beschäftigten denken

Zu wissen, was die Mitarbeiter denken, ist der erste Schritt. Dieser Prozeß wird wahrscheinlich sehr viel Verleugnung und Angst aufdecken. Gelegentlich bringt dieser Prozeß sogar schwelende Feindseligkeit ans Licht: einen Mitarbeiter/ Management-Konflikt vielleicht, oder interne, auf Werte- oder Prioritäten-Differenzen basierende Kämpfe unter den Abteilungen, unter Umständen auch die Nachwehen einer schmerzhaften, noch nicht ganz verkrafteten Fusion. Erst, wenn alle Karten offen auf dem Tisch liegen, das heißt, wenn jeder offen mitgeteilt hat, wie er die ungeschminkte Realität der Organisation wahrnimmt, lassen sich Schritte unternehmen, um die Situation wieder ins Lot zu bringen.

Was Angst alles zerstört

Wenn man einen Grund, eine Wurzel all des Durcheinanders und all des Mangels an Engagement herausheben sollte, dem wir in so vielen Unternehmen begegnet sind, dann wäre dieser Grund *Angst*. Angst, allesbeherrschend und ununterdrückbar, bestimmt einen so großen Teil der Atmosphäre in diesen Unternehmen, daß es schwerfällt, diese Angst zu isolieren, geschweige denn zu eliminieren. Aber wie ein unsichtbares Gift in der Luft erhöht Angst den Grad der Anspannung und der Ablenkung bei den Beschäftigten. Einen ängstlichen Blick über die Schulter werfend, sicher, daß ihre Pläne unterbrochen werden, ist die größte Sorge der Beschäftigten, daß jemand ihr Ansehen untergraben und daß ihre Arbeitsplätze zur Disposition stehen könnten. Viele können sich überhaupt nicht vorstellen, wie es wäre, morgens ohne die heiße Kugel aus Angst in der Magengrube aufzuwachen.

Das Management muß also zuerst einmal wissen, ob die Arbeitsplätze von Angst regiert werden. Angst tendiert dazu, Menschen in Schildkröten zu verwandeln. Die Angst sagt ihnen: „Versteck dich so lange du kannst in deinem Panzer und hoffe, daß dich keiner bemerkt. Mache einfach deine Arbeit, gehe auf Nummer sicher, decke alle technischen Grundlagen ab. Sei auf keinen Fall kreativ, denn das könnte dich in Schwierigkeiten bringen, und versuche erst gar nicht, irgendwelche Probleme zu lösen, denn dazu müßtest du dich langmachen."

Angst hat einen hohen Preis

Wie W. Edwards Deming häufig sagte: „Oberstes Prinzip muß sein, die Angst aus-
zutreiben." Von Angst beherrschte Menschen denken nicht gut, treffen schlechte
Entscheidungen und haben sicherlich kein zutreffendes Bild davon, wohin das
Unternehmen steuert – oder steuern sollte.

Und wo es Angst vor Rückschlägen gibt, gibt es mit fast hundertprozentiger Sicherheit auch eine lähmende Angst vor Verantwortlichkeit. Lähmend, weil Verantwortlichkeit genau das ist, was der moderne Arbeitsplatz am meisten benötigt. Ob
gut oder schlecht – sowohl Organisationen als auch Technologien sind enorm komplex geworden. Und nur wer die Arbeit macht, weiß wirklich, was vor sich geht –
also kann auch nur er dafür verantwortlich sein.

Vernachlässigen Sie nicht den Faktor Mensch

Durch die Bewegung hin zu einer High-Tech-Umgebung haben allzu viele Unternehmen die andere Hälfte des notwendigen Gleichgewichts komplett ignoriert, den
High Touch. Der Faktor Mensch muß aber ebenso effektiv einbezogen werden wie
die Systeme, Maschinen, Konten und strategischen Pläne. Wer den Faktor Mensch
übersieht, begeht den kostspieligsten Fehler, den eine Organisation überhaupt
begehen kann.

Ein Manager erzählte uns, er glaube, daß die Grabenkämpfe und andere angst-
gesteuerte Verhaltensweisen in seiner Firma etwa achtzig Prozent der Produktivität
des Unternehmens in Anspruch nähmen. „Und damit liegen wir noch ziemlich gut
– wir sind eines der besseren Unternehmen", meinte er. „Mancherorts geht ver-
mutlich über fünfundneunzig Prozent der verfügbaren Energie in interne Kämpfe
um triviale Anlässe."

Der Horror davor, offen seine Meinung zu sagen

Kürzlich begann bei einem Unternehmensseminar ein Vorarbeiter, über einige ihn
bewegende Probleme offen seine Meinung zu sagen. Seiner Meinung nach hatte das

Management die Angestellten in mehreren kritischen Situationen schlecht behandelt, was sich wiederum in der Einstellung der Arbeiter niederschlug. Als er sprach, zitterte er am ganzen Körper, und Schweißbäche rannen von seiner Stirn. Offensichtlich rührte seine Verschüchterung nicht von einer eventuellen Nervosität wegen des Sprechens in der Öffentlichkeit her. Sie stammte von einer sehr tief verwurzelten Angst vor Repressalien, überhaupt seine Meinung zu sagen.

Als dann später einige der Manager in den Workshop kamen und begannen, ihre Sicht der Dinge zu verkünden, bestätigten sie sofort, was ihm solche Sorgen gemacht hatte. Offensichtlich nahmen sie fast keinen Anteil an den Menschen, die die Arbeit machten – Hauptsache, die Arbeit wurde überhaupt gemacht. So ist es in vielen Organisationen: Das Management ist irrigerweise der Ansicht, seine Art des Umgangs mit den Menschen strahle nicht auf deren Effizienz aus. Paradoxerweise wird die Arbeit jedoch wesentlich besser, zügiger und effizienter erledigt, wenn einem die Menschen, die die Arbeit tun, am Herzen liegen. Trotzdem, ohne Druck von oben würde es noch lange dauern, bis diese Manager beginnen, sich dieses Denken zu eigen zu machen.

In solchen Fällen ist verheerend klar, daß nur wenige bereit sind, sich der Situation, wie sie ist, zu stellen. Derlei Fehlschläge beginnen meist sehr emphatisch mit einem Chef, der routiniert mißachtet, was zur Steigerung der Produktivität erforderlich ist. Denn wo jeder Angestellte seine Umgebung haßt, fallen sowohl Gewinne als auch Qualität ins Bodenlose – zunächst unbemerkt, aber schließlich in einer Rutschpartie, die in einem totalen Ausverkauf oder in Kapitel Elf endet.

Wo Angst angemessen ist

Es ist nicht zu leugnen, daß die Angsterfülltheit von Beschäftigten in schlecht funktionierenden Organisationen eine solide Grundlage in der Realität hat. Wenn jeder namhafte Konzern Tausende von Arbeitern entläßt und die Nachrichten ständig von Fabrikschließungen und Sparmaßnahmen berichten, braucht es keinen Soziologen, um zu erkennen, daß allerorten die Sicherheit der Arbeitsplätze auf dem Spiel steht.

Die Arbeitsplätze sind in denjenigen Organisationen am meisten gefährdet, in denen es kein Wachstum gibt und in denen Beitrag, Potential und sogar Verantwortung des Einzelnen verkümmern. Es ist ein Teufelskreis, eine Spirale nach unten: Genau die Angsterfülltheit, die das Wachstum einer Organisation lähmt, hindert die Organisation daran, die Medikamente zu schlucken, die sie wieder auf die Beine bringen könnten.

Wenn die Beschäftigten Angst davor haben, Vorschläge zur Verbesserung des Unternehmens zu machen, weil andere, die das gleiche probiert haben, arbeitslos auf der Straße endeten, befindet sich das ganze Unternehmen in einer gefährlichen Situation. Wenn die Beschäftigten spüren, daß es nicht ungefährlich ist, sich auszudrücken oder einzigartige Talente zu entfalten, weil sie nie mit Sicherheit wissen, was das Management tolerieren wird und was nicht, dann hat das Management die Produktivität und Profitabilität seiner Arbeitskräfte bereits erheblich reduziert.

Institutionen im Interessenkonflikt mit sich selbst

Die gleiche heimtückische Strömung kommt zum Vorschein, wenn die Beschäftigten Angst davor haben, daß sie sich durch ihre besten Bemühungen selbst arbeitslos machen. Unter Umständen – häufig – spiegelt dies akkurat wider, wieviel Angst und Mangel an Vision oder an Zielgerichtetheit an der *Spitze* einer Organisation herrscht. Ein amüsantes Buch über Organisationen, *The Institutional Imperative*[1] argumentiert, daß der hauptsächliche Zweck einer solchen Organisation darin bestehe, ihr eigenes Fortbestehen zu gewährleisten. Dieses Paradox ist der Evolution vieler Organisationen inhärent. Wenn die Organisation das Problem, für dessen Lösung sie geschaffen wurde, erfolgreich löst, betreibt sie ihre eigene Auflösung. Um den Selbstmord zu vermeiden, muß die Organisation also alles Erdenkliche tun, um den Anschein zu erwecken, sie nähere sich einer Lösung – obwohl sie in Wirklichkeit mit ganzer Kraft freiwillig Sand ins Getriebe schüttet, um den Fortgang abzubremsen.

Entsprechendes gilt auch für Abteilungen innerhalb von Organisationen. Wenn man weiß, daß man mit der Lösung eines Problems seinen eigenen Arbeitsplatz gleich mit auflöst, ist man genötigt, sich intellektuell gehörig ins Zeug zu legen.

Man muß dann nämlich den Anschein erwecken, man würde das Problem lösen, darf es in Wirklichkeit aber nicht tun. Manche lernen dieses Spiel und finden viel Geschmack daran; sie entwickeln großes Talent für das Vorgaukeln von Können und Aktivität, ohne Resultate zu liefern.

Das unausweichliche Ende dieser Scharade ist natürlich das Ende der Organisation. Da Organisationen aus Menschen bestehen, sterben sie selten eines schmerzlosen Todes. Sie ähneln mehr den Comic-Figuren, die geradewegs über eine Klippe laufen und noch einen illusorischen Augenblick lang in der Luft rennen, bevor sie fallen und Zeter und Mordio schreien.

Der Ausweg aus diesem Paradox besteht nicht darin, schlechter zu arbeiten, sondern den Arbeitsplatz durch eine Neudefinition der Arbeit der Organisation zu erweitern. Ängstliche Arbeiter reduzieren möglicherweise ihre Effektivität in der Hoffnung, die Arbeit werde dadurch länger dauern. Intelligente Arbeiter werden dagegen danach streben, sich für die Organisation wertvoller zu machen, um nach all den Sparmaßnahmen die Profitabilität zu erhöhen, um deretwillen sie nicht entlassen werden. Allerdings können Manager, die selbst Angst davor haben, ihre Scheuklappen abzulegen, denjenigen, die ihre Arbeit wertvoller machen möchten, nicht sonderlich helfen und bestrafen im Gegenteil unter Umständen diese Bemühungen noch.

Manche Menschen hassen einfach Veränderung

Selbst wenn die Notwendigkeit der Veränderung wie ein Damoklesschwert über ihnen schwebt, reagieren manche Menschen wie Wild, das im Licht eines nahenden Autos gefangen ist. Sie wissen zwar, was sie tun müssen, aber sie haben zuviel Angst davor, sich zu bewegen. Vielleicht haben sie Angst davor, daß sie sich nicht an die neue Ordnung anpassen können oder daß sie in Zukunft härter arbeiten müssen.

Sie sind jedenfalls motiviert, realen Fortschritt zu blockieren, während sie die ganze Zeit über so tun, als würden sie ihn fördern. Nur wenn sich die Organisation so weit transformiert hat, daß sie die einzigartige Qualität der Leistung dieser Menschen unterstützt, können sie dafür gewonnen werden, auch die Leistung anderer zu unterstützen. Dann ist Veränderung nämlich nicht mehr so bedrohlich für sie wie zuvor. Das jedenfalls ist die Transformation, die wir nach unseren Seminaren in vielen, vielen Menschen gesehen haben – einschließlich vieler Konservativer im Unternehmen, die bekannt dafür sind, daß sie Veränderungen bekämpfen.

Die Angst vor Verantwortlichkeit

Bei manchen Menschen rührt die Angst weniger von der Aussicht auf Veränderung her, sondern von der Vorstellung der Verantwortlichkeit an sich. Die Gefahr, in die Falle zu gehen, schreckt sie davon ab, für etwas Verantwortung zu übernehmen; zu oft hat man ihnen schon das Gefühl gegeben, Dummköpfe zu sein. Und sie wollen nicht, daß das noch einmal passiert.

Solche Angst kann auch ohne äußeren Anlaß gegenwärtig sein. Noch von Kindheitserlebnissen herrührende Gefühle der Schuld und der Scham können das Selbstvertrauen eines Menschen ernsthaft untergraben. Und zwar besonders das Selbstvertrauen von Menschen, die in Lernsituationen aufgewachsen sind, in denen zu sehr die Fehler betont wurden.

Schließlich assoziieren viele Menschen Fehler mit Bestrafung. Da Fehler aber Teil des Forschungsprozesses sind (und manchmal notwendigerweise sein müssen), sollten sie als Lerngelegenheiten akzeptiert und geschätzt werden. Auf diese Weise hält der Selbstschutzreflex viele sonst hochkompetente Menschen davon ab, ihre Fehler zu untersuchen und wichtige Lektionen zu lernen. Wer will schon Verantwortung tragen, wenn diese nur Bestrafung nach sich zieht?

Selbst mit der Erlaubnis, Fehler zu machen, sind ängstliche Menschen verständlicherweise mißtrauisch und möglicherweise widerspenstig beim Aufgeben alter Gewohnheiten. Auch wenn die Bereitschaft vorhanden ist, lassen sich von Angst herrührende Gewohnheiten nur sehr schwer aufgeben. Hungernde müssen entsprechend einer sorgfältig überwachten Diät gefüttert werden, um wieder zu Kräften zu kommen. Entsprechend brauchen Menschen, die das Gefühl haben, ständig manipuliert worden zu sein, lange, um einem Management zu vertrauen, das sich zu einer Kehrtwendung entschlossen hat.

Die heimtückische Auswirkung des Leugnens

Allgegenwärtig in den Szenarien, die wir beschreiben, ist das Leugnen. Das Management behauptet steif und fest, die Dinge würden bombig laufen (es sei denn – natürlich – die Arbeiter taugen nichts und es seien keine effektiven Arbeitskräfte mehr verfügbar). „Warum bekommt man in die Jungs von der Herstellung partout nicht rein, daß sie die Anlagen abstellen sollen, wenn sie wissen, daß sie gleich zusammenbrechen?" fragte uns eine Führungskraft. Die Antwort lautet: Der Job muß einem etwas bedeuten, bevor man sich zu so etwas überreden läßt. Bis dahin wird sich der Geist fast ausschließlich auf die zu lochende Stempelkarte konzentrieren.

Während Manager öffentlich die Bemühungen ihrer Beschäftigten herabsetzen, klagen die Mitarbeiter im stillen und lassen ihre Unzufriedenheit gelegentlich sogar gegenüber Außenstehenden durchscheinen. Solange die Leute an der Spitze nicht hören, was die Spatzen von den Dächern des Unternehmens pfeifen, solange sie nicht beschließen, daß es an der Zeit ist, ein klares und ehrliches Bild von den Gefühlen der Beschäftigten und dem Einfluß des Managements auf die Beschäftigten zu entwickeln, gibt es so gut wie keine Hoffnung für das Unternehmen, der Kollision mit der Katastrophe zu entgehen.

Aber das Management entzieht sich diesen Dingen normalerweise und tut so, als wäre alles in Butter. Es wäre lächerlich, wäre es nicht so traurig, all die aufmunternden Worte, Motivationsposter und leeren Statements zur Unternehmensvision und -mission mitanzuhören und mitanzusehen, die eine Phantasie von Höchstleistung im Auge haben, die jeder längst als Witz entlarvt hat. Solche halbherzigen Maßnahmen verschlimmern die Situation nur, indem sie das Ungleichgewicht zwischen dem Soll- und dem Istzustand herunterspielen.

Was ist mit dem Management?

Wie Philip B. Crosby in seinem Buch *Quality is Free*[2] schreibt: „Wenn es um die Verantwortung für ein Unternehmen oder eine Funktion geht, muß man bereit sein, zuzugeben, daß einige der Probleme möglicherweise von denjenigen verursacht werden, die für das Management verantwortlich sind. Sonst wird nie gehandelt, um die Mißstände zu beheben."

Mit anderen Worten: Wenn Sie für etwas verantwortlich sind, sollten Sie davon ausgehen, daß Sie auch Fehler gemacht haben. Diese Fehler belasten die Menschen, die für Sie arbeiten, oder schüchtern sie ein – Sie sollten also herausfinden, welche Fehler das sind. Das kann schwierig sein, weil sich sehr viele Mitarbeiter entschließen, in heimliche Opposition zu allem zu gehen, was das Management tut, um ihnen Bauchschmerzen zu bereiten. Statt ihre Beschwerden offen vorzutragen, sind sie unter Umständen monatelang mimosenhaft sensibel. Und dabei war die Wurzel des Problems am Ende vielleicht nur ein unglückliches Mißverständnis, das leicht hätte geklärt werden können.

In Fällen wie diesem, wenn die Beschäftigten Angst davor haben, Ihnen zu sagen, womit Sie sie verletzt haben, müssen Sie unter Umständen einen Detektiv engagieren. Es schwirren viele Berater herum, die diese Rolle gerne übernehmen, aber wählen Sie keinen, der Ihnen nur nach dem Mund redet und dazu beiträgt, daß Sie die Augen weiter vor dem verschließen, was direkt vor Ihren Augen geschieht. Nehmen Sie jemanden, der Ihrer Gruppe die für eine offene Aussprache nötigen Kommunikationsfertigkeiten vermittelt. Um echte Kommunikation in Gang zu bekommen, müssen Sie die heimlichen Hintergedanken von der Tagesordnung absetzen – überhaupt den Eindruck, es gäbe heimliche Hintergedanken. Das ist manchmal eine echte Herausforderung.

Der Schlüssel: Verantwortung übernehmen

„Die eigentliche Schwierigkeit", fährt Crosby fort, „ist nie Verbesserung an sich. Sobald der Einzelne seine Position erkennt und anerkennt, kann er leicht besser werden. Bedauerlich an all dem ist nur, daß sich das so wenige von uns eingestehen."

Der Kern allen Erfolges am Arbeitsplatz ist normalerweise Verantwortlichkeit. Aber im gegenwärtig herrschenden sozialen Klima ist es nicht leicht, reflexiv an sich selbst heranzugehen. Besonders schwer fällt es, sich einzugestehen, was im eigenen Verantwortlichkeitsbereich vor sich geht. „CYA", eine Abkürzung für "Cover Your Anatomy" („Bedecke deine Weichteile"), ist das Motto für den größten Teil der

Unternehmens-Szene. Fehler werden verheimlicht und weg-erklärt und eitern dann so lange, bis das Problem so kritisch wird, daß es sich nicht länger unter den Teppich kehren läßt. In der Zwischenzeit ist der für das Zustandekommen einer solchen Unternehmens-Großwetterlage Verantwortliche meist schon über alle Berge, hat den Arbeitsplatz gewechselt und kann es sich leisten, das ganze Chaos aus der Ferne zu ignorieren.

Wie große Gruppen Verantwortlichkeit vermeiden

Einer von uns veranstaltete kürzlich ein Seminar in einem Fortune-100-Unternehmen und schnitt dabei das Thema Verantwortung an. Konsens der fünfundzwanzig, einen Querschnitt von 42.000 Beschäftigten repräsentierenden Teilnehmer war, das Übernehmen von Verantwortung sei ein netter Witz – *CYA* war schon so lange auf dem Vormarsch gewesen, daß es schließlich fast schon die Norm im Unternehmen war.

Gewohnheiten wie das Suchen nach Sündenböcken und Selbstgerechtigkeit steigern noch die Paranoia in Organisationen. Beide verbünden sich zu einer negativen Kraft, die das gesamte Arbeitsumfeld unterminieren kann. Langsam aber sicher betäuben beide die Fähigkeit der Beschäftigten, effektiv und effizient zu arbeiten: Sie zerstören sowohl die Fähigkeit, im Team zu arbeiten als auch die Fähigkeit, einander zu vertrauen.

Zwei Arten von Menschen

Wenn es um das Übernehmen von Verantwortung geht, gibt es grundsätzlich zwei Arten von Menschen. Die erste Sorte hat eine bemerkenswert gute Entschuldigung dafür, daß sie nichts tut – eine Entschuldigung, die durch und durch glaubwürdig ist und jeden davon überzeugt, daß eine bestimmte Sache absolut nicht zu schaffen sei. Die zweite Sorte Menschen hat möglicherweise eine ebenso triftige, überzeugende und akzeptable Entschuldigung, schafft es aber trotzdem, die Sache zu erledigen – selbst wenn das offensichtlich fast unmöglich ist. Einer von uns wartete beispielsweise einmal auf ein Paket, das über den New Yorker Hafen verschifft worden war. Das Problem war, daß sich das Paket irgendwo in einem gigantischen, etwa 3 Meter hohen und 4 Kilometer langen Stapel völlig gleich aussehender Pakete befand, die alle wegen eines Streiks der Hafenarbeiter liegengeblieben waren. Aber allen Unkenrufen zum Trotz gelang es schließlich dem Chef vom Dienst, der wußte, wie dringend das Paket benötigt wurde, es zu finden.

Zu dieser zweiten Sorte Mensch sollte wohl nach dem Wunsch eines jeden Unternehmens, das sich selbst respektiert, jeder Beschäftigte gehören.

Organisations-Verantwortlichkeit

Aber um eine solche Ausnahmeloyalität zu erreichen, muß eine Organisation, weit entfernt davon, die mutwillige Mißachtung sowohl menschlicher wie geschäftlicher Werte zu zementieren, ein Gefühl für Verantwortlichkeit zeigen, das ihre gesamte Struktur durchdringt. Diese Organisations-Verantwortlichkeit ist viel mehr als nur Public Relations. Sie können die Konsistenz der Leistung einer Organisation verifizieren, wann immer Sie wollen, indem Sie darauf achten, wie sich diejenigen verhalten, die mit der Organisation zu tun haben. Sie können diese Konsistenz sehen, wenn der UPS-Mann an der Tür klingelt oder wenn Sie Ihre Bestellung bei McDonalds aufgeben. Sie wissen immer genau, welche Qualität Sie erhalten werden.

Diese zweite Art der Verantwortlichkeit auf der Ebene der Organisation ist natürlich unmöglich ohne die erste Art der Verantwortlichkeit auf der Ebene des Einzelnen. Organisations-Verantwortlichkeit ist jedoch die machtvollere der beiden, weil sie eine systematische Methode ist, jeden Beschäftigten auf das gleiche hohe Niveau zu bringen. Eine solche Organisation adelt häufig geradezu die Menschen, die für sie arbeiten. Die Menschen ihrerseits reagieren darauf mit einem enormen Gefühl der Loyalität für das Team, an dem sie teilhaben.

Was ist eigentlich Ihr Wort wert?

Ein guter Ruf in Sachen Verantwortlichkeit kommt nicht einfach frei Haus. Einen solchen Ruf erwirbt man mühsam mit der Zeit, indem man lernt, eine präzise Glei-

chung zwischen Wort und Tat aufzustellen. Außerdem muß man alle Zusagen einhalten, die nötig sind, um die Gewißheit zu vermitteln, daß auch wirklich etwas
geschieht, wenn man sagt, daß etwas geschieht. Zu viele Leute meinen, sie könnten
sagen, was sich gerade gut anhört, und sich über die Konsequenzen erst später den
Kopf zerbrechen. Aber wahre Verantwortlichkeit erfordert Engagement. Verantwortlichkeit ist das Resultat einer langen Reihe von Erfahrungen, durch die man
lernt, die Realität zu akzeptieren und allmählich zu verstehen, welche Rolle man
selbst dabei spielt, diese Verantwortlichkeit Realität werden zu lassen.

Verantwortlichkeit dieser Art ist häufig nur mit „Buchführung" möglich, weil
man nicht mehr richtig bemerkt, was man gewohnheitsmäßig tut. Ich wurde von
meinem Arzt aufgefordert, eine Woche lang über alles, was ich aß, Buch zu führen.
Also lief ich ständig mit einem kleinen Notizbuch herum, und sobald ich auch nur
eine Handvoll Kartoffelchips zu mir nahm, notierte ich das. Am Ende der Woche
sah mein Bild von meinen Eßgewohnheiten völlig anders aus als das Bild, das ich
vorher gehabt hatte. Ich begann, lange darüber nachzudenken, was ich tun wollte,
um meine Eßgewohnheiten zu ändern.

Interessanterweise wollte der Arzt meine Auflistung nie sehen, und ich drängte
sie ihm auch nicht auf. In diesem Fall genügte die Erfahrung des Buchführens, um
zu vermitteln, was mein Arzt mir sagen wollte.

Organisationen sind voller Nadelöhre und Flaschenhälse, die schließlich nicht
mehr bemerkt werden. Buchführen über die real existierende Unternehmenswirk-
lichkeit wird häufig zeigen, daß gute Absichten allein nicht genügen. Um die Arbeit
ordentlich zu erledigen, muß jeder Aspekt des Prozesses bewußt wahrgenommen
werden.

Der Impuls, sich vor Verantwortung zu drücken

Nur zu oft wird Verantwortlichkeit als etwas angesehen, das mehr für andere als für
einen selbst gilt. Dennoch ist es erstaunlich, wie frei man sich fühlt, wenn man
weiß, daß man sich für das, was man tut, persönlich verantwortlich machen kann.
Besser noch, man weiß, daß man Teil einer Organisation ist, die garantieren kann,
daß sie auch selbst Verantwortung übernimmt.

Trotzdem scheuen die meisten Menschen immer noch die Frage: „Welche meiner Handlungen behindern den Erfolg dieser Organisation?" Sie tun lieber so, als wäre alles der Fehler irgendeines allmächtigen Drahtziehers im Hintergrund oder der Fehler einer Gruppe oder des Systems an sich. Ebensowenig sehen die meisten von uns der Möglichkeit ins Gesicht, daß wir davon profitieren könnten, einige Dinge anders zu machen als bisher.

Das Verhalten, das wir an anderen beobachten, läßt sich demnach in drei große Schubladen einordnen: Übernehmen von Verantwortung, Suchen von Sündenböcken und Rechtfertigen des eigenen Standpunktes.

Verantwortung erfordert, daß man den Implikationen des eigenen Verhaltens geradewegs ins Auge sieht; die anderen beiden Wege sind Versuche, die schlechten Gewohnheiten abzuschütteln, ohne sich ihnen wirklich zu stellen.

Verantwortung suggeriert, daß man eine aktiv führende Rolle dabei übernimmt, die Dinge so zu gestalten, wie sie sein sollen. Ihre Verwandte, die Verantwortlichkeit, ist die Bereitschaft, zu sagen, was geschehen ist und was getan werden kann, um es wieder in Ordnung zu bringen. Beide müssen die Organisation so sehr durchdringen, daß sie persönliches Anliegen aller Beteiligten und nicht nur einiger weniger werden.

Der Lohn der Verantwortlichkeit

Was können wir erwarten, wenn ein Mensch oder ein System lernt, stets verantwortlich zu handeln?

Selbstbestätigung und Anerkennung (deutlich zu erfahren, daß die eigene Leistung wertvoll ist und geschätzt wird) – dies beinhaltet sowohl das „Selbst" des Individuums wie auch das „Selbst" des ganzen Systems. Dies ist die Gelegenheit, sich selbst und seiner Gruppe zu berichten, was man erreicht hat. Selbstbestätigung ist ein Feiern des Erreichten, bei dem die eigenen Leistungen eine zentrale Rolle spielen. Verantwortlichkeit führt also zu Belohnung und Anerkennung.

Dadurch, daß man es sich angewöhnt, für die eigenen Handlungen einzustehen, weiß man beim Aufbauen einer Lernkultur, in der die Menschen positiv auf Situationen reagieren, was man braucht, um sich zu verbessern. Darüber hinaus bringt einem diese Gewohnheit Anerkennung für die eigenen Leistungen ein. So, als würde man seinen Kontostand bei der Bank verfolgen, mit besonderem Augenmerk auf dem eigenen Guthaben, das kontinuierlich wächst. All dies stärkt das eigene Selbstvertrauen noch weiter, weil es das System stärkt, an dem man teilhat.

Ein Zuwachs an Leistungsfähigkeit für jeden – Klarheit ist Macht. Verantwortlichkeit ermöglicht Klarheit über das, was während der Arbeit passiert. Wenn jeder sich darüber klar ist, werden die Art Überraschungen und unsanftes Erwachen, die in einer Atmosphäre allgemeiner Hilflosigkeit münden, der Vergangenheit angehören. Niemand muß dann noch mit der nagenden Angst davor leben, daß entdeckt wird, was so lange angestrengt geheimgehalten wurde. Wenn man weiß, daß man für Ferngespräche mit seiner besseren Hälfte nicht das Bürotelefon benutzen sollte und das auch respektiert, braucht man nicht zu befürchten, daß einem jemand die Karriere ruiniert, weil man moralisch zur Verantwortung gezogen wird.

Ein Zuwachs an persönlicher Integrität – Persönliche Integrität kann in jeder Organisation zum Problem werden – und wie jeder weiß, läßt sich persönliche Integrität nicht per Gesetz verordnen. Aber die Kultur der Organisation – das Maß, in dem individuelle Verantwortlichkeit respektiert wird – kann viel zur Er- oder Entmutigung persönlicher Integrität beitragen. Eine Kultur, die persönliche Verantwortlichkeit und Verantwortung anerkennt und belohnt, fördert mit wesentlich größerer Wahrscheinlichkeit Integrität als eine Kultur, die Angst und ausweichendes Verhalten inspiriert.

Eine solche Klarheit ist für die kontinuierlichen Feineinstellungen, die vorgenommen werden müssen, um ein Projekt in der Spur kontinuierlichen Fortschritts zu halten, lebenswichtig. Verantwortlichkeit trägt dazu bei, das Projekt auf dem neuesten Stand zu halten, fern von den Fallen exzessiver Bequemlichkeit und Selbstzufriedenheit. Wenn man Problembereiche nicht geheimhält, sondern routiniert angeht und korrigiert, weiß man, daß man sich mit voller Integrität auf eine Lösung zubewegt – auf eine vollgültige Lösung des Problems, für dessen Lösung man bezahlt wird. Eine solche Klarheit ist eine Schlüssel-Zutat, um Projekte vor dem frühzeitigen Einschlafen zu bewahren.

Werden die Gewohnheit, verantwortlich zu handeln und die Menschen, die sich für diese Gewohnheit engagieren, deutlich ermutigt, dann wird sich die Energie wechselseitiger Kooperation unter den Arbeitern kontinuierlich selbst erneuern. Ergebnis ist eine selbst-motivierende Synergie, die ihre eigene positive Kraft generiert. Das wird natürlich erst dann geschehen, wenn Angst und Bedrohung aus dem System ausgemerzt sind.

Die Wurzeln der Qualität

Was hier auf dem Spiel steht, ist **kontinuierlicher Fortschritt**, kontinuierliche Verbesserung – die gewohnheitsmäßige Erwartungshaltung einer Organisation und der Einzelnen in der Organisation, daß sich alles, absolut alles verbessern läßt und daß der Prozeß des Verbesserns einer der interessantesten, herausforderndsten und erhebensten Prozesse ist, an denen man teilnehmen kann.

In den Vereinigten Staaten haben leider viel zu wenige Menschen größere Erfahrung damit, so zu denken. Das Problem beginnt in der Schule, wo von uns verlangt wird, unsere Arbeit rechtzeitig fertigzubekommen und zu lernen, was wir alles falsch gemacht haben. Selten verlangt man von uns, daß wir unsere Arbeit solange neu machen, bis sie uns gelungen ist. Nur in dem außerschulischen „Firlefanz" unserer akademischen Erfahrungen erleben wir uns in Situationen, die uns ermutigen, in diesen Begriffen zu denken.

Wo kontinuierlicher Fortschritt ernstgenommen wird

Kontinuierlicher Fortschritt wird beispielsweise häufig beim Training von Leichtathletik-Mannschaften sowie beim Musik-, Schauspiel- und Kunstunterricht erzielt, aber fast nie bei den schulisch-akademischen Mainstream-Aktivitäten. Auf dem Fußballfeld oder im Kunstraum arbeitet man Stunden, Tage, Wochen, Monate und Jahre an der Verbesserung der eigenen Fertigkeiten und prägt dabei seinen persönlichen Stil aus.

Im akademischen Klassenzimmer dagegen ist diese Einstellung höchstwahrscheinlich nicht zu Hause. Selbst Fertigkeiten wie Lesen und Schreiben sollen sich unter Umständen entwickeln, in denen selten verstanden wird, wie Schüler eigentlich arbeiten. Aber jeder Schüler, der durch das Überdenken seiner Handlungen effektiver werden will, benötigt dieses Wissen.

Wie Orchester und Fußballteams Erfolg haben, wo der Schulunterricht versagt

In ihrem Buch *Organizational Learning: A Review of the Literature with Implications for HRD Professionals* erläutert Prof. Nancy M. Dixon diesen Punkt mit einigen interessanten Beispielen. Der Erfolg eines Orchesters oder Sportteams hängt zwangsläufig von der Leistung des gesamten Teams ab, nicht nur von der Leistung isolierter Individuen. Darüber hinaus teilt und bewahrt die Organisation Wissen, Fertigkeiten, Einstellungen – eine Kultur – auch, wenn individuelle Mitglieder kommen und gehen. Trotzdem verinnerlichen Individuen diese Kultur und erfüllen sie mit Leben, wenn sie funktionierende Teilnehmer der Gruppe werden.

Prof. Dixon zitiert einen weiteren Beobachter, der bemerkt: „Jedes Individuum muß ein Bild des kooperativen Systems erzeugen, das auf seine Leistung angewiesen ist. ... Intelligentes Handeln ist auf eine kontinuierliche Neuabstimmung individueller Verhaltensweisen angewiesen, jeweils ein Individuum im Bezug zum anderen. Die Organisation der Individuen hängt wiederum von dem Bild des übergreifenden Systems ab, das sich jeder Einzelne macht. In diesem Sinne existiert die Organisation in den Köpfen ihrer Mitglieder.“[4]

Den Startpunkt markieren

Wie kann sich eine Organisation selbst auf den Weg zu größerer Verantwortlichkeit und all den Belohnungen machen, die Verantwortlichkeit mit sich bringt? Man kann nicht einfach ein Team aufstellen und ihm die Anweisung geben, die Unternehmenskultur zu transformieren, so wie man ein Team anweist, die Wände neu zu streichen. Wie wir zu Beginn dieses Kapitels sagten, besteht der erste Schritt in einer ehrlichen und angstfreien Bestandsaufnahme des Betriebsklimas und der Unternehmenskultur. Man muß ein klares Bild der gegenwärtigen Realität bekommen, bevor sich diese Realität in etwas anderes transformieren läßt.

Robert Frost bemerkte, daß ein Schüler jemand ist, der irgendwo ist und irgendwoanders hin will. Entsprechend muß eine Organisation, die lernen will, sich kontinuierlich zu verbessern und innovativ zu werden, wissen, wo sie steht und wohin sie gehen möchte. Und zwar: *synergetisch* wissen, sonst ist das Wissen nutzlos.

Die Leute an der Spitze müssen es tun

Wenn sich die Organisation verändern soll, müssen sich die Einzelnen verändern. Und wenn die Veränderung für die Einzelnen von Dauer sein soll, müssen sich alle verändern. Es hat also keinen Sinn, den Anfang für die Transformation Ihrer Organisation in eine Lernende Organisation zu machen, solange die Führungsetage sich nicht freiwillig für entscheidende Veränderungen meldet. Am Anfang ihres Artikels *A Winning Team Begins With You* beschreibt Therese Walter das Verhalten eines Chefs folgendermaßen:

> Anläßlich des jährlichen Quality-Meetings bei Milliken & Co. stieg Roger Milliken vor 300 Managern auf einen Stuhl, hob seine rechte Hand, forderte die Anwesenden auf, ebenfalls ihre Hände zu heben, und sagte: „Sprechen Sie mir nach: *Ich werde zuhören. Ich werde den Boten nicht erschießen. Ich erkenne an, daß das Problem das Management ist.*[5]

Ron Heidke, damals Verantwortlicher für die Fertigung bei Kodak, zeigte aufgeklärtes Management-Verhalten, als er zu den *Learning Leaders* (dem Team sich selbst leitender Führungskräfte bei Kodak, das wir in innovativen Ausbildungstechniken ausgebildet hatten [siehe Schritt Sechs]) sagte:

> Ihre Aufgabe ist es, Ihr eigenes Unternehmen zu schaffen. Sie müssen ein exzellentes Produkt kreieren. Sie müssen Ihr Produkt den einzelnen Abteilungen, die es brauchen, verkaufen, indem Sie die jeweilige Abteilung vom Wert Ihres Angebotes überzeugen. Sie müssen Ihr Geschäft so organisieren, daß es profitabel ist.
>
> Ich könnte die Abteilungen zwingen, den von Ihnen angebotenen Kurs zu belegen, aber das wäre keine gute Idee. Ich will, daß es ein Bedürfnis nach der exzellenten Qualität des von Ihnen geschaffenen Produktes gibt. Ich weiß, daß dieses Bedürfnis da ist. Ich weiß, wie gut Sie sein können, und ich habe vor, Sie zu unterstützen. Aber ich werde Ihnen die Arbeit nicht abnehmen. Sie sind ein sich selbst leitendes Team, und Sie werden es selbst schaffen.

Und dann begannen sie das erfolgreichste und effizienteste Team seiner Art in Eigenkompetenz in der gesamten Geschichte von Kodak zu werden, ein Tribut an die brillante Planung, die Heidke zum Projekt beigesteuert hatte.

Gute Manager sind alle verschieden und alle gleich

Entsprechend nimmt ein guter Manager nicht selbst in die Hand, daß etwas geschieht – und sollte es wahrscheinlich auch nicht tun. Ein guter Manager sollte tun, was auch eine gute Mutter tut: dasein, zuhören, begleiten, lehren und im tiefsten Innern glauben, daß die eigenen Mitarbeiter zu Höchstleistungen fähig sind. Manche Mütter gehen stark aus sich heraus, manche sind eher stille Typen, aber alle guten Mütter verfügen über vollständige Integrität in ihrer Art, Mutter zu sein. Das gleiche gilt für gute Manager. Glauben Sie an die hohe Qualität Ihrer Mitarbeiter, und glauben Sie an die Brillanz dessen, was Ihre Mitarbeiter erzielen können. Lassen Sie Ihre Mitarbeiter wissen, daß Sie an sie glauben. Dann werden sie Ihre Erwartungen auch erfüllen.

Das ist die Art Inspiration, die das Topmanagement geben muß, wenn der Zehn-Schritte-Prozeß funktionieren soll. Das Management kann dazu auf Stühle klettern, von den Dächern rufen, sich auf viele andere Arten allgegenwärtig und unbeliebt machen und dabei im Grunde nur sagen, daß es das Programm 100%ig mittragen wird und daß niemand dafür den Kopf hinhalten muß. Oder es kann sehr ruhig, sehr besonnen und zuversichtlich wie beispielsweise Ron Heidke bekanntgeben, daß Höchstleistung und Qualität erwartet werden und daß das Team jede Unterstützung vom Topmanagement bekommt, um die Vorgaben des Teams Wirklichkeit werden zu lassen.

Alles andere als – in welchem Stil auch immer gegebene – totale Unterstützung wird den Zehn-Schritte-Prozeß nur zu einer weiteren Mode, zum nächsten letzten Schrei machen, zu einem Hirngespinst mehr, das nicht funktioniert. Dann wird sich das Management den Kopf kratzen und nach jemand anderem Ausschau halten, so wie die Alchemisten in alten Tagen nach dem Stein der Weisen fahndeten. Das Problem ist nur, daß wir nicht mehr genug Zeit haben, um weiterhin halbherzig Ansätze auszuprobieren, die auf ein Scheitern hinauslaufen. Dafür dreht sich die Welt heute zu schnell.

Greifen Sie zum Feuerzeug

Wenn Sie Ihre Organisation also vom Abstellgleis herunterholen und in eine Lernende Organisation verwandeln wollen, dann machen Sie dem Boß (besonders, wenn das zufälligerweise Sie sein sollten) Feuer unter dem Hintern und bestehen Sie darauf, daß alles, was auf das Unternehmen zukommt, zuerst an der Spitze

modelliert wird und daß der ganze Prozeß mit vollständiger Integrität abläuft –
denn mit Lippenbekenntnissen allein scheitern garantiert alle Prozesse, Projekte
und Programme.

Ein Freund aus der Fertigung beklagt sich bei uns schon seit ewigen Zeiten über
das Quality-Programm in seiner Abteilung. „Ich engagiere mich persönlich für
Qualität", sagt er. „Ich glaube, daß Qualität das Wichtigste ist, was wir machen
können. Aber für die Jungs, die das Programm fahren, ist Qualität nur ein Witz. Sie
geben Erklärungen ab und richten sich selbst nicht danach. Die glauben anscheinend, sobald die was sagen, springen wir automatisch. Aber wenn wir nicht
springen, zucken die bloß die Achseln und tun so, als wäre nichts geschehen." Weil
sich unser Freund für das Programm engagierte und wollte, daß es funktionierte,
schmerzte ihn das persönlich sehr. Entsprechend nahm er dem Management die
Gleichgültigkeit, mit der es vorging, zutiefst übel.

Erforderlich ist also das Engagement des Topmanagements, alles zum Besseren
zu wenden, damit die neue Art des Managements für alle Vorbild für die
Veränderung sein kann. Nur wenn das Topmanagement bei Veränderungen mit
gutem Beispiel vorangeht, fühlen sich auch alle anderen inspiriert, ihm nachzuei-
fern. Außerdem muß die Veränderung von oben real und glaubwürdig sein, oder
die gesamte Organisation wird sie als hohl und oberflächlich von der Tagesordnung
streichen. So gesehen muß im Topmanagement die Begabung eines Top-
Footballtrainers, eines großen Schauspielers oder eines begnadeten Verkäufers vorhanden sein. Das Management muß überzeugend und glaubwürdig von Herzen
sprechen. („Wieso ich, wenn die nicht?" wird in „Wenn es für die gut genug ist,
dann sollte es auch gut genug für mich sein" umgeformt.) Aus diesem Grund ist der
Qualitätsexperte Chuck Roe der Ansicht, daß der Boß der Cheftrainer im Geschäft
sein muß.

Die Unternehmensbeurteilung

Bis hierhin waren unsere Beobachtungen notwendigerweise recht allgemein und
abstrakt. Nun kommt Ihre Chance, und gleichzeitig die Einladung an Sie, unsere
Beobachtungen zu konkretisieren und auf Ihre eigene Organisation anzuwenden.
Wir nennen diesen Prozeß „Beurteilung der Lernenden Organisation".

Die folgenden sechsunddreißig Aussagen lassen sich als zumindest partielle Beschreibung einer Lernenden Organisation und der mit ihr verknüpften Einstellungen und Verhaltensweisen lesen. Diese Beurteilung erfordert von Ihnen, daß Sie sich Gedanken über die gegenwärtige Realität Ihrer Organisation oder einer ihrer Unterorganisationen machen und ein Urteil darüber fällen, wie gut jede der Aussagen diese Realität beschreibt.

Ihr Urteil wird natürlich subjektiv ausfallen, und vielleicht stellen Sie fest, daß schon die Aussagen Definitionsfragen aufwerfen. Nichtsdestotrotz gehen wir davon aus, daß es niemandem schwerfallen sollte, diese Beurteilung durchzuführen. Wir wären sogar überrascht, wenn Sie diese Aktivität nicht sowohl einfach als auch interessant finden würden.

Wenn Sie meinen, daß die Aussagen zu mehr Fragen als Antworten führen, dann ist das hervorragend. Diese Fragen werden sich höchstwahrscheinlich als sehr produktiv erweisen. Wir schlagen vor, daß Sie diese Fragen vor Augen behalten, während Sie alle zehn Schritte durchgehen. Vielleicht haben Sie das Gefühl, daß Ihre Organisation oder Abteilung, verglichen mit einer anderen, höher bewertet werden sollte, als Ihre Beurteilung nahelegt. Auch das ist hervorragend. Aber im Augenblick bitten wir Sie nur um Ihre persönliche Meinung über Ihr jetziges Umfeld.

Es liegt in der Natur individueller Beurteilungen, daß sie unterschiedlich ausfallen, und diese Unterschiede können sehr lehrreich sein. Entsprechend werden wir Methoden vorschlagen, wie sich die Unterschiede, die sich unter Einzelnen und verschiedenen Gruppen innerhalb der Organisation ergeben, zur Beurteilung Ihres Unternehmens als einer Lernenden Organisation nutzen lassen und wie diese Unterschiede der Organisation als ganzer helfen, bessere Entscheidungen darüber zu treffen, was verändert werden soll und wie.

Beurteilung der Lernenden Organisation

Bitte beantworten Sie die folgenden 36 Fragen, indem Sie für jede Frage aus einer Bewertungsskala von 1 bis 5 die zutreffendste Antwort eintragen:

> 1 = *überhaupt nicht*
> 2 = *in geringem Maße*
> 3 = *mäßig*
> 4 = *in hohem Maße*
> 5 = *in sehr hohem Maße*

Die gegenwärtige Realität in meiner Organisation sieht folgendermaßen aus:

____ 1. Es herrscht eine Atmosphäre, in der die Beschäftigten frei untereinander austauschen, was sie gelernt haben. Es gibt keine Angst, keine Drohungen und kein Nachspiel, wenn nicht alle einer oder einmal einzelne anderer Meinung sind.

____ 2. Fehler von Einzelnen oder Abteilungen werden in konstruktive Lernerfahrungen umgewandelt.

____ 3. Allgemein hat man das Gefühl, daß es immer möglich ist, einen Weg zu finden, etwas noch besser zu machen.

____ 4. Vielfältige Standpunkte und offene, produktive Debatten werden gefördert und kultiviert.

____ 5. Experimentieren wird gebilligt und gutgeheißen. Experimentieren ist eine Art, Geschäfte zu machen.

____ 6. Im gesamten System werden Fehler deutlich als positive Chancen für Wachstum gesehen.

____ 7. Es besteht die Bereitschaft, alte Muster aufzubrechen, um mit unterschiedlichen Ansätzen zur Organisation und Erledigung der täglichen Arbeit zu experimentieren.

____ 8. Die Managementpraktiken sind innovativ, kreativ und nehmen Risiken in Kauf.

____ 9. Das Arbeitsklima verbessert sich zusehends.

___ 10. Es gibt formelle und informelle Strukturen, die die Beschäftigten ermutigen, sich mit ihren Arbeitskollegen und der übrigen Organisation darüber auszutauschen, was sie gelernt haben.

___ 11. Man hat den Eindruck, Zweck der Organisation sei es, zu lernen und Probleme zu lösen.

___ 12. Auf allen Ebenen der Organisation wird Lernen erwartet und gefördert: Management, Beschäftigte, Supervision, Gewerkschaft, Aktionäre, Kunden.

___ 13. Die Beschäftigten haben einen Überblick über die Organisation als ganze, über ihren Spezialbereich und ihre spezielle Funktion hinaus, und stimmen ihre Arbeitsabläufe auf diesen Überblick ab.

___ 14. Es finden „Was haben wir gelernt"-Sitzungen statt, die so geleitet werden, daß sie zu deutlichen, konkreten und dauerhaften strukturellen und organisatorischen Veränderungen führen.

___ 15. Managementpraktiken, -handlungen, -politik und -prozeduren, die das kontinuierliche Wachstum der Beschäftigten und der Organisation behindern, werden obsolet und durch funktionsfähige Systeme und Strukturen ersetzt.

___ 16. Es wird kontinuierliche Verbesserung erwartet; man ist empfänglich für kontinuierliche Verbesserung.

___ 17. Jedem Beschäftigten stehen eine bestimmte Anzahl von Trainings- und Schulungsstunden pro Jahr zu.

___ 18. Auf allen Ebenen wird die Belegschaft konkret an relevante und wertvolle Schulungs- und Lerngelegenheiten herangeführt, sowohl innerhalb als auch außerhalb der Organisation.

___ 19. Es wird erwartet, daß regelmäßig funktionsübergreifende Lerngelegenheiten stattfinden, so daß alle Beschäftigten die Funktion der anderen Beschäftigten mit unterschiedlichen, aber ähnlich bedeutsamen Aufgaben verstehen.

___ 20. Vom mittleren Management wird erwartet, daß es dafür sorgt, daß der Lernprozeß flüssig und glatt durch die gesamte Organisation verläuft.

___ 21. Das Unerwartete wird als Lerngelegenheit gesehen.

____ 22. Die Beschäftigten streben danach, sowohl ihre eigene Kompetenz als auch die der ganzen Organisation zu erhöhen.

____ 23. Systeme, Strukturen, Politik und Prozeduren der Organisation sind auf Anpassungsfähigkeit, Flexibilität und Sensibilität für interne und externe Stimuli ausgelegt.

____ 24. Selbst wenn das Umfeld der Organisation momentan kompliziert, chaotisch, in ständiger Bewegung ist, entsteht keine Überlastung.

____ 25. Es gibt einen gesunden, verkraftbaren, lernfördernden Streßlevel.

____ 26. Kontinuierliche Verbesserungen werden sowohl praktiziert als auch gepredigt.

____ 27. Der Unterschied zwischen Training/Schulung und Lernen wird deutlich verstanden (Trainings und Schulungen lassen sich durchaus ohne Lerneffekt veranstalten).

____ 28. Die Beschäftigten werden ermutigt und mit den erforderlichen Ressourcen ausgestattet, um sich selbst anleitende Lerner zu werden.

____ 29. Es gibt ein formelles, kontinuierliches Schulungsprogramm, das das mittlere Management auf seine neue Rolle als Lehrer, Coachs und Führungskräfte vorbereitet.

____ 30. Das Erkennen sowohl des eigenen Lernstils wie auch der Lernstile von Mitarbeitern dient der Verbesserung der Kommunikation und des Lernniveaus der Organisation als ganzer.

____ 31. Das Management ist sensibel für Lernen und Unterschiede in der persönlichen Entwicklung der Beschäftigten. Das Management nimmt wahr, daß die Beschäftigten dazulernen und ihre jeweilige Situation auf mannigfache Weise verbessern.

____ 32. In den beruflichen Terminplänen der Beschäftigten ist genügend Zeit eingeplant, um von Zeit zu Zeit einen Schritt Abstand von den täglich anfallenden Arbeiten zu nehmen und zu reflektieren, was in der Organisation vor sich geht.

____ 33. Entscheidungsverantwortung und Ressourcen werden absichtsvoll verteilt, um einen deutlichen und anhaltenden Lerneffekt zu erzielen.

____ 34. Teams werden für ihre innovativen und paradigmen-brechenden Problemlösungen anerkannt und belohnt.

___ 35. Das Management entwickelt beachtliches Geschick beim Sammeln
von Informationen und bei der Entfaltung seiner Fähigkeiten, mit an-
spruchsvollen und wechselnden Managementsituationen schrittzu-
halten.

___ 36. Die Manager versetzen ihren Stab in die Lage, sich selbst zu entfalten
(„Selbstenwickler" zu werden) und zu lernen, bessere Leistung zu er-
bringen.

Auswerten der Ergebnisse

Die Resultate der Beurteilung der Lernenden Organisation können auf vielfältige
Weise zusammengefaßt, analysiert und genutzt werden. Die schnellste Methode
stellt die Ermittlung eines einfachen Ergebnis-Durchschnitts dar, wie Sie ihn erhalten, wenn Sie die Summe aller Bewertungen durch 36, die Anzahl der Aussagen,
dividieren. Dieser Durchschnitt zeigt auf einer Skala von 1 bis 5 den Grad an, mit
dem nach Ansicht des Ausfüllenden seine Organisation die Merkmale einer
Lernenden Organisation besitzt.

Nach unserer Erfahrung – und nach der Prämisse dieses Buches – weist eine
Lernende Organisation jedoch bestimmte, jeweils von einander unabhängige At-
tribute auf, die identifiziert und Schritt für Schritt entwickelt werden können. Deshalb haben wir eine Matrix (siehe Seite 56 und 57) konstruiert, die zeigt, in welcher
Beziehung die in der Beurteilung aufgeworfenen Anliegen zu dem Zehn-Schritte-
Prozeß stehen, der zur Entstehung und zum Erfolg einer Lernenden Organisation
führt.

So benutzen Sie die Matrix

Wir haben nicht versucht, die Beurteilungsmatrix der Lernenden Organisation zu
einem präzisen Meßinstrument zu machen.[6] Das wäre auf so knappem Raum und
mit so vielen individuellen Variationen beim Ausfüllen der Beurteilung auch gar
nicht möglich. Statt dessen soll die Matrix erstens einen Überblick über viele der

größten Probleme geben – und eine Diskussion über diese Probleme anregen –, die von jeder Gruppe auf ihrem Weg zu einer Lernenden Organisation angesprochen werden müssen. Zweitens zeigt die Matrix, welche der zehn Schritte auf die von den einzelnen Aussagen aufgeworfenen Fragen anzuwenden sind (und wo in diesem Buch der Leser problemrelevantes Material finden kann). Auch dies sollte nicht als fix und fertiger Fahrplan interpretiert werden, denn die Schritte lassen sich nicht isoliert implementieren. Drittens *weisen* die Resultate *darauf hin*, wo die Organisation (wie sie gegenwärtig von Einzelnen oder Gruppen innerhalb oder außerhalb gesehen wird) stark oder schwach ist und welcher der zehn Schritte ihr besonders guttun würde. Die Matrix kann, zu einem späteren Zeitpunkt erneut ausgefüllt, als Vergleichsmaßstab für das Messen von Veränderung dienen.

Mit diesen Relativierungen vor Augen kann der Leser die Matrix als eine Vorab-Übersicht und einen Fingerzeig auf einige der Höhepunkte des Zehn-Schritte-Prozesses nehmen. Das Ausfüllen geht leicht von der Hand: Tragen Sie in die weißen Kästchen der Matrix einfach Ihre Bewertungen ein, die zur linken der oben aufgeführten 36 Items stehen (bewertet von Einzelnen, einer Untergruppe oder der Organisation als ganzer). Wenn die Bewertung für das erste Item beispielsweise „2" ergab, wäre in den Spalten unter Schritt 3 und 4 eine „2" einzutragen. Anschließend wird die Organisationsbeurteilung des Ausfüllenden für jeden der Zehn Schritte ermittelt, indem die Summe der Zahlen in jeder Spalte gebildet und durch die Anzahl der weißen Kästchen in der betreffenden Spalte dividiert wird.

Aus den Unterschieden lernen

Wie wir bereits ausführten, können wir davon ausgehen, daß die Unternehmenskultur von verschiedenen Gruppen und Mitgliedern der Organisation unterschiedlich beurteilt wird. Genau das ist einer der größten Vorzüge der Beurteilung. Die Unterschiede in der Wahrnehmung können so bedeutsam sein wie die Wahrnehmungen selbst, denn sie erlauben scharfsichtige Einblicke in das, was in der Organisation wirklich vor sich geht – Einsichten, die zur Grundlage neuen Wachstums und neuer Stärke werden können.

Angenommen, die Beurteilung zeigt, daß das Topmanagement glaubt, die Beschäftigten hätten das Gefühl, sie könnten frei ihre Meinung sagen, während die Beschäftigten glauben, daß sie dadurch ihren Arbeitsplatz aufs Spiel setzen (Item 1). Ohne deshalb melodramatisch zu werden, kann man leicht erkennen, wie ein solcher Meinungsunterschied Arbeitsmoral und Produktivität drastisch senken könnte. Diese Uneinigkeit bietet der Organisation als ganzer eine wertvolle Gelegenheit, ihre Geschäftspolitik und ihre Prioritäten zu klären und sicherzustellen, daß Politik und Prioritäten vom Scheitel bis zur Sohle von den Mitgliedern der Organisation verstanden werden.

Ein entscheidender Teil der Beurteilung besteht also darin, sicherzustellen, daß diese Uneinigkeiten erkannt werden, und ihre Implikationen zum Nutzen der Organisation zu erforschen. Dies ist in der Tat ein lebenswichtiger Teil des Lernens, der die Organisation in eine Lernende Organisation transformieren wird. Die Beurteilung kann entscheidende Fragen beantworten und manche neue Fragen aufwerfen:

In welchem Spektrum bewegen sich die Einstellungen zu den einzelnen Themen des Fragebogens unter allen Mitgliedern der Organisation?

Wie verschiebt sich dieses Spektrum beim Übergang vom Topmanagement zum mittleren Management zu den Büroangestellten zu den Arbeitern zu den Kunden und zu den Verkäufern? Weiterhin: Wie unterscheiden sich die Beurteilungen in verschiedenen Abteilungen und Funktionen innerhalb der Organisation?

Wo bestehen die größten Meinungsunterschiede zwischen diesen Gruppen, und was läßt sich aus diesen Unterschieden lernen?

Die Ergebnisse veröffentlichen

Sobald die Beurteilung ausgewertet ist, können die Ergebnisse veröffentlicht werden, damit diese Informationen deutlich ausgesprochen und überall verstanden werden. Außerdem könnte ein zusammenfassender Bericht veröffentlicht werden, der die Essenz der Informationen über die ermittelte Unternehmenskultur darstellt. Alle Mitglieder der Organisation könnten anschließend ein weiteres Mal befragt werden, um den Grad ihrer Übereinstimmung mit der Zusammenfassung zu ermitteln.

Wir haben die Erfahrung gemacht, daß es gute Unternehmenspraxis ist, den Bericht nicht nur zu veröffentlichen, sondern ihn der gesamten Organisation oder Abteilung von externen Unternehmensberatern in einer Weise präsentieren zu lassen, die nach dem Verlesen jedes Abschnittes zu Fragen und Anmerkungen ermuntert. Das klärt nicht nur mögliche Mißverständnisse, sondern gibt auch jedem in der Organisation das Gefühl, ein besonders aktiver Teil des Beurteilungsprozesses zu sein.

Ein Bericht über die angestrebte Lernkultur

Die Ergebnisse der Beurteilung lassen sich schon effektiv nutzen, bevor sich ein Konsens über alle sich aus der Beurteilung ergebenden Problemfelder ergibt. Herrscht beispielsweise der Glaube, daß die gegenwärtige Unternehmenskultur Risikobereitschaft nicht genügend unterstützt, dann könnte man von Anfang an einen Bericht veröffentlichen, der sich mit diesem Thema beschäftigt und der sich dafür einsetzt, daß die neue Lernkultur Risikobereitschaft auf jeder Ebene fördert. Die Konzentration auf Bereiche, in denen Übereinstimmung herrscht, und das zeitweilige Ausklammern übertriebener Diskussion von Meinungsverschiedenheiten könnte helfen, die Menschen beim Erreichen gemeinsamer Ziele näher zusammenzubringen.

Der Bericht muß keinen fertigen Plan dafür liefern, wie das Ziel zu erreichen ist. Als Präsident Kennedy meinte, daß wir noch in diesem Jahrhundert auf dem Mond landen würden, hat er nicht so getan, als wisse er, wie wir das bewerkstelligen würden. Wenn das Ziel definitiv klar ist und von der ganzen Organisation getragen wird, können die dazu erforderlichen Mittel später entwickelt werden.

Es ist also weder nötig noch machbar, sich vor der Realisierung einiger Ziele auf eine vollständige Menge von Zielen zu einigen. Auch ohne vorherige, von allen mitzutragende endgültige Vision lassen sich in einer Organisation effektive Veränderungen erzielen. Fast alle Organisationen streben danach, zahlreiche allgemeine Qualitäten auszuprägen, wie bessere Kommunikation und Teamwork, die keine voll entwickelte als förderlich empfundene Vision erfordern.

Entscheidend für die Entwicklung zu einer Lernenden Organisation ist zu diesem Zeitpunkt jedenfalls nicht die Konzentration auf das Medikament, sondern auf die Diagnose. Wenn allgemein Einigkeit und Klarheit über die Beurteilung herrscht, ist die Organisation bereit, zu Schritt Zwei überzugehen.

Assessment-Matrix der Lernenden Organisation

1	2	3	4	5	6	7	8	9	10

Tragen Sie hier Ihr Assessment-Ergebnis für jedes Item ein	Items
	1. Man sagt frei seine Meinung
	2. Aus Fehlern wird gelernt
	3. Verbesserungsmöglichkeiten werden erkannt
	4. Unterschiedliche Sichtweisen werden ermutigt
	5. Experimente werden ermutigt
	6. Fehler sind Feedback
	7. Man ist bereit, neue Wege zu beschreiten
	8. Das Management geht Risiken ein
	9. Das Arbeitsklima verbessert sich
	10. Man lernt voneinander
	11. Die Organisation ist strukturiert fürs Lernen
	12. Auf allen Ebenen wird gelernt
	13. Bewußtheit über das jeweilige Spezialgebiet hinaus
	14. Es finden „Was haben wir gelernt"-Sitzungen statt
	15. Obsolete Praktiken werden abgesetzt
	16. Es werden Verbesserungen erwartet
	17. Man erwartet, daß die Beschäftigten weitergebildet werden
	18. Jeder erhält relevante Weiterbildung

Spaltenbeschriftungen (unten): Assessment · Positives fördern · sicheres Denken · Risiken eingehen · Menschen als Ressource · Lernpower · Vision verfolgen · Vision modellieren · Denken in Systemen · Get the Show on the Road

Die Beurteilungsmatrix der Lernenden Organisation kann nach dem Ausfüllen des Fragebogens zur Lernenden Organisation auf den Seiten 48 bis 51 erstellt werden. Übertragen Sie dazu in die weißen Kästchen links von den 36 Items das Ergebnis dieses Items aus dem Fragebogen (von einem Einzelnen, einer Untergruppe oder der

1	2	3	4	5	6	7	8	9	10	
Tragen Sie hier Ihr Assessment-Ergebnis für jedes Item ein										**Items**
										19. Es wird funktionsübergreifend gelernt
										20. Das mittlere Management hat eine Schlüsselrolle
										21. Vom Unerwarteten wird gelernt
										22. Es gibt das Verlangen, besser zu werden
										23. Die Systeme sind flexibel
										24. Es gibt keine Überlastung
										25. Der Streßlevel ist verkraftbar
										26. Es gibt echte Verbesserung, nicht nur Gerede
										27. Schulung heißt nicht unbedingt Lernen
										28. Die Lerner sind selbstgeleitet
										29. Das mittlere Management ist auf seine neue Rolle vorbereitet
										30. Lernstile werden erkannt und anerkannt
										31. Unterschiedliche Lernstile werden respektiert
										32. Man hat Zeit für Reflexion
										33. Ressource fürs Lernen
										34. Teams werden belohnt
										35. Manager halten mit Veränderungen Schritt
										36. Der Stab ist in der Lage, besser zu werden
										Gesamtergebnis
(10)	(11)	(15)	(13)	(14)	(19)	(6)	(9)	(9)	(7)	**Gesamtergebnis durch diese Zahlen teilen**
										Ergebnis-Durchschnitt

Organisation als ganzer ermittelt). Wenn beispielsweise das Ergebnis für das erste Item eine „3" war, ist eine „3" in die Spalten unter Schritt 3 und 4 einzutragen. Die Individual-, Gruppen- oder Gesamtbeurteilung der Organisation für jeden der zehn Schritte ermitteln Sie, indem Sie die Summe der Einträge in jeder Spalte ermitteln und sie durch die Anzahl der weißen Kästchen in der betreffenden Spalte dividieren.

Schritt 2
Fördern Sie das Positive

Nach dem Assessment aus Schritt Eins sollten Sie nun klarer – vielleicht sogar schmerzhaft klar – vor Augen haben, wo Ihr Unternehmen steht. Möglicherweise haben Sie auch vor Augen, wenn auch noch etwas verschwommen, wo Ihr Unternehmen stehen sollte. Jetzt ist nur noch zu klären, wie Sie von Ihrem derzeitigen Standort dorthin kommen.

Um den Wandel zu einer Lernenden Organisation in die Wege zu leiten, brauchen Sie keine neue Technologie in den Betrieb zu holen und auch keine Zauberformel. Der nächste Schritt ist, die Einstellungen der Menschen in Ihrer Organisation zu verändern; sie müssen lernen, positiv zu denken. Ohne die Realität zu leugnen, müssen die Beschäftigten ihre Perspektive wechseln: Das Glas sollte nicht als halbleer beschrieben, sondern als halbvoll gesehen werden. Gleichzeitig muß das Verhalten der Beschäftigten untereinander und gegenüber der äußeren Welt positiver und fördernder werden.

Wenn sich das wie eine unfaßbare und utopische Aufgabe anhört, dann bedenken Sie die folgende Geschichte:

Etwas verändern

Einer von uns kannte eine Studentin, die fasziniert war von ihrer Lektüre über Veränderung der Unternehmenskultur durch Modellieren – wie individuelle

Aktionen das Verhalten und die Kultur einer Gruppe verändern. Sie arbeitete damals bei McDonald's und beschloß zu prüfen, ob sie die dortige Unternehmenskultur verändern könne, ohne jemanden in ihren Plan einzuweihen.

Sie wollte ihren Arbeitsabläufen etwas hinzufügen – eine Handlung, die die Aufmerksamkeit der Menschen auf das lenken würde, was geschah, und dadurch auch auf das ganze System wirken würde. Sie traf eine brillante Wahl.

Immer, wenn Sie einem Kunden Wechselgeld zurückgab, nahm sie seine Hand in ihre linke und gab ihm mit ihrer rechten Hand das Wechselgeld. Das war eine sehr sanfte, schnell vollendete Berührung, ein Kontakt von Mensch zu Mensch, der den Kunden ein gutes Gefühl gab.

Nach einer Weile begannen die Kunden, die auf einmal eine undefinierbare Wärme beim Umgang mit ihr wahrnahmen, sich sogar dann vor ihrer Kasse anzustellen, wenn alle anderen frei waren. Ihre Mitarbeiter an den anderen Schaltern wollten natürlich wissen, was sie tat, um diese Reaktion hervorzurufen. Also demonstrierte sie ihnen schnell, wie sie das Wechselgeld zurückgab. Daraufhin gaben alle Verkäufer ihren Kunden das Wechselgeld auf diese neue Weise.

Das Restaurant war wie verwandelt. Die Burger und Pommes bestanden immer noch aus den gleichen Zutaten, es ging so fix wie immer. Vielleicht schien das Essen einfach besser zu schmecken. Mit Sicherheit verbesserte sich aber die Atmosphäre, und die Interaktionen unter den Beschäftigten wurden wärmer und anteilnehmender. Man hatte beinahe den Eindruck, überall würden Blumen aufblühen. Auch das Geschäft schien besser zu laufen.

Dann wurde ein neuer Manager in dieses Restaurant versetzt. Es dauerte nicht lange, bis er den Unterschied spürte. Trotz all seiner Erfahrung mit den Details der Arbeitsabläufe bei McDonald's konnte er nicht sagen, was gerade dieses McDonald's so von dem unterschied, das er gerade verlassen hatte. Die Ursache war zu geringfügig und subtil für ihn. Aber die Veränderung war deutlich und dramatisch.

Was ist die Botschaft?

Wir könnten dieser einfachen Geschichte mehrere moralische Botschaften entnehmen, aber wir wollen nur einige Punkte betonen, die für das Aufbauen einer Lernenden Organisation besonders relevant sind. Beim ersten Punkt geht es um die

Art von Veränderungen, die Menschen Spaß machen und dementsprechend am bereitwilligsten umgesetzt werden.

Warum wurde diese kleine Geste so schnell von den Kunden geschätzt und von den anderen Beschäftigten kopiert? Weil alle Beteiligten diese Geste als eine machtvolle und positive Veränderung auf der grundlegendsten, menschlichen Ebene erkannten. Die Botschaft in der Geste ließ sich in keine noch so tiefschürfenden oder sentimentalen Worte übersetzen. Trotzdem war sie unmißverständlich.

Eigentlich betraf diese Veränderung nicht die Arbeitsabläufe selbst. Wenn sie jemals Teil einer standardisierten Routine würde, würde sie mit fast hundertprozentiger Sicherheit ihre überzeugende Wärme und Spontaneität einbüßen und zu einer weiteren leeren, kommerzialisierten Geste verkommen – das „touchy-feely"-Äquivalent des oft mißbrauchten „Schönen Tach noch" oder des Jetzt-Froh-Grinsens auf diesen runden gelben und glücklichen Smiley-Gesichtern.

Für Belegschaft wie Kunden stellte diese Geste eine Veränderung nicht der Technik, sondern der Einstellung dar. Was vorher nur das Ende der Transaktion zwischen Kunde und Verkäufer war (das Herausgeben des Kunden-Wechselgeldes), wurde durch diese Geste in die Bestätigung einer zwar monetären, aber dennoch wichtigen Beziehung transformiert. Eine einfache Aufgabe wurde zu einer authentischen und konstruktiven menschlichen Interaktion umdefiniert.

Die Kunst des Umdeutens

So simpel und scheinbar unbedeutend es auch sein mag – hier haben wir ein Musterbeispiel für die Kunst beziehungsweise die Fertigkeit des Umdeutens. Das Umdeuten ist eine Methode, die Dinge in der Realität in einem neuen Licht zu betrachten. Dabei werden Fakten und neue Ideen herausgefiltert, wobei die positiven klarer und die negativen zwar nicht vergessen, aber nebensächlich werden.

Umdeuten ist, als würden Sie ein düsteres altes Gemälde in einen neuen Rahmen fassen – plötzlich können Sie seine reichen Farben und Schattierungen erkennen, bis schließlich sein machtvolles und positives Statement der Schönheit der abgebildeten Realität klar hervortritt. Wenn Sie etwas umdeuten, verändern Sie nicht die Situation selbst – nur die Qualitäten Ihres Denkens, die die Lage einkreisen und definieren.

In Schritt Eins haben wir Sie gebeten, sich auf eine Beurteilung der Lernkultur Ihres Unternehmens zu konzentrieren, da dies Ihre Aufmerksamkeit auf jene Bereiche lenkt, die verändert werden müssen. Jetzt kommt Ihre Gelegenheit, den Veränderungsprozeß in Gang zu setzen. Sie beginnen hier damit, alles Negative in Ihrer Beurteilung umzudeuten – nicht, indem Sie die aufgeworfenen Probleme lösen, sondern indem Sie in negativen Aspekten Chancen für Fortschritt erkennen. Wir haben schon in vielen Betrieben die Menschen davon überzeugt, nicht mehr von Fehlern, sondern statt dessen von Chancen für Verbesserung zu sprechen. Denn jede Krise ist in Wirklichkeit eine Chance, jeder Fehler eine potentielle Lernerfahrung. Und – gesunde – Angst ist Begeisterung, die das Positive in der aktuellen Herausforderung noch nicht entdeckt hat.

Um effektiv umzudeuten, ist eine positive Einstellung ein absolutes Muß. Wer ständig die Hände ringt und klagt, wie schlecht doch alles sei, kann über das Verbessern der Situation nicht einmal nachdenken. Aber verwechseln Sie diese Einstellung nicht mit blindem, realitätsverleugnendem Optimismus. Mit anderen Worten: Machen Sie sich bitte nicht die Einstellung eines überoptimistischen Blindgängers zu eigen, sondern sehen Sie die Realität mit anderen Augen – erkennen Sie die häufig verborgenen Chancen, die in einer Situation stecken, in der scheinbar alles gründlich danebengegangen ist.

Das positive Denken, das *wir* Ihnen nahelegen, zielt also in zwei Richtungen gleichzeitig: auf die gegenwärtige Realität und auf das positive Zielbild, das sich aus dieser Realität entwickeln läßt. Diese Doppelorientierung sorgt dafür, daß der Optimismus in der Realität verankert bleibt.

Unternehmensprüfung im Dunkeln

Die Nützlichkeit und Macht des Umdeutens haben wir erst kürzlich wieder lebhaft erfahren. In einem Unternehmen, mit dem wir arbeiteten, entstand in einer Gruppe ein Streit wegen einer Wirtschaftsprüfung des Unternehmens, die sie zu erstellen hatte. Die Prüfung diente der Erfüllung von Verwaltungsvorgaben. Die Mitglieder dieser Gruppe hielten diese Prüfung für reine Zeitverschwendung, weil die verlangten Informationen keinerlei Bezug zu ihrer Realität hatten. Der gesamte Nutzen der

Prüfung für das Unternehmen bestand darin, daß sie Mitarbeiter mit dem Ausfüllen von Formularen lahmlegte – Formulare, die schließlich nach Meinung der Gruppe in jenen Karteien enden würden, aus denen nie wieder etwas herauskommt.

Nachdem wir gemeinsam die Lage sondiert hatten, entdeckten wir, daß die Dinge nicht ganz so lagen, wie es anfangs den Anschein hatte. Gleich zu Beginn bemerkten wir, daß die Organisation ganz andere, auf einem Mangel an Kommunikation beruhende Probleme hatte.

„Wie wäre es, wenn Sie die Wirtschaftsprüfung als eine Methode zum Sammeln von Informationen sehen würden, die dem ganzen Unternehmen helfen, über alles, was geschieht, auf dem laufenden zu bleiben?" fragten wir.

Zuerst hielt niemand viel von dieser Idee. Als sie intensiver darüber nachdachten, begannen diese Manager jedoch die Dinge in einem anderen Licht zu sehen. Vielleicht ließe sich ein Prüfungsteam auf die Beine stellen, das alle benötigten Informationen sammeln und gleichzeitig damit zusammenhängende Informationen beschaffen könnte, die für jeden im Unternehmen von Wert wären.

Eine Unternehmensprüfung ist ein Hilfsmittel für die Entwicklung eines objektiven, quantifizierbaren Bildes der real existierenden Bedingungen in der Organisation, das hilft, bestehende Defizite auszugleichen. Ein Prüfungsteam könnte also innerhalb des Unternehmens eine zentrale Koordinierungsfunktion erfüllen, indem es dem Unternehmen hilft, seine diversen Abteilungen und Aktionen auf dem laufenden zu halten und jeden, der Bedarf hat, mit kontinierlichem Feedback zu versorgen. Ein Prüfungsteam könnte in vielerlei Hinsicht wie das Nervensystem funktionieren, das die Informationen zwischen den Aktionszentren überträgt und die ganze Operation dabei richtig koordiniert. Es könnte, kurz gesagt, das „Gehirn" der Organisation werden.

Das Schleifen des Diamanten

Als wir diesen Möglichkeiten weiter nachgingen, fingen die Leute an, munter zu werden. Sie begannen zu erkennen, wie ein Prüfungsteam ein lebenswichtiges Bedürfnis befriedigen könnte. Die matte Atmosphäre im Raum verwandelte sich schlagartig in ein kreatives Wetter. Jeder brachte Ideen ein, wie das Team arbeiten sollte. Das Brainstorming dauerte eine volle, erfrischende Stunde lang.

Eine Einsicht, die sich schnell herausschälte, war, daß das Prüfungsteam seinen Handlungsplan auf der Basis seiner Erfahrungen und Entdeckungen selbst entwerfen sollte. Das Aufstellen eines Teams ging auf diese Weise leichter vonstatten als anfangs erwartet.

Nach der Sitzung hatten wir das Gefühl, daß uns ein Durchbruch von großem potentiellem Nutzen gelungen war. Zu diesem Durchbruch war es gekommen, weil wir ein ermüdendes, altes Problem, mit dem niemand behelligt werden wollte, mit frischen, neuen Augen sahen. Das ist nur ein Beispiel für die Art Innovationen, die sich durch richtig eingesetztes Umdeuten erzielen lassen.

Wie Lou Holtz seine Jungs dazu bekam, sich selbst zu motivieren

Diese Fertigkeit der Verwandlung von düsteren und unheilschwangeren Situationen in gewinnbringende hat niemand besser demonstriert als der große Football-Coach Lou Holtz. Hier ein typisches Beispiel dafür, wie Holtz es fertigbrachte, die Einstellung eines Teams zu verändern: Er half, das Negative anzunehmen, es umzudeuten und auf diese Weise ein transformierendes Gespräch stattfinden zu lassen, das auf die Spielfähigkeit des Teams elektrisierend wirkte.

Als Holtz in Arkansas war, bemerkte er, daß seinem Team die Zuversicht für den bevorstehenden Kampf gegen Oklahoma im Orange Bowl 1978 fehlte. Das war nicht verwunderlich. Oklahoma war mit 23 Punkten Vorsprung Favorit. Die Medien hatten Arkansas' Chancen dem Erdboden gleichgemacht. Holtz erinnert sich: „Die Zeitung meinte, wir hätten nicht die Bohne von der Spur einer Chance, und das Team glaubte das."

> Holtz berief eine Versammlung der Mannschaft im Hotel Vier Jahreszeiten ein. Als die Spitzensportler hereinkamen, waren sie ruhiger als alle Mannschaften, die Holtz jemals erlebt hatte. Es war Zeit für die Holtz-Magie. Der Coach griff sich die Tageszeitung und begann sie durchzublättern. Er meinte: „Jede Zeitung hat eine Titelseite für alle, die die Neuigkeiten lesen wollen, Cartoons für alle, die nicht lesen können, und Kommentare für alle, die nicht denken können ..."
>
> Sorgfältig begann er, die Zeitung in immer kleinere Rechtecke zu falten. Dann, während er weitersprach, schien er die Zeitung in einzelne Stücke zu zerreißen. „... und, wißt ihr, Leute, es ist echt verblüffend, daß ihr euch hinlegt und sterbt, nur weil ihr eure eigene Todesanzeige in der Zeitung gelesen habt."

Er warnte sie geradeheraus: „Laßt euch von den Schreiberlingen nicht niedermachen. Verliert nicht wegen anderer Leute eure Zuversicht und euer Vertrauen in euch selbst und in das, was ihr macht."

Während er die Zeitung, die durch Magie wieder heil geworden war und keine erkennbaren Risse aufwies, wieder auseinanderfaltete, sagte er: „Wenn man an sich selbst glaubt, ist es leicht, auch andere aufzubauen. Ihr wißt, daß ihr dieses Spiel gewinnen könnt – wenn ihr ein starkes Selbstvertrauen habt und an euch glaubt. Nur wenn jemand einen in der Luft zerreißt und man glaubt, daß man sich nicht wieder »zusammenreißen« kann", – er zeigte ihnen die vollständig rekonstruierte Zeitung –, „dann sitzt man echt in der Tinte."

Nach seiner magischen Vorstellung forderte Holtz jeden Spieler auf, aufzustehen und zu sagen, warum er meinte, daß Arkansas das Spiel gewinnen konnte. Alle standen einer nach dem anderen auf und wiesen darauf hin, daß sie die Top-Abwehr überhaupt und weitere Pluspunkte hatten. Als sie sprachen, „konnte man sehen, wie sich ihre ganze Einstellung veränderte", meint Holtz. Sie hatten Selbstvertrauen. Sie versicherten sich gegenseitig, ihr Bestes zu geben. Holtz meint: „Man konnte spüren, wie Liebe, Vertrauen und Engagement zusammenkamen. Man konnte sagen, daß sie wirklich Anteil aneinander nahmen, als sie begannen, einander zu loben. Und ich sage Ihnen, es ist verblüffend, was passiert, wenn man nach etwas wirklich Positivem sucht, das man über jemanden sagen kann."

Am nächsten Tag hatte das Team von Arkansas einen unglaublichen Auftritt. Zuschauer erzählten Holtz später, daß sie schon beim Einlaufen am Ausdruck auf den Gesichtern der Spieler sehen konnten, daß Arkansas gewinnen würde. Arkansas vernichtete Oklahoma 31:6. Aber es lag nicht am Coach, meint Holtz. „Es war einfach ein tolles Beispiel für Vertrauen, Engagement und Liebe."[1]

Die meisten Redner erzählen ihren Zuhörern zur Motivationssteigerung lediglich, wie gut sie sind. Aber bemerkenswert an dieser Geschichte ist, daß Holtz die Grundlagen für den Sieg legte, indem er seinen Spielern half, sich die Gelegenheit für persönliche Höchstleistung auszumalen. Sobald er ihnen die richtige Richtung gezeigt hatte, hielt er den Mund und hörte zu. Er brachte sie dazu, *ihm* zu sagen, warum sie gut waren. Er ließ sie die Situation selbst umdeuten, und das taten sie dann auch – so gut, daß sie gegen schlechteste Chancen gewannen.

Dieses Beispiel für eingebettetes Zuhören (*imbedded listening*) in einer Motivationsansprache, illustriert machtvoll eine der zahlreichen Möglichkeiten, Schritt Zwei durch Taten zum Leben zu erwecken und das Team dahin zu bekommen, sein Dilemma umzudeuten.

Vielleicht wollen Sie sich ja eine Scheibe von Holtz' Fähigkeiten abschneiden und probieren, ob Sie auch nützliche Fragen stellen können. Vielleicht können Sie Ihre Angehörigen, Freunde und Kollegen dazu bringen, etwas Gutes in einer Situation zu sehen, die sonst ein schales Gefühl bei ihnen hinterlassen würde.

Was ist mit Ihrem Team?

Sie könnten einwenden, daß Holtz' Technik vielleicht bei einem Team funktionierte, das sich bereits auf Meisterschaftsniveau befand. Was ist aber mit einem Team, das vom Erfolg weit entfernt ist? Holtz hatte ein starkes Erfolgsfundament und die positiven Bande unter seinen Spielern, auf denen er aufbauen konnte.

Was, wenn man ohne diesen positiven Ausblick und ohne diesen kooperativen Teamgeist beginnen muß? Mit anderen Worten, was ist mit der wohl üblicheren Situation, in der sich die meisten Organisationen befinden? Eine der ersten Aufgaben einer solchen Organisation sollte das Schaffen dieses positiven Ausblickes sein.

Erforderlich dafür ist die Transformation der herrschenden Kultur und Atmosphäre in der Organisation in eine Kultur und Atmosphäre, die auf jeder Ebene positive persönliche Interaktionen fördert. Wie läßt sich das erreichen?

Wer ist besser, die Sonne oder der Wind?

Eine Fabel von Äsop illustriert ein Grundprinzip für das Verändern des Verhaltens anderer. Der Wind und die Sonne stritten sich, wer von beiden überzeugender sein könne. Der Wind wettete, er könne einen Mann schneller dazu bringen, seinen Mantel auszuziehen, als die Sonne. Zur Demonstration suchte er sich einen Mann und blies vehement auf ihn ein – aber je stärker er blies, desto enger wickelte der arme Mann den Mantel um seinen Körper. Als die Sonne an der Reihe war, breitete sie ihre freundlichen, warmen Strahlen über den Mann aus, bis sich dieser entspannte und aus dem Mantel schälte, da er keinen Schutz mehr vor dem frostigen Ansturm des Windes benötigte.

Wenn man preßt und zerrt, um eine Reaktion zu bekommen, erntet man nur Widerstand, so die Moral. Setzt man statt dessen aber auf Wärme und Freundlichkeit, wird es einem mit Offenheit und Kooperation gedankt.

Eine Kultur des positiven Denkens schaffen

Entsprechend reagieren wir kooperativer auf Menschen, die uns lächelnd und mit einem Händedruck begegnen, als wenn wir Gleichgültigkeit, Stirnrunzeln und Abkanzelungen erleben müssen.

Sich anzugewöhnen, andere für das zu loben, was sie gut gemacht haben, anstatt sie für ihre Fehler zu tadeln, ist sicher leicht. Das hilft, Selbstvertrauen aufzubauen, und das wiederum verbessert die Fähigkeit zu guter Arbeit. Die meisten Menschen hören gern mindestens zehn positive Kommentare, bevor sie in der Lage sind, kreativ auf eine negative Bemerkung zu reagieren.

Verkäufer verstehen das gut, anderenfalls wären sie nicht im Geschäft. Wenn man seine Kunden nicht mit Wärme und Respekt behandelt, gehen sie woandershin. Die Leute in Ihrem Stab, Ihre Mitarbeiter und die Leute, die Sie managen, können oder werden nicht woandershin gehen – entsprechend leicht läßt sich ignorieren, daß ihre Mitarbeiter mentalen Urlaub von Ihnen nehmen, wenn Sie sie nicht gut behandeln. Wenn wir den gleichen disziplinierten Respekt und die gleiche Unterstützung, die wir unseren Kunden zukommen lassen, auch unseren Mitarbeitern und Kollegen zukommen lassen würden, sollte sich die Effektivität unserer Handlungen substantiell steigern lassen.

Einen Klimaumschwung bewirken

Am effektivsten können Manager, die für die Implementierung neuer Projekte zuständig sind, die tägliche Arbeitsroutine in neues, positiveres Arbeitsklima verwandeln. Arbeitsklima ist hier die geistige Einstellung einer Gruppe, eine Ansammlung von Überzeugungen, die eine Unternehmenskultur so tief durchdringt, daß die Mehrheit sie für real oder eine Art Naturgesetz hält.

Wir können den verkrüppelnden Auswirkungen dieser Überzeugungen durch das Aufbauen einer neuen kulturellen Realität entkommen, die über die Beschränkungen der alten hinausgeht. Die Grundprämisse dieser Realität sollte sein, daß jeder fähig ist, alles zu tun, und daß sich jede Situation verbessern läßt. Es ist der Respekt gegenüber Menschen und gegenüber dem, was Menschen tun können. Diese Einstellung fordert alle Mitglieder der Organisation heraus, ihr Bestes zu geben und zu werden.

Hilfe wird von überall benötigt

Ein guter Manager kann viel tun, um einer positiven Atmosphäre den Weg zu ebnen, aber andere in der Organisation müssen ebenfalls ihren Teil beitragen. Die Unfähigkeit, positive Beziehungen aufzubauen, ist ein ernstes kulturelles Handicap. Wenn alle Mitglieder des Teams dauernd ihre emotionale Stärke beweisen müssen, um den ständigen Versuchen, sie abzukanzeln, Paroli zu bieten, geht das Leistungsniveau unweigerlich in den Keller.

Inkonsistenz kann Ihr ärgster Feind sein

Wenn man nie weiß, wann die nächste Salve auf einen abgefeuert wird, verwendet man wahrscheinlich viel seiner Energie darauf, sich darauf einzustellen, in Deckung zu gehen. Das ist ein erlerntes Verhaltensmuster, das nur sehr schwer wieder zu entlernen ist. Verletzen Sie mich einige Male; wenn ich dann sehe, daß Sie kommen, werde ich vor der nächsten Verletzung Reißaus nehmen. Sie sprechen das Verletzende ja sowieso aus, denke ich dann. Aus diesem Grunde funktioniert auch die Lichtschalter-Freundlichkeit (an-aus-an ...) nicht.

Sie funktioniert sogar schlechter als alles andere. Verhaltenspsychologische Forschungen haben gezeigt, daß beim Wechsel von einem Reiz zum nächsten bei gleichzeitiger Aufrechterhaltung des neuen Reizes die Reaktion auf den alten recht schnell nachläßt. Wenn man aber zwischen zwei Reizen eine Weile hin- und herwechselt, dauert es viel länger, bis die alte Reaktion ausgelöscht ist; eventuell verschwindet sie nie ganz.

Inkonsistenz ist eine sehr erfolgreiche Strategie, um Gegner und Feinde aus dem Gleichgewicht zu bringen. Mit Inkonsistenz läßt sich sehr effektiv lähmendes Mißtrauen und lähmende Angst aufbauen. Aber wenn man ein Team aufbauen will, muß man konsistent sein. Wenn man beim Umgang mit Menschen das Zuckerbrot-Peitsche-Prinzip pflegt, werden die Menschen einem schließlich nicht mehr vertrauen, und es wird ein langer, steiniger Weg bergauf, ihr Vertrauen zurückzugewinnen.

Viele Manager haben in den Gruppen, die sie managen, unwissentlich solche Situationen erzeugt. Hauptsächlich deshalb und weil dies die Arbeitseffektivität so sehr verringert, wurde das mittlere Management in so vielen Unternehmen ausgedünnt. Jeder will mit Respekt behandelt werden. Das gilt für Ehepartner, Fabrikarbeiter, Schüler im Klassenzimmer und, glauben Sie es oder nicht, auch für politische Führer und Chefs. Respekt geht immer in beide Richtungen. Es haben schon viele Manager festgestellt, daß die Fortschrittssaboteure im Unternehmen plötzlich ganz anders reagieren, wenn sie endlich mit dem Respekt behandelt werden, den sie so vermißt haben.

Vor Jahren hatte einer von uns einen Schüler, der geradewegs drauf und dran war, ein jugendlicher Straffälliger zu werden. Während einer Konferenz sagte er dem Lehrer ins Gesicht: „Ich sehe überhaupt nicht ein, die dämlichen Aufgaben zu machen, die Sie der Klasse aufgeben."

Der Lehrer reagierte darauf, indem er meinte: „Du hast recht. Du bist wirklich zu klug für diese Aufgaben. Laß uns ein paar neue Aufgaben für dich ausdenken, die deine hervorragende Intelligenz wirklich fordern." Das taten die beiden dann auch, und heute ist dieser Möchtegern-Straftäter selbst ein einflußreicher führender Kopf im Erziehungswesen.

Ist die Küche etwas zu heiß?

Das hört sich an wie ein Werbespot zur Förderung von Schwäche, wie ein Rezept, dessen Anwendung Versagen in der fordernden und gnadenlosen wirklichen Welt zur Folge hat. Was ist mit Harry S. Trumans mutiger, oft zitierter Maxime: „Wenn du die Hitze nicht aushältst, dann geh aus der Küche"? Sicher ist die Welt ein harter

Ort. Die Frage ist, was Sie in der Welt tun wollen. Und wozu sollte man die Hitze und den Druck noch weiter hochtreiben?

Dicke Häute sind wirklich hervorragend, aber sie stehen Reptilien wesentlich besser als Menschen. Kritik zur rechten Zeit ist angemessen, aber ständiges Mäkeln kann auf Dauer nur zu einer Verringerung der Lebensqualität führen. Respekt ist immer und überall nötig, und Respekt sollte in der Machtpyramide sowohl aufwärts als auch abwärts fließen. Damit sind die Führungskräfte im Leben genauso berechtigt, Respekt zu zeigen, wie jeder andere, und genauso berechtigt, vom Zweifel zu profitieren.

Das Problem mit dem Sticheln

Wir haben oft viel Zeit damit zugebracht, weil in unserer Kultur nur allzu häufig Sticheleien die Währung persönlichen Austausches sind. Obwohl Sticheleien angeblich oft nur Spaß sind, spiegeln sie einen grundsätzlichen Mangel an Respekt vor anderen wider.

Wir wollen nicht den Eindruck erwecken, wir seien puritanisch, aber wir bedauern die mancherorts hoch im Kurs stehende Neigung, die Luft mit humorvollen und sonstigen Stichelein zu vergiften. Aber diese Art Humor macht die Dinge nicht wirklich besser. Sticheln kann sogar zu einer verhaltensmäßigen Sucht werden. Zuweilen werden Sticheleien sarkastisch oder komisch im Geiste von Halbstarken ausgedrückt, die einander auf die Schulter boxen, wo es nicht weh tut. Die Gewohnheit, ständig mit witzigen und wohlgemeinten negativen Sticheleien zu antworten, macht es schwierig bis unmöglich, ehrliche Bewunderung auszudrücken oder persönliche Leistungen zu würdigen. Sticheln ist ein Zeichen von Unreife, eine Art pubertären Machotums, und es blockiert die Entwicklung einer konstruktiveren und fortschrittlicheren Organisationskultur.

Wenn Sie wie ein Trottel aussehen,
dann lassen Sie sich dafür bezahlen

Es ist schwierig, die richtige Perspektive dafür zu bekommen, wie wir uns verhalten sollten, denn in jeder größeren Kultur dienen fast alle Witze, Cartoons und

Situationskomödien dazu, uns wie Trottel aussehen zu lassen, genaugenommen, uns grundlos zu verletzen. Gracie Allen und Lucille Ball haben aus dem Trottelig-Aussehen eine hohe Kunst gemacht. Wahrscheinlich hätte niemand etwas dagegen, für den Ruhm und den Wohlstand, den die beiden damit verdienten, den Deppen zu markieren. Aber wenn man gezwungen wird, gratis den Clown zu machen, ist das nicht gerade etwas, für das man berühmt sein möchte.

Die populäre Kultur – von der Situationskomödie im Fernsehen bis zu Gruß-karten – ist nicht sehr hilfreich, wenn wir lernen wollen, uns auf die guten Eigen-schaften anderer zu konzentrieren. Ist Ihnen aufgefallen, wie oft bei Grußkarten an-scheinend mehr kreative Energie in humorvolle Sticheleien als in Komplimente fließt?

Der Wert der Wertschätzung

Wenn man nicht kritisch ist, so eine weitverbreitete Ansicht, ist man zu den Men-schen in seiner Umgebung zu nett. Lehrer, die unabhängig von der Qualität der Arbeit der Schüler schlechte Noten verteilen, leiden an der Illusion, sie hätten hohe Ansprüche. In Wirklichkeit demonstrieren sie nur, daß es um die Qualität ihres Unterrichts nicht gut bestellt ist. Manager, die über ihre Arbeiter klagen, demon-strieren auf ähnliche Weise ihre eigene Unfähigkeit.

Wenn Sie aber Ihre Angehörigen schätzen können, weil Sie in der Lage sind, deren einzigartige Leistung kritisch wahrzunehmen, dann werden Sie von fast allen gute Leistungen sehen. Denn Forschungen über menschliches Verhalten zeigen konsistent, daß wir unsere Arbeit wahrscheinlich besser machen, wenn wir für unsere Tugenden gelobt werden, als wenn man uns wegen unserer Mängel lächer-lich macht. Für jede Unze Kritik ist daher ein Pfund Lob nötig – um die Schnell-straße zu Erfolg und Glück gut geteert zu halten.

Okay, es ist gefühlsduselig

Wenn Ihre Sucht zu sticheln stark ist, stellen Sie unter Umständen fest, daß Sie durch den Entzug in eine Phase geraten, in der Sie sich aufgeweicht und gefühlsduselig fühlen. Wenn Sie Menschen nette Dinge statt cleverer Sticheleien an den Kopf werfen, haben Sie vielleicht das Gefühl, Sie seien Ihre eigene Großtante, die mit Herzen und Blumen bedruckte Kärtchen austeilt. Aber wenn Sie dranbleiben, werden Sie nach und nach Methoden finden, Komplimente abzuschießen, die ebenso clever, durchdacht, einsichtig und allgemein intelligent sind wie vorher Ihre Giftpfeile. Sie haben sogar gute Chancen, allmählich einen Ton und eine Art zu sprechen auszuprägen, die wirklich clever und interessant ist, während Sie frisch und lustig Ruhm und Ehre austeilen. Und weil Sie wissen, daß Sie die Leute nicht nur unterhalten, sondern Ihnen auch ein gutes Gefühl geben – in bezug auf sich selbst wie in bezug auf Sie – werden Sie beginnen, auch wesentlich mehr kreative Energie in das ständige Witzeln um Sie herum zu stecken, das Sie so mögen.

Kommt es Ihnen immer noch hart vor, sanft zu anderen zu sein? Dann versuchen Sie, zuerst härter mit sich selbst ins Gericht zu gehen, wenn Sie den Impuls verspüren, jemanden herunterzumachen. Sehen Sie es folgendermaßen: Was fällt Ihnen schwerer – eine sarkastische Ohrfeige auszuteilen oder eine helfende, heilende Hand zu reichen? Wenn es die Hand ist, dann seien Sie hart mit sich selbst und versuchen Sie, zuerst etwas Nettes zu sagen.

Wenn Sie die Stichelsucht überwunden und gelernt haben, ein herausragendes Mitglied der Gemeinschaft der Wertschätzenden zu sein, wird Ihnen ein Stein vom Herzen fallen, und Sie haben das Gefühl, als würden Sie sich von einer langen, auszehrenden Erkältung erholen oder von einem Muskelkater, der Sie so lange davon abgehalten hat, sich frei zu bewegen, daß Sie schon fast vergessen haben, wie gut Sie sich fühlen können.

Respekt beginnt mit Selbstrespekt

Wie viele andere Arten antisozialen Verhaltens beginnt auch eine negative Einstellung gegenüber anderen Menschen häufig mit einer negativen Einstellung sich selbst gegenüber. Hinter der Maske des Zynismus, die meint, daß niemand Respekt verdient, steckt wahrscheinlich jemand, der sich selbst zuwenig Respekt entgegenbringt. Aufrichtiger Respekt vor anderen und Respekt sich selbst gegenüber gehen Hand in Hand.[2]

Das klingt alles gut und schön, aber wie sieht das in der Praxis aus? Was ist mit der wirklichen Welt, in der die Flüchtigkeitsfehler der Sekretärin die Korrespondenz

verderben, in der die unter der Hand geäußerten „freundschaftlichen Frotzeleien"
eines Managers die Moral seiner Untergebenen untergraben? Was, wenn eine Rüge
angebracht ist?

Das Pony finden

Es gibt eine Geschichte über zwei Kinder, die am Weihnachtsmorgen aufwachen
und begierig sind, ihre Geschenke zu bekommen. Das eine Kind findet ein ganzes
Zimmer voller Spielzeug, aber es weint, weil keines davon genau das Spielzeug ist,
das es sich gewünscht hat. Das andere kommt in ein Zimmer voller Dung. Ohne
Worte beginnt es zu graben. Gefragt, warum es gräbt, antwortet es: „Bei so viel
Dung muß hierdrin einfach irgendwo ein Pony stecken."

Wenn es um Verhaltensänderung geht oder wenn die Qualität der Leistung
nachläßt, schlagen wir Ihnen vor, eine Variante des Umdeutens auszuprobieren, die
wir *Das Pony finden* nennen.

Es ist immer möglich, jemanden zu kritisieren und gleichzeitig dessen Würde zu
wahren und Respekt zu vermitteln. Wenn Sie eine Verhaltensänderung anregen
wollen, dann hilft es, wenn Sie sich eine Methode ausdenken, wie der Betreffende
in dieses Verhalten hineinkommt. Helfen Sie ihm, ein Pony zu wählen, auf dem er
aus dem ungewünschten Verhalten hinausreiten kann. Wenn Sie diese Art Rüge
geschickt genug austeilen, können Sie sogar Ihren Boß kritisieren.

Manchmal ist das nicht möglich? Nun, mit genügend Phantasie können Sie
unter jedem Haufen Dung ein Pony finden. Mit anderen Worten: Sie können lernen, alles umzudeuten, ohne die Schwierigkeiten der aktuellen Lage aus den Augen
zu verlieren. Auch wenn Sie mit unakzeptablem Verhalten konfrontiert werden,
könnten Sie also versuchen, folgendermaßen darauf zu reagieren:

„John, Sie sind ein großartiger Aktivposten im Büro; Sie sind so fröhlich, und
jeder redet gerne mit Ihnen. Es macht wirklich viel Spaß, mit Ihnen zu arbeiten.

Genau deshalb wollte ich einmal sehen, was wir dagegen tun könnten, daß ich
in den Briefen, die wir verschicken, mehr Fehler finde, als mir lieb ist. Vielleicht
könnten wir uns einmal zusammensetzen und die Fehlerkorrektur unter die Lupe
nehmen. Wenn Sie die gleiche ressourcevolle Authentizität in die Korrespondenz

stecken wie in ihr soziales Talent, dann weiß ich, daß ich in Ihnen den besten Sekretär habe, den ich je hatte. Und ich wette, wenn wir uns die Situation einmal gemeinsam vornehmen, dann finden wir einige Möglichkeiten, um Ihre Arbeit leichter und angenehmer zu machen – und das sollte jeden von uns glücklich machen."

So finden wir das Pony. Sie werden bemerken, daß die Tippfehler hier deutlich beim Namen genannt werden. Aber wie sollte sich John bei so viel Lob für die Dinge, die er gut macht, schlecht fühlen oder in die Defensive gehen? Und was wird ihn wahrscheinlich stärker motivieren, ein besserer Sekretär zu werden – diese Art Ermutigung oder negative Kritik?

Schön und gut, wenn John Ihr Sekretär ist. Aber wenn er Ihr Boß ist, was dann? Hier eine Methode:

„John, etwas, was mir an der Arbeit hier mit am besten gefällt, ist, in Ihrem Team zu sein. Sie führen mit Charisma, und ich habe großen Respekt vor Ihnen. Sie haben nicht nur ein tiefes Verständnis dafür, wie dieses Geschäft funktionieren sollte, sondern auch dafür, wie es in das Unternehmen als ganzes paßt. Und ich weiß, daß diese Meinung von vielen anderen geteilt wird, denn ich höre das oft von Leuten, die Sie oder Ihre Arbeit kennen.

Eben deshalb dachte ich, Sie würden vielleicht gern etwas Feedback bekommen, das Ihnen hilft, noch mehr respektiert zu werden. Auch unsere Abteilungen, denke ich, könnten dann ein bißchen besser arbeiten. Mir ist aufgefallen, daß Sie manchmal mit den besten Absichten der Welt einen Witz machen, der zwar für Sie lustig ist, aber einigen der Leute, die für Sie arbeiten, aufstößt. Ich erinnere mich beispielsweise, daß Sie einmal scherzten, Sie würden sich wünschen, keinen von uns bezahlen zu müssen, damit das Unternehmen mehr Gewinn macht. Für Sie war das lustig, aber einige der Jungs haben sich über diesen Witz geärgert. Er wirkte, als hätten Sie überhaupt kein Interesse an uns, sondern nur am Geldverdienen. Ich glaube, das wollten Sie damit gar nicht ausdrücken, und ich habe zu vielen gesagt, daß Sie sich nur einen Scherz mit uns erlaubt hätten. Aber ich dachte mir, Sie würden vielleicht gern den Unterschied zwischen dem Führungsverhalten erfahren, das Sie die meiste Zeit über zeigen, und dem, wie Sie manchmal wirken, wenn Sie meinen, daß Sie nur Witze machen."

Auch hier ist die Grundeinstellung wieder eine Einstellung des Respektes und der Wertschätzung. Wenn Sie der Boß wären, würde es Ihnen dann etwas ausmachen, diese Dinge über sich selbst zu hören? Und würden Sie sich nicht auch wünschen, daß Sie auf Ihr Verhalten hingewiesen werden, wenn Sie unwissentlich etwas taten, was die Menschen voneinander entfremdet hat?

Mit solchen Ansätzen für Kritik können wir eine negative Kultur wirksam umbauen. Es wird also Zeit, daß Sie sich selbst fragen, wieviel positive Energie in Ihrer Organisation routinemäßig an den Tag gelegt wird. Hören Sie eher Kommentare wie: „Ich wußte, ich hätte heute im Bett bleiben sollen" oder Kommentare wie: „Es ist gut, mit euch Jungs hier zu arbeiten" oder: „Ich bin so begeistert von diesem Projekt, daß ich es morgens kaum erwarten kann, zur Arbeit zu gehen"?

Einmal mehr besteht die Herausforderung darin, der Atmosphäre die Dunkelheit zu nehmen. Dazu braucht es mehr als nur die passive Überzeugung, daß jede Wolke einen silbernen Rand hat. Es ist mehr die aktive Suche nach dem verborgenen und wertvollen – auch unerwünschten – Nutzen in jeder Situation. Mit der Übung wird die Fähigkeit des Entwickelns eines positiven Ausblicks ein dauerhafter mentaler Aktivposten.

Das McCloud-Dilemma

Ogden Nash erzählt die Geschichte von Mr. und Mrs. McCloud. *Er* war ein As im Umdeuten und fand in jedem Ding etwas Gutes. *Sie* war Mitglied der opponierenden Fraktion. Mrs. McCloud war schließlich völlig entnervt von seiner konstant fröhlichen Art des Betrachtens – sie stopfte ihrem Gatten ein Teetablett in den Rachen.

Ja, eine Warnung hier: Wenn Sie ein wirklich exzellenter Umdeuter werden, könnten Sie zugleich zu einer Bedrohung für Ihre Freunde und Nachbarn werden. Wann immer diese die Hände ringen und sich beklagen, werden Sie ihnen versichern, daß die Dinge doch gar nicht so schlecht liegen, und auf der Stelle drei oder vier versöhnliche Punkte der Lage herausstellen, über die sie sich in gutem Glauben bei Ihnen beklagen wollten.

Diese Fröhlichkeit kann auf bestimmte Leute entnervend wirken. Niemand will sich eine gute Jammersitzung von jemandem verleiden lassen, der einem erzählt, daß alles doch gar nicht so schlimm sei. Manche Menschen haben sogar das Gefühl, überhaupt nicht am Leben zu sein, es sei denn, sie beklagen sich. Sie verbringen jeden Tag Stunden damit, sich selbst ein elendes Gefühl zu geben, überzeugt, das Universum sei extra für sie entworfen worden; das Universum sei ein präzises Instrument, um sie aufzuregen und ihnen einen Strich durch die Rechnung zu machen, wenn nicht gar, sie regelrecht aktiv zu foltern.

Die Last der Welt auf den Schultern

Und genauso mögen sie es, denn nichts gibt diesen Menschen das Gefühl, so wichtig zu sein, wie eine Last auf der Schulter. Was manche Menschen so schultern, würde genug Feuerholz für einen ganzen Winter abgeben. Wenn Sie es sich also zur Gewohnheit machen, anderen Menschen Sicherheit zurückzugeben, dann bekommen Sie möglicherweise zu hören, daß Sie ihnen den ganzen Spaß am Leben nehmen. Wer will schon glücklich darüber sein, daß alles gut geht, irgendeinen versöhnlichen Aspekt in jedem Ding finden?

> Oh, scheinen die Tage nicht lang und tief,
> Wenn alles glatt geht, und nichts geht schief –
> Und ist dein Leben nicht äußerst flach
> Wenn du überhaupt nichts hast, worüber sich's gut klagt?

Natürlich hat sich jeder manchmal schon so gefühlt. Sonst würden diese Zeilen von W.S. Gilbert nicht so wahr und lustig klingen. Aber wir können sicher davon ausgehen, daß, wie wir selbst, auch der größte Miesepeter lieber glücklich und in einer guten Lage wäre, als ewig weiter Frust zu schieben.

Umdeuten aufpoliert

Der Schlüssel ist, das Sie das Umdeuten so üben, daß Sie die Menschen, die Sie verändern möchten, nicht abschrecken. Darin lag die Schönheit des McDonald's-Beispiels und die der Magie von Lou Holtz. Gut gemachtes Umdeuten ist so subtil, daß es keine Aufmerksamkeit auf sich zieht. Das Umdeuten setzen Sie ein, um mit der Hemdsärmeligkeit eines hart arbeitenden Mannes die positive Seite einer Situation hervorzuheben, so daß Ihr Zuhörer sagt: „Natürlich! Warum hab ich nicht selbst daran gedacht?" Wenden Sie das Umdeuten nicht mechanisch an, und machen Sie es nicht zu einer Technik oder zu einem billigen Trick.

Vertrauen Sie beim Umdeuten darauf, daß es Ihnen gelingen wird, eine Situation aus dem toten Punkt herauszubringen, denn fast immer können wir nach einer sorgfältigen Untersuchung der Positiva auch die Negativa effektiver handhaben. Seien Sie nicht zu überrascht, wenn Sie bei Ihrem ersten Umdeuten eine sarkastische Erwiderung bekommen. Erfolgreiches Umdeuten erfordert Überzeugung und Leichtigkeit – wenn Sie bei Ihrer Umdeutung nervös wirken, provozieren Sie Widerstand. Auf dieser Stufe ist es besonders wichtig, nicht in Selbstrechtfertigungen zu verfallen.

Die Kunst, mit Sticheleien umzugehen

Um eine Defensivhaltung zu vermeiden, können Sie sich eine von einigen Kampfkünsten vermittelte Einstellung zu eigen machen. Anstatt der Ihnen entgegengeworfenen negativen Kraft Widerstand zu leisten, helfen Sie der Kraft, an Ihnen vorbeizugehen und Sie unerschüttert zu lassen. Angenommen, jemand sagt: „Junge, was sind *Sie* nur für eine fürchterliche Enttäuschung", dann verteidigen Sie sich nicht – sagen Sie lieber etwas wie: „Ich könnte wahrscheinlich bessere Resultate erzielen, wenn Sie so gut wären, mir einige Hinweise zu geben, die mir helfen würden, besser zu verstehen, was Sie wollen."

Zum Gewinnen nutzen Sie die Energie Ihres Gegners, anstatt die eigenen Verteidigungsanlagen hochzufahren, die von einem mächtigeren Gegner leicht überwunden werden. Im Karate gilt: Je stärker die Kraft Ihres Gegners, desto größer ist Ihre Chance, zu gewinnen. Wenn Ihr Gegner beispielsweise versucht, Ihnen auf die Nase zu schlagen, dann treten Sie sacht einen Schritt zur Seite, stupsen die herankommende Faust zur Seite und helfen ihr, ihre Bewegung mit noch größerer Kraft zu Ende zu führen. Sie können dann in aller Seelenruhe zum Anschied winken, während Ihr Gegner an Ihnen vorbei gegen die Wand knallt. Nach und nach

werden die Leute erkennen, daß es nicht sonderlich befriedigend ist, jemanden
schlagen zu wollen, an dem alle Angriffe einfach abperlen. Außerdem landen die
meisten Menschen nicht gern der Länge nach auf ihrem eigenen Gesicht.

Umdeuten in der Gruppe

Es ist sehr sinnvoll, Teams darin zu trainieren, neuen Ideen mit einer positiven
Einstellung zuzuhören und eventuell verbesserungsfähige Ideen in eine effektivere
Richtung umzudeuten. Manchmal braucht man einer Gruppe einfach nur mehr
Zeit zum Reflektieren und Gehörfinden einzuräumen. Wenn sich die Kultur auf
Pessimismus und Klagen gründet, kann ein Team gebildet werden, das Verbesserun-
gen im Ton der Interaktionen im Unternehmen einschätzt, vorschlägt und aus-
wertet, wie gut die Beschäftigten sich gegenseitig positives Feedback geben.

Es gibt eine breite Palette von Gruppenaktivitäten, die positive Einstellungen
fördern können. Einige wirken auf den ersten Blick möglicherweise etwas weich
oder in Ihrer Organisation fehl am Platze. Das ist eine verbreitete und natürliche
Reaktion, aber sie sollte Sie nicht davon abhalten, diese Aktivitäten auszuprobieren.
Wenn jemand zu uns sagt, solche Aktivitäten würden in einer bestimmten Gruppe
nicht funktionieren, dann meint er unserer Erfahrung nach eigentlich, daß er selbst
zwar bereit wäre, solche Aktivitäten zu probieren, aber andere nicht. In neunund-
neunzig Prozent der Fälle macht jeder die Aktivität bereitwillig mit.

Natürlich kann ein Seminarleiter oder Moderator von außerhalb das Unbehagen
beim Ausprobieren ungewohnter Übungen zuweilen mildern. Aber sobald Sie diese
Aktivitäten probieren, werden Sie sehen, daß sie keinerlei Anleitung durch
Experten erfordern. Sie werden wahrscheinlich im Gegenteil ohne Experten noch
mehr Spaß an den Aktivitäten haben, da Sie zugleich Ihre eigenen sozialen Fähigkeiten weiterentwickeln. Auch wenn Sie meinen, daß der andere diese Aktivitäten
nicht mitmachen wird, sollten Sie weiterprobieren. Wahrscheinlich werden Sie feststellen, daß der andere nur zögerte, weil er sich Sorgen machte, was Sie wohl von
ihm denken könnten.

Das Gut-und-Neu

Eines der besten Werkzeuge zur Vermittlung und dauerhaften Implementierung des
Umdeutens in Ihrer Organisation ist das „Gut-und-Neu". Es funktioniert folgendermaßen:

Jeder in der Gruppe erzählt der Reihe nach etwas Gutes, das sich innerhalb der
letzten 24 Stunden in seinem Leben ereignet hat. Das kann alles sein, von einer Wet-
terverbesserung bis zu einer ausgefeilten Erfolgsgeschichte. Natürlich gibt es keinen
Grund, das Gut-und-Neu auf Ereignisse während der Arbeitszeit zu beschränken.

Ziel ist, daß sich die ganze Gruppe angewöhnt, bei *den* Ereignissen nachzu-
bohren, bei denen man das beste Gefühl hat. Die Gruppe soll durch diese positiven
Ereignisse energetisiert und nicht von negativen Ereignissen hinuntergezogen werden. Stellen Sie sich selbst die Frage: Welche guten Dinge haben sich in der letzten
Zeit in meinem Leben ereignet? Ihre Antwort darauf ist Ihr Gut-und-Neu.

Das Gut-und-Neu ist machtvoll, weil es einfach ist. Wenn sie regelmäßig Zusammenkünfte, Seminare oder Arbeitssitzungen mit einem Gut-und-Neu einleiten,
werden Sie einen großen Sprung in der Leistungsfähigkeit Ihrer Gruppe bemerken.
Gleichzeitig werden sich die Aussichten aller Teilnehmer verbessern.

Der Koosh-Ball als Moderator

Sie können während dieser Aktivität einen Koosh-Ball herumgeben; der Ball zeigt
dabei an, wer gerade das Sagen hat. Dadurch wird die Ordnung aufrechterhalten
und zugleich das Gruppenwohlbefinden erhöht. Es ist dabei nur fair, daß jeder die
Gelegenheit erhält, mindestens einmal zu sprechen, damit niemand das Privileg
monopolisiert. Der Ball wird herumgegeben, bis jeder einmal mit dem Gut-und-
Neu an der Reihe gewesen ist; dabei darf natürlich jeder, der möchte, den Ball einfach weitergeben und nichts sagen.

Nebenbei gesagt: Wenn Sie den Koosh-Ball für diese Aktivität einsetzen, werden
Sie ihn wahrscheinlich die ganze Zeit über benutzen; und Sie werden überrascht
sein, wie diese einfache Requisite die Kommunikation fördert. Sie werden den Wert
des Balls besonders dann bemerken, wenn eine Minderheit das Treffen durch einen

Streit monopolisiert und dann jemand sagt: „Ich hätte gern den Ball." Schnell ent-larvt sich die Verschleppungstaktik als ebensolche, und das Treffen kann produktiv fortgesetzt werden.

Drei nette Dinge

Manchmal ist ein Mitglied der Gruppe nicht in der Lage, etwas Gutes und Neues zu nennen. Das ist die Gelegenheit für eine andere Umdeutungsaktivität, *„Drei nette Dinge"* genannt. Dabei sollen die Gruppenmitglieder demjenigen, dem nichts Gutes und Neues einfällt, drei Dinge sagen, die sie an ihm schätzen. Das können so einfa-che Dinge sein wie seine Kleidung; sie können auch tiefer in seinen Charakter und seinen Beitrag zur Gruppe einsteigen. Es ist eine Gelegenheit zur Würdigung der Dinge, die vielleicht nie zuvor zur Sprache gekommen sind.

Sobald diese Technik in der Unternehmenskultur verankert ist, können alle, die sich down fühlen, ein Gespräch einfach unterbrechen und sagen: „Ich muß jetzt einfach Drei Nette Dinge hören." Beim ersten Mal wirkt das vielleicht unangenehm, aber mit ein wenig Übung werden Sie überrascht sein, wie leicht dieser Prozeß Sie aufbauen und Ihre Energien für die Aktivitäten des Tages erneuern kann.

Mißbrauch des Gut-und-Neu

In einem Unternehmen wurde das Gut-und-Neu zwar schnell vom Team angenom-men, aber allzu rigide gehandhabt. Die Wirkung war allgemein gut, aber die Rigi-dität, mit der das Gut-und-Neu angewandt wurde, unterminierte eher den Geist, den diese Aktivität schaffen sollte.

Beispielsweise kam das Team jeden Morgen um acht Uhr zum Gut-und-Neu zusammen, aber wenn jemand diese Versammlung verpaßte, weil noch eine für alle wichtige Aufgabe zu Ende zu bringen war, hagelte es Kritik dafür, daß er die Ver-sammlung verpaßt hatte. Dabei hätte er eigentlich dafür gelobt werden sollen, daß er die Zeit für etwas Wichtiges genutzt hatte.

Das Resultat war, daß sich Vorbehalte in einem Kontext aufbauten, der eigentlich das Gegenteil bezweckte. Es ist natürlich möglich, daß einige dem Gut-und-Neu absichtlich aus dem Wege gehen, weil sie es trivial oder nervig finden. Machen Sie sich in diesem Fall keine Sorgen. Die Betreffenden werden schon irgendwann wiederkommen.

In einer der Organisationen, mit denen wir arbeiteten, kamen einige immer wieder absichtlich zu spät zu den Zusammenkünften, weil sie das Gut-und-Neu vermeiden wollten. Für sie war das Gut-und-Neu fauler Zauber mit einer sentimentalen und gefühlsduseligen Qualität, die sie nicht mochten. Aber alle diese Leute wußten später die vom Gut-und-Neu herrührenden Veränderungen in der Unternehmenskultur sehr zu schätzen und nahmen nach einiger Zeit ebenso enthusiastisch teil, als hätten sie sich die Übung selbst ausgedacht. Es müssen also keineswegs alle das gleiche auf die gleiche Weise tun, besonders dann nicht, wenn ein neuer Prozeß erstmalig ausprobiert wird. Es geht um Wertschätzung und Respekt am Arbeitsplatz, und dieses Ritual ist ein machtvoller Weg in diese Richtung.

Daß besonders am Anfang nicht alle daran teilnehmen müssen, zeigt, wie wahr es ist, daß nur einige Gruppenmitglieder positiver werden müssen, damit alle davon profitieren. Nach und nach wird das positive Verhalten durch Konsens übernommen, besonders, wenn die Gruppe versteht, daß es sinnlos ist, zu Schritt Drei überzugehen, bevor nicht jeder die Weisheit von Schritt Zwei angenommen hat. Bis dahin verzögert es nur den gewünschten Erfolg, wenn man ständig gegen Leute anarbeitet, die sich für eine zurückhaltendere Art entscheiden. Es macht sie nervös und provoziert Vergeltung.

Der Welleneffekt

Positive Einstellungen, positive Interaktionen und ein positives Arbeitsklima in einer Organisation hängen alle miteinander zusammen. Große wie kleine Veränderungen pflanzen sich innerhalb der Organisation wie Wellen fort und spülen in jeden Winkel und jede Seitenstraße der Organisation.

Denken Sie über die folgenden zwei Geschichten nach – eine über positive
Veränderungen im Leben und in der Behandlung eines Einzelnen und eine andere
über eine Top-Down-Veränderung in einer großen Fabrik. Jede dieser Geschichten
zeigt, wie Umdeuten und eine positive Einstellung gleichzeitig das Leben einzelner
Menschen und das ihrer Organisationen verbesserten.

Die Geschichte von Rob, dem Märtyrer

Rob war Direktor einer Abteilung, die mit der geheimnisvollsten Technologie im
ganzen Unternehmen zu tun hatte. Mit den Jahren war diese Abteilung wesentlich
größer und komplexer geworden, aber ihre Prozeduren und Arbeitsabläufe hatte
Rob inzwischen fein säuberlich in seinem Kopf abgelegt – für niemanden sonst
zugänglich. Entsprechend arbeitete Rob routinemäßig zwölf Stunden am Tag und
fühlte sich wie ein Märtyrer. Wenn er mit Grippe oder schlimmen Rückenschmer-
zen im Bett liegen mußte, standen regelmäßig alle Räder still.

Als Robs Arbeitswoche zielstrebig auf die Siebzigstundenmarke zulief, sein Pen-
sum noch weiter zunahm und sich gleichzeitig die Beschwerden über Arbeitsrück-
stände häuften, wurde offensichtlich, daß die Arbeitsabläufe dringend geändert
werden mußten. Ein Team wurde gebildet, das Rob helfen sollte, zu neuen Arbeits-
gewohnheiten überzugehen. Das beinhaltete, daß alle Prozeßinformationen
schriftlich fixiert und mehrere Assistenten ausgebildet werden sollten. Anfangs war
Rob am Boden zerstört. Er hatte eine Menge Ego in sein Arbeitsmuster investiert,
womit er sich für das Unternehmen unentbehrlich machte. Er bezweifelte auch,
daß jemand außer ihm den komplexen Aufgaben gewachsen war, die sich ihm täglich stellten.

Das Team erkannte, daß es Rob schwerfallen würde, seine Arbeitsabläufe schriftlich zu fixieren. Erstens waren ihm die Arbeitsabläufe so vertraut, daß er die meisten fast schon unbewußt erledigte. Zweitens wäre Rob mit seiner Arbeit unauf-
holbar in Rückstand geraten, wenn er sich die Zeit genommen hätte, alles auf-
zuschreiben.

Also wurden zwei oder drei Assistenten abgestellt, die ihm auf Schritt und Tritt
folgen sollten. Sie sollten während ihrer Ausbildung ein Handbuch aller in seiner

Abteilung anfallenden Arbeitsabläufe vorbereiten. Als sie ihn bei seiner Arbeit beobachteten und seine Handlungen notierten und ihn zu den Details befragten, erhielten sie die nötigen Informationen, ohne daß seine Zeit beschnitten wurde. Nach und nach übernahmen sie immer mehr Abläufe aus seinem Verantwortungsbereich. Dadurch befreiten sie ihn von einem Teil seiner Arbeit, so daß er sich die Zeit nehmen konnte, die Prozeduren besser zu erklären, das Handbuch durchzugehen, sicherzustellen, daß es korrekt war, und auf andere Weise den Prozeß des Übergangs voranzutreiben.

Wenige Monate später schloß sein Team den Übergang zu einem neuen, voll dokumentierten und jedermann zugänglichen System ab. Und das alles ging nicht auf Kosten von Robs Selbstwertgefühl. Das Team drückte seine ungeheuchelte Bewunderung für alle seine Taten aus. Es vermittelte ihm den Eindruck, daß er später einmal im Ruhestand eine Legende hinterlassen würde, die allen stets gut in Erinnerung bleiben würde.

Was sich zu einem unmöglichen Flaschenhals zu entwickeln drohte, wurde so in einen glatten Übergang verwandelt, in dem nicht nur Rob, sondern auch seine Assistenten von einem gesteigerten Selbstwertgefühl profitierten, das mit der gesteigerten Effizienz und Effektivität einherging, die sie ihrem Unternehmen ermöglicht hatten.

Wäre das Team Rob respektloser gegenübergetreten, hätte er ihnen leicht Steine in den Weg legen, den Übergang praktisch unmöglich machen, die Kosten des Unternehmens für das Aufrechterhalten der technischen Systeme immens erhöhen und möglicherweise eine nahezu unendliche Geschichte der Konfusion und des Flickwerks hinterlassen können. In diesem Fall war die Fähigkeit, positiv zu denken und die Situation umzudeuten, absolut wesentlich für einen glatten Übergang.

Es lohnt sich, auf einen weiteren bemerkenswerten Aspekt dieses erfolgreichen Übergangs hinzuweisen, der mit der Zunahme der technologischen Komplexität unvermeidlich überall wiederholt werden muß, nämlich eine neue Art, die Beschäftigten einzubeziehen. Es werden Teams aufgebaut, die gemeinsam ein Wissen speichern und verarbeiten können, das das Fassungsvermögen jedes Einzelnen übersteigt. Das Einbeziehen der Beschäftigten ist unbedingt nötig; es wird in dem Maße enorm gefördert, in dem die positive Atmosphäre verstärkt wird.

Die GM-Lakewood-Geschichte

Ein anderes Beispiel für Transformation in der Industrie ist der Fall der General-Motors-Fertigungsanlagen in Lakewood, Atlanta. Diese Anlage hatte eine turbulente Geschichte von Mühen und Management-Konfliken hinter sich. Nachdem Patricia M. Carrigan dort Managerin wurde, legte GM die Anlage aufgrund von Absatzschwierigkeiten bei Neuwagen anderthalb Jahre lang still. In einem Geiste des Neubeginns wurde sie schließlich neu eröffnet.

Carrigan signalisierte den Ton Ihres Führungsverhaltens schon dadurch, daß sie ihr Büro auf der Belegschaftsetage einrichten ließ. So war sie für jeden, der mit ihr kommunizieren mußte, leicht erreichbar.

> Im Mai des Jahres 1984 wurde Lakewood die erste Fabrik in der Geschichte von GM, die gleich von Anfang an in der ersten veröffentlichten Bilanz die allgemein akzeptierte Unternehmensnorm für High Quality erreichte, und zugleich die erste Fabrik, die diese Leistung nach der Inbetriebnahme durch die zweite Schicht wiederholen konnte.
>
> Beschwerden gingen seitdem auf Null oder nahe Null zurück, und seit die Fabrik zwei Schichten fährt, haben disziplinarische Zwischenfälle um 82 Prozent abgenommen. Seit der Neueröffnung der Fabrik hat es keine Fälle disziplinarischen Protestes gegeben.
>
> Trotz zusätzlicher umfangreicher täglicher und samstäglicher Überstunden seit der Wiederaufnahme der Produktion sank die Abwesenheitsrate von 25 auf 9 Prozent, was zu Einsparungen von mehr als 8 Millionen Dollar führte.
>
> Krankheits- und Unfallkosten reduzierten sich um zwei Drittel. Ein gemeinschaftlich gestecktes Fünf-Jahres-Soll für die Reduzierung der Kosten aufgrund kankheitsbedingter Abwesenheit wurde schon im ersten Jahr erreicht und erbrachte für 1984 einen Gewinn von 1,3 Millionen Dollar netto und noch niedrigere Quoten für 1985.[3]

Die Philosophie, die zu diesen Veränderungen führte, ist in den folgenden vier Prinzipien enthalten:

- Etwas verändern, etwas riskieren, Verantwortung übernehmen und sich für seine Handlungen zur Rechenschaft ziehen lassen.
- Jedermann respektieren, Einheit, Vertrauen, Stolz und Engagement für unsere Aufgabe fördern.
- Durch das Einbeziehen aller Mitarbeiter in einem Umfeld von Offenheit und Fairneß, von Würde, Ehrlichkeit und Respekt eine hohe Arbeitsqualität erzielen.
- Durch das Arbeiten in einer offenen Atmosphäre mit der Freiheit des Ideenaustausches und der Meinungsäußerung ohne Angst vor Repressalien gute Kommunikation unter allen Beschäftigten fördern.

Diese Prinzipien fassen kurz und bündig Geist und Inhalt unserer ersten vier Schritte zusammen. Wir glauben, daß die Fertigungsanlage in Lakewood primär deshalb so erfolgreich war, weil sie sich auf die Positiva Einheit, Vertrauen, Stolz, Engagement, Würde, Ehrlichkeit und Respekt konzentrierte. In der Tat ergeben diese sieben Qualitäten eine exzellente Checkliste für die Förderung eines positiven Umfeldes. Sie sollten Nebenprodukte jeder erfolgreichen Veränderung der Unternehmenskultur oder des Arbeitsklimas sein.

Die Notwendigkeit der Multikulturalität

Schritt Zwei wird offenbar dann erfolgreich abgeschlossen sein, wenn jedes Mitglied der Organisation weiß, daß ihm ein mitfühlendes Ohr geliehen wird. Jeder muß wissen, daß die Organisation als ganze in allem, was sie in Angriff nimmt, wahrhaft positiv ist.

Bei Schritt Zwei konzentrieren wir uns auf die Notwendigkeit, jedermann stets mit Würde und Respekt zu behandeln. Bis dahin wird die Lernende Organisation eine Übung in Zwecklosigkeit bleiben. Denn wir brauchen eine Lernkultur, die versteht, wie alle Menschen zum Wert der Organisation beitragen. Nicht nur einige wenige. Nicht nur das Management oder irgendeine Untergruppe. Jeder.

Diesbezüglich könnte ein Training in Multikulturalität nötig sein, bevor Schritt Zwei abgeschlossen werden kann. Multikulturalität beginnt, wenn jeder die Geschichte unserer Kultur und den Einfluß, den diese Kultur auf unser Leben und unsere Arbeit hat, zu schätzen weiß. Mit diesem Hintergund der Wertschätzung können wir das gleiche Maß an Respekt auch anderen Kulturen entgegenbringen.

Andere Kulturen zu respektieren bedeutet nicht, daß wir an ihnen teilhaben müssen. Aber es bedeutet, seine eigene kulturelle Identität nicht sang- und klanglos aufzugeben, wenn man eine andere Kultur besucht. Jede Kultur wird am besten ihren eigenen geistigen Fähigkeiten entsprechend operieren, und wenn ihre Werte denen der Organisation nicht widersprechen (was unwahrscheinlich ist), sollten sie respektiert werden.

Denjenigen unter uns, die aus dominanten Kulturen stammen, geht kulturelles Gewahrsein häufig ab. In einer Welt, die allgemein weißhäutige Männer favorisiert, sind die einzigen Menschen, die nicht genau wissen, was sie zum Erfolgreichsein brauchen – weißhäutige Männer. Sie sind die einzigen, die die Regeln nicht bewußt lernen mußten, deshalb wissen sie normalerweise nicht einmal, wer sie sind. Wenn ihn nicht jemand davon überzeugt, weiß ein weißer Mann beispielsweise nicht, daß er als Frau zweimal so hart arbeiten müßte wie als Mann, um den gleichen Erfolg zu haben. Er weiß auch nicht, daß er als Amerikaner afrikanischer oder spanischer Abstammung sogar noch härter arbeiten müßte, besonders, wenn er zudem noch eine Frau wäre. Wie auch immer, ein weißer Mann kann nur auf einer abstrakten Ebene lernen, diese Realitäten anzuerkennen. Er kann sie nicht unmittelbar erleben.

Menschen aus nicht-dominanten Kulturen reagieren oft empfindlich auf Worte und Gesten, die von der dominanten Kultur ignoriert werden. Dadurch und wegen kultureller Übertretungen, die denen trivial vorkommen mögen, die nicht unter ihnen zu leiden haben, können verletzte Gefühle und Vorbehalte weitverbreitet sein und tief sitzen. Angehörige von Minderheiten möchten allgemein als absolut Gleichberechtigte ohne jede Spur von Distanzierung behandelt werden.

Sich aussprechen für größeres Verständnis

Hier kann eine machtvolle Übung helfen, die *Aussprache*. Wenn sich ein Mitglied einer Gruppe, das (meist unbewußt) schlecht behandelt wurde, ausspricht und alle wissen läßt, was für ein Gefühl es war, schlecht behandelt zu werden, ermöglicht das allen eine machtvolle Lernerfahrung.

Die Aussprache beginnt, wenn sich jemand, der unter schlechter Behandlung leidet, sicher genug fühlt, der Gruppe darüber zu berichten. In Gruppen, in denen einige Teilnehmer als bigott bekannt sind und vom herrschenden Betriebsklima gestützt werden, wird dies nie der Fall sein. Aber wenn sich ein Gefühl für Sicherheit und eine positive Einstellung in der Gruppe aufbaut, kann es zu einer solchen Aussprache kommen. Dann wird die verletzte Person, häufig sehr emotional und stellvertretend für eine verletzte Gruppe, mitteilen, wie es für sie war, bestimmte schmerzvolle Arten der Behandlung erdulden zu müssen. Wer aufmerksam zuhört, kann dabei das Mitgeteilte tief nachempfinden, aber niemand unterbricht oder kommentiert das Gesagte.

Am Schluß einer Aussprache ist es angemessen, den Gefühlen desjenigen, der gesprochen hat, die Unterstützung der Gruppe anzubieten. Dabei werden aber nicht die gleichen Probleme erneut aufgeworfen. Zweck der Aussprache ist, andere über Gefühle zu informieren, und wenn diese Information aufgenommen wurde, kann darüber nachgedacht werden, bis das Gelernte zur Verbesserung der Situation genutzt wird.

Vermischen Sie multikulturelle nicht mit politischen Anliegen

Vorsicht sollte man walten lassen, damit niemals multikulturelle mit politischen Anliegen vermischt werden. Wir alle können unsere politischen Vorlieben, unsere Positionen zu Themen wie Lohn und Gehalt, Gewerkschaften, Wirtschaftspolitik und anderen öffentlichen Diskussionen und legitimen Meinungsverschiedenheiten unterworfenen Angelegenheiten frei wählen. Aber keiner von uns hat es sich ausgesucht, Mitglied einer bestimmten Rasse oder eines bestimmten Geschlechts, behindert oder in einem anderen Sinne grundsätzlich anders als andere zu sein. Zudem gibt es immer stärkere Indizien dafür, daß auch unsere sexuelle Präferenz nicht gewählt, sondern biologisch determiniert ist.

Außerdem sollte keiner von uns gezwungen werden, wegen unseres kulturellen und ökonomischen Erbes in die Defensive zu gehen. In eine ethnische oder religiöse Minderheit hineingeboren worden zu sein, darf niemals dafür herhalten, Abwertung oder Entwürdigung erdulden zu müssen. Das sind fundamentale Menschenrechte.

Gruppen kann die Aussprache dazu dienen, ihr multikulturelles Gewahrsein zu erhöhen. Diese Gruppen bauen eine starke positive Atmosphäre auf und fördern dadurch ihr Wachstum als Lernende Organisation enorm.

Erfolgreich durch Schritt Zwei

Um festzustellen, ob Schritt Zwei erfolgreich abgeschlossen wurde, schlagen wir eine Neuauflage der Beurteilung der Lernkultur Ihrer Organisation aus Schritt Eins vor. Sobald alle Mitglieder der Organisation eine positive Einstellung reflektieren, die von einem anonymen Auswertungsformular oder -prozeß bestätigt wird, ist Schritt Zwei vollendet.

Wenn wir „vollendet" sagen, meinen wir, daß damit ein Grad der Reife erreicht wurde, der es angemessen erscheinen läßt, zu Schritt Drei überzugehen. Wie bei jedem Schritt bleiben regelmäßige Pflege des Erreichten, Zurückkehren und erneutes Auswerten natürlich auch weiterhin wichtig. Es besteht immer die Gefahr, ein hohes Leistungsniveau zu erreichen, woraufhin alte Muster wieder einrasten und einen Qualitätsverfall der Lernkultur bewirken. Dann läuft die Organisation Gefahr, in längst aus der Mode gekommene, weniger produktive Praktiken zurückzufallen.

Wir schlagen vor, daß die Dynamik positiven Denkens durch Praktizieren und Wiederholen dieses Schrittes mit richtiger Pflege und Verstärkung allmählich auf einer so tiefen Bewußtseinsebene verankert wird, daß Ihnen diese Dynamik wie eine zweite Natur erscheint. Sie kann sogar so geläufig werden, daß man sich fragen wird, wie man jemals anders arbeiten konnte.

Wenn alle Beschäftigten sich angewöhnt haben, einander positives Feedback zu geben und der Umgangston im Unternehmen den Mitarbeitern das Gefühl gibt, von anderen und der Gruppe insgesamt unterstützt zu werden, wird es Zeit für die nächste Herausforderung, nämlich, die Organisation zu einem sicheren Ort für neue Lernerfahrungen zu machen.

Schritt 3
Ermöglichen Sie sicheres Denken am Arbeitsplatz

Jeder kennt Geschichten von innovativen Denkern, die von ihren Arbeitgebern verkannt oder entlassen wurden und sich daranmachten, enorm erfolgreiche Geschäfte zu machen oder ganz neue Industrien zu begründen. Weit weniger berühmt, aber leider um so häufiger sind die zahllosen Menschen, die es aufgegeben haben, ihre guten Ideen zu verfolgen – und das Denken bei der Arbeit gleich mit dazu.

Der Verlust für diese Einzelnen, für ihre Karrieren und die Zufriedenheit, die sie in ihrer Arbeit hätten finden können, ist nicht auszudenken. Der Preis, den ihre Arbeitgeber und die Gesellschaft an entgangener Kreativität, verkümmerten Karrieren und unproduktiver Arbeit bezahlen müssen, ist sogar noch größer. Bis vor kurzem war das ein Preis, den die amerikanische Geschäftswelt und die amerikanische Gesellschaft bereitwillig zahlten. Aber in der heutigen Weltwirtschaft ist es einfach zu kostspielig, nicht gut denken zu können. Keiner kann sich mehr leisten, diesen Preis zu bezahlen.

Einige Menschen, die für gute Gedanken bestraft wurden

Vor nicht allzu langer Zeit verbrachte einer von uns einige Zeit mit Arbeitslosen auf Jobsuche. Bei unserer Diskussion stellte sich heraus, daß manche von ihnen keinen Job mehr hatten, weil sie die Kühnheit – oder das schlechte Urteilsvermögen –

besessen hatten, an ihren früheren Arbeitsplätzen Verbesserungen einiger Arbeitsabläufe anzuregen.

In manchen Fällen wurden die angeregten Veränderungen von einem Teil des
Managements durchaus gebilligt. Aber schließlich hatte sie doch das Beil getroffen,
weil sie den Mund aufgemacht hatten. Als ich ihren Ideen und den Reaktionen auf
ihre Ideen zuhörte, zeigte sich dramatisch, wie die Geschäftswelt häufig genau den
potentiell hilfreichsten Ideenlieferanten die kalte Schulter zeigt.

„Warum haben Ihre Arbeitgeber Ihre Ideen ignoriert?" fragte ich.

„Weil die sicher sind, daß wir von nichts 'ne Ahnung haben. Die glauben, wir
sind keine Menschen, sondern Maschinen."

„Aber", fragte ich, „ist es nicht so, daß derjenige, der die Maschine bedient oder
in der Produktion arbeitet, am besten darüber Bescheid weiß, was Sache ist?"

Natürlich stimmten alle zu.

Ich verließ die Diskussion und fragte mich, warum diese intelligente und aufge-
weckte Gruppe von Problemlösern keine Arbeit hatte. Grund dafür ist leider, daß es
immer noch zu viele Organisationen vorziehen, lebende Leichname einzustellen, die
sich von Zeit zu Zeit blicken lassen, tun, was man ihnen sagt, und das Boot nicht zum
Schaukeln bringen, anstatt ehrliche und notwendige Verbesserungen anzustreben.

Was Ihnen in diesem Kapitel bevorsteht

In diesem Kapitel werden wir uns anschauen, wie und warum Organisationen sich
routinemäßig ihrer wesentlichsten Ressource berauben: des Denkvermögens jedes
ihrer Mitarbeiter. Dieses kontraproduktive Verhalten blüht zu einer Zeit, da die
Wirtschaft stärker auf genau die Kreativität angewiesen ist, die sie so routiniert ab-
würgt. Dieses selbstzerstörerische Verhalten in der Organisation läßt sich nur
ändern, wenn es erkannt wird.

Die Nachrichten sind voll von Klagen, daß die heutigen Arbeitskräfte den heutigen Herausforderungen von vorn bis hinten nicht gewachsen seien. Das Allheil-
mittel ist angeblich „Schulung". Aber Schulung allein genügt nicht, denn die ange-
botene traditionelle Schulung wirkt auf den Denkprozeß ebenso verheerend wie
andere negative Faktoren, die das Denken blockieren.

Eine grundsätzlichere Herausforderung ist das Schaffen eines Arbeitsklimas, in dem alle nach Möglichkeiten suchen, ihre Arbeit besser zu machen, in dem eine positive Einstellung zu Qualitätskontrolle, kontinuierlicher Verbesserung und allen anderen Zielen des Unternehmens von heute in jedermanns Verhalten und Erwartung verankert ist.

Lernt man Denken nicht in der Schule?

Wir erwarten, daß unser Bildungssystem die Menschen darauf vorbereitet, in der Welt zu funktionieren. Dazu sollte es diverse Grundfertigkeiten pflegen, aber es sollte, und das ist noch wichtiger, unsere Fähigkeit üben und trainieren, unabhängig, neugierig und objektiv zu denken. Leider wurde diese Fähigkeit durch autoritäre Unterrichts- und Managementformen so vollständig entmutigt, daß eine ganze Zivilisation verspätet aufwacht und feststellt, daß um sie herum bedrohlicher Mangel herrscht.

Denn neues Denken ergibt sich und blüht am ehesten in einer positiven und fördernden Atmosphäre. Um das Entwickeln guter Gedanken zu lernen, muß man es in einer Umgebung üben, in der es keinen Grund gibt, die Konsequenzen der eigenen Entdeckungen zu fürchten. Und diese Atmosphäre fehlt oftmals genau dort am meisten, wo sie am meisten gebraucht wird.

Die große universelle Wanderschule

Beginnen wir, indem wir erkennen, daß das Denken, wie das Gehen, eine erlernte Fertigkeit ist. Wir sollten uns darüber freuen, daß Kinder weltweit auf die gleiche Weise gehen lernen. Sobald sie bereit dazu sind, stehen sie einfach auf und gehen, so gut sie können, während ein Kreis bewundernder Verwandter sie anfeuert.

Dem Kind, das hinfällt, wird liebevoll wieder auf die Beine geholfen, und es wird ermutigt, es gleich noch einmal zu probieren. Da gibt es kein: „Oh mein Gott, das Kind ist zusammengebrochen; es wird wohl nie gehen lernen! Wie soll denn dieses arme Geschöpf jemals bis Harvard kommen, wenn das schon so losgeht?"

Das Resultat dieser weltweiten elterlichen Förderpolitik ist, daß jeder ziemlich leicht gehen lernt. Fast nie hören wir von irgendwelchen nicht-medizinischen Problemen beim Gehen. Seltsamerweise sind weit und breit allerdings auch keine Gehpokale zu sehen – Diplome an der Wand, die bestätigen, daß Soundso tatsächlich gehen gelernt hat, attestiert von namhaften und bewiesenermaßen fähigen Gehern, die den Kandidaten auf Herz und Nieren sowie auf mögliche Hinweise für Schummeln oder andere Anzeichen eines Unterlaufens der Normen für „Gutes Gehen" geprüft haben. Nein, Gehen wird für selbstverständlich gehalten – als ob es nichts wäre.

Pläne für eine ähnliche, große universelle Denkschule

Denken wird wie Gehen am besten durch Übung und in einer fördernden Umgebung entwickelt und geübt. Dummheit andererseits ist ein erlerntes hinderliches Verhalten. Obwohl offensichtlich sein sollte, daß der Denkprozeß dabei wahrscheinlich Schaden nimmt, versuchen wir routiniert, Menschen beizubringen, Denken hieße, die eigenen Ideen anzugreifen und ihnen keine Chance zu geben, sich nach ihren Vorstellungen zu entwickeln.

Denken und Kreativität sollten normale Verhaltensweisen sein, denn jedes Gehirn ist von Natur aus gut für Denken und Kreativität ausgerüstet. Obwohl es durchaus möglich ist, daß manche Menschen mit einer größeren Denkneigung geboren werden als andere, können alle ihr Denken durch häufige, besser noch ständige, Übung in einer den Denkprozeß fördernden Atmosphäre grundlegend verbessern.

Lassen Sie uns das an dieser Stelle näher untersuchen. Ein Kind fragt, warum dort Sterne am Himmel stehen, und Vater oder Mutter ignorieren die Frage oder antworten in der Art wie: „Stell nicht so dumme Fragen." Das gehorsame Kind hört also auf damit, viele Fragen zu stellen, und lernt dadurch, vielen Fragen gar nicht erst nachzugehen, auf die ja ohnehin alle (außer dem Kind) die Antwort bereits kennen.

Diese Gewohnheit des Nicht-Denkens wird dann ein Leben lang geübt; und wenn später der Kompressor in der Fabrik verräterische Zeichen gibt, daß er gleich in die Luft zu fliegen gedenke, schaut der jetzt Erwachsene, durch und durch darin geschult, niemals zuviel zu fragen und nachzuforschen, in die andere Richtung und verschwendet auf den Kompressor keinen weiteren Gedanken, bis alle möglichen Fragen zu vollendeten Tatsachen geworden sind.

Der hohe Preis für das Nicht-Fragen

Von Kindheit an ist die Freiheit, Fragen stellen zu dürfen, ein entscheidendes Kennzeichen für eine Atmosphäre, in der sich ohne Gefahr denken läßt. Man sollte nach allem fragen dürfen, was man will, und es sollte ebenso in Ordnung sein, wenn man die Antwort nicht sofort bekommt. Diese Lizenz sollte besonders in der ernsten Welt des Geschäftslebens gelten, in der Abläufe, Regeln, Managementtheorien und andere Formen akzeptierter Weisheit oft wie heilige Schriften behandelt werden, die weder Objekt von Fragen noch von genauen Untersuchungen sein dürfen.

Nehmen Sie zum Beispiel die Standardmethode für den Umgang mit Kundenbeschwerden. Wir alle wissen, daß der lauteste Schreihals den Wurm bekommt, also daß der Kunde, der sich am lautesten beschwert, die meiste Aufmerksamkeit erhält. Die Kunden, die sich am lautesten beschweren, sind aber möglicherweise die Kunden, die zu Ihrem Geschäft am wenigsten beitragen. Das nennt sich Pareto-Gesetz – man investiert 80% seiner Energie für 20% der Resultate.

Wenn Sie klagenden Kunden weiterhin blinde Aufmerksamkeit entgegenbringen und dabei die Kunden ignorieren, die sich nicht beschweren, verwenden Sie Ihre gesamte Zeit darauf, den Kunden zu helfen, die Ihnen am wenigsten einbringen, während Sie die Kunden ignorieren, die vielleicht am meisten für Sie tun.

Treiben Sie diese Politik auf die Spitze, und alle Ihre guten Kunden werden abwandern, weil Sie ihnen nicht die Aufmerksamkeit schenken, die sie verdienen. Dafür werden dann die Kunden, die Sie am wenigsten mögen, immer typischer für Ihre Stammklientel werden. Das könnte Sie im Endergebnis zwingen, den Laden dichtzumachen, da Sie in Beschwerden Niezufriedener ertrinken.

Nachdenken über das Nicht-Denken

Das ist ein Beispiel für die Art des Nicht-Denkens, zu dem wir in geschäftlichen Situationen neigen, in denen wir nicht bohrend und unorthodox fragen, was Sache ist und was wir tun sollten. Aber warum dominiert das Nicht-Denken so sehr, und warum wird das Denken so oft und effektiv abgewürgt?

Organisationen ersticken häufig routinemäßig ihre kreativsten Denker, indem sie ihnen einfach kein Gehör schenken. Dieses Nichtzuhörenkönnen nimmt häufig die Form einer fast kniesehnenreflexartigen Negativität an. Für viele von uns ist eine negative Reaktion auf eine Idee schon zu einem Reflex geworden. Wir können uns so schnell Gründe dafür ausdenken, warum etwas *nicht* funktionieren wird, daß wir nie innehalten, um unseren Horizont zu erweitern.

Negativität als Reflexreaktion

Einer von uns besuchte kürzlich einen Kunden, um mit einigen Teams zu arbeiten. Ich besuchte mehrere Gruppen und stellte ihnen zwei Fragen: „Was funktioniert bei Ihnen?" und: „Was funktioniert nicht?" Auf die erste Frage reagierten die Teams immer wieder ratlos. Immer waren sie ungeduldig darauf aus, zur zweiten Frage überzugehen. Wenn ich auf einer Flipchart auflistete, was ihnen an Funktionierendem einfällt, wirkten sie frustriert und ängstlich, fragten mich häufig, was ich denn mit der Frage meinte, oder baten mich um Beispiele. Aus Mangel an Führungsmodellen, die ihnen vermittelten, neue Möglichkeiten und Ideen zu akzeptieren, waren sie darauf konditioniert, keinen Gedanken darauf zu verschwenden, was bei ihnen gut funktioniert.

Dann, bei der Frage nach den Dingen, die nicht funktionierten, konnte ich mit ihren Ideen mühelos ein bis zwei ganze Flipchartseiten füllen.

Warum Manager denkenden Beschäftigten Widerstand entgegenbringen

Die negative Einstellung von Managern gegenüber dem Denken ihrer Untergebenen rührt häufig von ihren eigenen Ängsten und ihrer verborgenen persönlichen Geschichte her. Peter Grazier, Präsident von Team Building Inc., hat beobachtet, daß viele Manager sowohl neuen Ideen ihrer Beschäftigten als auch anderen Dingen aktiv Widerstand entgegenbringen – Ideen, von denen sie bei stärkerem Einbeziehen ihrer Mitarbeiter profitieren würden. Einige der Gründe dafür sind:

- Angst vor Verlust ihrer Autorität; was, wenn ihre Untergebenen bessere Arbeit leisten als sie selbst?
- Angst, etwas Falsches zu tun und dafür bestraft zu werden.
- Ego.
- Der Glaube, daß die zur Förderung der Mitwirkung von Beschäftigten erforderlichen Prozesse zu langwierig sind.
- Angst, daß die Veränderung nur kurzfristig ist und nicht lange anhält.
- Angst, ihren Job zu verlieren oder ersetzt zu werden.
- Unfähigkeit, zu erkennen, was für sie dabei herausspringen kann.
- Zynismus, der sagt: „Das haben wir alles schon mal gehabt."
- Sorge, sie könnten beim Entwicklungsprozeß draußen vor der Tür bleiben.
- Angst, daß die Auswirkungen einer solchen Veränderung nur schwer zu messen und in den frühen Stadien nur mit Problemen verbunden sind.

Weil so viele Manager heimliche Vorbehalte haben, sind sie sich nicht bewußt, daß ihr Widerstand die Kreativität und Produktivität ihrer Untergebenen lähmt. Wenn die Leistung am Arbeitsplatz nachläßt, geben sie häufig wieder den Beschäftigten die Schuld dafür, daß sie nicht zuhören. Und nachdem sie die Eigeninitiative aus ihren Arbeitskräften herausgepreßt haben, wundern sie sich, warum ihre Beschäftigten in Krisenzeiten wie Hirnamputierte agieren.

Die heimtückische Gaußsche Glockenkurve*

Man kann andererseits von Menschen schwerlich Denkleistungen erwarten, wenn ihr Denken immer mit den Worten „Ach, geh" in die Flucht geschlagen wurde. Diese ablehnende Einstellung geht zurück auf eine Illusion, die noch aus Schulzeiten stammt, nämlich, daß manche Menschen klüger seien als andere und daß Intelligenz ein Rohstoff sei, der uns bei unserer Geburt in diversen Packungsgrößen in die Wiege gelegt wurde. Die Gaußkurve ist ein gültiges Verfahren zur Messung von Ereignissen in der physikalischen Welt, aber wenn sie auf etwas so Komplexes

---

* Die aus der Statistik bekannte, sogenannte Normalverteilungskurve. Anm. d. Übers.

wie das menschliche Gehirn angewandt wird, ist sie unwissenschaftlich, mit Vorurteilen behaftet, mit Vorannahmen überladen und vollkommen unangemessen.

Wir haben erfahren, wieviel Schaden ein solches Denken anrichten kann: Als wir einer Führungskraft dabei helfen sollten, die für ein bestimmtes Projekt geeignete Person zu finden, schlug ich eine Frau vor, die meiner Meinung nach über den Hintergrund, die Kreativität und die Persönlichkeit für die betreffende Arbeit verfügte.

„Steht sie auf der Liste der Hochtalentierten?" wurde ich sofort gefragt.

„Nein, steht sie nicht", erwiderte ich.

„Nun, ich muß einfach jemanden finden, der auf der Liste steht", wurde mir gesagt.

Die Liste der Hochtalentierten beinhaltete nur diejenigen, die mutmaßlich das Zeug hatten, um in dem Unternehmen, mit dem ich zu tun hatte, erfolgreich zu sein. Die zugrundeliegende Botschaft war, daß nur einige wenige in der Lage waren, zum Erfolg des Unternehmens beizutragen.

Werden Menschen in einer Organisation auf elitäre Weise behandelt, so reduziert sich die Kapazität der Organisation zur Verbesserung ihrer Lern- und Denkqualität enorm. Gibt es für den Einzelnen keine Aussicht, auf die gesamte Organisation einzuwirken, so ist das Resultat resignierte Gedankenlosigkeit.

Nichtsdestotrotz hat unsere Kultur über mehrere Generationen hinweg die Gaußkurve zum Messen von Leistungsunterschieden benutzt und dabei „bewiesen", daß manche Studenten herausragend waren, andere Versager, und daß sich die Mehrheit in der nicht sonderlich bewanderten Durchschnittsgruppe befand. In Wirklichkeit bewies die Gaußkurve nur, daß das gebräuchliche Bildungssystem nicht dafür ausgelegt ist, den Bedürfnissen der Menschen im System – ob Studenten, Lehrer, der Verwaltung oder der Öffentlichkeit – gerecht zu werden.

Warum die Glockenkurve nicht für Menschen gilt

Die Kurve wurde aus Mangel an Wissen über oder aus Mangel an Respekt vor individuellen Unterschieden in bezug auf das Lernen, Denken und Problemlösen entwickelt. Heutzutage können Organisationen von solch antiquierten Leistungsbegriffen nur in die Irre geführt werden. Organisationen, die erfolgreich sein wollen, müssen das Wissen und die Beobachtungen nutzen, mit denen Neuro-Wissenschaftler, Pychologen und Ausbilder unser Verständnis davon bereichern, wie Menschen lernen, wie Menschen sich verhalten und wie Menschen denken.

Mehr über diese neuen Einsichten in unterschiedliche Lernstile werden wir in Schritt Sechs erläutern, aber für den Augenblick möchten wir betonen, daß wir erkennen müssen, daß keine zwei Menschen gleich denken oder auf die gleiche Weise Probleme lösen. Diese akkuratere Einschätzung menschlicher Intelligenz sollte uns helfen, den einzigartigen Wert der potentiellen Beiträge eines jeden zu würdigen und zu belohnen.

Wanted: Belohnung

Das Management kann hierbei Vorreiter sein, indem es Denken und Kreativität überall dort belohnt, wo sie angetroffen werden. Wir haben einmal in einem Unternehmen den Vorschlag gemacht, einen Briefkasten für Verbesserungsvorschläge aufzustellen. Wir wurden buchstäblich ausgelacht. „Wir haben schon einen", hörte ich von überall im Raum zugleich. „Das Management nimmt alles, was wir reinstecken und schmeißt es in den Müll", meinte jemand. „Wir bekommen nie irgendwelche Resultate zu sehen, also was macht das für einen Unterschied?" meinte ein anderer. „Es kümmert die nicht die Bohne, was wir denken."

Später erzählte mir eine Arbeitslose auf Jobsuche eine andere Geschichte. „Auf die muß man aufpassen wie ein Schießhund", meinte sie. „Wir haben immer brav unsere Verbesserungsvorschläge in den Kasten geworfen, aber dann haben wir darauf bestanden, daß der Boß sie vor unseren Augen lesen sollte. Danach ließen wir die Manager nicht mehr aus den Augen, bis sie das, was wir angeregt hatten, endlich in die Praxis umgesetzt hatten. Schließlich haben wir Resultate gesehen, und unsere Vorschläge haben immer funktioniert." Offenbar war jedoch dieses Verhalten schon Grund genug, um den Job loszuwerden, der sie in die Lage versetzt hatte, ihre Manager zum Denken zu zwingen.

Über das Aus-dem-Weg-Gehen

Linda Honold, ehemals bei Johnsonville Foods, hat einige kluge Beobachtungen über Denken in einer Organisation gemacht:

Um Menschen zu ermutigen, bei der Arbeit selbständig zu denken, gehe ihnen aus dem Weg. Anstatt Ihren Mitarbeitern zu sagen, was sie tun sollen, wenn sie fragen, sollten Sie lernen, ihre Mitarbeiter zu fragen, was deren Meinung nach getan werden sollte. Es ist wirklich verblüffend, was alles möglich ist, wenn man Menschen erlaubt, ihre Fragen selbst zu beantworten.

Ich kann diesen Punkt mit einer wahren Geschichte illustrieren. Betreuer der zweiten Wurstabfüll-Schicht bei Johnsonville Foods war ein junger Mann, den alle gut leiden konnten. Wann immer es am Fließband irgendwelche Probleme gab, fragten ihn die Mitarbeiter, was sie tun sollten, um das Problem zu beheben. Er sagte es ihnen und ließ sie dann das Problem selbst aus der Welt schaffen. Nach seiner Schicht ging er nach Hause ins Bett.

Für die dritte Schicht gab es keinen formellen Betreuer. Die Mitarbeiter kamen herein, lasen den für sie vorbereiteten Arbeitsplan, machten sich an die Arbeit, und alles war in schönster Ordnung – solange keine Probleme auftraten. Wenn es ein Problem gab, riefen die Arbeiter den Betreuer der zweiten Schicht zu Hause an, weckten ihn aus dem Schlaf und fragten ihn, was sie tun sollten. Selbstverständlich half er ihnen. Nachdem er ihnen erzählt hatte, was sie tun sollten, lösten sie das Problem selbst.

Aber allmählich wurde der junge Mann es müde, mitten in der Nacht geweckt zu werden. Er beschloß, seine Taktik zu ändern. Als ihn die Arbeiter das nächste Mal wegen eines Problems anriefen, fragte er sie zuerst, was ihrer Meinung nach getan werden sollte. Das sagten sie ihm. Er bemerkte laut, daß sie die Antwort ja schon hatten und ihn dafür ja nun wirklich nicht brauchten. Sie riefen nie wieder an mit Problemen, die sie schon kannten und selbst beheben konnten.

Der Prozeß der Umwandlung Ihres Unternehmens in eine Lernende Organisation ist ebenso leicht wie eben beschrieben und auch ebenso schwierig. Es fällt Managern und Führungskräften nicht leicht, keine Entscheidungen mehr zu treffen. Zu lernen, Fragen zu stellen anstatt Antworten zu geben, erfordert eine konzertierte Anstrengung. Der Aufbau einer Abteilung für Mitarbeiter-Entwicklung kann diesen Prozeß unterstützen. Sobald sich die Leute ans Lernen gewöhnt haben, fällt es ihnen leichter, Entscheidungen zu treffen.[1]

Um eine Kultur zu schaffen, die Menschen ermutigt, selbständig zu denken, muß das Management außer Fragenstellen noch weitere entscheidende Dinge tun.

Wie gut fördern Sie das Denken anderer?

Das Überwinden der Neigung, auf die Ideen anderer reflexartig negativ zu reagieren, ist eine Fertigkeit, die gelernt werden muß. Versuchen Sie es jetzt. Hören Sie auf zu lesen, halten Sie ein paar Augenblicke inne, und listen Sie einige der Momente auf, in denen sie einem Kollegen bei der Entwicklung einer guten Idee geholfen haben. Selbst wenn Sie einige Aspekte eines Vorschlags im Prozeß der Formgebung und Verfeinerung kritisiert haben, sind Sie qualifiziert, wenn Ihre Hilfestellung die Idee insgesamt förderte.

Erstellen Sie jetzt eine zweite Liste: eine Liste der Ideen, die Sie mit abgewürgt haben. Kümmern Sie sich nicht darum, daß manche Ideen wirklich fürchterlich sind. Denken Sie an die Zeiten zurück, als sie einen eben flügge gewordenen Gedanken plattmachten, als sie halfen, sein Schicksal zu besiegeln, und dafür sorgten, daß er unter Garantie keinen Tag an der Sonne erleben würde.

Fühlen Sie sich nicht zu schuldig, wenn diese Liste die längere der beiden ist. Wir sind alle von Zeit zu Zeit versucht, neue Ideen zurückzuweisen. Gelegentlich tun wir einem Erfinder auf Abwegen einen Gefallen, wenn wir die Zeit reduzieren, die er mit Versuchen zur Rettung eines hoffnungslosen Projektes verbringt. Betrachten Sie sich jetzt selbst sowohl als Förderer als auch als Vernichter. Später werden Sie Gelegenheit bekommen, sich klarzumachen, wie Sie selbst gefördert – und, traurig genug – vernichtet wurden.

Statten Sie den Blockierungen Ihrer Kreativität einen zweiten Besuch ab

Wenn Sie nach diesen beiden Listen noch Zeit für eine weitere Übung haben, dann erinnern Sie sich einmal an Ihre eigenen guten Ideen, bei denen Ihnen jemand geholfen hat, der genügend Anteil an Ihnen nahm, um Ihren Ideen Leben einzuhauchen. Graben Sie noch ein bißchen tiefer. Rufen Sie sich einige der unglücklichen Momente ins Gedächtnis zurück, als Ihre heiß und innig geliebten Ideen von Menschen torpediert wurden, von denen Sie sich eigentlich Unterstützung erhofft hatten.

Manche Menschen lassen sich durch Zurückweisung zu größerer Hartnäckigkeit und größeren Anstrengungen anspornen. Aber die meisten von uns lassen sich von Zurückweisung dazu überreden, den Laden in der Kreativitätsabteilung dichtzumachen. Es ist durchaus möglich, daß Sie die Originalität, die Sie einst inspirierte, wiederentdecken und mit neuem Leben erfüllen können, wenn Sie mental in der Zeit zurückgehen und sich an diese Ereignisse und die damit verbundene Entmutigung erinnern.

Ein Lernumfeld ist auf Sicherheit angewiesen

Sicherheit ist ein menschliches Grundbedürfnis. Sicherheit ist auf jeder Stufe des Wachstums und der Entwicklung eines Individuums oder einer Organisation unverzichtbar. Eine Lernende Organisation gibt jedem in der Organisation kontinuierlich die Erlaubnis und den Anreiz, gut zu denken und vom Denken anderer zu profitieren.

Menschen, die sich der Herausforderung des Aufbaus einer Lernenden Organisation stellen, geht es darum, ein Arbeitsumfeld anzubieten, in dem es nicht nur um Geld, Macht, Kontrolle, Status oder Überlegenheit geht. Statt dessen fördert dieses Arbeitsumfeld das Vermögen, als Teil eines Paares, einer Gruppe, eines Teams oder einer Organisation und als Teil von Netzwerken zu arbeiten, die über die lokale Gruppe hinausreichen. Solche Assoziationen befähigen Menschen zu Konstruktivität und geben ihnen das Gefühl, geschätzt, respektiert und anerkannt zu werden.

Die Teilnahme an produktiven und bedeutungsvollen Beziehungen mit anderen, in denen Geben wie Nehmen hoch im Kurs stehen, erzeugt Sicherheit. Nur in einem solchen Arbeitsumfeld wird wirklich die ganze Person so sehr integriert, daß sie ihr volles Potential entfalten kann. Eine Lernende Organisation ermöglicht also den Fluß positiven und unbeschränkten Wachstums.

Ein Gefühl der Sicherheit fördert das Entdeckungs- und Experimentiertalent, und Lern„fehler" werden ohne Schuld oder Scham erfahren. Ein Gefühl der Sicherheit führt dazu, daß man die Möglichkeiten kreativer Handlung zu genießen weiß, sowohl individuell wie gemeinschaftlich.

Eine erfolgreiche Lernende Organisation fördert Sicherheit, indem sie fragt: Was hilft? Was tut weh? Was ist wichtig? Was ist nicht wichtig?

Beachten Sie, daß „sicher" nicht die Abwesenheit von Herausforderung oder Verantwortlichkeit impliziert. Herausforderung und Verantwortlichkeit sind häufig nötig, um für die Begeisterung zu sorgen, die für die besten Lerneffekte erforderlich ist. Sicherheit impliziert Förderung des Lernprozesses selbst – eine Atmosphäre, in der man sich darauf verlassen kann, für produktives Denken stets respektiert zu werden.

Es sicher machen

Was können Manager zum Aufbau eines sicheren Umfeldes als Hintergrund für die Entwicklung der Lernenden Organisation tun? Was genau können sie tun, um in der Lernenden Organisation „sicheres" Denken zu ermöglichen?

Jeder sollte mit Gewinn die Frage „Was bedeutet **sicher** für mich?" für sich selbst beantworten. In der Praxis könnte sich diese Frage folgendermaßen stellen: Welche spezifischen Handlungen oder Veränderungen würden mir beweisen, daß ich hier sicher denken kann?

Die Beurteilung Ihrer Lernkultur in Schritt Eins sollte eine exzellente Informationsquelle über gegenwärtige Einstellungen zum Denken in der Organisation sein. Wenn nötig, kann die Beurteilung durch anonyme Fragebögen ergänzt werden. Anonyme Fragebögen stellen eine der besten Methoden der Informationsgewinnung über Verbesserungsmöglichkeiten Ihrer Organisation dar..

Wissen, daß der eigene Arbeitsplatz „denksicher" ist

Innovatives Denken kann Menschen ebenso unbarmherzig arbeitslos machen wie Nichtdenken und die Unfähigkeit, neue Herausforderungen anzunehmen. Menschen brauchen die Gewißheit, daß neue Ideen ihren Arbeitsplatz nicht gefährden, sie nicht überflüssig machen. Das Management muß eine Strategie zur Erhöhung der Beschäftigungsfähigkeit jedes Einzelnen entwickeln. Ziel sollte sein, die Beschäftigten beim Erlernen neuer Arbeitsfertigkeiten zu unterstützen, Fertigkeiten, die sie für ihr gegenwärtiges Unternehmen und jeden, der sie einstellt, wertvoller machen.

Jedes Unternehmen, das weiß, was gut für es ist, wird auch seinen Managern die Sicherheit geben, daß sie ihren Arbeitsplatz auf jeden Fall behalten. Dann wird sich das Management leicht dazu bewegen lassen, Strategien zur Eliminierung ihrer Jobs als Manager aufzustellen. Die Aufgaben des Managements sollten auf die Arbeiter übergehen. Vertrauen Sie der Synergie des Teams und der Organisation. Gut organisiertes gemeinschaftliches Handeln bringt Sie am schnellsten dorthin.

Diese Politik kann natürlich nicht greifen, solange die Manager für die Eliminierung ihrer Jobs nicht mit besseren Jobs und höheren Vergütungen belohnt werden. Wenn ich aufgefordert werde, meinen Job aufzugeben, und dadurch nur die Aussicht habe, mir einen anderen Job suchen zu müssen, dann können Sie wetten, daß ich alles in meinen Kräften Stehende tun werde, um so ineffizient wie möglich zu werden.

Der Wert von Nichtwissen und Fehlern

Die Organisation muß jeden ermutigen, um Hilfe zu bitten. Wenn Manager sagen: „Weiß ich nicht", sagen sie gleichzeitig: „Ich bin auch nur ein Mensch, und vielleicht kann ich von Ihnen etwas lernen." Das schafft eine Atmosphäre der Kooperation und des Teamworks. Denn jeder hilft gerne, und die Bereitschaft, um Hilfe zu bitten, ist ein machtvolles Zeichen für Stärke in jedem erfolgsorientierten Menschen. Die Unternehmenskultur wird dann stark sein, wenn alle offen sind und aufrichtig anerkennen, was sie nicht wissen.

Das Management kann dieser Kultur der Offenheit den Weg ebnen, indem es seine eigenen Fehler zugibt und wo nötig Wiedergutmachung leistet. Innerhalb der Organisation herrscht dann Vertrauen, wenn aus den Fehlern aller Beschäftigten stets gelernt wird und eine neue Struktur entsteht. Es ist also sinnvoll, erkannte und korrigierte Fehler zu schätzen und zu feiern. Tun Sie das auf Monats- oder Quartalsbasis. Solche Meilensteine des Feierns könnten durch ein fortgeschriebenes Journal mit einer Chronik der vom Team gelernten Lektionen ergänzt werden.

Die drei Erfordernisse

Für das Aufbauen einer sicheren Lernumgebung ist dreierlei erforderlich. Das erste ist eine *Struktur,* über die Einigkeit besteht. Diese Struktur muß von Grundregeln begleitet werden, die festlegen, wie sich das Team, das Komitee oder die Organisation verhalten werden. Der so geschaffene Rahmen ähnelt den Regeln beim Fußball. Er trägt dazu bei, die Aktionen zu bündeln, und klärt die Grenzen der Teamaktivitäten. Die Regeln sollten offen für Modifikationen sein, da einige Regeln unter Umständen nicht den gewünschten Effekt haben. Durch das Erwägen alternativer

Regelsysteme wird das Team allmählich diejenigen Regeln ausfindig machen, die die effektivste Arbeitsstruktur ermöglichen.

Erforderlich ist zweitens *Förderung*. Wenn die Mitglieder davon überzeugt sind, daß sie ihre Probleme selbst lösen können, unterstützen und fördern sie sich in einem entsprechenden Lernumfeld auch gegenseitig. Förderung beinhaltet, daß man anderen hilft, erfolgreich zu sein, nicht, daß man deren Arbeit macht. Man denkt also nicht für andere, sondern unterstützt sie bei selbständiger Problemlösung.

Vom Standpunkt des Managers bedeutet diese Kombination aus Struktur und Förderung, über bestimmte Aufgaben, Projekte und Zielvorstellungen zu verhandeln und dann die dafür ausgewählten Personen arbeiten zu lassen. Gehen Sie aus dem Weg und lassen Sie das Mikromanagement, denn zuviel Übersicht bedeutet den Menschen: „Wir halten Sie für inkompetent." Es ist belegt, daß sich durch das *Festlegen gewisser Minimalspezifikationen* für eine Aufgabe oder Arbeit die kreativsten Resultate erzielen lassen. Mit anderen Worten: Sagen Sie den Menschen nur, was sie wissen müssen, um die angestrebten Resultate zu erreichen. Lassen Sie sie die Details selbst herausarbeiten.

Teams, die ihre eigenen Entdeckungen machen, sind weitaus dynamischer und leistungsfähiger als Teams, deren Mitglieder unablässig versuchen, sich an Handbücher oder fremder Leute Vorgaben zu erinnern. Das ist einer der Gründe dafür, warum die Lernenden Leiter bei Kodak innerhalb von drei Monaten auf Hochtouren liefen, während andere sich selbst leitende Teams im gleichen Unternehmen gewöhnlich länger als anderthalb Jahre brauchten, um auf Touren zu kommen.

Eine nicht-lernende Organisation wird gewöhnlich durch eine Führungskraft charakterisiert, die dem Arbeitsteam alle Entscheidungen und dadurch auch alle Freude am Entdecken, Selberlösen, die Mühen und Begeisterung des Erforschens und alle Lernerfahrungen abnimmt. In einer Lernenden Organisation müssen die Leiter bereit sein, das Risiko einzugehen, kontinuierliches Lernen und kontinuierliche Verbesserung selbst zu modellieren. Wie können Sie erwarten, daß jemand bereit ist, das Risiko einzugehen, etwas Neues zu lernen, solange Sie selbst nicht mit gutem Beispiel vorangehen?

Das dritte Erfordernis für eine sichere Lernumgebung ist für alle Teammitglieder, daß sie *immer und überall ihre Problemlöse-Kappen tragen*. Wenn das

Hauptmotiv des Problemlösens *Neugier* ist, steigert sich die Energie des Teams bis zum Maximum. In dem Buch *The Soul of a New Machine*[2] schreibt Tracy Kidder über die frühen Tage der Data General Corporation. Das Team in diesem Unternehmen hatte sich selbst geleitet und war hochmotiviert, rechtzeitig einen neuen Computer auf den Markt zu bringen. Viele Mitglieder des Teams arbeiteten zwanzig Stunden am Tag und standen während der gesamten Entwicklung unter Hochdruck. Ihre Arbeit stellte den Ertrag einer wahrhaft sicheren und dabei fordernden Lernumgebung dar.

Auf dieser Stufe der Gruppenforschung bedeutet Förderung kein Abstempeln, und die Selbstachtung des Denkers ist hoch genug, um das beherzte Ausprobieren neuer Ideen zu schätzen. Wenn Sie Ihren Mut bei einem Sport auf die Probe stellen, den Sie bereits beherrschen, wollen Sie sicher keinen Gegner, der unter Ihrem Leistungsniveau spielt. Genauso schätzen es echte Denker, wenn ihre Ideen so detailliert wie möglich auf die Probe gestellt werden, damit sie sie noch raffinierter ausarbeiten können.

Schließlich ist es absolut wesentlich, daß alle Mitarbeiter in der Lernenden Organisation immer und überall *denken*, so daß das Finden von Lösungen zur Lebenseinstellung wird. Wer sich diese Einstellung nicht zu eigen macht, kann die Atmosphäre für alle anderen vergiften.

Was tun, bis die Kultur sich wandelt

Während des Aufbaus einer denksicheren Umgebung werden in der Übergangsphase einige Menschen jedoch noch Angst davor haben, selbständig zu denken. Unter Umständen agieren diese Menschen ihre Angst auf perverse Weise durch das Unterminieren „schwacher" Ideen aus und versuchen dabei, Kreativität als Humbug zu entlarven.

Das geschieht natürlich in positiver Sprache, denn die Organisation hat ja Schritt Zwei bereits hinter sich. Aber die Angst, die nicht sofort verschwindet, wird zu Statements führen wie: „Es ist so nett, daß Bill uns die Gelegenheit gegeben hat, seinen neuen Prozeß zu erforschen. Das sollte uns ermöglichen, einige der Termine einzuhalten, die wir uns gesetzt haben, und ich bin mir ziemlich sicher, daß sich der Prozeß selbst als relativ harmlos erweisen wird."

Paradoxerweise besteht die beste Methode des Umgangs mit solchen abkanzelnden Angstreaktionen darin, die positive Förderung durch Toleranz der Intoleranz zu verstärken, ohne dabei die intoleranten Schlußfolgerungen zu akzeptieren. Die für diese Herausforderung erforderlichen Reaktionen wird das Umdeutungs-Vermögen der Organisationen bis zum Maximum beanspruchen: „Zugegeben, Bills neue Idee wirkt vielleicht etwas simpel, aber ich habe viel über seine Idee nachgedacht, und ich habe den Verdacht, daß wir auf eine Weise von dieser Idee profitieren können, die wir noch gar nicht richtig absehen können. Ich persönlich bin von der Idee wirklich begeistert, und ich glaube, daß Sie es auch sein werden, wenn wir sie erst einmal umgesetzt haben. Klopfen Sie die Idee in der Zwischenzeit weiter auf Schwachstellen ab. Wir brauchen das, damit wir auf Draht bleiben."

Die richtigen Dinge fördern

Da die meisten kreativen Ideen so viele Probleme haben, akzeptiert zu werden, müssen wir unsere Fähigkeit verbessern, ihren Wert zu erkennen und zu fördern. Ein großes Unternehmen verfügt über die Ressourcen für eine solche Förderung, aber allzuoft legt es die Entscheidung darüber, ob ein neues Projekt weiterzuentwickeln oder fallenzulassen ist, in die Hände von jemandem, der bei seiner Entscheidung ein schlechtes Urteilsvermögen an den Tag legt. Das liegt daran, daß Beförderungen in großen Unternehmen möglicherweise weit stärker von Territorialpolitik als vom Antrieb beeinflußt werden, die richtige Person für die richtige Arbeit zu finden. Ein wahrhaft partizipativer Managementstil sollte hier einige der Probleme korrigieren. Ein „erleuchteter Arbeitsplatz" auf dem Weg zu einer erwachsenen Lernenden Organisation ist für Unpäßlichkeiten dieser Art jedoch die einzige wirklich wirksame Medizin.

Das Nichtreagierenkönnnen auf das volle Potential kreativer Projekte ist wahrscheinlich die kostspieligste Form des Mißmanagements in der heutigen Industrie, bedenkt man die enormen Erträge wirklich erfolgreicher Produkte. Berücksichtigen Sie auch die Tatsache, daß Produkte mit Fehlzündung durch etwas zusätzlichen kreativen Drall im richtigen Stadium der Entwicklung vielleicht besser abgeschnitten hätten.

Über das Verpassen der idealen Gelegenheit

Die Einsätze sind hoch. Ein bahnbrechendes Produkt, das zur richtigen Zeit auf den Markt kommt, kann eine ganze Industrie begründen. Nur wenige Monate Verzögerung bei der Markteinführung, und schon übernimmt vielleicht ein Konkurrenzprodukt das Feld, und die Entwicklung der Industrie nimmt einen völlig anderen Weg.

Es gibt keine Garantie, daß das von der Öffentlichkeit gewählte Produkt auch wirklich das beste ist. Eher ist es dasjenige, das zu einer Zeit auf den Markt kam, als genügend Menschen es annahmen, so daß das Wechseln zu einem anderen, eventuell sogar besseren Produkt zu lästig wäre. Wenn Sie sich beispielsweise erst einmal an ein bestimmtes Computerprogramm gewöhnt haben, möchten Sie nicht unbedigt die Mühe auf sich nehmen, sich in ein Konkurrenzprogramm einzuarbeiten, auch wenn es vielleicht ein bißchen besser ist als das, mit dem Sie sich vor langer Zeit angefreundet haben.

Durch Mangel an Phantasie, innere Kämpfe im Entwicklungsteam, Widerstand von Entscheidungsträgern irgendwo im Unternehmen und andere wenig erfreuliche Verhaltensweisen verursachte Verzögerungen bei der Markteinführung erweisen sich also unter Umständen als kostspielig. Sogar so kostspielig, daß schon eine einzige Panne in dieser Abfolge die Ursache für eine komplette Pleite anstelle eines Erfolges auf der ganzen Linie sein kann. Man kann sich also in der heutigen Industrie kaum eine wertvollere Ressource vorstellen als ein Team, daß sowohl kreativ denken als auch seine Ideen verteidigen und für seine Ideen Werbung machen kann.

Ob die Organisation die Herausforderungen besteht, denen sie sich stellen muß, hängt schließlich davon ab, wie der einzelne Arbeiter vom komplexen Muster unternehmenspolitischer und sozialer Interaktionen beinflußt wird, das die Kultur der Organisation ausmacht. Deshalb ist Schritt Drei so wichtig: Schaffen Sie eine Kultur, in der es sich sicher denken läßt. Machen Sie es zu einer Top-Priorität, Menschen davor zu schützen, verspottet oder heruntergemacht zu werden oder unangemessenen Reaktionen auf ihre kreativen Ideen ausgesetzt zu sein, *selbst wenn die Ideen noch nicht ausgereift sind.*

Niemand wird gern verspottet; entsprechend denkt man wahrscheinlich zweimal nach, bevor man seinen persönlichen Denkprozeß jemandem mitteilt, wenn man fürchtet, man könnte Spott und Hohn ernten. Da wahrhaft innovative Ideen häufig seltsam wirken, wenn sie zum ersten Mal präsentiert werden, muß das Maß der Flexibilität und Toleranz in der Kultur außerordentlich groß sein. All das läuft darauf hinaus, daß auf jeder Ebene der Organisation echte Gedanken generiert werden.

Manche Unternehmen haben beim Ansteuern einer solchen Umgebung gut abgeschnitten. Johnsonville Foods ist ein Musterbeispiel für ein solches Unternehmen. Vornehmlich durch das Schaffen von Teams, deren Mitglieder einander auf bemerkenswerte Weise zum Denken ermutigen, ist es Johnsonville Foods gelungen, eine positive Lernkultur zu begründen.

Der *Umlauf* während der Management-Besprechung

Ein weiteres Beispiel dafür ist ein Unternehmen, mit dem wir gearbeitet haben. In diesem Unternehmen beginnt eine Gruppe von Managern das tägliche Treffen mit einem **Umlauf**. Alle Teilnehmer sind eingeladen, ein paar Minuten ohne Unterbrechung alles zu sagen, was sie wollen. Als Ergebnis der so geschaffenen Kultur des Zuhörens hat das Management-Komitee die Zeit, die es für das Erledigen seiner täglichen Aufgaben benötigt, um mehr als die Hälfte reduziert.

Ein Hauptgrund für diese Verbesserung ist, daß die heimlichen Hintergedanken der Teilnehmer während des Umlaufes offen auf den Tisch kommen. Dadurch versteht jeder, was für die anderen auf dem Spiel steht, und diese Anliegen werden bei der Einigung auf Entscheidungen locker mit ins Kalkül gezogen. Innerhalb der Management-Gruppe wurde Vertrauen aufgebaut, und es fällt jetzt allen leicht, miteinander zu arbeiten. Das Verbindende, das aus einer solchen Erfahrung resultiert, ist ein machtvolles Hilfsmittel für das Aufbauen und Aufrechterhalten von Teamwork.

Das „*Denk-und-Hör-zu*"

Eine Möglichkeit für den Aufbau einer Kultur des Respekts für das Denken anderer ist die **Denk-und-Hör-zu**-Aktivität.

Das „Denk-und-Hör-zu" kann jedem helfen, effektiv, effizient und exzellent zu denken, und es macht dazu noch Spaß. Kreativität rührt vom freien Fluß sich zufällig ergebender Ideen her, die dann zu bedeutungsvollen und begeisternden Mustern verbunden werden. Diese Muster begeistern zunächst nur den Denker und später dann alle, die sich über die guten Ideen des Denkers freuen.

Das vielleicht entscheidenste Hemmnis für gutes Denken ist, daß die meisten Menschen nur selten die Chance bekommen, diesen Prozeß überhaupt zu beginnen. Ebenso selten bekommen sie die Gelegenheit, einen Gedanken ganz zu Ende zu führen. Denn damit man seine Gedanken vollständig erforschen kann, muß einem jemand anderes ohne Unterbrechung zuhören. Aber die meisten von uns finden fast nie genug Gehör, um erkennen zu können, wohin ihr Denken sie möglicherweise führt, besonders, wenn sie nur ein vages Gefühl haben und sich noch nicht sicher sind, wohin die Reise geht. Teilweise liegt das daran, daß einem die meisten Menschen ihre Hilfe aufdrängen, indem sie einem scheinbar fehlende Worte und Ideen in den Mund legen.

Aber genau das hindert den Denker, sich über das potentielle Ziel einer Idee klarzuwerden. Denken wird also häufig wie Wasser in einem Gartenschlauch behandelt: gestoppt, abgedreht und blockiert. Das Denken wird dadurch eher erschwert und als Resultat von Unterbrechungen, Meinungen anderer, Zeitbeschränkungen und anderen Behinderungen des Denkprozesses oft ganz eingestellt. Nichtsdestotrotz kämpfen hinter den versiegelten Lippen des stillen, kreativ blockierten Menschen vielleicht Ideen enormer Tragweite damit, sich auszudrücken, so wie das im Gartenschlauch gestaute Wasser.

Die meisten von uns sind so süchtig nach Konversation, daß unser Unterbrechen, Widersprechen und unsere Meinungen dazu tendieren, den Gedankengang unseres Gesprächspartners, der gerade versucht, eine neue Idee zu formulieren, zu blockieren. Deshalb kommen manche Menschen mit der delikaten Arbeit des Denkens nie zu Rande; sie bleiben in sich selbst eingesperrt, weil ihnen nie jemand wirklich zuhört.

Es lassen sich problemlos sogar ältere Menschen finden, die aufrichtig behaupten können, daß ihnen im ganzen Leben niemand länger als fünf Minuten ohne Unterbrechung zugehört hat.

So geht's

Hier also ein Werkzeug zum Durchbrechen der Unterbrechungssucht: Durch diese Übung sollte jeder leichter Gehör finden und dadurch auf neue Weise zu denken beginnen. Die Regeln für ein „Denk-und-Hör-zu" sind:

A. Suchen Sie sich einen Partner.

B. Einigen Sie sich im voraus, wieviel Redezeit jeder bekommen soll, und kontrollieren Sie die Zeit. (Jeder sollte möglichst gleich viel Zeit bekommen, möglichst noch in der gleichen Sitzung. Wenn nötig, können Sie aber auch erst nach einigen Stunden oder Tagen fortfahren.)

C. Entscheiden Sie, wer von Ihnen zuerst spricht und wer zuerst zuhört.

D. Vereinbaren Sie Vertraulichkeit über alles Gesagte; außerdem soll nichts von dem, was gesagt wurde, später diskutiert werden, es sei denn auf ausdrücklichen Wunsch desjenigen, der es gesagt hat.

E. Tauschen Sie die Rollen, wenn die Sprechzeit vorbei ist.

F. Der Zuhörer muß mit dem Sprechenden Augenkontakt halten.

G. Der Sprecher darf den Zuhörenden nicht attackieren.

H. Der Zuhörer darf zu keiner Zeit den Sprechenden unterbrechen, Anmerkungen machen oder Fragen stellen.

I. Wenn beide dies wünschen, dann ermöglichen Sie Feedback nach jeder – gleich langen – Rederunde.

J. Nutzen Sie als Sprecher genau die vereinbarte Zeit, und verschenken Sie nicht, was rechtmäßig Ihnen gehört, auch wenn Sie meinen, Sie hätten alles gesagt, was Sie sagen wollten.

K. Keine „du"-Statements. Das heißt: Sprechen Sie niemals über Ihren Zuhörer. Ein Beispiel für ein „du"-Statement wäre: „Ich halte dich für… " Das Denk-und-Hör-zu muß in den meisten Fällen jede Diskussion des Zuhörers vermeiden. Denn der Zuhörer kann als Objekt einer Diskussion kein unparteiischer Förderer des Denkprozesses mehr sein.

So legen Sie los

Sobald die Regeln ganz verstanden wurden, tun sich alle Mitglieder der Gruppe zu

Paaren zusammen und vereinbaren die Zeit, die jedem zur Erforschung eines beliebigen Themas zustehen soll. Für den Anfang sind fünf Minuten genau das Richtige.
Ein Partner beginnt zu reden, während der andere für die Länge der vereinbarten
Zeit ohne Unterbrechung oder Geben von Feedback zuhört. Der Zuhörer hört einfach nur zu, positives nonverbales Feedback ist allerdings erwünscht. Das Thema
kann frei gewählt oder vorher abgesprochen werden.

Wenn die Sprechzeit um ist, wird der Sprecher zum Zuhörer und der Zuhörer
zum Sprecher. Die Regeln sind die gleichen wie zuvor, wobei die Augen des Spre-
chers wandern dürfen, denn das ist normal für jemanden, der neue Ideen erforscht.

Wenn beide sich explizit darauf geeinigt haben, kann das Paar sich nach der
Sprechzeit Feedback über das Gesagte geben – sofern das Feedback respektvoll und
konstruktiv gegeben wird.

Was für ein Gefühl Menschen dabei haben

Es ist interessant zu hören, was Menschen, die diesen Prozeß gerade zum ersten
Mal mitgemacht haben, davon halten. Manche meinen: „Ich kann gar nicht fassen,
wie schwierig es ist, volle fünf Minuten lang zu sprechen. Ich mußte schon nach
Dingen suchen, die ich sagen konnte!" Andere sagen: „Ich hatte das Bedürfnis, zu
unterbrechen und ein paar Worte beizusteuern. Ich mußte mir wirklich auf die
Zunge beißen, um fünf Minuten still zu sein." Diese Einstellungen tauchen bei den
ersten Versuchen einer Gruppe mit einem „Denk-und-Hör-zu" häufig auf, aber sobald das „Denk-und-Hör-zu" in Fleisch und Blut übergegangen ist, kann man sich
als Sprecher wie als Zuhörer besser gehenlassen.

Denken Sie daran, daß auch Schweigephasen guttun, denn diese Phasen geben
Ihrem Gehirn die Chance, zu denken und Wissen zu verarbeiten. Die meisten von
uns fühlen sich nicht wohl, wenn sie mit jemandem zusammen sind und geschwie-
gen wird, aber Schweigen kann eine echte Wohltat sein, wenn es ausreichend
Respekt gibt, daß man auftauchende Gedanken jederzeit ausdrücken kann.

Organisationen setzen das Denk-und-Hör-zu in Forschungs- und Entwick-
lungsphasen sowie bei Planungs- und Vorstandssitzungen ein. Es hilft beim
Problemlösen, fördert das kreative Denken und macht Planungssitzungen für Lang-
zeit-Beurteilungen und Produktentwicklung effektiver.

Eine letzte Bemerkung: Das „Denk-und-Hör-zu" eignet sich auch gut zur Lösung eines Konfliktes oder zur Beilegung einer Meinungsverschiedenheit. Zwar läßt sich kaum in jedem Fall eine Einigung erzielen, doch sollte der Prozeß der Erforschung des Konfliktes helfen, herauszufinden, wie man effektiv weiter zusammenarbeiten kann. Wenn Sie das „Denk-und-Hör-zu" zu diesem Zweck einsetzen, müssen Sie wahrscheinlich Regel K vorübergehend außer Kraft setzen.

Halten Sie sich an die oben skizzierten Regeln, und denken Sie daran, klar und nicht-bedrohlich aufzutreten, wenn Sie die Tatsachen so sehen, wie Sie sind. Es ist verblüffend, wie häufig Menschen mit Hilfe dieser Technik plötzlich einen Standpunkt verstehen können, den sie immer für völlig unverständlich gehalten haben. Diese Technik, richtig angewandt, ist ein Werkzeug, das Ihnen neues Bewußtsein und neue Wertschätzung sowohl Ihrer eigenen wie auch der Ideen anderer schenken kann.

Das „Denk-und-Hör-zu" ist einfach, aber machtvoll. Nutzen Sie es zum Verstehen und Verarbeiten neuen Wissens, zum Aufbauen neuer Beziehungen und Interaktionen, positiver Einstellungen und zum Erhöhen Ihrer Selbstachtung.

Angst Nummer Eins überwinden

Sprechen in der Öffentlichkeit ist mit einer der größten Ängste behaftet, mit der jeder von uns umgehen muß. In dem Maße, wie das „Denk-und-Hör-zu" Routine und sicher wird, werden auch die Menschen, die öffentlich nie viel gesagt haben, fühlen, daß es ihnen leichter fällt, Ideen und Meinungen zu äußern.

Mit Übung im „Denk-und-Hör-zu" werden die Teammitglieder beginnen, sowohl den Ideen ihrer Kollegen besser zuzuhören als auch mehr Respekt für ihren persönlichen Denkprozeß zu entwickeln.

Einigen fällt das „Denk-und-Hör-zu" jedoch möglicherweise sehr schwer, so daß hier ein graduellerer Prozeß angeraten sein mag. Es ist wichtig, daß wir Gehör finden, während wir mit anderen teilen, was uns am meisten am Herzen liegt. Eine Möglichkeit dazu ist das in Schritt Zwei beschriebene Gut-und-Neu.

Durch wiederholten Gebrauch des Gut-und-Neu werden sich die Beschäftigten nach und nach immer weiter öffnen und Lebenserfahrungen mit anderen teilen. Dann wird das „Denk-und-Hör-zu" immer natürlicher für sie; es wird ihnen leichter fallen, ihre Gedanken mit anderen zu teilen.

Dialog versus Diskussion

In seinem Buch „Die fünfte Disziplin – Theorie und Kunst der Lernenden Organisation" hat Peter Senge den Unterschied zwischen Dialog und Diskussion herausgearbeitet:

> Beim Teamlernen ist die Diskussion das erforderliche Gegenstück zum Dialog. In einer Diskussion werden unterschiedliche Sichtweisen dargestellt und verteidigt, und […] das führt möglicherweise zu einer nützlichen Analyse der Gesamtsituation. In einem Dialog dient die Darstellung unterschiedlicher Sichtweisen dem Entdecken einer neuen Sichtweise. In einer Diskussion werden Entscheidungen getroffen. In einem Dialog werden komplexe Sachverhalte erkundet. Muß ein Team Übereinkunft erreichen und sind Entscheidungen zu treffen, so erfordert das einiges an Diskussion. Auf der Grundlage einer allgemein akzeptierten Analyse sind alternative Sichtweisen zu erwägen und eine bevorzugte Sichtweise auszuwählen (die eine der ursprünglichen Alternativen sein kann oder eine neue Sichtweise, die sich aus der Diskussion ergeben hat). Produktive Diskussionen konvergieren in einer Schlußfolgerung oder in einem Handlungsplan. Dialoge dagegen sind divergent; sie zielen nicht auf Einigung, sondern auf ein reichhaltigeres Erfassen komplexer Sachverhalte. Sowohl Dialog als auch Diskussion können zu neuen Vorhaben führen; alte Vorhaben stehen häufig im Brennpunkt von Diskussionen, während sich neue Vorhaben als Nebenprodukt des Dialogs ergeben.[3]

Dieser Gegensatz ist suggestiv, aber in der Praxis wird er in dem Maße nebensächlich, in dem sowohl Diskussion als auch Dialog unbewußten Hintergedanken ausgesetzt sind. Wenn in einem gegebenen Fall weder Diskussion noch Dialog zum Erfolg führen, sollte einige Zeit mit „Denk-und-Hör-zu"-Sitzungen helfen. Denn das „Denk-und-Hör-zu" eröffnet die Chance, sich in der Gegenwart eines intelligenten Zuhörers selbst zu erkunden und herauszufinden, was man über ein bestimmtes Thema wirklich denkt. Manchmal bewirkt ein nur drei Minuten dauerndes „Denk-und-Hör-zu" einen Wandel in der Art, wie man die Dinge allgemein angeht. Manchmal sind allerdings Stunden in diesem Format nötig, bevor die Leute bereit sind, sich auf wahrhaft rationale Positionen zuzubewegen.

Das progressive „Denk-und-Hör-zu"

Eine machtvolle Variante des „Denk-und-Hör-zu" ist das *Progressive Denk-und-Hör-zu*. Bei dieser Aktivität beginnt eine Gruppe aus beispielsweise zehn Leuten ein „Denk-und-Hör-zu" zu einem bestimmten Thema. Nach jeder Runde teilen die Teilnehmer dem jeweiligen Gruppenmoderator mit, was sie zu diesem Thema voneinander gelernt haben. Der Moderator hält diese neuen Lernerfahrungen auf einer Flipchart fest. In der nächsten Runde sucht sich jeder Teilnehmer neue Partner und wiederholt den Prozeß.

Die ersten Einsatzbesprechungen dieser Art werden wahrscheinlich schnell über die Bühne gehen. Wer es nicht gewohnt sind, von seinen Kollegen zu lernen und das Gelernte dann mit anderen zu teilen, wird anfangs wenig zu sagen haben.

Mit zunehmender Erfahrung und Einsicht wird das „Denk-und-Hör-zu" aber potenter. Nach etwa sechs Runden muß der Moderator für die Besprechung des Gelernten wahrscheinlich schon wesentlich mehr Zeit aufbringen.

Kreative Sackgassen

Manchmal ist eine Idee wirklich nicht gut, und dennoch will ihr Vertreter sie partout nicht fallenlassen. Wir erinnern uns an jemanden, den wir einmal trafen und der meinte, das wichtigste in der ganzen Welt sei, eine Stiftung für einen von ihm gerade bewunderten Footballstar zu gründen. Er ließ keine Gelegenheit aus, alle möglichen Leute an seine Vision zu erinnern, und machte sich oft auch in der Öffentlichkeit für seine Idee stark. Es war klar, daß bei dieser Angelegenheit einige ungelöste persönliche Probleme mit im Spiel waren. Nicht klar war dagegen, warum sich außer ihm sonst noch jemand für dieses Anliegen engagieren sollte.

Es darf nicht zugelassen werden, daß solche Sackgassen kreativen Denkens den eigentlichen Sachverhalt verwirren. Eben weil sie so frustrierend sind, sollten sie mit dem nötigen Respekt behandelt werden, damit diejenigen mit wirklich wertvollen Anliegen nicht von der rauhen Behandlung entmutigt werden, die denjenigen zuteil wird, deren Denken nicht so gesund ist.

Vorsicht: Sagen Sie nicht „Ja", wo Sie „Nein" meinen

Eine Methode, mit diesem Problem umzugehen – die wir nicht empfehlen –, ist, eine Idee mit dem Hintergedanken zu akzeptieren, sie unauffällig sterben zu lassen. W.S. Gilbert schrieb einmal: *Ja ist nur eine andere und nettere Form von Nein.*"

Dieses Paradox wurde mir kürzlich wieder von einem meiner Freunde vor Augen geführt, der meinte: „Wenn ich in meinem Betrieb an einem Projekt teilnehmen soll, zu dem ich keine Lust habe, oder wenn da ein Vorhaben ist, das ich blockieren möchte, sage ich immer »Ja«.“

Ich fragte, wozu das gut sei.

„Wenn die denken, daß du auf ihrer Seite bist, lassen sie dich in Ruhe“, erwiderte er. „Dann hast du freie Hand, zu tun, was du willst, und das Projekt stirbt.“

Und genauso geht es in Organisationen zu, in denen viel geredet und wenig getan wird, in denen es darum geht, so zu tun, als sei man Teil des Teams, während man sich selbst in Wirklichkeit in aller Ruhe eine Festung baut, in die kein Mensch und kein Projekt der Welt eindringen kann. Kein Wunder, daß nichts getan wird – Hintergedanke aller ist, den Status quo mit so wenig Wirbel wie möglich aufrechtzuerhalten.

Eine Möglichkeit für die einzelnen Abteilungen, diese Winkelzüge zu vermeiden, ist das Entwickeln einer Prozedur zur Verarbeitung neuer Ideen. Neue Ideen müssen das Gehör finden, das sie verdienen – anstatt unaufhörlich abgekanzelt zu werden. Auf der Grundlage der zur Verfügung stehenden Zeit und Ressourcen ließe sich das durch den zeitlich abgestimmten Einsatz einer Reihe von drei oder vier „Denk-und-Hör-zu“-Sitzungen strukturieren. Wenn die Idee soviel Aufmerksamkeit überlebt, könnte sie anschließend Thema einer kurzfristigen, fünf oder sechs Mann umfassenden Fokusgruppe werden. Der Fokusgruppe obläge dann das Ausarbeiten der folgenden Schritte, die der Idee breitere Akzeptanz verschaffen. Eine solche abgestufte Folge von ursprünglich stillen und kleinen Schritten kann das Problem umgehen, daß zuviel Zeit mit Möglichkeiten vergeudet wird, die wahrscheinlich ohnehin im Sande verlaufen.

Den Widerstand gegenüber kreativen Ideen senken

Die Widerstände gegen den Triumph kreativer Ideen sind immer hoch. Aber die Lernende Organisation reduziert diese Widerstände radikal, indem sie kühnes Denken ermutigt und dabei das nötige Feedback gibt, um dieses Denken besser zu machen. Ein sicheres, förderndes Umfeld ist das erste Erfordernis für die

Entwicklung der natürlichen Intelligenz. Und diese natürliche Intelligenz ist erforderlich, um eine Idee von ihrer ersten vagen Form zum finalen Erfolg mit möglicherweise weltbewegenden Auswirkungen zu führen.

Da die Industrie auf solchen kreativen Prozessen beruht, sollten wir schleunigst die Ressourcen entwickeln, die das Auftreten solcher Prozesse fördern. Schritt Drei erfolgreich abschließen heißt, die organisatorische Kreativität beträchtlich zu steigern, die den Weg für die Reise zu einer voll entwickelten Lernenden Organisation pflastern wird.

Außer den hier angeboteten Techniken können noch viele weitere dazu beitragen, die Effektivität der gegenseitigen Förderung in Ihrer Organisation zu erhöhen. Wenn sich die Unternehmenskultur so weit gewandelt hat, daß jeder sich sicher dabei fühlt, wenn er seine noch rohen und ungeschliffenen Gedanken in einem Gruppenprozeß anderen mitteilt, wird es Zeit, den nächsten Schritt kulturellen Wachstums in der Organisation anzugehen – das Eingehen von Risiken.

Schritt 4
Belohnen Sie das Eingehen von Risiken

Wenn Sie jemals auf einem Fluß Wildwasserkanu gefahren sind, dann kann der Begriff „Weißwasser" Ihr Blut vor Begeisterung, Anteilnahme und Angst zum Sieden bringen. Er beschreibt die turbulenten und potentiell gefährlichen Stromschnellen, in denen der Fluß aufgrund wahnwitziger Hindernisse reißend wird und unvermutet auftauchenden, machtvollen Strömungen folgt. Weißwasser kann selbst für den Stärksten eine Herausforderung sein und eine tödliche Falle für den Unachtsamen, der die Gefahr möglicherweise nicht erkennt, bis er ihr nicht mehr entkommen kann.

Stellen Sie sich jetzt *permanentes Weißwasser* vor – tumultartig, unvorhersehbar, begeisternd, riskant. So fühlt sich die Welt heutzutage für viele Menschen an, die Entscheidungen zu treffen haben, die Einfluß auf ihr eigenes Leben und das Leben anderer haben. In einer konkurrenzbetonten und launischen Weltwirtschaft schliddern große Unternehmen innerhalb von ein oder zwei Jahrzehnten in die Katastrophe, und der Einzelne mit seiner vielversprechenden Karriere wird mit dem Schreckgespenst eines Kündigungsschreibens konfrontiert. Und wir können diesem permanenten Weißwasser nicht ausweichen, ihm nicht entrinnen, es nicht aussitzen. Wir wissen nur, daß es immer mehr wird. Und wir sind permanent darin.

Permanentes Weißwasser auf die Mühlen Ihres Geschäftes

Unter solchen Bedingungen wird das Eingehen bedeutender, vernünftiger und maßvoller Risiken für das Überleben lebensnotwenig. Das Ignorieren von Risiken läßt diese nicht verschwinden; es macht sie nur gefährlicher. Sich in Konformität und Sicherheit zu flüchten ist sinnlos geworden.

Die Zeit ist reif, allerorten die Kunst des Eingehens von Risiken zu kultivieren. Ohne intelligente Risiken ist Erfolg unmöglich. Und das größte Risiko ist der Versuch, alle Risiken zu vermeiden, denn eine solche Strategie ist schlimmer als unrealistisch; sie ist aussichtslos.

Michael Schulhof, Vizevorsitzender von Sony USA und Präsident von Sony Software, glaubt, daß das Eingehen von Risiken heute so wesentlich ist, daß hochbezahlte Manager aus den Reihen von Wissenschaftlern anstelle von MBAs rekrutiert werden sollten. Denn Wissenschaftler lernen ihr gesamtes Berufsleben lang, Risiken einzugehen. Schulhof war selbst Physiker bei Brookhaven Labs, bevor er ins Geschäftsleben einstieg. Über das Eingehen von Risiken sagt er:

> Um wirklich erfolgreich Geschäfte zu machen, muß man kreativ Risiken eingehen. Ich habe ungefähr 7 Milliarden Dollar des Geldes von Sony für den Erwerb von Gesellschaften wie Columbia Pictures und CBS Records ausgegeben. Das waren strategische Käufe, die unsere Langzeitvision für Sony unterstützten. Man muß eine eigene Zukunftsvision haben. Und man braucht die Zuversicht, in diese Vision zu investieren. Das unterscheidet sich nicht wesentlich vom Ansatz für wissenschaftliche Forschung. Die Wissenschaftler, die ich am meisten bewunderte, verfügten sowohl über die Kreativität zur Entwicklung von Langzeitvisionen der Zukunft als auch über den Mut, an dieser Vision festzuhalten, solange ihre Forschungen nicht die Unmöglichkeit der Vision bewiesen.[1]

Risikobereitschaft in der Wissenschaft

Die stillen und geordneten Labors eines Forschungsinstitutes machen vielleicht nicht gerade den Eindruck, richtungsweisend beim Eingehen von Risiken zu sein. Zwar nehmen wir an, daß ein Forschungsinstitut ein Arbeitsplatz ist, an dem man sicher denken kann, also eine Lernende Organisation im buchstäblichsten Sinne. Aber ein Übungsfeld für das kreative Eingehen von Risiken?

Das populäre Bild von wissenschaftlicher Forschung ist das eines streng logischen, methodischen Prozesses, einer gewissenhaften Erwägung und Untersuchung jeder in Betracht kommenden Möglichkeit. Das stimmt natürlich nur bis zu einem gewissen Grad. Die ganze Wahrheit ist viel interessanter. Am deutlichsten wird sie, wenn man betrachtet, wo und wie besonders erfolgreiche und produktive Forschung wirklich vor sich geht.

In seinem Buch *Apprentice to Genius: The Making of A Scientific Dynasty* wirft Wissenschaftsautor Robert Kanigel einen tiefen Blick in die Dynamik großer wissenschaftlicher Entdeckungen. Diese Durchbrüche waren nur möglich, indem über den sicheren, vorhersagbaren nächsten Schritt hinausgegangen, über die Grenze des Wissens hinaus ins Unbekannte aufgebrochen wurde. Kanigel faszinierte besonders die Reihe bahnbrechender Entdeckungen auf den Gebieten der Pharmakologie, der Medizin und der Neurowissenschaften seit den 40er Jahren. Das waren wahrhaft monumentale Entdeckungen, auf dem höchsten Niveau dessen, was zuweilen Elitewissenschaft genannt wird, auf Nobelpreis-Niveau, auf dem gigantische Sprünge kreativer Phantasie gemacht, ganze wissenschaftliche Disziplinen revolutioniert und neue Forschungsfelder geboren werden.

Was ermöglicht diese großen Sprünge?

Kanigel hat zusammen mit anderen Beobachtern der Wissenschaft herausgefunden, daß diese Entdeckungen nicht zufällig von einsamen Wissenschaftlern in isolierten Laboratorien gemacht wurden. Kanigel nennt das, was hinter diesen Erfindungen steht, eine *Dynastie*. In dieser Dynastie treten so folgenreiche Persönlichkeiten wie Bernard „Steve" Brodie, Julius Axelrod, Sol Snyder und Candace Pert in Erscheinung. Es waren einzigartig brillante Einzelgänger, die gleichzeitig sehr wohl wußten, was sie einander zu verdanken hatten und die sich selbst durch eine durch die Generationen reichende Kette von Mentoren und Schülern mit vielen anderen verbunden sahen. „Durch diese Sichtweise", schreibt Kanigel,

> ist eine große wissenschaftliche Entdeckung das Produkt nicht nur eines individuellen Genies, sondern einer wissenschaftlichen „Familie", in der über Generationen hinweg etwas Spezielles, etwas Zentrales weitergegeben wurde. Aber was genau wird hier weitergegeben?[2]

Wenn man sich die Geschichte dieser Durchbrüche vor Augen führt, wird klar, daß hier außer dem Talent des einzelnen Wissenschaftlers noch ein unverzichtbarer Faktor am Werk ist. Nach genau diesem „Speziellen", diesem „Zentralen" suchen wir. Sobald wir über ein Umfeld verfügen, in dem man sicher denken kann, ist die entscheidende Frage für eine Lernende Organisation: Wie fördern wir diese Art Denken, die den nötigen Unterschied hervorbringt, die Sprünge der Phantasie, die beispiellose risikovolle Einsicht, die uns den besten Weg durch das Weißwasser zeigt?

Einen Riesensprung machen

Dreh- und Angelpunkt ist die vom Manager oder der Führungskraft vorgelebte Einstellung, das Beispiel, das von Teammitgliedern und Untergebenen verinnerlicht und anschließend von ihnen an ihre eigenen Mitarbeiter weitergeben wird – eine Einstellung, die auf Wissen, Lernen und das Angehen von Problemen abzielt. Wissenschaftler nennen diese Einstellung „Denkstil"[3]. Sie läßt sich nicht als eine Menge von Regeln und Anweisungen kodieren. Kanigel betrachtet sie eher als eine wohlgehütete und machtvolle Hinterlassenschaft, die von einer wissenschaftlichen „Generation" direkt an die nächste weitergegeben wird. Er analysiert diesen Denkstil in Beziehung zu wissenschaftlicher Arbeit, aber seine Schlußfolgerungen gelten für jedes Unternehmen:

> Geben Sie sich nicht mit den wissenschaftlichen Routineproblemen ab … überlassen Sie den Kram anderen. Schlagen Sie sich auch nicht mit den großen, fundamentalen Problemen herum, die sich mit den verfügbaren Techniken und dem verfügbaren Wissen nicht angehen lassen; warum mit dem Kopf gegen die Wand rennen? Der halbe Sieg ist, zur richtigen Zeit die richtigen Fragen zu stellen – wenn es weder zu früh zum Angehen des Problems ist, noch das Problem zu einer zu offensichtlichen Antwort einlädt, sondern genau dann, wenn die Methodologie zur Verfügung steht, wenn der Enthusiasmus seinen Zenit erreicht.
>
> Und dann *handeln* Sie einfach. Verbringen Sie nicht all Ihre Jahre mit Vorbereitungen in der Bibliothek. Warten Sie nicht, bis Sie all die nervtötenden kleinen vorbereitenden Experimente hinter sich gebracht haben. Kümmern Sie sich nicht um wissenschaftliche Sicherheitsmaßnahmen, nur um die elementarsten. Folgen Sie einfach Ihrem Gefühl, Ihrer wissenschaftlichen Intuition, und isolieren Sie jenes simple, elegante, pointierte Experiment, das Ihnen auf einen Blick sagt, ob Sie auf dem richtigen Weg sind. Oder, wie Steve Brodie sagen würde: Nehmen Sie einfach Anlauf und machen Sie einen Riesensprung.[4]

Nehmen Sie einfach Anlauf und machen Sie einen Riesensprung. Offensichtlich geht es hier nicht bloß um einen momentanen Impuls. Eine Menge Studium und Wissen sind Voraussetzung. Wissen, Kreativität und Vorbereitung sind zwar wesentlich, aber nicht genug. Es kommt eine Zeit, in der Sie es *einfach tun* müssen.

Kritisch für die Lernende Organisation ist dabei, daß sich diese Art fruchtbarer Risikobereitschaft, von der diese Wissenschaftler sprechen, zwar nicht im eigentlichen Sinne lehren, aber doch stimulieren und vom Beispiel anderer anstoßen läßt. Sie kann geübt werden. Und in einer Organisation, die sich durch die Implementierung der Schritte Zwei und Drei bereits in dem Prozeß der Transformation befindet, kann diese Übung immer wieder erfrischend, meisterhaft und produktiv sein.

Wie man sich das Vermeiden von Risiken verleidet

Leider klingt das nicht wie das Profil der typischen Lernenden Organisation oder ihrer Mitglieder. Häufiger bevölkern Menschen der entgegengesetzen Neigung die Korridore von Unternehmen und Bürokratien aller Art, Menschen mit zuwenig Visionen in Kombination mit unterentwickelter Risikobereitschaft.

Diejenigen, die sich keine Risiken erlauben, wollen bei allem, was sie tun, auf Nummer Sicher gehen. Sie studieren das Testheft der Stiftung Warentest monatelang, bevor sie sich ein neues Auto oder einen neuen Fernseher kaufen. Sie schließen völlig überteuerte Versicherungen ab, weil sie meinen, auf diese Weise ohnehin schon winzige Risiken noch weiter verringern zu können. Sie füllen ihre Vorratskammern mit Nahrungsmitteln, sobald eine Verknappung droht. Wegen eines minimalen Risikos, es könnte etwas Schlimmeres passieren, berauben sie sich der meisten der wahren Freuden des Lebens – oder weil diese Freuden „nicht gut für einen" sind.

Für solche Leute sind die Mittel und Möglichkeiten, sich schlecht zu fühlen, endlos, denn buchstäblich nichts, was wir tun, ist vollkommen risikofrei. Es sterben mehr Menschen in Badewannen als in Flugzeugen. Und man wird mit größerer Wahrscheinlichkeit von jemandem aus dem eigenen Bekanntenkreis umgebracht als von einem Unbekannten. Das Leben ist mittlerweile so lebensgefährlich geworden, daß die Sterbewahrscheinlichkeit zur Zeit bei 100 Prozent liegt. Trotzdem scheinen immer noch viele wildentschlossen, alle Gefahren aus ihrem Leben zu eliminieren – was nur bedeutet, daß sie die meisten Chancen gleich mit eliminieren. Denn nur durch das Eingehen von Risiken verfeinern wir die Fertigkeiten und das Urteilsvermögen, die wir brauchen, um beim Eingehen von Risiken noch erfahrener zu werden.

Wertvoll: Lernen aus Risiken

Organisationen müssen diesem Prozeß ernste Aufmerksamkeit schenken und Praktiken einführen, die Mut und Unternehmungslust ermutigen. Denn jede Organisation, die das Eingehen von Risiken nicht aktiv pflegt, geht das größte Risiko von allen ein – nämlich bald aus dem Geschäft zu sein.

Die gute Nachricht ist, daß jedes neues Risiko eine Gelegenheit ist, zu lernen, erfolgreicher zu sein und intelligente Risiken einzugehen. Durch das Üben von Risikobereitschaft können wir das benötigte Urteilsvermögen entwickeln, um in mehr als 50% der Fälle Erfolg zu haben. Ein *moderates* Risiko liegt vor, wenn die Erfolgschancen mehr als ausgeglichen sind, aber nicht feststehen. Moderate Risiken sind der Stoff, aus dem Forschritt und geschäftlicher Erfolg sind. Ohne moderate Risiken werden wir schnell von dem natürlichen Prozeß besiegt, der den Status quo obsolet macht.

Was ist ein moderates Risiko?

In den 60er Jahren analysierte der Psychologe David C. McClelland an der Harvard University die Komponenten der Art Motivation, die geschäftlichen Erfolg fast schon garantiert: *Leistungsmotivation*. Als eines der entscheidendsten Elemente der Leistungsmotivation erwies sich das Eingehen moderater Risiken. Aus seiner Arbeit läßt sich schlußfolgern, daß ein Risiko dann moderat ist, wenn ein Vorhaben eine 60-90prozentige Aussicht auf Erfolg hat. Obwohl die Mißerfolgswahrscheinlichkeit gering ist, können Rückschläge natürlich vorkommen. Über 90% geht man kein großes Risiko ein, und unter 60% ist das Risiko möglicherweise größer, als klug wäre.

Aber was bedeuten diese Zahlen eigentlich? Ein moderates Risiko läßt sich ohne vorherige umfangreiche Informationssammlung oft nur schwer erkennen. Viele die-

ser Informationen sind aber erst zugänglich, nachdem das Risiko bereits eingegangen wurde. Es ist sogar gut möglich, daß eine wahrhaft wissenschaftliche
Abschätzung von Risiken in der wirklichen Welt in einer Echtzeit-Umgebung für
immer unmöglich bleibt, da zu viele Faktoren in Betracht gezogen werden müssen,
bevor man ein rationales Urteil fällen kann.

Leben mit Unsicherheit

Das Urteil bleibt Ihnen überlassen. Die erfolgreichsten Menschen wissen intuitiv,
wann ein Risiko sinnvoll ist und wann nicht. Bevor Sam Walton *Waltmart*, eines der
erfolgreichsten Einzelhandelsunternehmen überhaupt, aufbaute, mußte er zahlreiche Rückschläge einstecken und schwierige Zeiten durchstehen. Doch im Rück-
blick auf sein ganzes Leben war das Risiko, das er einging, moderat, weil ihm seine
Vision so klar war und ein tiefes Verständnis der Strategien enthielt, die auf lange
Sicht zum Erfolg führen würden.

Wir müssen die Tatsache akzeptieren, daß wir vielleicht niemals – wissenschaft-
lich untermauert – wissen werden, was ein moderates Risiko ist und was nicht. Aus
diesem Grund werden wir vielleicht niemals analysieren können, was es bedeutet,
sich zu verlieben oder Musik zu hören. Das soll jedoch nicht bedeuten, daß wir
nichts über diese Phänomene wissen, sondern nur, daß wir uns bewußt sind, daß
das Urteil individuell und intuitiv ausfallen muß. Unser Ziel sollte hier sein, zu überlegen, was wir tun können, um die Chancen dafür zu erhöhen, daß unser Eingehen
moderater Risiken mit der Zeit immer phantasievoller und fruchtbarer wird.

Über das Vermeiden dummer Risiken

Wenn mein Risiko nur eine 20prozentige Erfolgschance hat, bin ich wahrscheinlich
dumm. Obwohl ein Fehlschuß von Zeit zu Zeit nicht übel ist, wenn nicht zuviel auf
dem Spiel steht (oder das Verharren in der gegenwärtigen Position die schlechtest-
mögliche Alternative darstellt), sind extreme Risiken als Lebenseinstellung uneffek-
tiv, weil sie viel unproduktive Anstrengung mit sich bringen.

Manche Möchtegern-Unternehmer beginnen ihr Geschäftsleben mit der Hoffnung auf Riesengewinne bei unmöglichen Chancen, anstatt sorgfältig und gewissenhaft ein Fundament zu legen. Das zahlt sich am Ende stattlich aus. Diese Leute scheitern immer, weil sie die Risiken, die sie eingehen, nicht intelligent einzuschätzen wissen. Oder weil sie nicht wissen, wie sie ihren Weg an die Spitze planen, welche Schritte sie unternehmen sollen, die mit der größten Wahrscheinlichkeit in Richtung des angestrebten Erfolges führen. Manchmal wächst das Risiko dieser Menschen trotz ihrer Bereitschaft, einen Riesensprung zu machen, weil sie nicht ausreichend darauf vorbereitet sind, zu erkennen, wo und wann sie ihren Sprung machen müssen.

Verwechseln Sie Risikobereitschaft nicht mit Kopf-durch-die-Wand-Mentalität

Kürzlich interviewten wir eine Sekretärin, die aus eigener schlechter Erfahrung meinte, daß das Eingehen von Risiken schlecht und unter allen Umständen zu vermeiden sei. Wir fragten, warum, und sie meinte: „Ich habe mehrfach einem Freund vertraut, und jedesmal hat er mich enttäuscht."

Wir wiesen darauf hin, daß das kein Beispiel für ein *moderates* Risiko war. Ihr sollte doch recht schnell klargeworden sein, daß die immer wieder beobachtete Unzuverlässigkeit im Verhalten ihres Freundes durchaus verläßlich und vorhersagbar war. Es war fast sicher, daß er sie jedesmal wieder im Stich lassen würde.

Denken Sie daran, daß Risiken nur dann moderat sind, wenn die Erfolgschancen bei gut über 50 Prozent liegen. Nur dann ist es sinnvoll, einzutauchen und sein Glück zu probieren.

Das Bedürfnis nach Klarheit beim Eingehen von Risiken

Am Arbeitsplatz gibt es häufig nur Lippenbekenntnisse, was das Eingehen von Risiken betrifft. „Mach nur, geh das Risiko ruhig ein – versuch's doch!" wird häufig gesagt. Oder: „Na, ich weiß gar nicht, wo es in dieser Organisation ein Problem mit dem Eingehen von Risiken gibt. Ich habe nie gehört, daß jemand gefeuert worden wäre, nur weil er seinen Kopf zu weit vorgestreckt hätte."

Aber Bemerkungen wie diese sind keine Garantie dafür, daß das Management sich wirklich klar darüber ist, wieviel emotionales und persönliches Engagement Risikobereitschaft erfordert. Wenn man raten muß, wo das Management steht, ist es nicht sonderlich wahrscheinlich, daß man sich hervorwagt. Statt dessen muß die Politik des Unternehmens, angemessene Risikobereitschaft zu fördern, klar ausgesprochen werden und verläßlich sein. Auch wenn ein Schuß in den Ofen nicht gleich mit einer Entlassung honoriert wird, sollte das Management im Auge behalten, daß diesbezügliche Gerüchte trotzdem zirkulieren. Das Management muß sich dieser Sachverhalte sehr klar sein.

Für den Fall, daß das Management ernsthaft bestrebt ist, das Eingehen von Risiken zu einem primären Ziel der Unternehmenskultur zu machen, ist eine Strategie zu entwickeln, die die Belohnungen im Erfolgsfall angemessen hoch ansetzt, während die Strafen für das Verlieren niedrig ausfallen.

Aufbauen einer
risisikofreundlichen Unternehmenskultur

Mutige Initiativen haben in einer feindlich gesonnenen Umgebung geringere Erfolgschancen. Das scheint fast zu offensichtlich, um erwähnt zu werden, außer daß es die Herausforderung der Beschreibung einer solchen Umgebung erhöht.

Mitarbeiter in einem Team oder in einer großen Organisation, die Risiken eingehen, müssen von ihrem Team oder ihrem Management *in Schutz genommen* werden, bis sie eine Chance hatten, sich zu beweisen.

Um Erfolg zu haben, müssen sie auch bereit und in einer ausreichend guten Position sein. Niemals sollte ein Projekt in Angriff genommen werden, bevor feststeht, daß man über die erforderlichen *Fähigkeiten* verfügt – als Resultat eigener Entwicklungsarbeit oder des Aneignens der erforderlichen Fähigkeiten.

Schließlich muß das Management die *Erlaubnis* geben, das beabsichtigte Risiko einzugehen. Fehlschläge kommen gelegentlich vor, und sie werden reale Konsequenzen haben, aber diese Konsequenzen sollten niemals katastrophal für den Einzelnen sein.

Fehler zulassen

Die Beschäftigten müssen sich beim Eingehen moderater Risiken, die das Potential für den Aufbau einer Lernenden Organisation erhöhen, sicher fühlen. Dafür ist wesentlich, daß eine Kultur geschaffen wird, die das Eingehen von Risiken bei fast vollständiger Abwesenheit von Angst vor den Konsequenzen im Falle eines Mißerfolges fördert.

Wenn Ihnen diese Fehlerpolitik utopisch und unpraktisch erscheint, dann betrachten Sie die Alternative: ungesunde, sich selbst verteidigende Ängstlichkeit und Stagnation, plus natürlich die Tendenz, Fehler zu vertuschen. In einem Betriebsklima, in dem Fehler nicht bestraft werden, dienen Fehltritte und Fehlkalkulationen vielmehr als nützliche Lektionen. Die Politik der Organisation kann den Beschäftigten also erlauben, alle Fehler zu machen, die aus aufrichtigen, kreativen und kraftvoll-dynamischen Versuchen geboren werden, Fortschritte zu erzielen. Gleichzeitig kann diese Politik die Beschäftigten ermutigen, aus jedem Fehler so viel zu lernen, daß beim nächsten Mal ein besseres Ergebnis möglich ist.

Diese Risikoakzeptanz seitens des Managements und der oberen Führung kann eine enorm befreiende Wirkung auf die gesamte Organisation haben. Genau das war in den schlauen Tagen der vorhin beschriebenen wissenschaftlichen Dynastie geschehen. „*Lassen Sie uns einen Riesensprung machen.* Der Ausdruck dieses Wissenschaftsstils verkörperte Magie, eine atemberaubende Freiheit, Fehler zu machen."[5]

In dem Maße, wie die Akzeptanz des Fehlerrisikos in den Prozeß der Entscheidungsfindung integriert wird, wird auch die unweigerlich auftretende Möglichkeit integriert, aus Fehlern zu lernen. Beispielsweise sollten Projektberichte an bestimmten Stellen dokumentieren, was aus den Fehlern gelernt wurde, die während des Projekts gemacht wurden. Das wird viel dazu beitragen, den Menschen zu helfen, Fehler als einen natürlichen Teil des Lernprozesses zu sehen anstatt als etwas, das unter allen Umständen zu vermeiden ist. Solche Projektberichte werden auch die so oft anzutreffende Neigung bekämpfen, Fehler zu leugnen und zu vertuschen – was nur wahrscheinlicher macht, daß die gleichen Fehler wiederholt werden.

Zeit für eine Beurteilung

Wir bitten Sie jetzt, einen Augenblick innezuhalten und die Risikobereitschaft Ihrer Organisation zu beurteilen. Beantworten Sie dazu bitte die folgenden Fragen:

1. Welches ist die allgemeine Einstellung unter den Beschäftigten gegenüber dem Eingehen von Risiken?
2. Welche Bemühungen der Organisation zur Erhöhung der Risikobereitschaft haben Sie beobachtet?
3. An wie viele Beispiele können Sie sich erinnern, bei denen Risikobereitschaft entmutigt wurde?
4. Welche Kräfte in der Unternehmenskultur fördern das Eingehen von Risiken?
5. Welche Kräfte wollen es unterbinden?
6. Welches sind die drei besten Schritte, die die Organisation zur Förderung der Risikobereitschaft unternehmen könnte?

Die persönliche Seite der Gleichung

Sie werden feststellen, daß ein Teil Ihrer eigenen Bereitschaft, Risiken einzugehen, unweigerlich davon abhängen wird, wie Ihre Organisation auf das Eingehen von Risiken reagiert. Teilweise wird Ihre Bereitschaft jedoch auch von Ihren eigenen früheren Erfahrungen mit dem Eingehen von Risiken abhängen.

Wenn Sie darüber nachdenken, werden Sie wahrscheinlich bemerken, daß erfolgreiche Risikofreunde ganz nach oben kommen. Weil es für sie sinnvoll ist, einen bestimmten Prozentsatz ihrer Zeit, Anstrengung und Energie in das Eingehen von Risiken zu investieren, gelingt es ihnen, so oft zu gewinnen, daß die Risiken, die sich nicht auszahlen, sie nicht vom Eingehen neuer Risiken abhalten.

Was ist mit Ihnen: Wie risikofreudig sind Sie persönlich? Die meisten Menschen haben ein recht gutes Gefühl dafür, wie wohl sie sich beim Eingehen von Risiken fühlen. Beim Durchgehen zurückliegender Entscheidungen haben sie im Nachhinein häufig den Eindruck, daß sie den Grad des Risikos bei ihren Entscheidungen falsch beurteilten.

Es geht hier nicht darum, einfach mehr Risiken einzugehen; es geht darum, beim Eingehen von Risiken geschickter zu werden, aus den richtigen Gründen zur richtigen Zeit einen Riesensprung zu machen. Die benötigten Fertigkeiten lassen sich trainieren. Aber bevor wir uns diesen Fertigkeiten zuwenden, lassen Sie uns dieses Bild durch die Illustration einiger Qualitäten erfolgreicher Risikobereitschaft weniger abstrakt machen.

Wayne Gretzkys Geheimformel

Superstars können uns viel beibringen. Natürlich ist man geneigt zu sagen, daß der Unterschied zwischen Superstars und uns Normalsterblichen teilweise einzigartiges Talent und teilweise Betriebsgeheimnis sein müsse. Es gibt die Eishockey-Größe Wayne Gretzky, dessen Leistungen schon legendär sind. Was ist sein Geheimnis? „Ganz einfach", meinte Gretzty in einem Interview, „ich gehe immer dahin, wo der Puck gerade nicht ist."

Seine Strategie ist Antizipation. Wo andere Spieler Hals über Kopf dem Puck nachjagen, hat sich Gretzky im Laufe der Jahre beigebracht, zu antizipieren, wo der Puck sein wird, und dann genau dorthin zu laufen. In 75 Prozent der Fälle liegt er richtig. In den anderen 25 Prozent sieht er aus wie ein Vollidiot – aber wen kümmert's? Wenn er richtig liegt, ist er als erster da. Bei ihm sieht es so einfach aus wie Zauberei.

Um so effektiv zu antizipieren wie Wayne Gretzky, muß man jedoch über sein Fertigkeitsniveau und die Klarheit seiner Absicht verfügen. Man muß wissen, wohin man geht, und man muß ein großes Wissensreservoir schaffen, das einem beim Voraussagen des nächsten Schrittes helfen kann.

Bei den meisten echten Risiken spürt man schon vor dem eigentlichen Ereignis, das etwas passieren wird. Dazu muß man genug über das eigene Fachgebiet wissen, um dessen Wahrscheinlichkeitsgefüge zu verstehen. Wenn Wayne Gretzky auf dem Hockeyfeld umherstreift, legt er ein enormes Wissen über die anderen Spieler, über Hockey-Strategie und über die augenblickliche Ebbe und Flut im Spiel an den Tag.

Zudem braucht man eine ausgereifte Intuition, damit man auf der Grundlage von Ahnungen handeln kann, die sich dann in der Mehrzahl der Fälle auszahlen. Mit Einsicht und Übersicht über die relevanten Daten kann man die Fertigkeit zur

Schaffung mentaler Muster schaffen, Muster, die voraussagen können, welche Wege zum gewünschten Ziel mit der größten Wahrscheinlichkeit produktiv sein werden. Diese mentalen Muster sind natürlich nur Ahnungen, aber Ahnungen, die auf echten Informationen aufbauen – und die sich meistens auszahlen.

Bei Problemlöseaktivitäten wie beispielsweise in der Wissenschaft werden diese Ahnungen häufig von Analogien inspiriert. So mancher Prozeß in der Natur oder in der industriellen Produktion kann einen Weg zum Erreichen eines bestimmtes Ziels aufzeigen.

„Berappen bei Elmers"

Inspiration kann aus vielen, zuweilen sehr überraschenden Quellen kommen. *Elmers* tropffreier Leimspender wurde durch eine höchst ungewöhnliche Analogie entwickelt. Ein Mitglied der Designgruppe, das sich an die mühsame Angelegenheit des Stuhlgangs bei Pferden erinnerte, ging dieser Analogie nach. Das führte zur Entwicklung der von *Elmers* benutzten Kappe, die hochspringt, den Leim herausfließen läßt, sich dann verschließt und den überflüssigen Leim abtrennt. So trug zumindest ein Pferd zur Fortentwicklung der Leimindustrie bei – ohne sein Leben zu lassen.

Die Vertrautheit mit vielen unterschiedlichen Problemlösemethoden vermittelt wichtiges Hintergrundwissen. Für alle, die Risiken eingehen, ist es fundamental wichtig, zu lernen. Ahnungen entwickeln sich durch flexible Informationsverarbeitung. Geht man diesen Ahnungen nach, gelangt man unter Umständen Hunderte von Stunden, Jahre oder ein Lebensalter früher zu einem großen Durchbruch. Je weiträumiger man den Horizont nach potentiell nützlichen Informationen absucht, desto wahrscheinlicher findet man den Hinweis, der dann die wegweisende Ahnung auslöst.

Es ist ein reziproker Prozeß. Wie man es auch sagt – einer Intuition folgen, eine Nase dafür haben –, dieser Prozeß ist für das Problemlösen äußerst wichtig. Je offener das Bewußtsein für alle verfügbaren und relevanten Daten ist, desto besser werden Ihre Intuitionen sein.

Wichtig: Mehrdeutigkeitstoleranz

Um Ihren Geist der Intuition zu öffnen, müssen Sie an Ihr Wissen jedoch außerordentlich flexibel herangehen. Wenn kreative Menschen Probleme lösen, sind sie Spezialisten darin, sich nicht zu verschließen. Das bedeutet, daß sie ihren Geist länger als der Durchschnitt offen halten; das ermöglicht ihnen das Erreichen einer kreativeren Lösung.

Es gibt eine ganze Reihe von Aktivitäten, die Ihnen beim Hervorbringen neuer Ideen helfen und gleichzeitig Ihre Fähigkeit verbessern, potentielle Risiken intelligent einzuschätzen. In diesem Schritt machen wir Sie daher mit neun Strategien vertraut, die speziell zur Verbesserung Ihrer Risikobereitschaft ineinandergreifen.

Neun Schlüssel für das Eingehen von Risiken

1. Vertrauen Sie Ihrer eigenen Brillanz, Einzigartigkeit und Entschlußkraft.
2. Gründen Sie ein Förderteam.
3. Überwinden Sie die Angst, Fehler zu machen.
4. Legen Sie große Offenheit an den Tag.
5. Entwickeln Sie Ihre intuitiven Kräfte.
6. Üben Sie das Setzen erreichbarer Ziele.
7. Machen Sie sich ein Bild von Ihrem Ziel.
8. Erforschen Sie die Ökologie Ihrer Lage.
9. Stellen Sie Etappenpläne auf und holen Sie Feedback darüber ein, wie gut Sie Ihre Ziele erreichen.

Lassen Sie uns alle neun Strategien der Reihe nach erforschen.

1. Vertrauen Sie Ihrer eigenen Brillanz, Einzigartigkeit und Entschlußkraft.

Intuition kann durch selbstauferlegte Barrieren blockiert werden, was dazu führt, daß wir unserem eigenen Urteil mißtrauen. Häufig reden wir uns ein, daß unsere Lern- und Leistungsfähigkeit zu beschränkt seien. Die meisten von uns besitzen unerforschte, nicht angezapfte Talente. Beim Kompromisse-Schließen mit dem

Leben übersehen wir häufig unser Potential und geben uns mit weniger zufrieden, als wir uns ursprünglich erhofft hatten.

Um Erfolg zu haben, muß man immer wieder beschränkende Ideen aufgeben und lernen, Beschränkungen als temporär zu sehen. Wenn Sie beispielsweise drei Jahre alt wären, könnten Sie wahrscheinlich nicht lesen. Aber anstatt das als Beschränkung zu sehen, freuen Sie sich darauf, bald lesen zu können. Was für uns als Dreijährige gilt, sollte auch gelten, wenn wir dreißig oder gar sechzig sind. Über das Erkennen Ihres vollen Potentials werden wir in Schritt Sechs noch wesentlich mehr zu sagen haben.[6]

2. Gründen Sie ein Förderteam.

Wie unabhängig unser Geist auch sein mag – wir alle werden von Menschen in unserer Umgebung beeinflußt. Entsprechend ist es nützlich, daß wir uns mit Menschen umgeben, die wollen, daß wir die Ziele erreichen, die wir uns gesetzt haben. Das bedeutet nicht, daß diese Menschen uns nur nach dem Mund reden und blind für unsere Fehler sein müssen. Im Gegenteil: Echte Förderung hilft einem, die Lektionen zu lernen, die schließlich Fehler in Erfolge verwandeln.

Entmutigung selbst ist für den Erfolg kein Hindernis. Motivationsexperte David McClelland glaubt sogar, daß die Fähigkeit, eigene Gefühle des Versagens zuzugeben und zu erforschen, einer der wichtigsten Aspekte der Leistungsmotivation ist. Wenn Sie sich entmutigt fühlen, dann wenden Sie sich an jemanden, der Ihnen beim Erkunden der Wurzel Ihrer Entmutigung hilft und zuhört. Wenn Sie erforschen, welche Gefühle Sie haben, wenn Sie meinen, Sie würden Ihre Ziele nicht erreichen, können Sie eine Menge lernen. Und was Sie dabei lernen, wird Ihnen schließlich helfen, Ihre Ziele zu erreichen. Ärger macht nur das Leugnen dieser Gefühle, denn wenn man leugnet, macht man sich wider besseres Wissen vor, daß die Dinge gut laufen,.

Wenn Sie das Gefühl haben, einen schweren Fehler begangen zu haben, können Ihnen Ihre fördernden Mitarbeiter vielleicht dabei helfen, den Fehler zu analysieren. Dann können Sie entscheiden, was als nächstes zu tun ist. Wenn Sie die ersten drei der Zehn Schritte in diesem Buch bereits implementiert haben, verfügen Sie bereits über die Werkzeuge, die Sie brauchen, um ein Förderteam für sich aufzubauen. Wählen Sie für Ihr Team Menschen, die Ihnen gerne helfen möchten, erfolgreicher zu werden. Natürlich wäscht hier eine Hand die andere: Sie unterstützen Ihre Teamkollegen natürlich auch, so daß jeder von dem Förderteam profitiert.

Wenn Sie bestimmt vorgehen und ein starkes Förderteam aufbauen, werden Sie schon bald ein effektiverer Teamspieler werden und gleichzeitig lernen, diejenigen Kapazitäten und Lebensbereiche weiterzuentwickeln, die Ihnen am Herzen liegen.

3. Überwinden Sie die Angst, Fehler zu machen.

Die Fertigkeit, die wir in Schritt Vier entwickeln möchten, ist eine Fertigkeit, die Wayne Gretzky perfektioniert hat: akkurat zu spüren, wo der Puck sein wird, und so schnell wie möglich dorthin zu streben. Die Angst davor zu überwinden, in 25 Prozent der Fälle falsch zu liegen, ist Teil der Herausforderung.

Wir glauben, daß Sie nach der Implementierung der Schritte Zwei und Drei bereits einen großen Teil der Angst vor Fehlern überwunden haben. Wenn diese Angst immer noch ein Problem für Sie ist, sollten Sie einige „Denk-und-Hör-zu"-Sitzungen abhalten, um die Wurzel des Problems zu finden. Ziel ist, jede neue Herausforderung mit Zuversicht und der Bereitschaft anzugehen, jedes Resultat zu akzeptieren. Wahrscheinlich werden Sie dabei einige Fehler machen, aber Sie können die Fehler immer korrigieren und aus der Erfahrung lernen.

Weiter unten bei Punkt Fünf finden Sie eine Übung, die Ihre Bereitschaft erhöhen wird, ohne Angst vor Fehlern öffentlich zu sprechen. Denn das Fallenlassen dieser Angst ist eng mit dem Entwickeln der Intuition verknüpft. Lesen Sie also weiter, wenn Sie Unterstützung bei der Stärkung Ihres Selbstvertrauens erhalten möchten. Dann können Sie die Wahrheit offen aussprechen.

4. Legen Sie große Offenheit an den Tag.

Eines der größten Hindernisse für den Fortschritt sind überlebte Annahmen darüber, wie etwas funktioniert. Unsere Annahmen können uns vom Erkennen der Möglichkeiten abhalten. Die Fähigkeit, ein vehement verteidigtes System von Überzeugungen zu lockern, scheint auf einem allgemeinen Gefühl für Sicherheit in höchst mehrdeutigen Situationen zu beruhen. Wenn Sie sich in Mehrdeutigkeit und Ungewißheit wohl fühlen, werden Sie leichter die Hinweise auf die beste Vorgehensweise beachten können.

Hunderte von Jahren glaubten unsere europäischen Vorfahren, die Welt wäre eine Scheibe. Sie haben mit absoluter Gewißheit behauptet, daß jeder, der sich mit einem Schiff weit genug hinauswagte, einfach von der Erdoberfläche herunterfallen würde. Wo wären wir Amerikaner heute, wenn Kolumbus und seine mutigen Kameraden nicht das Risiko eingegangen wären, diese gut gehegte und gepflegte Meinung zu widerlegen?

Wenn man die Seiten der Geschichtsbücher durchkämmt, springen einem zahlreiche Beispiele für irrige, aber weit verbreitete Annahmen ins Auge. Es gab eine Zeit, zu der die Menschen glaubten, daß Frauen über zuwenig Verantwortungsbewußtsein verfügten, um zu wählen, daß Amerika ohne Sklaverei nicht funktionieren würde und daß nicht alle Kinder Schulunterricht bräuchten. Bei diesen Themen wurden erst dann Fortschritte gemacht, als sozial engagierte Menschen in ihrer Phantasie Riesensätze in die Vision einer Welt jenseits des Status quo machten.

Solche mentalen Riesensätze sind das tägliche Brot für Science-Fiction- und Fantasy-Schriftsteller, die sich unbekannte Welten wie echt ausmalen müssen. Es überrascht Sie vielleicht, daß trotz eines nur geringen Interesses der breiten Allgemeinheit an Science Fiction nicht weniger als die Hälfte aller professionellen Wissenschaftler zumindest gelegentlich Science Fiction liest. Die Übung im Phantasieren fremder Welten, Bedingungen und Glaubenssysteme stimuliert kreatives Denken.

Ideal für das Eingehen von Risiken ist das Üben der Phantasie, weil man auch mit den Konsequenzen des Erfolges umgehen können muß, wenn man das Risiko eingeht, etwas Neues zu schaffen. Manche dieser Konsequenzen werfen unter Umständen Ihr ganzes Leben über den Haufen und erfordern Anpassungen. Es sollte Ihnen leichtfallen, Ihre Annahmen und Kernüberzeugungen einzuschätzen. Dann können Sie wesentlich leichter diejenigen Annahmen und Überzeugungen modifizieren, die geändert werden müssen, damit Sie produktiv weiterleben können.

5. Entwickeln Sie Ihre intuitiven Kräfte.

Eine Freundin erzählte uns, wie sie ein Pflegeheim für ihre alte Mutter suchte. Sie sah sich sorgfältig mehrere Heime an, hatte aber plötzlich das Gefühl, ein bestimmtes Heim wäre das beste. Auf den ersten Blick schien das eine sehr subjektive Entscheidung zu sein. Nach allen objektiven Gesichtspunkten hatte das ausgewählte Objekt nicht mehr zu bieten als alle anderen. Als sie später über den intuitiven Prozeß nachdachte, der zu ihrer Entscheidung geführt hatte, erkannte sie, daß ihr sechster Sinn gar nicht so geheimnisvoll war. Ihre Intuition hatte sich auf tatsächlich vorhandene Indizien gegründet – kleine, unbewußt gemachte Beobachtungen. Die Art der sozialen Interaktion unter den Bewohnern, Gesichtsausdruck und Körpersprache des Personals und andere subtile Hinweise suggerierten eine Atmosphäre größerer Natürlichkeit und Anteilnahme. Diese fast unterschwelligen Signale riefen keinen Donnerschlag der Einsicht hervor, vermittelten ihr aber dennoch ein ausreichend gutes Gefühl für das Heim, um die Wahl leichter zu machen. Sie erkannte, daß sie durch ihre Reflexion die Unterschiede in Worte fassen konnte.

Wir nehmen häufig viele Dinge wahr, die uns in dem Augenblick nicht bewußt sind, die aber später bei der Gestaltung unserer Wahrnehmungen und Entscheidungen über bestimmte Dinge eine entscheidende Rolle spielen können. Ein Auge, das mit Vertrauen in diese paraliminalen oder subliminalen Beobachtungen den Horizont abtastet, ist ein wesentlicher Teil für das Ausprägen von Intuition.

In unseren Seminaren spielen wir häufig ein Spiel, das Menschen hilft, ihren intuitiven Impulsen größeres Vertrauen entgegenzubringen. Probieren Sie es aus; vielleicht bekommen Sie durch das Spiel ein Gefühl für das instinktive Bearbeiten einer einfachen Aufgabe. Dabei umgehen Sie Ihren normalen Denkprozeß und verlassen sich mehr auf ihre Intuition.

Zapfen Sie Ihre Intuition an

Nehmen Sie einen Koosh-Ball in die Hand und werfen Sie ihn in die Luft. Fangen Sie ihn beim Herunterfallen auf; sagen Sie dabei genau in dem Moment, wenn der Ball Ihre Hand trifft, laut und deutlich das Wort „Faß!"

Diese Koordination zwischen dem Fangen des Balles und dem Aussprechen des Wortes kann Ihnen verblüffend machtvoll vermitteln, Ihrer Intuition zu vertrauen. Sobald Sie zwischen dem Fangen des Balles und dem Aussprechen des Wortes einen Unterschied von einer Millionstelsekunde erkennen können, sind Sie bereit für den nächsten Schritt dieser Übung.

Lernen Sie jetzt die folgenden Wörter der Reihe nach auswendig. Sprechen Sie dabei das jeweils nächste Wort akkurat und ohne Zögern aus (Zeitbedarf: ungefähr 10 Minuten).

Hier die Folge der zu memorierenden Wörter: „Assessment, Planen, Handeln, Prüfen" (dies sind die vier Stufen des Qualitätsprozesses. Wenn sie diese Stufen so gut kennen wie Ihren eigenen Namen, können Sie besser über das Thema Qualität nachdenken).

Wenn Sie diese Folge von Wörtern mit Hilfe des Koosh-Balles memoriert haben – bis es Ihnen leichtfällt, den Ball zu fangen und das jeweils nächste Wort in der Folge zu sagen –, können Sie das Folgende besser verstehen.

Der natürliche Fluß des Denkens und wie wir ihn verlieren

Die meisten Kinder verfügen über einen natürlichen Denkfluß, der sich von selbst ergießt, wenn sie mit Menschen sprechen, die sie mögen. Es kommt ihnen gar nicht in den Sinn, nach richtigen und falschen Antworten zu sortieren. Es macht ihnen auch nichts aus, korrigiert zu werden, wenn sie falschliegen.

Aber beim Erwachsenwerden verlieren die meisten von uns dann diese kindliche Unbeschwertheit; wir geben nicht gerne Antworten, die falsch sein könnten. Und schon geht der Geist in einen automatischen Kreislauf, der sagt und sagt: „Ist das auch wirklich richtig?" Wenn die Möglichkeit besteht, daß wir nicht die richtige Antwort haben, sind für die meisten von uns etwas Angst oder Sorgen ganz natürlich.

Diese mentale Gewohnheit rührt daher, daß wir jahrelang glauben, wir müßten auf beliebige Fragen die richtige Antwort parat haben, damit wir nicht dumm dastehen. Dadurch fließen unsere Gedanken nicht annähernd so gut, wie sie fließen könnten, und wir neigen dazu, zu glauben, daß wir weitaus öfter falschliegen (könnten) als nötig.

Daraus ergeben sich zwei Konsequenzen:

- Unser Denken ist wesentlich ineffizienter.
- Wir haben mehr Angst vor angemessenen, moderaten Risiken.

Wir können dieses Problem recht schnell durch das oben beschriebene Arbeiten mit dem Koosh-Ball beheben. Denn: Der Akt des Fangens des Balles bündelt Ihre kinästhetische Aufmerksamkeit und entläßt Ihren Geist aus der Suche nach der richtigen Antwort, mit der er sonst die ganze Zeit beschäftigt wäre. Entweder platzen Sie mit einer Antwort heraus – egal, ob richtig oder falsch –, oder Sie lassen das Antworten ganz sein.

Mit etwas Übung wird es dann immer leichter, mit der richtigen Antwort herauszuplatzen; Sie werden Ihre Gedanken dann nicht mehr wie bisher zensieren. Dadurch entspannt sich Ihr Denken, und die Antworten kommen leichter. Diese Fähigkeit des rasanten Antwortens, wo Sie früher gezögert haben, wird die Anzahl Ihrer Fehler nicht erhöhen. Sie werden genauso oft richtigliegen wie vorher, aber Sie werden viel mehr zu sagen haben, und Sie werden sich auch in anderen Situationen wohler fühlen und voll bei der Sache sein.

Mehr Flexibilität für Ihr Denken

Man kann sagen, daß sich unser verfügbares Bewußtsein auf mindestens zwei Ebenen abspielt. Die erste Ebene ist die, die uns leicht einfällt. Die zweite könnten wir subliminal oder unterschwellig nennen; wir wissen zwar etwas, können es aber gerade nicht abrufen.

In dem Maße, in dem Sie die Angst vermindern, Ideen durch sich hindurchströmen zu lassen, können Sie die Schwelle Ihrer bewußten Aufmerksamkeit senken – und sich selbst erlauben, sich mit vielen Dingen bewußt zu befassen, die vorher aus dem Bewußtsein fielen. Das wird Ihnen helfen, umfassender auf die subtilen Indizien zu reagieren, die Sie bisher zwar bemerkt, aber nicht wirklich durchdacht haben. So wie die Indizien, von denen unsere Freundin uns erzählte und die ihr halfen, ein Pflegeheim auszuwählen.

In einer sich rasch wandelnden Umgebung kommt der Intuition Überlebenswert zu, aber je mehr wir um unser Überleben fürchten, desto seltener läßt sich die

Intuition blicken. Je mehr Ideen wir an Ort und Stelle als scheinbar feststehende Beschreibungen der Welt festpflocken, desto seltener kommt die Intuition durch. Aus diesem Grund könnte uns das Trainieren unserer intuitiven Muskeln mit Übungen wie der eben beschriebenen entscheidend dabei helfen, in die neue Ära des Weißwasser-Managements einzutreten.

6. Üben Sie das Setzen erreichbarer Ziele.

Hier eine von David McClelland entworfene Übung, die Ihnen helfen soll, moderate Risiken von zu hohen und zu wenig herausfordernden Risiken zu unterscheiden. McClelland hat festgestellt, daß sich die meisten Menschen nach ein wenig Eingewöhnungszeit mit Hilfe dieser Übung wesentlich besser vernünftige, realistische Ziele setzen konnten.

Die zweite Koosh-Ball-Übung

Bei diesem ideal als Seminaraktivität geeigneten Spiel geht es darum, Koosh-Bälle in Kaffeekannen zu werfen. Jeder sucht sich eine Position aus, von der aus er in ungefähr 60 bis 80 Prozent der Fälle erfolgreich einen Koosh-Ball in eine Kaffeekanne werfen kann. Wenn Sie etwa dreißig Zentimeter von der Kanne entfernt stehen, stellen Sie vielleicht fest, daß Sie mit Ihrem Wurf in 100 Prozent der Fälle Erfolg haben, aber wenn sie dreißig Meter Abstand von der Kanne haben, sinkt Ihre Trefferrate vielleicht auf ein Prozent. Irgendwo zwischen diesen beiden Extremen liegt das Niveau moderaten Risikos.

Wenn jeder Spieler seine Position moderaten Risikos entdeckt hat, werden folgendermaßen Punkte verteilt: Ein von dieser Position aus in die Kanne geworfener Koosh-Ball bringt zehn Punkte. Ein Wurf von einer näheren Position bringt nur zwei Punkte. Ein Treffer aus einer wesentlich größeren Entfernung als die des moderaten Risikos bringt 25 Punkte. Lassen Sie die Teilnehmer das Spiel spielen, bis jeder gelernt hat, welche Position konstant die besten Resultate erzielt. Möglicherweise müssen Sie beim Experimentieren mit diesem Spiel das Bewertungssystem modifizieren, bis Sie Resultate erzielen, die sich konstant auf die Resultate der wirklichen Lebenserfahrung übertragen lassen.

Wenn jeder das Spiel gelernt hat, schauen Sie, wer damit einen Preis gewinnen könnte und wer das Gewinnen lieber Fortuna überläßt. Wer Fortuna vorzieht, hat noch nicht die Freude am Gewinnen durch eigene Leistung entdeckt.

Wenden Sie es jetzt auf die Realität an

Im folgenden Schritt wenden wir das Gelernte auf reale Situationen in der Organisation an. Welche Arten von Risiken müssen eingegangen werden? Wie sieht eine intelligente Herangehensweise an diese Risiken aus?

Teilen Sie das Team in Dreiergruppen ein. Lassen Sie jede Gruppe einige Projekte auflisten, die Ihre Organisation in Angriff nehmen könnte. Sobald jede Gruppe eine Liste erstellt hat, kann sie eine Rangfolge des potentiellen Wertes ihrer Projekte für das Team oder die Organisation erstellen.

Nach dem Aufstellen der Werterangfolge kann die Gruppe jede Aktivität entsprechend des mit ihr verknüpften Risikos und ihrer potentiellen Konsequenzen in einer zweiter Rangfolge bewerten. Ziel ist dabei, die Aktivitäten oder Projekte mit dem höchsten potentiellen Wert und dem geringsten potentiellen Risiko zu ermitteln.

Nachdem die Kleingruppen dieses Projekt abgeschlossen haben, können die diversen Ranglisten zusammengeworfen und von der Gruppe als ganzer neu bewertet werden. Nach Beendigung der gesamten Aktivität wird die Gruppe eine bessere Vorstellung von den Risiko-Chancen haben, die sich für die Gruppe ergeben. Die spezifischen, lohnenswerten Risiken wurden identifiziert, und nun lassen sich Pläne entwerfen, um mit diesen Risiken zu arbeiten.

7. Machen Sie sich ein Bild von Ihrem Ziel.

In Schritt Sieben werden wir erforschen, wie die Übersetzung von Worten in Bilder beim Erreichen Ihrer Ziele den Weg zum Erfolg pflastern kann. Im Augenblick werden wir uns darauf beschränken, festzuhalten, daß beim Erreichen jedes Erfolges Bilder eine wesentliche Rolle spielen. Mit einem lebendigen mentalen Bild davon vor Augen, wie man seine Zielvorstellung selbst erlebt, erreicht man sein Ziel mit größerer Wahrscheinlichkeit, als wenn es vage Abstraktion bleibt.

Obwohl Sie mit dem Visualisieren von Zielvorstellungen vielleicht noch nicht besonders vertraut sind, ist es fester Bestandteil des Trainingsprogramms von Spitzensportlern. Diese lernen durch das Visualisieren, sich selbst dabei zu sehen, wie sie auf eine bestimmte Weise handeln – oder den Ball dort zu sehen, wohin er gehen soll.

Wenn Sie die Möglichkeiten der Visualisierung unmittelbar erfahren möchten, können Sie die folgenden Übungen direkt jetzt mit einem Partner ausprobieren:

Strecken Sie Ihren Arm mit nach oben gewandter Handfläche parallel zum Boden vom Körper weg. Bitten Sie Ihren Partner, er möge versuchen, Ihren Arm durch das Anheben Ihres Handgelenkes bei gleichzeitigem Niederdrücken des Bizeps zu beugen. Ihre Aufgabe ist es, dem Anheben Ihres Arms Widerstand entgegenzusetzen. Bei einem starken Partner stellen Sie wahrscheinlich fest, daß Ihr Widerstand keinen Erfolg hat und es Ihrem Partner gelingt, Ihren Arm zu beugen.

Jetzt der gleiche Ablauf noch einmal, nur daß Sie dieses Mal (obwohl Ihr Arm vom ersten Mal vielleicht noch etwas geschwächt ist) nicht angestrengt versuchen, Widerstand zu leisten – aber Sie lassen Ihren Arm vom Ihrem Partner auch nicht einfach hochdrücken. Stellen Sie sich diesmal einfach vor, Ihr Arm sei ein äußerst harter Stahlbarren. Konzentrieren Sie sich nur auf die Empfindung der Härte des Barrens, während Ihr Partner versucht, Ihren Arm zu heben.

Wenn Sie wie die meisten Menschen sind, wird Sie diese zweite Runde nicht so sehr erschöpfen wie die erste. Vielleicht haben Sie sogar das Gefühl, sich beim Leisten von Widerstand überhaupt nicht besonders anstrengen zu müssen. Trotzdem fällt es Ihrem Partner wahrscheinlich viel schwerer, Ihren Arm zu beugen – wenn es ihm überhaupt gelingt!

Wenn diese Übung bei Ihnen funktioniert hat, sollte sie in Ihnen ein starkes Gefühl für die Macht der Visualisierung hinterlassen. Visualisierung, richtig eingesetzt, macht das Erreichen eines Ziels leichter und effizienter.

Lassen Sie uns nun anwenden, was wir gelernt haben. Nehmen Sie zum Beispiel an, Sie wollen eine neue Art Software entwickeln, die Ihnen eine Nische in einer sich entwickelnden Technologie eröffnet. Stellen Sie sich vor, wie Sie einen Preis für die Entwicklung der Software verliehen bekommen, wie Sie einer staunenden Menge demonstrieren, was die Software macht, und sehen Sie das Ganze, als ob es fürs Kino verfilmt würde.

Wie wir gesehen haben, können solche mentalen Bilder äußerst machtvoll sein
und im Laufe der Zeit in ihrem vollen Detailreichtum realisiert werden. Wir haben
mit vielen Menschen gesprochen, die genau das getan haben und die davon berichten können, wie die Realisierung des vorgestellten Ereignisses sogar in bestimmten
Details mit ihrer Vorstellung korrespondierte. Wir selbst haben ebenfalls zahlreiche
Erfahrungen mit dieser Art Erfüllung gemacht. Obwohl die Verbindung Bild-
Zielwirklichkeit in zahlreichen Einzelheiten sehr eng ist, können wir aus unserer
Erfahrung heraus sagen, daß man keinesfalls von Anfang an erkennen konnte, auf
welchem Weg das imaginierte Ziel erfüllt werden würde.

Um diese Übung in eine Gruppenaktivität zu verwandeln, könnten Sie eine
Geschichte erzählen, die davon handelt, wie die Gruppe ihr Ziel erreicht. Große
Führer greifen häufig auf diese Technik zurück, um ihre Anhänger zum Erfolg zu
inspirieren. Martin Luther Kings Rede „Ich habe einen Traum" ist ein Beispiel für
diese Technik, wie es kaum besser zu realisieren ist.

8. Erforschen Sie die Ökologie Ihrer Lage.

Das nächste Charakteristikum für erfolgreiches Eingehen von Risiken sehen wir in
der Auswahl derjenigen Risiken, die das Unternehmen auf den Weg zu seinem
nächsten Schritt bringen, ohne es zu weit ins Abseits zu führen. Beim Einschätzen
von Risiken läßt sich daher viel aus dem Erwägen der *möglichen Konsequenzen* einer
bestimmten Handlung oder Beweiskette lernen.

Wenn Sie beispielsweise eine neue Stereoanlage in Ihr Auto einbauen lassen, ist
das unter Umständen mit einem gewissen Risiko verbunden. Wenn die Anlage
defekt ist, müssen Sie Zeit von Ihrem vollen Terminplan für das Auswechseln des
defekten Teils abzweigen. Möglicherweise brennt durch den Einbau der neuen
Anlage sogar die gesamte elektrische Anlage in Ihrem Auto durch, was zusätzliche
Ausgaben und Unannehmlichkeiten bedeuten würde. Aber man kann sich nur
schwer vorstellen, wie der Einbau einer fehlerhaften Stereoanlage Ihr Leben gefährden könnte.

Wenn Sie dagegen ein neues Bremssystem einbauen lassen, könnten ernste
Defekte es beispielsweise unmöglich machen, auf der Autobahn anzuhalten – dies
könnte lebensgefährlich sein. Deshalb muß die akzeptable Fehlertoleranz beim

Einbau von Bremsen wesentlich kleiner sein als der Spielraum beim Einbau von Stereoanlagen. Kurz gesagt: Der Grad akzeptablen Risikos hängt von der Situation ab.

9. Stellen Sie Etappenpläne auf und holen Sie Feedback darüber ein, wie gut Sie im Rennen liegen.

Behalten Sie klar und deutlich die Ziele vor Augen, die Sie in fünf Jahren von heute an erreicht haben möchten. Bestimmen Sie dann, wie weit auf dem Weg Sie in einem Jahr von heute an sein werden. Gehen Sie dann zu sechs Monaten über, drei Monaten, einem Monat, einer Woche, und beschließen Sie, was Sie gleich morgen tun werden. Bestimmen Sie für jede Etappe des Weges, welche Ressourcen Sie benötigen, um zur jeweils nächsten Etappe überzugehen.

Veranstalten Sie nach der Skizzierung Ihres Etappenplanes ein „Denk-und-Hör-zu" mit einem Freund, um festzustellen, wie gut Sie Ihre Ideen im Gespräch vertreten können. Sie müssen nicht präzise wissen, was Sie tun müssen, um Ihre Ziele zu erreichen, Sie müssen nur wissen, wie weit Sie an einem gegebenen Punkt auf Ihrer Reise zu Ihren Zielen gekommen sind.

Diese Art des Zeitmanagements ist besonders nützlich für das Herausverlegen Ihrer Ziele aus dem Bereich nebliger Träume in das kalte, klare Licht der Realität. Wenn Sie wollen, daß dieses Zeitmanagement funktioniert, sollten Sie es häufig einsetzen. Wenn Sie Ihre Freunde zur Neubewertung Ihrer Fortschritte schon nicht monatlich treffen, dann sorgen Sie dafür, daß Sie es mindestens vierteljährlich tun. Wenn Sie Ihre Fortschritte gemeinsam mit Ihren Freunden verfolgen, werden Sie leichter auf dem Weg bleiben und Verantwortungsgefühl für das Engagement entwickeln, das Sie für sich und dadurch letztendlich auch für andere aufbringen.

Bereit für den nächsten Schritt?

Das Eingehen moderater Risiken ist eine erlernbare Fertigkeit, vorausgesetzt, es gibt keine Angst und Drohungen. Denken Sie jedoch daran, daß das Eingehen von Risiken mit einer Einstellung beginnt, einem Denkstil, der in einer Organisation erst dann greifen kann, wenn er überall in ihr praktiziert und modelliert wird, insbesondere an der Spitze.

Das geschickte Eingehen von Risiken ist ein unschätzbarer Aktivposten sowohl für Individuen als auch für Gruppen. In einer Lernenden Organisation sind Risiken entscheidend für das erfolgreiche Navigieren durch das permanente Weißwasser von heute. Zudem beschleunigt das Eingehen von Risiken allgemein das Lernen und erhöht das Erfolgspotential der Organisation.

Denn das Eingehen von Risiken ist auch unweigerlich ein Prozeß der Selbstentdeckung, und in diesem Prozeß erkennen Mitglieder einer Gruppe oder Organisation, wie wichtig die anderen Teammitglieder sind und wie machtvoll und wertvoll die Beiträge jedes Einzelnen sein können. Diese Erkenntnis ist das Thema von Schritt Fünf.

Schritt 5

Helfen Sie den Menschen, Ressourcen füreinander zu werden

Einer von uns hat zwei Kinder, zwei Jungen, zwölf und sieben Jahre alt.

Eines Tages kam der Zwölfjährige zu mir und meinte: „Ich möchte ein Baumhaus bauen. Kannst du mir helfen, etwas Kleinholz zu finden?"

Wir suchten unser Grundstück ab, fanden aber nichts Geeignetes. Daraufhin meinte ich: „Die Straße hoch wird gerade ein neues Haus gebaut. Vielleicht haben die da ein bißchen Abfallholz, das sie dir überlassen würden."

Der Junge schaltete auf stur. „Nein. Wenn ich Holz von einer Baustelle nehme, komme ich ins Gefängnis", sagte er.

„Ich meinte nicht *stehlen*. Ich meinte, daß sie dir möglicherweise etwas Abfallholz überlassen."

„Das werden die bestimmt nie tun."

Ich spürte, daß es nicht das reale Problem war, über das wir uns unterhielten. Der Zwölfjährige war zu schüchtern, um die Bauarbeiter um Abfallholz zu bitten. Jedenfalls erweckte er den Anschein, was hieß, daß er sich in eine Blockierung verrannt hatte, die ihn davon abhielt, das Projekt fortzusetzen.

Aber unser Siebenjähriger hat keine Angst, um irgend etwas zu bitten. Er ist ein Genie, wenn es darum geht, Leute in Fast-Food-Restaurants zu betören, ihm eine Eiswaffel oder sonst etwas zu geben, was sie sonst keinem Kunden geben würden. Sie gehen stets auf seine Wünsche ein.

Sofort ging's also ab zur Baustelle, und sogleich hatte er einen großen Holzstapel und sogar ein paar Nägel entdeckt, die nicht gebraucht wurden. Die Arbeiter meinten, er würde ihnen sogar einen Gefallen tun, wenn er ihnen half, das Holz wegzuschaffen.

Als Siebenjähriger verfügte er allerdings noch nicht über die Kraft, um massenweise Holz zu schleppen, aber ein dreizehnjähriges Mädchen von gegenüber erbot sich, mit einer Schubkarre auszuhelfen und das Holz zu uns herüberzukarren. Und schon transportierten sie und ihre Schwester mit den beiden Jungen das Holz.

Der Zwölfjährige, der weiß, wie man mit Werkzeug umgeht, begann dann, die Leitung des Projektes in die Hand zu nehmen. Er stellte jedoch fest, daß die beiden Mädchen durch ihre Erfahrungen auf einer Farm Bauerfahrung in das Projekt einbrachten, wodurch es noch besser lief. Und bald war der Bau eines ziemlich beeindruckenden kleinen Hauses unter Dach und Fach, entworfen und gebaut von diesem Team aus vier Kindern, die ihre Fertigkeiten und Ressourcen zusammenfließen ließen.

Kindern fällt es leicht, Ressourcen miteinander zu teilen – warum uns nicht?

Diese Geschichte illustriert etwas, was unter Kindern häufig spontan passiert – dem Erwachsene aber meistens geschickt ausweichen.

Eines der Kinder mit seiner Liebe zu Werkzeug und seinem Konstruktionswissen (das er teilweise im Kurs über Industriekunst gelernt hatte) hatte soviel Köpfchen, ein Haus zu bauen. Aber er verfügte nicht über die sozialen Fertigkeiten, die er zur Beschaffung der Rohstoffe benötigte. Die anderen steuerten soziales Geschick zum Projekt bei. Und schon war das Projekt auf dem Weg und hatte sogar Helfer gefunden.

Kinder lernen leicht, die Talente anderer als Ressourcen zu nutzen und in Windeseile ein effektives Team auf die Beine zu stellen, zu dem jeder einen einzigartigen Beitrag leistet. Dabei erzeugen sie einen Flow-Zustand, der ihnen hilft, in dem Projekt mühelos von einer Aufgabe zur nächsten zu wechseln.

Hier teilten die Kinder ihre Ressourcen auf synergetische Weise miteinander. Ihr Verhalten unterschied sich sehr von der vertikalen, hierarchischen Arbeitsteilung, die man in den meisten Organisationen antrifft. Synergetisches Teilen fördert komplexe Interaktionsmuster, die das Unternehmen stärken.

Auf diese Weise lassen sich die Dinge natürlicher tun, als es die hierarchische Managementpyramide erlaubt, die sich in den letzten Jahrhunderten industrieller Praxis ausgebildet hat. Wenn Sie diesen spontanen interaktiven Prozeß in Aktion sehen wollen, schlagen wir vor, daß Sie sich in eine Kindergartengruppe setzen. Dort können Sie die jungen Experten im Ressourcenteilen beobachten und lernen, wie es gemacht wird.

Viele nützliche Ideen für soziale Organisationen, für Lernen und den Aufbau von Teams lassen sich aus der Beobachtung spielender Kinder gewinnen. Fred Rogers (aus *Mr. Roger's Neighborhood*) erklärt, warum:

> „Manche Menschen reden vom Spielen, als wäre es eine Erholung von ernsthaften Beschäftigungen, aber für Kinder ist Spielen eine ernsthafte Beschäftigung. Spielen gibt Kindern eine Möglichkeit, starke Gefühle über wichtige Ereignisse in ihrem Leben auszudrücken. Spielen gibt Kindern eine Chance, mit Ängsten umzugehen und sich auf das Leben als Erwachsene vorzubereiten, indem sie so tun, als wären sie schon groß. Durch Spielen entdecken Kinder die Welt und lernen mehr über sich selbst."[1]

Ideen in Handlung umsetzen

Der Bau des Baumhauses begann damit, daß jemand eine Idee hatte und das Gefühl, sie nicht in die Praxis umsetzen zu können. Als dann weitere Darsteller auf den Plan traten, entwickelte sich ein Drama, in dem gemeinsam genutzte Ressourcen, Wissen und Vision dazu beitrugen, der Idee Leben einzuhauchen. Es ist eine klassische Lösung, eine Erinnerung an die Scheunenbaupraktiken unserer Pionier-Vorfahren, die Art Aktivität, die in der Vergangenheit große Kulturen entstehen ließ und noch heute das Herz der meisten unternehmerischen Aktivität ist.

Aber in formell strukturierten Organisationen kommt es nur selten zu dieser Lösung, besonders in Organisationen, die an einer statischen, manchmal regelrecht eingesargten Gruppendynamik zu tragen haben. Eine Organisation, die eine Kultur aufbauen kann, die Szenarien wie das Baumhaus-Projekt fördert, ist auf dem richtigen Weg, eine Lernende Organisation zu werden.

Es ist wichtig, daß wir so miteinander teilen wie Kinder

Warum fällt es Kindern so viel leichter als Erwachsenen, voneinander zu lernen? Teilweise, weil Kinder wissen, daß sie auf die Ressourcen anderer – und auf andere *als* Ressourcen – angewiesen sind, während Erwachsene erfolglos versuchen, sich selbst einzureden, sie seien allein schon genug. Was wir freilich nicht sind.

Das ist etwas, was wir alle, jedenfalls intellektuell, anerkennen. Wir müssen die Luft um uns herum atmen, oder wir sterben. Wir müssen essen, uns kleiden und mit unseren Gemeinschaften auskommen. So ist es eben. Indem wir erkennen, daß die Gesellschaft ein komplexes Netz interaktiver Elemente ist, die zur Deckung der Bedürfnisse der Gemeinschaft als ganzer auf spezialisierte Fertigkeiten und Talente angewiesen sind, erhöht sich unser Sinn für die Realität.

Dennoch sind wir als Erwachsene – besonders am Arbeitsplatz – fast völlig unvorbereitet auf die spontane Entdeckung von Talenten und Fertigkeiten anderer. Dabei sind es genau diese großen und unterschiedlichen Fähigkeiten ihrer Arbeitskräfte (nicht der Wirkungskreis ihrer Jobprofile), die die größte Ressource einer Organisation ausmachen.

Menschen als Ressourcen sehen, nicht als Jobprofile

In einer modernen Organisation und in der modernen Gesellschaft verbünden sich zahlreiche Kräfte miteinander und etablieren eine beschränkte Sichtweise davon, was Mitglieder der Organisation zu ihrer Vitalität und zu ihrem Erfolg beitragen können.

Nach den ersten vier Schritten auf dem Weg zu einer Lernenden Organisation sind wir jedoch in einer wesentlich besseren Position, um damit zu beginnen, einander als Ressourcen zu sehen. Wenn wir innerlich einer positiven Einstellung den Rücken stärken, unabhängig denken und Risiken eingehen, haben wir schon ein großes Stück des Weges zum Erkennen des Wertes in anderen zurückgelegt. Dieser Gewinn erhöht sich noch, wenn alle beginnen, ein spezifisches Verständnis der einzigartigen Qualitäten zu teilen, die jedes Mitglied zum Team beiträgt.

Das Akzeptieren von Risiken als Teil der Kultur ist ein wichtiger Schritt, denn für die meisten Menschen ist Selbstenthüllung – das Exponieren eigener spezieller Fertigkeiten und Talente vor anderen in der Gruppe – ein Risiko. Wenn wir solche Risiken eingehen, entdecken wir möglicherweise, daß manche unserer Talente vor langer Zeit verdrängt und vergessen wurden. Jetzt können sie erforscht und in einer Atmosphäre der Unterstützung durch die Gruppe weiterentwickelt werden. Das erweist sich als eine enorm bereichernde Erfahrung sowohl für Organisationen als auch für die Individuen, die sie umfassen.

Wenn es Außenstehenden so leicht fällt, warum dann nicht auch Insidern?

Als Trainer fällt es uns leicht, sich entwickelnde Talente unter den Teilnehmern in einem Kurs oder Workshop zu erkennen. Einer ist gut beim Zusammenfassen eines Streitgesprächs, einer hat eine Ader fürs Zeichnen. Ein anderer hat ein tiefes Verständnis für Musik und die darstellenden Künste. Wieder jemand anderes hat sein Haus selbst entworfen und gebaut. Und so weiter.

In privaten Unterhaltungen mit Teilnehmern stellen wir häufig fest, daß wir sie aus der Reserve locken wie niemand in der Organisation zuvor. Wie blamabel, daß Fremde, die nur für kurze Zeit auf Besuch sind, in der Lage sein sollten, so viel mehr über die Menschen, die dort arbeiten, herauszufinden als ihre Mitarbeiter!

Denn wenn wir Teilnehmer, die die ganze Zeit mit uns im gleichen Raum waren, bitten, einander als Ressourcen zu beschreiben, nennen sie nur selten die Qualitäten, die wir beobachtet haben. Im Gegenteil, was die Menschen am besten zu kennen scheinen, sind die Beschränkungen der anderen – die meisten von uns sind konditioniert, nur darauf zu achten. Die Stärken und Potentiale anderer zu erkennen erfordert oft, die selbsterfüllenden Prophezeiungen negativer Wahrnehmungsweisen zu überwinden.

Die Fähigkeit, Talente in anderen zu erkennen, ist eine erlernbare, am Arbeitsplatz sehr wertvolle Fertigkeit. Wir fördern diese unter der Oberfläche liegenden
Qualitäten, die mit etwas Ermutigung zu außergewöhnlichen Gaben aufblühen,
viel zu selten.

Die Verschiedenheit der Menschen ist eine unschätzbare Ressource

Wir übersehen diese einzigartigen Qualitäten häufig, aber das Wissen um die Talente anderer steigert unseren Beitrag zum Unternehmen. Denn effektive Arbeit basiert auf der Fähigkeit, sich zur Erledigung einer Arbeit mit anderen zu verbinden.
Je besser man das Wertvolle in seinen Mitarbeitern erkennt, desto besser läßt sich
die eigene Effektivität erhöhen.

Zwar erkennen wir oft Einzigartiges in Prominenten, dies sollte uns dann jedoch
auf die Einzigartigkeit hinweisen, die für jeden möglich ist. Man bemerkt die
Einzigartigkeit enger Freunde und in Mitgliedern der eigenen Familie, und genau
diese Einzigartigkeit vermißt man, wenn sie nicht mehr da sind. Aber wenn wir Gesichter in der Menge betrachten, entgehen uns zu oft die enormen Unterschiede,
die selbst zwischen den ähnlichsten Menschen bestehen.

Es stimmt wohl, daß viele mit allen Mitteln aus Angst oder Mangel an Selbstvertrauen versuchen, zu verbergen, was sie einzigartig macht. Die Unterschiede
sind dennoch vorhanden und warten darauf, aufzublühen. Denn in genau diesen
Unterschieden ist der größte verborgene Reichtum jeder Gruppe zu finden.

In einer Lernenden Organisation geht das Geben und Nehmen zwischen der
Einzigartigkeit des Individuums und der kollektiven Mentalität der Gruppe nicht
länger auf den kleinsten gemeinsamen Nenner zurück, sondern in die entgegengesetzte Richtung: hin zu einer durch die Gemeinschaft hochfunktioneller Teammitglieder erzeugten Synergie.

Warum Menschen einander nicht als Ressourcen sehen

Die bürokratischen Strukturen vieler Organisationen hindern die Menschen eher
daran, einander als Ressourcen zu sehen. Diese starren, ehemals gutgemeinten,

aber heute doch sehr aus der Mode gekommenen Strukturen behindern Produktivität und Wachstum entscheidend.

Bei der Arbeit bleiben die Menschen innerhalb ihrer Arbeitsplatzbeschreibung und ihrer Befehlsketten. Wertvolle Talente, Wissen und Erfahrung bleiben häufig versiegelt und unangezapft, wenn sie nicht professionell genutzt werden. Die gleiche Person, die mitten in einem Schneesturm nach draußen läuft und einem hilft, das Auto aus einer Verwehung freizuschaufeln, wird möglicherweise im Büro den Mund geschlossen halten, wenn alle an einem Problem festsitzen. Bescheidenheit? Vielleicht – aber die Organisation kommt diese Bescheidenheit teuer zu stehen.

Wenn wir unser Arbeitsleben von unserem Privatleben abtrennen, erzeugen wir ein Arbeitsumfeld, in dem allzuleicht die Verbindung untereinander verloren geht. Möglicherweise als Resultat einer Kombination aus exzessiver Bescheidenheit, Mißtrauen und Konkurrenzdenken gelingt es uns oft nicht, aus einem reichen Fundus informeller Fertigkeiten und aus den Talenten anderer zu schöpfen.

Wenn Menschen größere Einsicht in ihre Mitarbeiter entwickeln, entdecken sie vormals unvermutete Talente, von denen sich einige besonders dann als signifikant wertvoll für die Entwicklung der geschäftlichen Beziehungen erweisen, wenn eine Organisation sich unbekannten Herausforderungen gegenübersieht. Beispielsweise verfügen manche Ihrer Mitarbeiter vielleicht über Talente, die sie selten professionell nutzen. Einer ist vielleicht ein exzellenter Schriftsteller, ein anderer zeichnet oder malt oder ist ein talentierter Heimwerker. Andere haben kreative Inspirationen, wie sich neue Produkte und Dienstleistungen vermarkten oder entwerfen lassen. Eine im Wandel begriffene und wachsende Organisation wird lernen, Ressourcen wie diese zu entwickeln und zu fördern.

Diese Veränderung in der Art, einander zu sehen, reißt eine der größten Effektivitätsbarrieren einer Organisation ein, die Bagatellgefechte, die Energie des Einzelnen und Energie der Organisation vergeuden.

Eine weitere Tendenz, die Organisationen des Wertes der Vielfalt beraubt, ist das Betonen von Konformität. Eigentlich ergeben sich die meisten Fälle von Nonkonformität nur aus Mangel an Chancen in bezug auf Bildung und soziale Kontakte. Wenn wir dieses Defizit im Hintergrund wettmachen können, können wir Individuen ermutigen, ein weites Feld möglicher Präferenzen in fast jedem Lebensbereich zu erforschen. Je mehr wir die produktiven Ergebnisse individueller

Unterschiede unterstützen, desto mehr bereichern wir die Interdependenz von Verhaltensweisen, auf denen alles Handeln beruht.

Tom Peters über den „neugierigen Arbeiter"

Tom Peters spricht in seinem Aufsatz „On Excellence" (*„Über persönliche Höchstleistung"*) verborgene Talente an. Peters schreibt über das breite Spektrum der Unterschiede bei den Interessen unterschiedlicher Menschen und entwickelt das Konzept eines „neugierigen Arbeiters". Er bezieht sich dabei auf Einsteins Ansatz, daß „Neugier wichtiger ist als Wissen": „Es ist wichtig, buchstäblich jedem zu ermöglichen – und jeden zu ermutigen –, dorthin zu gehen, wohin ihn seine Neugier führt." Er bezieht sich damit auch auf Peter Druckers Vorschlag, daß ein Unternehmen mit 1.000 Mitarbeitern auch 1.000 Karrierewege haben sollte.

„Die Schlußfolgerung war offensichtlich", schreibt er. „Wäre ein Unternehmen, das die Einzigartigkeit eines jeden seiner 1.000 (oder 100 oder 10.000) Beschäftigten verwerten könnte, nicht phänomenal leistungsstark? Negativ ausgedrückt: Ist ein Betrieb, der sich keine Gedanken macht, wie er die Neugier von 1.000 Menschen nutzen könnte, nicht im Begriff, Schwierigkeiten zu bekommen?[2] In einem kulturellen Rahmen, in dem verborgene Talente nach vorne kommen, läßt sich viel schnell und mit wundervollen Resultaten erreichen.

In seinem Buch *Liberation Management* führt er diesen Punkt weiter aus:

> „Ist nicht Neugier das Markenzeichen von Freuds »strahlender Intelligenz des Kindes«? Neugier »managen«? Noch einmal: nie! Einen »neugierigen Betrieb« schaffen und aufrechterhalten? Einige versuchen es immerhin. Und man könnte mit Recht behaupten, daß nur wenige Aufgaben wichtiger sind."[3]

Die Learning Leaders bei Kodak werden Stars

Das Team der Learning Leaders, mit dem wir bei Kodak arbeiteten und das wir ausführlicher im nächsten Kapitel beschreiben werden, hat schnell gelernt, wie sich aus jedem ihrer vielfältigen Talente und Interessen Nutzen ziehen ließ. Diese Auffassung des „Herausziehens" ist die essentielle und ursprüngliche Bedeutung von Erziehung (*education*) und Teil des konzeptuellen Hintergrundes, der benötigt wird, um zu verstehen, was wir hier sagen.

Teilnehmer im Kodak-Team statteten die Kursräume des Teams künstlerisch ambitioniert mit Postern aus. Andere kannten, was selten vorkommt, gemeinsame Ressourcen und wußten, wo sie bekommen konnten, was das Team benötigte. Manche legten im Geschäftsleben Fertigkeiten an den Tag, ¹ie nie zuvor verwertet worden waren und die sich für die Organisation des Teams als wesentlich erwiesen. Andere wiederum konnten gut Themen aus einem ungewöhnlichen Blickwinkel beleuchten, um Interesse für den neuen Kurs zu wecken, den sie planten.

Das Entwickeln einer Vielfalt von Fertigkeiten in einer Gruppe ist wie Goldschürfen. Das Nichtentwickeln dieser Fertigkeiten treibt Raubbau an der Gesamtsumme menschlicher Ressourcen. Denken Sie daran: Einen Geist zu verschwenden ist fürchterlich.

Was es bringt, auf der Schwelle zum Chaos zu stehen

Für diejenigen, denen die Effizienz und das Überleben der Organisation am Herzen liegen, erscheint diese Aufmerksamkeit für individuelle Unterschiede möglicherweise bedrohlich, wie eine Einladung ins Chaos. Sieht man sich jedoch näher an, wie komplexe lebendige Systeme sich anpassen und aufblühen, sollte man einen klareren Blick für diese Art Struktur bekommen, die Organisationen benötigen. Weitreichende Forschungen, die das *Santa Fe Institute* betrieb, erweisen sich dafür möglicherweise als sehr aufschlußreich. Aber zuvor ein wenig Hintergrundinformation:

Man hat herausgefunden, daß Lebewesen am besten in einer Umgebung operieren, die als die „Schwelle zum Chaos" bezeichnet wird. Diese mysteriöse und sinnträchtige Formulierung übersetzt sich auf der mikroskopischen Ebene molekularer Strukturen in ein präzises und instruktives Konzept. Die Schwelle zum Chaos ist in Begriffen chemischer Bindungen genau der Punkt zwischen fest und flüssig. In einem Festkörper ist alles an seinen Platz festgekettet. In einer Flüssigkeit bewegt sich alles so frei, daß keine dauerhaften Strukturen möglich sind. Die Schwelle zum Chaos ist der Punkt, an dem Strukturen in einem langsam fließenden Flußzustand existieren: Sie sind frei, sich kontinuierlich zu verändern, aber die zugrundeliegende Struktur geht niemals verloren.

Man geht davon aus, daß lebende Systeme sich kontinuierlich zu diesem Zustand hinentwickeln, weil er zwei Fliegen mit einer Klappe schlägt: Er bietet eine dauerhafte Struktur und gleichzeitig genügend Flexibilität, um sich in angemessenem Rahmen verändern zu können. Das Skelett gibt einem Tier Struktur, die Muskeln geben ihm Flexibilität. Es atmet Sauerstoff ein, der dann in einem Blutstrom durch den Körper zirkuliert, der durch die Struktur der Gefäße, Kapillaren und Adern kanalisiert wird.

Aber so wie Spezies und andere komplexe Systeme evolvieren, verändern sich auch die Strukturen, die durch die Genetik, die Spielpläne immer neu enworfen werden. Diese Veränderungen finden auch während der Entwicklung des einzelnen Tieres vom Fötus bis zum ausgewachsenen Tier statt, und zu einem gewissen Grad setzen sich diese Veränderungen ein Leben lang fort.

Organisationen als lebendige Organismen

Das Verständnis für das ideale Umfeld eines lebendigen Systems hilft uns dabei, die effizientesten organisatorischen Strukturen zu erkennen. Die verblüffenden Parallelen zwischen lebendigen Systemen und Organisationen werden in den Beobachtungen von Stuart Kauffman offenbar. Kauffman hat in diesem Bereich der Wissenschaft eine äußerst bedeutende Arbeit geleistet. In M. Mitchell Waldrops Buch *Complexity*, das sich mit dem Santa Fe Institute beschäftigt, spricht Kauffman über lebendige Systeme. Seine Begriffe lassen sich unmittelbar auf die Anliegen der Unternehmenskultur anwenden, die wir diskutiert haben.

> „Wenn wir tief im geordneten Regelwerk stecken", sagt Kauffman, „dann ist jeder auf seinem Höhepunkt, und wir sind alle miteinander konsistent – aber das sind erbärmliche Höhepunkte." Jeder ist sozusagen in den Bergen gefangen, ohne Möglichkeit, auszubrechen und nach dem Gipfel zu streben. In Begriffen menschlicher Organisationen ist es, als wären die einzelnen Arbeitsplätze so sehr spezialisiert, daß sie keine Ausdehnung mehr haben; alles, was man lernen kann, ist, den Job zu tun, für den man eingestellt wurde, und sonst nichts. Welche Metapher auch immer, jedenfalls ist klar, daß jeder davon profitieren wird, wenn dem Einzelnen in den diversen Organisationen ein bißchen mehr Freiheit eingeräumt wird, sozusagen erlaubt wird, zum Takt eines anderen Trommlers zu marschieren. Das tiefgefrorene System wird ein wenig

flüssiger, meint Kauffman, die Aggregats-Bewegungsfähigkeit nimmt zu, und die beteiligten Stoffe nähern sich gemeinsam ein Stück weiter der Schwelle zum Chaos.

Und andersherum, so Kauffman: „Wenn wir tief im chaotischen Regime stecken, dann regt Sie jede meiner Veränderungen an und auf, und umgekehrt. Wir erreichen nie die Höhepunkte, weil Sie mir dauernd Steine in den Weg legen und ich Ihnen auch dauernd Steine in den Weg lege, und das ist dann wie Sisyphus, der versucht, seinen Stein den Berg hinaufzurollen. Deshalb wird mein Gesamtzustand ziemlich schlecht sein, und Ihrer ebenso. In organisatorischen Begriffen: Es ist, als ob die Befehlskette in jedem Betrieb so durcheinandergerät, daß niemand die geringste Vorstellung davon hat, was eigentlich zu tun ist – und man die Hälfte der Zeit damit verbringt, gegeneinander anzuarbeiten."[4]

Mit anderen Worten ist das Ideal für eine Organisation ein Zustand, in dem jedes Individuum einen einzigartigen Beitrag leistet, indem es „zum Takt eines anderen Trommlers" marschiert, aber mit einem zugrundeliegenden allgemeinen Gefühl für die Absicht und Richtung des Ganzen. In Teams wird dieses gemeinsame Ziel am ehesten erreicht, wenn die Teammitglieder die volle Individualität des jeweils anderen anerkennen, während sie gemeinsam ihre Projekte weiterentwickeln.

Den Stein ins Rollen bringen

Aber wie lernen wir, andere als Ressourcen zu sehen und zu nutzen? Ein einfacher und notwendiger erster Schritt ist, die Menschen besser kennenzulernen.

Hier eine Übung, mit der Sie Treffen und andere Zusammenkünfte beginnen können: Halten Sie einen Jonglierball hoch und sagen Sie: „Wer den Ball bekommt, wirft ihn jemandem zu, den er mag, und sagt, was er an demjenigen mag." Wenn nach einem Moment niemand reagiert, dann sagen Sie: „Mag hier überhaupt irgend jemand irgend jemanden?" Werfen Sie den Ball dem ersten Freiwilligen zu, der ihm einem anderen in der Gruppe zuwerfen wird und etwas in der Art sagt wie: „Ich mag die Art, wie Sie sich immer nett anziehen" oder: „Ich bin wirklich begeistert von dem neuen Projekt, bei dem Sie mir im Team helfen." Derjenige, der den Ball bekommt, wirft ihn jemand anderem zu und wiederholt den Ablauf.

Allgemein werden Gruppen bei dieser Übung mit simplen Kommentaren über einander beginnen – oft mit Einzeilern. Später gehen sie dann dazu über, komplette Geschichten über etwas Positives zu erzählen, das Beleg für eine Freundschaft ist.

Aber von Zeit zu Zeit werden Sie Bestätigungen hören, die zeigen, wie sehr der Sprecher wegen benötigter Fertigkeiten, Informationen, Perspektiven und Erfahrungen auf andere angewiesen ist. Wenn diese Art der Bestätigung auftritt, dann weisen Sie darauf hin und unterstreichen Sie sie. Es ist ein Ereignis, das dazu beitragen wird, genau die Gewohnheit einzuführen, um die es in Schritt Fünf geht: einander als Ressourcen zu sehen.

Würdigen Sie Ihre Kollegen

Wenn Sie nicht in der Position sind, die oben aufgeführte Übung einzuführen, schlagen wir vor, daß Sie statt dessen eine Liste von sechs bis zehn Ihrer Mitarbeiter aufstellen. Schreiben Sie neben jeden Namen eine gute Eigenschaft oder Fertigkeit, die der Betreffende besitzt und die Sie als besonders wertvoll empfinden. Reflektieren Sie, was Sie vermissen würden, wenn Ihr Kollege kündigen und zu einem anderen Unternehmen wechseln würde. Wenn jemand auf der Liste steht, der keine Eigenschaften hat, die Sie als unverzichtbar aufführen möchten, dann ersetzen Sie den Namen durch einen anderen. Versuchen Sie das mit mindestens sechs Namen – mit jeweils mindestens einer guten Eigenschaft.

Fragen Sie sich dann, welche guten Eigenschaften, auf die andere Wert legen und angewiesen sind, Sie selbst zu Ihrer Arbeit beisteuern. Schauen Sie, wie viele guter eigener Eigenschaften Sie auflisten können. Überlegen Sie, ob Ihre Mitarbeiter Ihre Qualitäten eventuell anders einschätzen, je nachdem, wie sie Sie erfahren. Sie erscheinen also jedem Ihrer Mitarbeiter als eine geringfügig andere Ressource.

Das Team könnte erwägen, formelle Gelegenheiten zu schaffen, um einander zu würdigen, die speziellen Qualitäten und Talente zu erwähnen, die jeder hat. Unter Umständen ist es auch nützlich, sich entwickelnde Fertigkeiten sowie neue und verbesserte Qualitäten in der Arbeit jedes Mitglieds festzuhalten – ein Journal der wachsenden und gedeihenden Arbeit. Darüber hinaus werden sich die Dinge wesentlich schneller entwickeln, wenn jeder es sich angewöhnt, wertvolle Eigenschaften in der Arbeit anderer herauszustellen.

Was passiert, wenn wir uns auf die Positiva konzentrieren

Einer von uns war einmal in einem Schriftstellerkreis, in der die Teilnehmer ihre Texte vorlesen und anschließend fragen konnten, was genau ihr Text in den Zuhörern auslöste. Wenn der Vorlesende nicht nach etwas Bestimmtem fragte, sagten wir einfach nur, was wir an dem Text mochten, den wir gehört hatten.

Einmal las eine neunzigjährige Frau der Gruppe ihren Aufsatz vor. Es war ein Stück mit wenig Glanzpunkten, das kaum an das Niveau eines Viertkläßlers herankam. Dennoch befolgten wir unsere Regel und lobten jedes kleinste Goldkörnchen, das wir an Gelungenem im Text finden konnten.

Die Frau kam jede Woche wieder und las ein anderes Stück vor. Innerhalb eines Monats hatte sich die Qualität ihrer Arbeiten so sehr verbessert, daß wir zu überlegen begannen, wie sich einiges davon veröffentlichen ließe. Leider kam uns ihr Tod zuvor, aber ihr verblüffendes Wachstum zeigte allen von uns, wie ein Mensch in jedem Alter mit der richtigen Ermutigung rasant neue Fertigkeiten entwickeln kann.

Ihr persönliches Würdigungs-Journal

Sie könnten ein Heft bei sich tragen, in dem Sie für jeden Ihrer Mitarbeiter ein oder zwei Seiten reservieren. Jedesmal, wenn Ihnen eine gute Eigenschaft auffällt, dann schreiben Sie sie schnell auf. Sammeln Sie so viele unterschiedliche und verschiedene Qualitäten zusammen, daß Sie in der Lage wären, sich lang und breit über die Tugenden jedes Ihrer Kollegen auszulassen. Ihre Beobachtungen könnten sowohl spezifische Beispiele für herausragendes Verhalten wie auch Ereignisse, Zitate, allgemeines Mitdenken und andere Qualitäten beinhalten, die Sie in einem Roman oder in einer Kurzgeschichte bei einer Personenbeschreibung erwarten würden.

Was für Sie dabei drin ist? Da wir das meiste von unseren Kollegen lernen, können wir unsere eigenen Fähigkeiten am besten durch das Wahrnehmen der Details in den Fertigkeiten anderer verbessern. Bei diesem Experiment werden Sie als Ergebnis der gerade erworbenen scharfen Beobachtungsgabe in der Lage sein, Ihre eigenen Fähigkeiten auf eine Weise zu verbessern, an die Sie nie gedacht haben. Das könnte Ihnen helfen, in Ihrer Karriere voranzukommen und größere Erfüllung in Ihrem persönlichen Leben zu finden.

Behalten Sie bei diesem Plan jedoch eine Warnung vor Augen: Menschen neigen häufig dazu, vor der persönlichen Höchstleistung anderer die Augen zu verschliessen, weil sie von ihr überwältigt werden. Wenn ich mich mit der vereinten Leistung von zehn oder zwanzig anderen vergleiche, werde ich mich wahrscheinlich vergleichsweise äußerst minderwertig fühlen. Aber keiner meiner Kollegen allein verfügt über all die Leistungsmerkmale, die mir auffallen. Ich muß zufrieden sein damit, mich an den Normen zu messen, die von höchstens einer Person festgesetzt werden. Vergleichen Sie sich selbst also fair und schmeichelhaft mit den Normen der Gruppe als ganzer. Dann werden Sie durch simples Buchführen in der Lage sein, auch die Details der Leistungen anderer wahrzunehmen.

In einem zweiten Teil Ihres Journals könnten Sie jedes Lob festhalten, das Sie über Ihre eigene Arbeit hören. Die Erfahrung zeigt, daß die meisten von uns die guten Dinge, die man ihnen sagt, einfach überhören. Das nächste Mal, wenn Ihnen jemand Komplimente über die Attraktivität Ihrer Kleidung macht oder darüber, wie gut Sie Ihre Arbeit machen, dann achten Sie einmal darauf, wie Sie das Lob schon fast reflexmäßig abwerten. Nicht einmal, indem Sie sagen: „Naja, das war ja nicht weiter schwer", sondern indem Sie sich tatsächlich selbst vormachen, Sie hätten das Lob überhaupt nicht gehört, weil (nach Ihrer Einschätzung) derjenige das Lob wahrscheinlich sowieso nicht ernst meinte.

Die meisten Menschen sind so beschäftigt damit, auf Negatives zu reagieren, daß Sie Positives übergehen, als wäre es nie geschehen. Deshalb müssen Sie wahrscheinlich jeden Tag alles Positive in Ihr Logbuch schreiben, damit Sie sich bewußt werden, wieviel Wertschätzung Ihnen von anderen entgegengebracht wird.

Weil wir uns aber nur schwer dazu zwingen können, Beweise zu sammeln, die unsere Selbstwahrnehmung verändern, werden Sie enorm versucht sein, diesen Teil der Übung fallenzulassen. Verpflichten Sie sich also definitiv, die Übung selbst dann zu machen, wenn Sie keine Lust dazu haben – und nehmen Sie Ihre Verpflichtung ernst. Je mehr Ihnen Ihre Bescheidenheit ein Bein stellt, desto mehr leiden Sie an geringer Selbstachtung, die der Heilung bedarf. Nur *Sie* können sie heilen, indem Sie die Wertschätzung hören und anerkennen, die Ihres Weges kommt. Lernen Sie, Lob mit dem gleichen Grad an Aufmerksamkeit zu akzeptieren, mit dem Sie die guten Seiten anderer anerkennen. Mit der Zeit werden Sie sich durch diese Übung wesentlich besser fühlen.

Die Möglichkeit von Konflikten

Wenn wir uns einem tieferen Verständnis und einer tieferen Wertschätzung füreinander öffnen, ergeben sich bei auftretenden Mißverständnissen möglicherweise auch ernste Konflikte. Denn wenn wir Vertrauen ineinander investiert haben, das verletzt wird, kann der Schmerz tief gehen. Wenn Gruppen beginnen, ihre Gefühle füreinander zu vertiefen, entstehen anfangs unter Umständen zu leicht Vertrauen und Bindungen, die noch nicht voll verdient wurden. Möglicherweise werden die einzigartigen Unterschiede in bezug auf Werte und Wahrnehmung nicht berücksichtigt, die in jeder Gruppe zwingend vorhanden sein müssen.

Die „Flitterwochen" der gegenseitigen Bindungen können den falschen Eindruck aufkommen lassen, die Menschen seien mehr auf einer gemeinsamen Wellenlänge, als das wirklich der Fall ist. Wenn dann die Differenzen entdeckt werden, kann sich in der Gruppe der Verdacht breitmachen, das Vertrauen sei enttäuscht worden. Das wiederum kann zu einer stürmischen Phase der Schuldzuweisungen und des Verdammens anderer und der Gruppe als ganzer führen. All dies geschieht, weil man sich leichter betrogen fühlt, wenn man sein wahres Selbst der Gruppe geöffnet hat, als wenn man seinen üblichen Grad der Reserve bewahrt hätte.

Als Teil dieses Prozesses muß man sich also verpflichten, alle sich eventuell ergebenden Konflikte zu lösen. Die Gruppe sollte von vornherein übereinkommen, daß Bitterkeit und Schuldgefühle in Konfliktsituationen nichts zu suchen haben. Die Konzentration auf das Positive, so wie Sie es in den letzten Schritten erlernt haben, werden eine Neubewertung der Stärken der Gruppe ermöglichen und aufzeigen, in welchen Bereichen aufrichtiges Vertrauen möglich ist. Auch wenn das vielleicht schwerfällt – im Gegenzug winken große Belohnungen.

Das Akzeptieren von Konflikten und Lösungen als Gruppenprozeß prägt Flexibilität beim Umgang miteinander. Dies ergibt sich in modernen Organisationen ganz natürlich.

Konflikte zwischen persönlichen Überzeugungen

Eine Regel, die Ihnen helfen könnte, nicht tiefer als nötig in diese stürmische Phase eintauchen zu müssen, ist eine Umgangsform, die auch in höflicher Gesellschaft üblich ist: Man diskutiert besser nicht über Politik, Religion oder Sex. Lenken Sie die Aufmerksamkeit des Teams immer wieder auf das Geschäftliche und bringen Sie keine äußeren Themen ein – also keine Werbekampagnen für Kirchenbeitritte, keine Unterstützung für den Kandidaten einer politischen Richtung, keine Besuche von Heizdecken-Verkaufsveranstaltungen. Alle diese Aktivitäten haben ihren Platz, aber in einem geschäftlichen Umfeld verwirren sie nur die Beziehungen.

Natürlich müssen dabei die Gefühle der diversen Minderheiten sensibel gewahrt werden. Diese Sensibilität hat nichts mit abstrakten Vorstellungen von tiefsitzenden Verletzungen zu tun. Hier stehen reale Gefühle realer Menschen auf dem Spiel.

Wer arbeitet am härtesten?

Konflikte können sich aus der Wahrnehmung oder dem Gefühl ergeben, daß sich nicht alle Teammitglieder gleichgewichtig einbringen. Manche kommen schon vor Sonnenaufgang zur Arbeit und sind nach Sonnenuntergang immer noch da. Andere kommen vielleicht lässig um zehn hereingeschneit, sitzen herum, lesen Zeitung, trinken Saft und setzen sich dann vielleicht am frühen Nachmittag langsam in Bewegung, um ein wenig zu arbeiten, kurz bevor sie dann um drei Uhr nachmittags den Heimweg antreten.

Eine solche Leistungsunausgewogenheit kann ein Team auf die Palme bringen, solange der Umgang mit solchen Unausgewogenheiten nicht geregelt ist. Auch in einem sich selbst leitenden Team fällt es Teammitgliedern schwer, die Vorstellungen aller über die erforderlichen Maßnahmen unter einen Hut zu bringen – eben weil individuelle Werte und Wahrnehmungen unter Umständen weit auseinandergehen.

Der torkelnde Texter

Das Problem wird noch weiter kompliziert durch den Unterschied zwischen harter Arbeit und kluger Arbeit. Hier ein Beispiel, das diesen Unterschied illustriert. Lorentz Hart, der den Text für zahlreiche Broadway-Hits schrieb, pflegte in betrunkenem Zustand ins Badezimmer zu schlurfen, einen Text zu komponieren und fünf Minuten später, in seinen zitternden Händen einen Top-One-Hit haltend, wieder herauszuschlurfen.

Ein anderer Broadway-Texter, Alan Jay Lerner, der unter anderem *My Fair Lady* geschrieben hat, war dagegen ein Vorbild des respektablen Schaffens. Oft arbeitete er Wochen an einem einzigen Text. Am Ende produzierten beiden Texter wundervolles Material. Einer schüttelte dabei seine Arbeit nur so aus dem Ärmel, als wäre sie nichts, während der andere Wochen über jedem Semikolon brütete. Und — kümmert es irgend jemanden im Publikum?

Offensichtlich ist es viel angenehmer, wenn man seine Arbeit in fünf Minuten erledigen kann, anstatt Wochen auf das gleiche Ergebnis zu verwenden. Aber warum sollte das jemanden interessieren, solange es gute Arbeit ist?

Derjenige, der von Sonnenaufgang bis Sonnenuntergang im Betrieb ist, hat möglicherweise Grund, denjenigen zu verdächtigen, der scheinbar nur kurz, sozusagen auf Besuch, kommt. Aber weil, wie wir oben gesehen haben, die Arbeitsstile verschieden sind, steuern möglicherweise beide gleich wertvolle Arbeit zum Team bei. Wenn der scheinbar Faule mehr Zeit auf seine Arbeit verwenden würde, würde vielleicht mehr Arbeit geleistet – vielleicht auch nicht. Manche Menschen scheinen nur in inspiriertem Zustand arbeiten zu können und sind dann sehr effektiv. Andere mühen sich kontinuierlich und revidieren ihre Arbeit wieder und wieder. Am Ende jedoch interessiert das Produkt und nicht, wie es produziert wurde.

Es ist also nicht leicht, das wahre Ausmaß des Beitrages jedes Einzelnen zu bestimmen. Am Ende wird einiges an Einsicht nötig sein, um dieses Problem angemessen zu bewerten.

Aber manche sind echte Schnorrer

Gleichzeitig liegen möglicherweise einige Teammitglieder auf der faulen Haut, während andere produktiver als sonst arbeiten. Unter Umständen wissen weder die produktivsten noch die unproduktivsten Leute, wie sie in Wirklichkeit im Rennen liegen, denn manchmal über- oder untertreibt unsere Wahrnehmung unseres Wertes unsere Bedeutung. Statistiken zeigen, daß sich 75 Prozent der Bevölkerung selbst im oberen Viertel in Sachen Kompetenz und allgemeiner Qualität einschätzen. Also irren sich die meisten Menschen zu ihren Gunsten. Wenn zwei Mitarbeiter gemeinsam eine Aufgabe bearbeiten, wird wahrscheinlich jeder behaupten, *er* habe 80 Prozent der Arbeit getan. Das liegt teilweise daran, daß wir uns der Details der eigenen Arbeit viel bewußter sind als der Details der Arbeit anderer.

Die Selbsteinschätzung

Dieser Konflikt bedarf der Kommunikation. Zwar gibt es keine hundertprozentige Methode, um festzustellen, wer am meisten beisteuert, aber es gibt eine interessante Technik, die *Selbsteinschätzung*.

Der Prozeß der Selbsteinschätzung hilft allen Beteiligten, sich auf strukturierte und nicht-bedrohliche Weise Feedback zu geben. Dazu tun sich jeweils vier oder fünf zu einer Gruppe zusammen und wählen einen aus ihrer Mitte, der als erster an die Reihe kommt. In Stufe Eins erzählt der- oder diejenige der Gruppe, was er oder sie bei der Arbeit gut gemacht hat. In Stufe Zwei bereichert jedes Gruppenmitglied der Reihe nach diese Einschätzung von seinem Standpunkt aus um zusätzliche Informationen.

Bei Stufe Drei geht es dann um eine Beurteilung dessen, was noch fehlt. Der Ausgewählte betrachtet jetzt Gebiete, auf denen seiner Meinung nach seine Leistung noch verbesserungsfähig ist. In Stufe Vier äußern die übrigen Teammitglieder ihre Einschätzung des Verbesserungs-Potentials. Die Betonung liegt dabei stets auf positiven Äußerungen in einem unterstützenden Ton.

Auf diese Weise wird die Gleichberechtigung der Kollegen bewahrt und zugleich ein formaler Rahmen geschaffen, in dem Feedback gegeben werden kann, ohne daß man das Gefühl haben muß, man müsse in die Offensive gehen oder sich verteidigen. Die Selbsteinschätzung ist komplett, wenn alle Gruppenmitglieder einmal an der Reihe gewesen sind. Wenn sich der Prozeß als langwierig erweisen sollte, kann er in mehrere Treffen innerhalb von ein oder zwei Wochen unterteilt werden.

Das Ressourcen-Inventar

Eine weitere Aktivität, die Teams helfen kann, die vorhandenen Talente besser kennenzulernen, ist ein *Teamressourcen-Inventar*. Hier eine formale Herangehensweise, die Ihnen als Richtlinie beim Verbessern der Lernfähigkeiten Ihres Teams dienen mag:

1. Lassen Sie alle Teammitglieder die *Multiple-Intelligenzen-Checkliste* (MIC) am Ende dieses Kapitels ausfüllen. Die MIC ist kein Test, sondern eher eine leichte Selbsteinschätzung, die den meisten Menschen viel Spaß macht. Sie ist zugleich eine Vorschau auf Schritt Sechs, erfordert aber keine besondere Vertrautheit mit der Theorie der Multiplen Intelligenzen.

2. Lassen Sie ein Teammitglied oder einen Außenstehenden ein Gesamtbild der Gruppe aus den Einzelbildern der Teammitglieder entwerfen.

3. Leiten Sie eine Dialog-Teamsitzung auf der Grundlage des in Schritt 2 entwickelten Team-MIC-Bildes.

4. Lassen Sie jeden Teilnehmer einen Blick auf die Ähnlichkeiten und Unterschiede zwischen dem individuellen MIC und dem MIC der Gruppe werfen.

5. Lassen Sie das ganze Team die Stärken, Schwächen, Chancen und Bedrohungen für das Teamlernen in bezug auf die Lernfähigkeiten des Teams auswerten.

6. Welche Informationen liefert das Team-MIC-Bild für die Maximierung des Lernpotentials des Teams?

7. Welche Einsichten ergeben sich aus dem Bild, die helfen könnten, Ärger unter den Teammitgliedern vorzubeugen? In welchem Maße haben sich die Teammitglieder beim Entwickeln ihres individuellen Potentials unterstützt?

8. Lassen Sie die Teammitglieder miteinander Verträge darüber aushandeln, auf welche Weise sie sich bei ihrer Arbeit gegenseitig unterstützen werden. In diesen Verträgen erläutern sich die Teammitglieder gegenseitig ihre Lernziele und die Mittel, mit denen sie diese Ziele erreichen wollen.

9. Lassen Sie die Teammitglieder eine Liste ihrer individuellen Talente aufstellen, die im Ressourcen-Inventar nicht auftauchen, weil sie im Geschäft scheinbar ohne Nutzen sind. Das könnten beispielsweise Dinge wie Golfspielen oder Kuchenbacken sein. Das sollte die Aufmerksamkeit der Teammitglieder auf die Dinge konzentrieren, die sie gut und gern tun.

10. Lassen sie einzelne Teammitglieder erforschen, wie das Team diese Fähigkeiten in seinen täglichen Bemühungen oder seinem Lernprozeß nutzen kann.

Noch ein Teamressourcen-Inventar

Eine weitere Aktivität, die Ihre Gruppe vielleicht nützlich findet, ist die folgende:

1. Lassen Sie jedes Teammitglied sämtliche Talente, Fähigkeiten, weitere Fertigkeiten oder Ressourcen auflisten, die es zu einem Projekt beisteuern könnte, egal, wie wenig Bezug diese Ressouce zu der gerade aktuellen Aktivität zu haben scheint. Ziel ist, mindestens zwanzig solcher, auch scheinbar irrelevanter, Ressourcen aufzulisten. Beispielsweise ist die Fähigkeit, hervorragenden Tee zuzubereiten, von keinem geringen Wert, wenn sie zur Arbeitsmoral im Büro beiträgt.

2. Als nächstes listet jeder noch einmal so viele Ressourcen auf, die das Team zwar eventuell benötigen könnte, die aber noch nicht abzusehen sind. Natürlich sollten diese beiden Listen verschieden sein – möglichst sehr verschieden.

3. Anschließend listet das Team die Ressourcen der Gruppe auf – ohne auf die Listen zurückzugreifen, die von den einzelnen Mitgliedern bereits erstellt wurden. Dabei sollen so viele Ressourcen einzelner Teammitglieder aufgelistet werden wie möglich. Auf die schon fertigen Listen soll dabei nicht geschaut werden, damit neue Ideen stimuliert werden, auf die beim ersten Mal niemand gekommen ist.

4. Lassen Sie das Team in einem Brainstorming die größtmögliche Anzahl von Ressourcen zusammentragen, die, selbst unter unvorhersehbaren Umständen, benötigt werden könnten.

5. Überprüfen Sie anschließend die zuvor zusammengestellten Einzellisten, um sicherzugehen, daß nichts ausgelassen wurde.

6. Plazieren Sie jede Nennung von der zweiten Teamliste mit den möglicherweise benötigten Ressourcen oben auf einem Extrablatt. Jedes Teammitglied soll sich nun für eine angemessene Zahl dieser Ressourcen eintragen. In den meisten Fällen werden unter jeder benötigten Ressource mehrere Namen aufgelistet werden.

7. Wenn eines oder mehrere dieser Blätter leer bleiben, kann das Team etwas Zeit darauf verwenden, zu entscheiden, ob diese bestimmte Ressource wichtig für das Team ist oder nicht. Wenn sie wichtig ist, kann das Team alle notwendigen Schritte unternehmen, um sich soweit zu vergrößern, daß es über alle

benötigten Ressourcen verfügen kann. (Andererseits werden manche der aufgeführten Ressourcen im Augenblick oder in absehbarer Zukunft gar nicht benötigt. Wenn sich trotzdem mehrere Leute für diese Ressource eintragen, könnte es sich lohnen, sich über die Angelegenheit einige weitere Gedanken zu machen. Angenommen beispielsweise, auf der Liste steht: „Spielen eines Instruments", und zwanzig Leute tragen sich dafür ein. Die Gruppe könnte also eventuell davon profitieren, etwas Zeit in die Gründung einer Band oder eines Orchesters zu stecken. Die Bindung, die aus einer solchen Aktivität erwachsen würde, könnte die Qualität der Gruppeninteraktion verbessern. Das Resultat wird zwangsläufig nicht nur vergnüglich sein, sondern auch einen günstigen Einfluß auf das Arbeitsleben haben.)

8. Schließlich sollten auch alle Gruppenressourcen, die nicht auf der zweiten Teamliste stehen, auf zusätzliche Unterschriftenblätter geschrieben werden. Jede dieser Ressourcen wird zur Diskussion gestellt, und die Gruppe findet in einem Brainstorming Situationen, in denen sich die vorgeschlagene Ressource als nützlich erweisen könnte.

Sie können diese beiden Ansätze selbstverständlich auf Ihre eigene Weise kombinieren, um Ihren speziellen Bedürfnissen gerecht zu werden.

Jobprofile II.

Nach diesen Aktivitäten wird es für die Mitglieder des Teams Zeit, einen zweiten Blick auf ihre Jobprofile zu werfen und zu bestimmen, wie diese sich im Licht neuen Wissens verändern und erweitern lassen. Außerdem könnte jedes Mitglied der Organisation eine Liste der von anderen beigesteuerten Ressourcen führen. Weil alte Gewohnheiten uns so fest im Griff haben, machen unter Umständen viele in keiner Weise besseren Gebrauch von diesen Ressourcen als vorher – zumindest nicht ohne etwas gutes Zureden. Das Führen der Liste könnte dazu beitragen, diese Barriere zu überwinden.

Es ist auch gut, wenn sich jemand bereit erklärt, „Nachsorgeuntersuchungen" anzustellen und von Zeit zu Zeit neu zu beurteilen, inwieweit jedes Mitglied die vom Team bereitgestellten Ressourcen nun besser nutzt. Das *„Denk-und-Hör-zu"* eignet sich gut zur Erforschung des nächsten Schrittes eines Teams zur Erweiterung des effektiven Nutzens seiner Ressourcen. Die *Ressourcen-Inventar*-Übung kann in Sechs-Monats-Intervallen wiederholt werden. Mit der Zeit verändert sich die Zusammensetzung der Gruppe, und die Menschen entwickeln neue Werte, besonders, wenn sie Gelegenheit haben, in einem sich dynamisch wandelnden Umfeld zu arbeiten. Daher kann es lohnenswert sein, über die Veränderungen im Fertigkeitsniveau und die Interessen auf dem laufenden zu bleiben.

Die Teamressourcen erweitern

Mit zunehmender Nutzung der Teamressourcen werden diese schnell ein Eigenleben annehmen. Die Menschen werden schnell erkennen, wie sehr sie gegenseitig ihre Stärken, Talente und Werte schätzen. Es wird ein stärkeres Gefühl für Bindung und Kameradschaft geben, das aus der Nutzung möglicherweise jahrelang brachliegender Stärken und Fertigkeiten herrührt. In dieser Umgebung blüht Selbstachtung, und jedes Mitglied bekommt das Gefühl, deutlich effektiver zu sein.

Es ist gut, von Zeit zu Zeit das neue Wachstum der persönlichen Wertschätzung zu feiern. Wie sehr wir uns auch bemühen, positiv zu denken und die Beiträge anderer zu unserem Arbeitsleben zu würdigen – es bleibt immer sehr viel ungesagt. Also ist es gut, sich ab und an die Zeit zu nehmen und dafür zu sorgen, daß die Möglichkeit besteht, alles zu sagen.

Feiern mit einem Bestätigungskreis

Dazu empfehlen wir eine Aktivität, die zwar formell, aber dennoch mächtig emotional ist. Diese Aktivität nennt sich *Bestätigungskreis*. Der Bestätigungskreis ist ein machtvolles Werkzeug zur Verstärkung der in Schritt Zwei aufgebauten positiven Atmosphäre, während er gleichzeitig die Kommunikationsstruktur schafft, die zur vollen Würdigung der gegenseitigen Stärken und Talente erforderlich ist. Der Bestätigungskreis kann die Effektivität einer Organisation beträchtlich erhöhen.

Manchen geht der Bestätigungskreis, wie möglicherweise schon andere in Schritt Zwei beschriebene Gruppenaktivitäten, zu sehr gegen den Strich – bis sie ihn ausprobieren. Dennoch stellen wir fast unverändert fest, daß selbst die hartgesottensten Skeptiker nicht nur viel Nutzen aus diesen Aktivitäten ziehen, sondern auch viel Spaß daran finden. Ihre Vorbehalte reflektieren normalerweise nur Zweifel darüber, wie *andere* darauf reagieren werden, wenn sie mitmachen. Wenn jeder weiß, daß alle anderen es gern einmal probieren, nimmt jeder bereitwillig teil.

Die Teilnehmer sollten bequem im Kreis sitzen. Wenn Sie an der Reihe sind, nehmen Sie in der Mitte des Kreises Platz und schauen Sie der Reihe nach jeden Außensitzenden an. Hören Sie sorgfältig und aufmerksam zu, was man Ihnen sagt. Reagieren Sie nicht verbal; Nicken, Lächeln, Lachen und auch Weinen sind dagegen als natürlicher Ausdruck Ihrer Wertschätzung dessen, was Sie hören, erlaubt.

Jeder vervollständigt dabei der Reihe nach die Aussage: „Ich bin froh, daß Sie in meinem Team sind, weil…" oder: „Ich bin froh, daß Sie mit mir an dem Projekt gearbeitet haben, weil …" oder: „Es war ein Vergnügen, mit Ihnen in einem Team zu sein, weil …" oder: „Es war ein Genuß, mit Ihnen dem Komitee anzugehören, weil…"

Der Bestätigungskreis funktioniert am besten mit sechs bis acht Personen, aber drei Personen genügen schon. Wenn die Gruppe größer als acht Personen wird, empfehlen wir, sie in kleinere Einheiten zu unterteilen, denn wenn es viel positive Interaktion gegeben hat, benötigt die Gruppe unter Umständen lange, möglicherweise mehrere Stunden, bis alles gesagt wurde, was zu sagen war. Mit jedem weiteren Mitglied, das in der Mitte sitzt, werden die Worte leichter fließen, so daß eine solche Runde recht schnell einige Zeit in Anspruch nehmen kann. In Gruppen mit mehr als acht Personen kann die benötigte Zeit unter Umständen unpraktikabel ausufern.

Der Geburtstagskreis

Wenn nur eine Person gefeiert werden soll, läßt sich eine Variante des Bestätigungskreises einsetzen. Dafür können beliebig viele Leute im äußeren Kreis Platz nehmen. Sie können den Geburtstagskreis für ihre Teamkollegen an deren Geburtstag veranstalten und mit den Worten „Ich bin froh, daß du geboren wurdest, weil …" als Geburtstagskreis einleiten.

Während Ihres Bestätigungs- oder Geburtstagskreises sollten Sie wirklich darauf achten, daß subtile Sticheleien, Witze auf Kosten des Betreffenden, Relativierungen, versteckte Negativa und andere Verwässerungen dieser Art zu vermeiden sind, egal, wie natürlich und humorvoll sie sich in der gelösten Stimmung auch ergeben mögen. Manchmal haben wir uns so daran gewöhnt, miteinander zu witzeln, daß uns ernsthafte Wertschätzung schwerfällt. Aber die Disziplin beim Wahren der Ernsthaftigkeit und Aufrichtigkeit des Tons sind wichtig für das Aufbauen von Gruppenstärke und Engagement.

Vielleicht gibt es einiges, was Ihnen an demjenigen, der in der Mitte des Kreises sitzt, aufstößt, aber es gibt keinen Grund, warum Sie nicht einfach nur über die guten Eigenschaften sprechen können, die Sie an dem Betreffenden mögen. Das könnte sogar einen heilenden Effekt auf Ihre Beziehung haben. Feindseligkeiten entwickeln sich häufig nur, weil jeder das Gefühl hat, vom anderen nicht geschätzt zu werden.

Richtig eingesetzt können diese Kreise zu einer der machtvollsten Techniken für das Erreichen kontinuierlicher Verbesserung des Teams werden. Der Kreis dient als Feedback-Mechanismus, der alle Mitglieder immer auf den neuesten Stand darüber bringt, wie sehr jeder von den anderen geschätzt wird. Solange wie das Engagement für Verbesserungen anhält, wird jeder kontinuierlich wachsen. Vergessen Sie nicht, daß Menschen, die das Gefühl haben, geschätzt zu werden, weitaus eher ihr Bestes in die Gruppe einbringen als Menschen, die dieses Gefühl nicht haben.

Richtiger Gebrauch und Beherrschen des Bestätigungskreises kann nach und nach zu einer wichtigen Erfahrung für jedes Gruppenmitglied werden. Stellen Sie sich vor, wie jemand leidet, der sein Leben lang nie gehört hat, daß er geschätzt wird. Manche Familien glauben, daß die einzige Methode zur Ausbildung von Charakter in der Jugend darin besteht, mittels negativer Kritik für konstante Wachsamkeit zu sorgen. Sollte dies auch die Philosophie von Lehrern, Managern und Mitarbeitern gewesen sein, kann man leicht sein ganzes Leben verbringen, ohne jemals Wertschätzung von anderen zu hören.

Das ist eine Reaktion auf universelle menschliche Bedürfnisse

Und doch haben wir alle das Bedürfnis, geliebt und geschätzt zu werden. So wie wir auch das Gefühl brauchen, für unsere Gemeinschaft von Bedeutung zu sein. Es dauert vielleicht eine Weile, bis der Prozeß des Bestätigtwerdens zur Gewohnheit wird, aber nach und nach wird er einsickern; nach und nach werden die Wertschätzungen wirklich geglaubt werden.

Dann, und nur dann, wenn alle Mitglieder der Organisation wissen können, daß sie gut sind und daß auch andere das wissen und anerkennen, wird es für alle Zeit, die Möglichkeit ins Auge zu fassen, sich voll für die Herausforderung persönlichen Wachstums und *Personal Mastery* zu engagieren.

Multiple-Intelligenzen-Checkliste [5]

Seit dem Jahr 1900, als Alfred Binet den ersten „Intelligenztest" entwickelte, der den „I.Q." messen sollte, haben sich solche Beurteilungen vornehmlich auf eine sehr begrenzte und beschränkte Definition von Intelligenz konzentriert. Die jüngste Forschung auf dem Gebiet der kognitiven Psychologie zeigt, daß Intelligenz weitgefaßter zu verstehen ist und mehr Fähigkeiten beinhaltet, als bisher erkannt wurde. Die folgende Checkliste ermöglicht eine einfache und leichte Beurteilung Ihrer multiplen Intelligenzen.

Im folgenden werden siebenundsiebzig Multiple-Intelligenz-Charakteristiken aufgeführt. Lesen Sie jedes Item und kreuzen Sie in Spalte „A" diejenigen Items an, die auf Sie „passen".

	A	B	
1.	—	—	denkt in visuellen Bildern
2.	—	—	lernt am besten durch aktives Handeln
3.	—	—	ist offen anderen gegenüber
4.	—	—	hat ein gutes Verhältnis zu Gefühlen, Träumen
5.	—	—	spielt ein Musikinstrument oder singt gern
6	—	—	spricht Worte leicht und korrekt aus, ist rechtschreibsicher
7.	—	—	hat Spaß an Computern und/oder Chemiekästen
8.	—	—	lernt am besten durch Sehen und Beobachten
9.	—	—	zeigt Begabung für Nähen, Holzarbeiten, Töpfern etc.
10.	—	—	mag lose strukturierte Gruppenaktivitäten, wo man gern plaudert

11. __ __ besitzt innere Weisheit und intuitive Fähigkeiten

12. __ __ sammelt CDs, Cassetten, Schallplatten

13. __ __ spielt gern mit Worten, reimt gern

14. __ __ hat Spaß an logischen Regeln und Formeln

15. __ __ erkennt leicht Gesichter wieder

16. __ __ hat eine gute Feinmotorik und/oder Körperkoordination

17. __ __ hat großes Verständnis für die Gefühle anderer

18. __ __ lebt in seiner persönlichen Welt, verfolgt persönliche Ziele

19. __ __ nimmt sich Zeit für Musik

20. __ __ mag Kreuzworträtsel, Scrabble und andere Spiele mit Worten

21. __ __ hat ein gutes Gedächtnis für Gesetze und Theorien

22. __ __ ist gut im Puzzeln und bei Labyrinthspielen

23. __ __ kommuniziert gut mit Gesten und Körpersprache

24. __ __ vermittelt oft bei Streitigkeiten im Familien-, Freundes- oder Kollegenkreis etc.

25. __ __ hat feste Meinungen, wenn kontroverse Themen diskutiert werden

26. __ __ behält Fakten am besten in Verbindung mit Musik

27. __ __ spinnt gerne großartige Gerüchte, erzählt gerne Witze und Geschichten

28. __ __ liest gern Science Fiction oder Geheimnisvolles

29. __ __ bevorzugt in der Freizeit künstlerische oder konstruktive Tätigkeiten

30. __ __ zappelt, schnippt mit den Fingern, wippt gern beim Sitzen

31. __ __ nimmt gern an Gruppenspielen oder -aktivitäten teil

32. __ __ hat eine unabhängige Meinung hinsichtlich Kleidungsstil, Verhalten, Lebensstil

33. __ __ drückt durch Musik Gefühle aus

34. __ __ schneidet gut ab bei Papier-und-Bleistift-Tests

35. __ __ erntet Kommentare wie: „so gescheit", „kluges Kind", „pfiffig", „ganz schön clever"

36. __ __ sieht gern Kinofilme, Dias, Videos, Photos etc.

37. __ __ mag sich gern körperlich betätigen: Schwimmen, Wandern, Laufen, Tennis, Golf etc.

38. __ __ pflegt ausgiebig soziale Kontakte bei der Arbeit, in der Nachbarschaft etc.

39. __ __ ist gern allein, um sich persönlichen Interessen, Hobbys oder Projekten zu widmen

40. __ __ textet und/oder komponiert gern

41. __ __ erntet Kommentare wie: „so witzig", „so ausdrucksstark", „helles Köpfchen"

42. __ __ denkt konzeptuell (kategorisiert, stellt Hypothesen auf)

43. __ __ weiß, wo alles im Haus, Büro etc. zu finden ist

44. __ __ bevorzugt Geschichten mit viel Handlung (Action)

45. __ __ versteht Menschen gut

46. __ __ hat ein ruhiges, aber starkes Selbstvertrauen

47. __ __ Auftritt und/oder Komposition bringt Kommentare wie: „so talentiert", „so musikalisch"

48. __ __ denkt in Worten

49. __ __ lernt am besten durch das Erforschen von Mustern und Beziehungen, manipuliert seine Umgebung, experimentiert in geordneten Bahnen

50. __ __ hat Spaß an Maschinen, technischen Geräten und baut gelegentlich selbst welche

51. __ __ berührt andere beim Sprechen

52. __ __ weiß, was unter den Mitarbeitern und Familienmitgliedern vor sich geht (wer mit wem auskommt, wer mit wem nicht etc.)

53. __ __ erntet Kommentare wie: „einzigartige Persönlichkeit", „Kennt sich selbst gut", „einsichtsvoll", „tief"

54. __ __ singt, summt oder pfeift gern vor sich hin

55. __ __ lernt am besten durch Hören und Vor-sich-hin-Sprechen

56. __ __ staunt über Naturereignisse und stellt sich Fragen darüber

57. __ __ findet sich leicht in Karten, Tabellen und Diagrammen zurecht

58. __   __   kann leicht das Verhalten oder die Bewegungen anderer
              Menschen nachahmen
59. __   __   erntet Kommentare wie: „toller Zuhörer", „so fördernd",
              „echter Freund", „einsichtsvoll"
60. __   __   kennt seine eigenen Gefühle
61. __   __   bewegt sich gern nach Musik und im Takt
62. __   __   schreibt gerne
63. __   __   liebt Denkspiele, logische Spiele, die Nachdenken erfor-
              dern, z.B. Schach
64. __   __   liebt Tagträume
65. __   __   Körperbewegungen ernten Kommentare wie: „so an-
              mutig", „sehr sportlich", „toller Tänzer"
66. __   __   denkt beim Erzählen
67. __   __   lernt am besten bei „ganz anderen" Tätigkeiten
68. __   __   hat feste Meinung über Musik, die gerade gespielt wird
69. __   __   hat gutes Gedächtnis für Namen, Daten, Details
70. __   __   fähig zu hochabstrakten Formen logischen Denkens
71. __   __   Kunstwerke ernten Kommentare wie: „so kreativ", „so ta-
              lentiert"
72. __   __   kann denken beim Bewegen/körperlichen Arbeiten/Spielen
73. __   __   lernt am besten in Teams, gemeinsam mit anderen
74. __   __   hat eine ausgeprägte Persönlichkeit und starken Sinn für
              Selbständigkeit und/oder Disziplin
75. __   __   ist sensibel für nonverbale Umweltgeräusche
76. __   __   liest gern in der Freizeit
77. __   __   löst zügig mathematische Aufgaben

Nach dem Durchgang mit Ankreuzen der passenden Items in Spalte A gehen Sie nun bitte zurück an den Anfang der Checkliste. Numerieren Sie die Items der Checkliste nun in 7er-Zyklen. Schreiben Sie in Spalte B die Zahl 1 in die erste Leerstelle, die Nummer 2 in die zweite Leerstelle etc. Wenn Sie zur achten Leerstelle kommen, fangen Sie wieder bei „1" an, in Leerstelle Nr. 9 schreiben Sie wieder „2", etc. Wiederholen Sie die Zahlen von 1 bis 7, bis Sie bei Leerstelle Nr. 77 anlangen, in die Sie wieder eine „7" schreiben.

Nun können Sie unten eintragen, wie viele Kreuze Sie für jede der sieben Gruppen vergeben haben. Zählen Sie alle 1-er-Kreuze (anhand Ihrer Numerierung in Spalte B). Tragen Sie die 1-er-Summe in der Zeile „Anzahl 1en = _____ **Visuell/Räumlich**". Machen Sie dann das gleiche für die 2en, 3en und so weiter.

Gesamtsummen

Anzahl 1en = _____ **Visuell/Räumlich**

Anzahl 2en = _____ **Körperlich/Kinästhetisch**

Anzahl 3en = _____ **Zwischenmenschlich**

Anzahl 4en = _____ **Selbstbezüglich**

Anzahl 5en = _____ **Musikalisch**

Anzahl 6en = _____ **Sprachlich/Linguistisch**

Anzahl 7en = _____ **Logisch/Mathematisch**

Die obenstehenden Gesamtsummen sind ein Schnappschuß-Portrait Ihrer natürlichen Lernfähigkeiten. Sie sind weder Maß für den I.Q. noch für irgendeine Intelligenz. Sie sind mehr als Indiz für den bevorzugten Lernmodus eines Individuums und ihre relativen Stärken im Vergleich miteinander gedacht.

Die Theorie der Multiplen Intelligenzen und die Charakteristiken der sieben Intelligenzen werden in Schritt Sechs erklärt werden. Der Leser wird aber wahrscheinlich schon durch einfaches Durchgehen des Fragebogens in der Lage sein, einiges über die sieben Intelligenzen zu mutmaßen. Ohne in die Theorie einzutauchen, kann der Leser diesen Schnappschuß nutzen, um eine neue Sicht von sich und anderen zu formen und diese Sichtweise als Teil des in Schritt Fünf beschriebenen Teamressourcen-Inventars nutzen.

Schritt 6

Machen Sie sich mit Lernpower an die Arbeit

Die erste Hälfte der Zehn Schritte liegt nun hinter uns – obwohl Sie nach der Implementierung der ersten fünf Schritte schon mehr als die Hälfte des Weges zum Ziel zurückgelegt haben.

In diesem Schritt wenden wir uns dem Kernelement einer Lernenden Organisation zu, dem *Lernen* selbst.

Stellen Sie sich eine Organisation vor, in der jeder, von ganz oben bis ganz unten, entweder tatsächlich oder potentiell für die Verbesserung der Organisation lernt – nicht nur bei formellen Anlässen, sondern immer und überall, ohne von Managern oder Seminarleitern speziell dazu aufgefordert werden zu müssen. Innovation und kontinuierliche Verbesserung treten spontan auf eine Weise auf, die, weit davon entfernt, chaotisch zu sein, der ganzen Organisation und ihren kollektiven Zielsetzungen dient und diese verbessert.

Welche Führungskraft, welcher Beschäftigte könnte gegen eine solche Vision etwas einwenden?

Ist das nicht, was die Zeit erfordert, wonach das Land verlangt?

Man könnte einwenden, das sei ein visionäres Wolkenkuckucksheim. Aber angenommen, es wäre erreichbar – wer könnte dann etwas gegen ein solches Ziel vorbringen?

Wer wollte keine Lernende Organisation?

Die Antwort lautet: Wir alle. Nicht notwendigerweise in Form offener Feindseligkeit, nicht immer bewußt, aber auf die eine oder andere Weise neigen wir alle dazu,
die Aussicht auf eine Lernende Organisation zu unterminieren.

Genau das sollten die ersten Fünf Schritte natürlich ändern. Die Annahmen und
Erwartungen, die gegen die Entwicklung einer Lernenden Organisation arbeiten,
spiegeln die herrschenden Annahmen und Erwartungen in der Gesellschaft als
ganzer wider, wie auch diejenenigen Vorannahmen, die wir als Individuen haben. Die
ersten Fünf Schritte sollen Ihnen helfen, diese Barrieren durch das Herausstellen und
Umkehren der Einstellungen abzubauen, die diese Annahmen erhärten.

Die Durchführung einer einsichtigen, furchtlosen Beurteilung des gegenwärtigen Standpunktes und des Zieles der Organisation, das Unterstützen positiver
Interaktionen zwischen den Einzelnen, das Ermutigen von Denken und gegenseiti-
gem Aufeinanderangewiesensein – jeder dieser Schritte ist ein wertvolles Ziel in sich
selbst. Diese Schritte bringen eine Organisation auf dem Weg zu guter Gesundheit
und Wohlergehen ein ganzes Stück weiter.

Aber die tiefere Absicht der ersten Fünf Schritte ist es, Lernbarrieren abzubauen.
Denn der Schlüssel für das Überleben und den Erfolg einer Organisation ist Lernen.
Das Lernvermögen aller Mitglieder der Organisation ist sowohl ihre wertvollste als
auch eine unerschöpfliche Ressource. Alles, was diese Lernfähigkeit in einen
Flaschenhals zwingt – ob in der Gesellschaftskultur, in der Kultur der Gruppe oder
im Geist Einzelner –, stranguliert die Organisation.

Annahmen über das Lernen

Um zu verstehen, wie wir unsere Lernfähigkeit verringern und vergeuden, müssen
wir uns unsere Annahmen darüber vor Augen führen, wie Lernen stattfindet und
wer überhaupt lernen kann.

Betrachtet man die grimmig geführte öffentliche Debatte über die Erweiterung
des Zugangs zur besten Bildung und die Bereitschaft von Unternehmen, Milliarden
Dollar in Mitarbeitertraining zu investieren, mag es den Anschein haben, als sei die
Gesellschaft von einem universellen Engagement für das Lernen erfüllt.

Tatsächlich werden die Debatten jedoch von einer Annahme angetrieben, die der Überzeugung, daß Lernen eine unerschöpfliche Ressource ist, diametral entgegenläuft. Jahrhundertelang haben wir eine ganze Reihe von Annahmen über die Wirtschaft aufrechterhalten, die sämtlich auf der Prämisse der *Knappheit* der vorhandenen Mittel beruhen. Die konkurrenzbetonte Infrastruktur wurde auf der ganzen Welt von der Vorstellung der Knappheit angetrieben. Und natürlich bedroht das Knappwerden einiger lebenswichtiger Ressourcen zahlreiche Gesellschaften und Individuen auf der ganzen Welt.

Leider durchdringt dieses Verständnis von Knappheit sowohl das Bildungsverständnis wie die Bildungspraktiken und die Bildungspolitik unserer gesamten Kultur. Philosophisch gesehen betrachten wir das „Lernen" als ein System von Gütern, die wir entweder „haben" oder „nicht haben". Manche Menschen, so der Mythos, bekommen eben mehr Bildungschancen als andere, eben weil nur eine bestimmte Menge „Lernen" im Umlauf ist.

Hand in Hand mit der Güter-Sichtweise geht die Sichtweise des Lernvermögens als einer Ressource, die es nur gibt, solange der Vorrat reicht. Nennen Sie es, wie Sie wollen – Begabung, Verstand, Potential, Intelligenz. Nach der vorherrschenden „Gütertrennungs"-Sichtweise verfügen nur wenige Menschen über diese Güter; die meisten verfügen nicht über sie.

Lernen ist kein knappes Gut

Selbst in Unternehmen, die Engagement fürs Lernen auf ihre Fahnen schreiben, wuchern diese Annahmen und untergraben die Arbeit und Zukunft der Organisation. Insbesondere die Annahme, Lernen finde nur in kontrollierten, formellen Umgebungen statt, beschränkt das reale Lernen, das sich als Teil des Arbeitsprozesses ganz natürlich ergeben könnte.

Es gibt eine Annahme, derzufolge ein Mitarbeiter, der für eine bestimmte Aufgabe nicht explizit ausgebildet wurde, nicht fähig ist, diese Aufgabe zu übernehmen. Und da Ausbildung und Bildungschancen in der Geschichte stets den oberen fünfundzwanzig Prozent der Arbeitskräfte vorbehalten waren, ist der Rest der Mitarbeiter in der Tat zum Nichtlernen verdonnert. Ein Teufelskreis: Menschen, die nicht als potentielle Kandidaten für ein Training in Frage kommen, werden als lernunfähig angesehen. Und Möglichkeiten während der täglichen Arbeit, die ganz natürlich die Gelegenheiten für wertvolle Lernerfahrungen aufwerfen, werden vergeudet.

Organisationen können die Entwicklungsblindheit nicht länger tolerieren, die die intellektuell Besitzenden von den intellektuell Besitzlosen scheidet. In der Lernenden Organisation gibt es die Überzeugung, daß für das Überleben des Unternehmens jeder die gleiche Bedeutung hat – deshalb muß das Lernen ein organischer Bestandteil der täglichen Arbeit eines jeden Mitarbeiters werden. Wie Lester Thurow es ausdrückt: „Gut trainierte Mitarbeiter werden zum einzigen aufrechtzuerhaltenden Vorteil vor der Konkurrenz."

Selbst das stattfindende Training wird von diesen negativen Annahmen gefärbt, die die Effektivität des Trainings drastisch reduzieren. Denn die zu Trainierenden, die für trainingsfähig Erachteten und des Trainings und der Verbesserung für würdig Befundenen haben diese beschränkenden Erwartungen bereits selbst verinnerlicht.

Klarheit beginnt daheim

Wir behaupten nicht, diese Annahmen ließen sich leicht überwinden. Wir haben unser gesamtes Berufsleben mit Aktivitäten verbracht, die auf der Vorannahme basieren, daß jeder Mensch zu unbegrenztem Lernen in der Lage ist. Trotzdem haben wir uns selbst dabei ertappt, wie wir unter den gleichen beschränkenden Erwartungshaltungen operierten, die unsere Gesellschaft durchdringen.

Ich war einmal ein Kind, das nicht zeichnen konnte. Ich wußte, daß ich nicht zeichnen konnte, weil meine Lehrer mir das gesagt hatten und weil alles, was ich zeichnete, offensichtlich die Wahrheit noch untermauerte, nämlich daß ich erbärmlich untalentiert war. Die Vorstellung, als Künstler in einer Galerie auszustellen, war für mich also ein lächerlicher Traum von Ruhm, irgendwo in Bodennähe eines randvoll mit Absurditäten gefüllten Fasses.

Eines magischen Tages dann, Jahrzehnte später, in der Gesellschaft von ungefähr dreißig Sechs- bis Siebenjährigen, entdeckte ich eine ganz neue Welt. Dies war das frisch geschaffene Universum, in dem ich erkannte, daß ich doch zeichnen konnte.

Es geschah unter der Anleitung von Mona Brooks, die berühmt dafür ist, daß sie Kindern so effektiv das Zeichnen beibringt, daß diese nicht nur Spitzen-Zeichen-künstler werden, sondern als Nebenprodukt ihrer neuen Fertigkeiten ihren Noten-durchschnitt in Mathematik auch gleich mit verbessern.

In Monas Unterricht entdeckte ich, daß ich mit etwas Anleitung eine wunder-volle Freude am Zeichnen finden konnte – und zur gleichen Zeit begann ich mir in meiner Phantasie auszumalen, meine Gemälde eines Tages wirklich einmal auszu-stellen. Plötzlich hoben sich meine Augen zum entfernten Horizont, und ich konn-te den Weg viel leichteren Herzens gehen.

Ich habe meine Fertigkeit nicht bis zum Niveau künstlerischer Höchstleistung entwickelt. Jedenfalls noch nicht. Es war dafür nicht Zeit genug, und ich habe mich in viele andere Dinge vertieft. Aber mir war ein Stein vom Herzen gefallen. Ich weiß, daß ich, wenn ich nur wollte, lernen kann, gut zu malen, und entsprechend glaube ich jetzt um so mehr an mich selbst. Ich betrachte Gemälde jetzt mit anderen Augen – ich finde nicht nur Gefallen an ihnen, sondern lerne auch etwas von den Fertigkeiten, die der Künstler an den Tag legt. Mein neugewonnenes Selbst-vertrauen macht so viel mehr aus mir, als derjenige, der ich einmal war – jemand, der nicht über die Ressourcen verfügte, um die Kunst des Zeichnens zu erlernen.

Jeder verfügt über die Ressource Talent

Leider haben zu viele Leute immer noch eine geringe Meinung von der Leistungs-fähigkeit des Durchschnittsmenschen. Der Mythos, die meisten Menschen seien nicht sonderlich gescheit und I.Q.-Messungen erlegten den Fähigkeiten der Menschen strikte Beschränkungen auf, sind längst überholt. Jeder kann Intelligenz und Talent entwickeln, und es steht fest, daß jeder Mensch sein volles Potential bei weitem nicht ausnutzt.

Ist eine solche Behauptung bloßes Wunschdenken? Der japanische Violinlehrer Hideo Suzuki war nicht dieser Ansicht. Er widerlegte den Mythos, daß Künstler ge-boren und nicht gemacht werden, als er bewies, daß er jedem Kind beibringen konnte, technisch exzellent und musikalisch Geige zu spielen. Suzuki analysierte die Komponenten des Violinspiels und entwickelte daraus eine Methode, die so wirksam ist, daß alle Kinder, unabhängig von ihrem persönlichen Hintergrund und ihrer Art wahrzunehmen, lernen konnten, was er ihnen beizubringen hatte.

Anstatt anzunehmen, Talent werde genetisch vererbt, möchten wir Sie davon überzeugen, daß sich Talent nach und nach aus einer Ansammlung wirksamer Lernerfahrungen entwickelt. Erbliche Unterschiede können unsere Lerngeschwindigkeit oder unsere Ausgangsbasis eventuell variieren, aber sie können uns nicht daran hindern, schließlich die Ziele zu erreichen, die uns am meisten am Herzen liegen. Jeder kann sich, so unsere Behauptung, jedes Talent bis zu einem gewissen Grad der Beherrschung aneignen. Zufälligerweise wurde die Auffassung, Verhalten jeder Art, einschließlich Intelligenz, sei irgendwie genetisch festgelegt, kürzlich von der Zeitschrift *Scientific American* aufs Korn genommen und stark in Frage gestellt.[1]

Daß nur wenige Kinder Schlagzeilen als Wunderkinder machen, liegt daran, daß manche Kinder eine höhere Lerngeschwindigkeit haben als andere. Mit Geduld kann jedoch jeder ausreichend viele Elemente einer Fertigkeit erlernen, um sie wirklich zu beherrschen. Das Haupt-Erfolgshindernis ist die Einstellung des „Ichkannnichtismus", die dem Geist signalisiert, daß er auf die Bremse treten und den Verteiler abkoppeln soll.

Außerdem wollen wir den Mythos widerlegen, ein Naturtalent werde nur in den ersten fünf bis sieben Lebensjahren ausgeprägt. Tausende von Beispielen von Menschen, die erst im Erwachsenenalter zur Höchstform aufliefen, beweisen, daß dieser Mythos falsch ist.

Der Hauptgrund dafür, daß es nicht zig Millionen Beispiele für erfolgreiche Spätentwickler gibt, ist, daß die meisten von uns als Erwachsene so sehr damit beschäftigt sind, ihren Lebensunterhalt zu verdienen, daß sie keine Zeit haben, neue und brachliegende Fertigkeiten zu entwickeln. Können Sie es sich leisten, sich fünf Jahre freizunehmen und Ihr Potential zu entwickeln und zu einem großen Musiker, Erfinder, Geologen oder Samariter zu werden? Heute können sich nur die Wohlhabenden einen solchen Luxus leisten. Die ökonomischen Voraussetzungen bei der Entwicklung von Talent wiegen so schwer, daß beispielsweise bis zur Mitte des neunzehnten Jahrhunderts nur zwei der großen Gestalten der englischen Literatur aus den unteren Klassen kamen.

Die drei inneren Lernbarrieren

Selbst wenn Menschen die *Ich-kann-nicht*-Barrieren überwinden, gibt es noch eine tiefer verankerte und hartnäckigere Menge innerer Barrieren, die die Lernfähigkeit blockieren können.

Menschen werden mit einem Lerninstinkt geboren, den sie verlieren, wenn sie unter Druck gesetzt und zu etwas gezwungen werden. Wir könnten permanent lernen, wenn uns nicht eine dieser Barrieren davon abhalten würde. Wir nennen diese Barrieren *Lernbarrieren*. Wenn wir mit etwas konfrontiert werden, das keinen Sinn ergibt, stehen wir vor einer *logischen Barriere*. Wenn wir aufgefordert werden, etwas zu denken oder zu tun, was nach unseren Normen unethisch ist, stellt sich uns eine *ethische Barriere* in den Weg. Und wenn wir uns schließlich in dem Prozeß, in dem wir uns befinden, nicht wohl fühlen, dann verhindert eine *Gefühlsbarriere*, daß wir lernen.

Die logische Barriere

Die erste dieser Barrieren, die logische Barriere, blockiert uns, wenn in der Präsentation des Stoffes, den wir lernen wollen, etwas Entscheidendes fehlt und uns ein logischer Weg zum Verständnis fehlt. Früh im Leben können solche Lücken zu Verwirrung auf gewissen Gebieten führen, bis die fehlenden Teile eingefügt worden sind. Fast alle von uns haben einige Lernbarrieren dieser Art erlebt.

Den meisten von uns fehlt wichtiges Grundwissen über manche Lebensbereiche. Leider sind wir uns dieser Lücken und der Probleme, die diese Lücken uns bereiten, gewöhnlich nicht bewußt. Solche Probleme lassen sich jedoch recht schnell korrigieren.

In einem Unternehmen, mit dem wir zusammengearbeitet haben, wurde ein Manager aus der Technik, in der er sein Leben lang gearbeitet hatte, in den Verkauf versetzt. Man nahm an, daß er sich das benötigte Wissen bei der Arbeit oder irgendwo anders schon aneignen würde. Nach einiger Zeit wurde jedoch klar, daß vieles von dem, was er tat, kontraproduktiv war. Er machte beispielsweise Lieferversprechungen, die er nicht einhalten konnte, oder vergaß, Kunden zurückzurufen.

Ein Kunde brachte mehrere Stunden damit zu, dem CEO die Fehler dieses Mannes aufzulisten. Aber anstatt seinen neuen Verkaufsmanager zu feuern, bat der CEO uns um Rat, was er tun könnte.

Wir wiesen darauf hin, daß der Mann zwar über viele hochentwickelte technische Fertigkeiten verfügte, zahlreiche Grundlagen des Verkaufsmanagements aber nie gelernt hatte. Unter anderem hatte er nicht gelernt, sich Verabredungen in einem Terminkalender zu notieren. Der CEO hatte von einem Kunden gerade entscheidende Informationen darüber erhalten, was der Verkaufsmanager lernen mußte. Der Verkaufsmanager wußte dagegen nicht, was er nicht wußte.

Der Boß bewies Weitsicht, als er die Sache mit positiven Erwartungen an die Lernfähigkeit und -bereitschaft des Managers anging. Durch ein Umdeuten der Situation erkannte der CEO, daß seinem Manager neues Wissen und Fertigkeiten fehlten, die er mit dem gleichen Erfolg lernen konnte, mit dem er schon andere Dinge gemeistert hatte. Der CEO stellte Analogien zwischen dem technischen Wissen, mit dem der Manager jahrelang gelebt hatte, und dem neuen Wissen her, das er sich aneignen mußte. Dadurch konnte er dem Manager helfen, sich schnell das Wissen und die Fertigkeiten anzueignen und anzuwenden, die von ihm nie als fehlend bemerkt worden waren.

Es gibt ein breites Spektrum von Wissen und Verhaltensweisen, von denen erwartet wird, daß man sie sich nebenbei aneignet. Ein großer Teil dieses Wissens und dieser Verhaltensweise wurden aber nie gelernt. Lücken in diesem stillschweigend erwarteten Wissen sollten nicht als Spiegel der Lern- oder Leistungsfähigkeit eines Einzelnen betrachtet werden. Deshalb sind die in Schritt Zwei und Fünf entwickelten positiven Einstellungen zu anderen für eine Lernende Organisation so wichtig.

Wir müssen wissen, was wir wissen müssen

Eine logische Barriere entsteht auch dann, wenn wir die Relevanz neuer Informationen nicht erkennen können. Es fällt uns schwer, Dinge auf Kommando zu lernen, wenn wir nicht wissen, *warum* wir diese Dinge lernen. Wenn beispielsweise ein Manager oder ein Arbeiter in der Fertigung mit der Notwendigkeit konfrontiert wird, Lernstatistiken aufzustellen, wendet er vielleicht ein: „Wir leisten doch gute Arbeit hier – jeder weiß das. Warum sollten wir dann all diese Tabellen zur Messung unseres Erfolges aufstellen?"

Die Antwort ist: Es gibt natürlich keinen Grund, diese Tabellen aufzustellen, wenn man nichts aus ihnen lernt. Aber wenn die Tabellen zeigen, wie man seinen Output verbessern kann, können sie dem Unternehmen Geld und den Kunden Enttäuschung ersparen. Teams, die Tabellen aufstellen und richtig nutzen, sind häufig wesentlich effektiver als Teams ohne Zahlenmaterial, weil sie den Ursprung eines Problems leicht erkennen und es dadurch lösen können.

Die ethische Barriere

Wenn wir etwas gut lernen sollen, muß der Stoff unseren persönlichen ethischen Normen entsprechen. Was dem einen ethisch erscheint, ist für einen anderen allerdings manchmal unethisch. Zwar sind solche Differenzen zu erwarten, aber unwichtig sind sie nie. Lehrer, die Erwachsenen Lesen und Schreiben beibringen, begegnen häufig Menschen, die das Gefühl haben, es wäre falsch für sie, lesen zu lernen, weil ihre Eltern auch nicht lesen konnten, und denen es respektlos erscheint, besser zu sein als ihre Eltern.

Hier ein Beispiel für eine ethische Barriere, die für einige Probleme in der Fertigung einer großen Fabrik sorgte. Es wurden zwei teure Teile (nennen wir sie A und B) eines ziemlich großen Objektes hergestellt. Es wurden jedoch fünfmal so viele A-Teile wie B-Teile benötigt. Die Gußformen für das Metall waren allerdings so konstruiert, daß für jede Einheit eines A-Teiles auch stets ein B-Teil gefertigt werden mußte. Das bedeutete, daß achtzig Prozent der B-Teile aus der Gußform geradewegs auf den Müll wanderten.

Die Arbeiter im Fertigungprozeß waren ganz bewußt auf der Suche nach Methoden zur Verbesserung ihrer Arbeit. Da sie die Werte des Abfallmanagements hochhielten und nicht bereit waren, ihre Zeit in die Herstellung von etwas zu stecken, das doch nur auf dem Müll landete, fragten sie sich, warum die Gußform nicht mit zwei getrennten Abteilungen konstruiert werden könnte, so daß es nicht nötig wäre, so viele Teile wegzuwerfen. Die Antwort, die man ihnen gab, lautete,

daß die Herstellung der Gußformen äußerst kostspielig sei; das Wegwerfen all der
B-Teile sei tatsächlich billiger als das Anfertigen neuer Gußformen.

Ihre Frage landete also gleich mit auf dem Müll: Als neue Gußformen eingekauft
wurden, waren sie genauso konstruiert wie die alten. Von da an waren die Arbeiter
überzeugt davon, daß das Management ihre Werte wohl doch nicht mittrug. Das ist
ein klares Beispiel für die Art Gedankenlosigkeit, die in Organisationen auftritt, in
denen es kein Verantwortungsgefühl gibt und in denen Mitdenken entmutigt wird.

Die Gefühlsbarriere

Die dritte Lernbarriere ist die Gefühlsbarriere. Menschen fällt das Lernen schwer,
wenn ihnen der Prozeß unangenehm ist oder wenn sie glauben, Wissen könnte
weh tun. Möglicherweise wird das Lernen selbst mit langen, schmerzvollen Schul-
stunden und einem Gefühl der Vergeblichkeit und des Versagens assoziiert. Aber
wenn die Stunden ansprechend, klar, begeisternd und stimulierend gestaltet werden, findet das Lernen nicht nur schneller statt; das Gelernte bleibt auch länger im
Gedächtnis; normalerweise ist das schon alles, was zur Überwindung der
Gefühlsbarriere nötig ist.

Die größte Lernbarriere ist *Angst*. Wie schon in Schritt Eins erwähnt, glaubt W.
Edwards Deming, daß die oberste Priorität für Qualität das Austreiben der Angst
ist. Leider wird Angst am Arbeitsplatz allgemein nicht bemerkt, weil niemand gerne
über seine Angst spricht. Angst am Arbeitsplatz läßt sich daher zu oft nur indirekt
beobachten: Vermeidungsverhalten, Kritik an anderen, Unfähigkeit, neue Ideen zu
unterstützen, oder ein genereller Mangel an Begeisterung für die Arbeit. Wir sollten
auch daran denken, daß Angst einerseits ein Haupthindernis für Kommunikation
ist, andererseits aber genau dort gedeiht, wo es wenig Kommunikation gibt. Angst
tendiert dazu, selbst-erzeugend zu sein. Die Auswirkungen von Angst sind so verheerend, daß sie ein Unternehmen schneller zerstören können als jeder andere
Faktor allein.

Das Gegenmittel für die Gefühlsbarriere ist die kulturelle Geisteshaltung, die wir in
den vorangegangenen Kapiteln zu entwickeln versuchten, also hauptsächlich diejenigen Prinzipien, die Sicherheit fördern. Das Aufrechterhalten positiver persönlicher

Beziehungen, das Respektieren individuellen Denkens und das Loslassen der Angst vor Fehlern machen uns alle frei, konstruktiv zu denken und zu lernen.

Zusammen mit den in den Schritten Eins bis Fünf erreichen Veränderungen in der Unternehmenskultur wird das Erkennen der Lernbarrieren viel zum Aufbau einer Organisation beitragen, in der Lernen wertgeschätzt und ermutigt wird. Aber der größte Anreiz, die größte Anregung für Menschen zur Reaktivierung ihrer instinktiven Lernfähigkeit kommt aus erfolgreichen Lernerfahrungen selbst.

Warum erfolgreiches Lernen eine machtvolle Erfahrung ist

Im Verlauf unserer Arbeit haben wir in vielen Organisationen unzählige Male gesehen, wie Menschen plötzlich aufwachten, bis zu dem Grad, daß sich ihr ganzes Leben um 180 Grad wendete, einfach dadurch, daß sie erkannten, daß sie tatsächlich fähige Lerner sind. *Was* sie lernten, war nicht annähernd so wichtig wie die Tatsache, *daß* sie lernten. Eine Sekretärin, die plötzlich feststellte, daß sie doch eine Ader für Mathematik hatte, ein Fabrikarbeiter, der sein musikalisches Talent entdeckte – zwei von vielen, die ihre eigenen Fähigkeiten durch Leistungen erkannten, die scheinbar keinen Bezug zueinander hatten.

Wir können das befreiende und kraftspendende Moment gar nicht übertreiben, das davon ausging, daß sich diese Menschen als erfolgreiche Lerner erlebten. Jede Arbeitskraft, die auf Selbstentdeckungsreise geht, wird immer mehr zu einem echten Aktivposten. Je mehr Vertrauen Sie in Ihre Fähigkeit haben, das Unvertraute und Schwierige zu beherrschen, desto mehr können Sie in jede Situation einbringen, in der Sie mit einer unvorhersagbaren Welt fertigwerden müssen.

Die Kombination von persönlichem Wachstum und Sicheinbringen in die Organisation ist sehr wirkungsvoll. Denn wenn man erkennt, daß das eigene persönliche Wachstum für das ganze Team wichtig ist, wird man zu den Kollegen eine Bindung entwickeln, die aus einem gegenseitigen Entdecken gemeinsamer Werte und Interessen erwächst.

Persönliches Wachstum beim Lernen läßt sich jedoch nicht durch das Lesen von ein paar Büchern, das Besuchen eines Yoga-Kurses oder das Aufstellen einer Wunschliste erreichen. Es hat mit einer gewissen Einstellung oder Überzeugung zu tun – daß man diesen Grad der Beherrschung erreichen kann und daß es wichtig ist, das zu tun. Es erfordert die permanente Wiederholung dieser Überzeugung, bis man sie so sehr lebt und atmet, daß man sich nicht mehr vorstellen kann, je ohne sie gelebt zu haben. Persönliches Wachstum erfordert zudem Engagement für kontinuierliche Verbesserung in jedem Bereich der persönlichen Entwicklung, den man ernst nimmt.

Persönliches Wachstum beim Lernen ist kein Firlefanz

Eigentlich verfügen diejenigen, die tiefe Befriedigung in ihrer Arbeit finden, über eine Geheimwaffe. Sie lieben nicht nur, was sie tun, sondern auch das, was Sie aus ihrem Tun lernen, so daß sie nie daran „arbeiten" müssen. Sie werden vielleicht müde, aber sie sind nie total ausgelaugt, denn neue Ideen haben eine erneuernde, verjüngende Wirkung auf sie. Es ist die beste Art in der Welt, das Leben zu feiern.

Führungskräfte und Manager müssen sich der Macht dieser Erfahrungen bewußt sein – nicht nur wegen der positiven Auswirkungen auf die beruflichen Perspektiven der Menschen, sondern weil Lernen ein selbst-erzeugender, ansteckender Prozeß mit unmittelbarem Nutzen für die Organisation als ganze ist. Sie müssen erkennen, daß jede positive Lernerfahrung beileibe kein Firlefanz ist, selbst wenn sie mit der gerade aktuellen Arbeit nichts zu tun hat. Positive Lernerfahrungen sind ein Bestandteil unternehmerischen Erfolges.

In ihrem kürzlich erschienenen Buch *The Learning Edge* beschreiben Calhoun W. Wick und Lu Stanton Leon einige der Qualitäten von Führungskräften, die in einer Lernenden Organisation den Ton angeben sollten. Sie nennen diese visionären Individuen *Learning Leaders*.

> Learning Leaders verkörpern Eigenschaften, die über die gewöhnlich in typischen Führungskräften anzutreffenden Eigenschaften hinausgehen. Learning Leaders liegt nicht nur am Herzen, daß und was sie selbst lernen, sondern motivieren andere in ihrer Umgebung ebenfalls ständig zum Lernen ….
>
> Indem sie ständig die Fähigkeiten derjenigen erweitern, die für sie arbeiten, schaffen Learning Leaders ein dynamisches Umfeld, das nicht nur großen Wert auf Innovation und Wissen legt, sondern auch die nötige Energie generiert, um die Organisation aus der Kontemplation zum Handeln zu bewegen.[2]

Es gibt mindestens zwei vitale Gründe, warum eine Organisation jeden Mitarbeiter ermutigen sollte, zu dieser Begeisterung am Lernen zu finden. Erstens findet man im Herzen des persönlichen Lernwachstums die Erfahrung kontinuierlicher Verbesserung. Wenn jeder sich kontinuierlich verbessert, steigt der zusätzliche Wert der Organisation offenbar ebenfalls ständig. Zweitens erreichen Menschen dadurch, daß sie kontinuierlich mehr von sich in die Arbeit einbringen, einen Punkt, an dem Sie in punkto Arbeitsqualität einen Quantensprung vollziehen können.

Ein Meilenstein auf dem Weg zu diesem Grad der Beherrschung ist das Phänomen des „Flow" – die Fähigkeit des Arbeitenden, interaktiv auf die Arbeit zu reagieren, so daß alles, was geschieht, ohne Pause, Durcheinander oder offensichtliche Umstellung von einem Schritt zum nächsten im Fluß bleibt. Wir alle können Beispiele von Menschen anführen, die so arbeiten, von Sportlern bis zu Handwerkern, von Möbelpackern bis zu Chirurgen. Ihrer Arbeit zuzuschauen ist beinahe ein magisches Erlebnis. Sie haben im „Gefühl", was geschieht. Bei der Arbeit, die sie gewählt haben, sind sie Künstler. Unser Ziel für Schritt Sechs ist, allen Mitarbeitern in der Organisation dabei zu helfen, sich bei dem, auf das sie den größten Teil ihrer Zeit verwenden, als Künstler zu sehen. Weniger als das würde das menschliche Potential vergeuden.

Organisationen, die die Entwicklung menschlichen Potentials ernst nehmen, werden wahrscheinlich diejenigen anerkennen wollen, die persönliche Herausforderungen annehmen. Es ist außerdem eine gute Idee, am Arbeitsplatz Kurse anzubieten, von geschäftsorientierten Themen wie Computerprogrammierung und Hydrauliktechnik bis zu „weichen" Themen wie Chorsingen oder Verbesserung des Golfspiels. Und obwohl möglicherweise keine dieser Fertigkeiten der Organisation unmittelbar nützt, können die indirekten Belohnungen eines geschärften Geistes in Verbindung mit einem positiveren Selbstbild und einer verbesserten Aussicht auf das Leben auf lange Sicht hohe Dividenden abwerfen.

Wie Unternehmen individuelles Lernen fördern

Die betriebliche Förderung der persönlichen Entwicklung des Einzelnen ist nicht gerade etwas, was den meisten Unternehmen leichtfällt. Wir waren zu lange unter Traditionen begraben, die es fremd oder kontra-intuitiv erscheinen ließen, jedem einen Blankoscheck für das Lernen zu geben. Die Industrie hat so viele Jahre ver-

sucht, alle individuellen Unterschiede auszumerzen und die Arbeiter an ihrem
Platz zu halten, daß wir inzwischen soweit sind, Traditionen zu akzeptieren, die auf
eine Verstärkung der Konformität abzielen anstatt darauf, jeden zu ermutigen, sein
volles Potential zu entwickeln. Während einige wenige führende Unternehmen wie
IBM für ihre fördernde Einstellung bekannt sind, fällt das Anerkennen des durch
individuelles und Gruppenlernen Erreichbaren vielen vielleicht immer noch sehr
schwer.

Während der 50er und 60er Jahre hatte sich IBM verpflichtet, fünfundzwanzig
Prozent der Arbeitszeit in Training und Weiterentwicklung zu stecken. Das Engage-
ment von IBM erstreckte sich auch auf Hilfestellung für die Beschäftigten bei der
Planung von Karrieren, die das Potential der Mitarbeiter bestmöglich entwickelten.
Dies waren zwei Hauptfaktoren für den machtvollen Aufstieg des Unternehmens in
der Geschäftswelt während dieser Zeit.

Louis R. Mobley, lange Jahre Direktor des Trainingsprogramms für Führungskräfte
bei IBM, wurde von der Pike auf darin geschult, nicht nur Verantwortung für den
Verkauf der hergestellten Geräte zu übernehmen, sondern auch für ihre Reparatur. Als
Mobley in den Ruhestand ging, beklagte er sich häufig darüber, daß IBM viel vom
früheren Engagement für derart extensive und umfassende Trainingsmaßnahmen auf
allen Ebenen des Unternehmens verloren habe. Vielleicht ist das jüngste Abschneiden
des Unternehmens ein Indikator für die wahren Kosten eines solchen Abbaus. Bei
dem phänomenalen Erfolg, den IBM während seiner ersten Jahre verzeichnen konnte,
ist es etwas überraschend, daß andere große Unternehmen das große Engagement für
Ausbildung und Seminare von IBM nicht als Vorbild genommen haben; obwohl fast
alle Indikatoren – heute mehr denn je – den immensen Wert und die besondere
Bedeutung eines solchen Engagements aufzeigen.

Dennoch erkennen immer mehr große Unternehmen, wie wichtig es ist, individuelles Lernen zu fördern. Ein Beispiel dafür, was Organisationen hinsichtlich kontinuierlichen Lernens für ihre Beschäftigten tun, war ein gemeinschaftliches
Trainingsprogramm von United Auto Workers und der Ford Motor Company, an
dem jährlich etwa 20.000 Beschäftigte teilnahmen.

In diesem Programm erhielt jeder feste Mitarbeiter einen Bildungsgutschein
über 2.000 Dollar, den er an Colleges oder Universitäten seiner Wahl einlösen
konnte. Außerdem gab es die Möglichkeit, durch die Nutzung der an einigen Ford-

Standorten vorhandenen Lernzentren einen akademischen Grad zu erwerben, ohne den Arbeitsort zu verlassen. Offensichtlich strahlt ein solches Programm stark auf den Arbeitsplatz aus, denn die Arbeiter suchen gern nach Möglichkeiten, ihren Wert für ihren Arbeitgeber – mit einem Blick auf ein Vorankommen in ihrer Karriere – zu erhöhen. Das führt auch zu einer drastischen Leistungssteigerung und zu anderen Formen unternehmerischer Initiative, so daß die Arbeiter das Gefühl haben, bei dem, was geschieht, etwas zu sagen zu haben.

Eine Geschichte in den *New York Times* zitierte einen der Arbeiter, der meinte: „Die Leute sehen sich als Teil des Prozesses. Sie haben eine Chance, etwas zu verändern. Man erwartet das von ihnen, und es wird anerkannt, wenn sie etwas verändern."[3] Wenn die Unternehmenskultur persönliches Wachstum fördert, ist der Einzelne viel eher bereit, Fertigkeiten zu entwickeln, von denen die Organisation profitiert.

Was ist mit Training am Arbeitsplatz?

Natürlich ist der offensichtlichste Weg für Organisationen, persönliches Wachstum am Arbeitsplatz zu fördern, das Anbieten von Trainingsprogrammen, die beispielsweise arbeitsbezogene Fertigkeiten und arbeitsbezogenes Wissen vermitteln.

Obwohl die Meinungen darüber auseinandergehen, wie stark Unternehmen dazu motiviert oder sogar gezwungen werden sollten, ihre Beschäftigten weiterzubilden, gibt es keine Diskussion darüber, daß es mehr als bisher sein muß. Über den Wert von Trainingsmaßnahmen als Investition hat *Business Week* folgendes zu schreiben:

> Auf lange Sicht sind sich die meisten Ökonomen einig, daß Trainingsmaßnahmen Investitionen sein können, die sich mehr als auszahlen. Ein halbes Dutzend in den 80er Jahren durchgeführter Studien kommt zu dem Schluß, daß unternehmensfinanzierte Trainingsprogramme Lohn und Gehalt der Arbeiter auf lange Sicht um 4 bis 11 Prozent erhöhen. Andere Studien haben festgestellt, daß der Gewinn an Produktivität durch verbesserte Fertigkeiten der Arbeiter die höheren Arbeitskosten mehr als wettmacht. Eine Studie aus dem Jahre 1989, veröffentlicht im *Journal of Labor Economics*, stellte bei großen Arbeitgebern im Süden und im Mittleren Westen der USA fest, daß eine Erhöhung der Ausgaben für Trainingsmaßnahmen nach zwei Jahren die Produktivität um 3 Prozent erhöht hatte, was das Doppelte der durch die Trainingsmaßnahmen verursachten Preiserhöhungen ausmachte.
>
> Entsprechend glauben viele Ökonomen, daß höhere Trainingsbudgets der Unternehmen insgesamt mehr Arbeitsplätze schaffen würden, selbst wenn die Arbeitgeber vorübergehend die

Zeche zahlen müßten. Ein 1,5%iger Trainingsaufwand würde die Unternehmen zusätzlich 21 Milliarden Dollar jährlich kosten und sie veranlassen, kurzfristig die Gehälter zu kürzen und weniger Arbeitskräfte einzustellen. Aber innerhalb von drei bis fünf Jahren würden diese Trainingsmaßnahmen auch 63 Milliarden Dollar an neuer Wirtschaftsaktivität und 2,5 Millionen neue Arbeitsplätze schaffen, schätzt Anthony P. Carnevale, oberster Ökonom bei ASTD. Und selbst Gegner eines Mandats von Carnevale stimmen mit diesem Ziel überein. „Wir mögen die Idee nicht, daß die Regierung die Unternehmen zwingt, 1,5% für Trainingsmaßnahmen aufzuwenden, aber die Arbeitgeber werden noch wesentlich mehr als diese 1,5% aufbringen müssen, sonst verlieren sie ihre Wettbewerbsfähigkeit", meint Philip Eisen, politischer Experte der National Association of Manufacturers (NAM)[4].

Kurz gesagt sind unserer Meinung nach nahezu alle Trainingsmaßnahmen in Unternehmen regressiv; zudem produzieren sie nur einen Bruchteil des Effektes, den sie mit modernen Methoden erzielen könnten. Nur 20% aller TQM (*Total Quality Management*)-Programme in der Industrie sind in jeder Hinsicht befriedigend. Wirr glauben, daß diese Zahl näher an 90% läge, wenn in jedem Fall wirklich effektive moderne Trainingsmethoden zum Einsatz kämen.

Warum die meisten Trainingsmaßnahmen nicht funktionieren

Ein großer Teil traditioneller Trainingsmaßnahmen ist verhältnismäßig rigide – Lektionen mit Flipcharts und Overheadprojektoren für Teilnehmer, von denen erwartet wird, passiv dazusitzen und alles in sich aufzusaugen. Ein solcher Ansatz verstärkt nur die Auffassung, daß jederlei notwendiges Denken irgendwoher kommen muß, nur nicht aus dem Geist des Beschäftigten, der gerade an dem Seminar teilnimmt.

Reaktionen auf falsch geleitete Trainingsmaßnahmen haben mancherorts zu der Auffassung geführt, daß Schulungen wenig bringen und reduziert werden sollten. Wir sind anderer Meinung. Es muß eine Menge Trainingsmaßnahmen geben – aber Trainingsmaßnahmen der richtigen Art. Denn wenn Schulungen etwas bringen sollen, werden sie die Menschen dahin führen, daß sie die Bedeutung von Dingen in der Sprache ihrer eigenen Denkprozesse entdecken. So gesehen, ist das Wort „Schulung" hier fehl am Platze. Was gebraucht wird, ist kurz gesagt weniger Schulung als vielmehr Training im Aktivieren der eigenen Lernfähigkeit.

In ihrem Buch *The Learning Edge* leisten Wick und Leon mit den folgenden Beobachtungen eine exzellente Kritik traditioneller Schulungsprogramme:[5]

1. Die Schulung deckt sich nicht mit den strategischen geschäftlichen Bedürfnissen des Unternehmens.

2. Für Schulungen gilt: Eine Größe paßt nicht allen, also nicht: "one size fits all".

3. Manager drücken sich häufig vor Schulungen und sabotieren dann die Implementierung des vermittelten Stoffes.

4. Für diejenigen, die das im Unterricht Gelernte anwenden wollen, kann der Wiedereintritt in das Arbeitsleben eine deprimierende Erfahrung sein.

5. Wenn niemand nachprüft, was während der Schulung gelernt wurde – wer soll dann den Unterschied bemerken?

6. Managern, die das Maximum aus ihrer außerbetrieblichen Schulung herausholen wollen, fehlt es gewöhnlich an Unterstützung, wenn sie an den Arbeitsplatz zurückkehren.

Lassen Sie uns jeden dieser Kritikpunkte der Reihe nach betrachten:

1. Die Schulung deckt sich nicht mit den strategischen geschäftlichen Bedürfnissen des Unternehmens.

Wenn das Unternehmen eindeutig beschlossen hat, daß es etwas gibt, das seine Beschäftigten wissen oder können müssen, dann machen Schulungen Sinn. Wenn es keine klar definierte Absicht gibt, sind Schulungen Zeitverschwendung.

Wenn die Absicht ist, die Arbeitsfertigkeiten zu verbessern, werden die folgenden Anforderungen an die Trainingsmaßnahme - unter Berücksichtigung der Bedürfnisse des Unternehmens und des Fertigkeitsniveaus seines Personals – häufig sinnvoll sein:

A) Lese- und Schreibfertigkeiten am Arbeitsplatz.

B) Eine Vielzahl von Programmen zur Qualitätssteigerung, einschließlich *Total Quality Management*, *ISO 9000* (die europäischen Qualitätsnormen, die Unternehmen aus den Vereinigten Staaten einhalten müssen, um mit Übersee Geschäfte zu machen), *Just in Time Manufacturing*, *Statistical Process Control*, *Resource Planning* und andere relevante Fertigkeiten.

C) Technisches Training für Fortgeschrittene.

D) Marketing-Fertigkeiten.

David Kearns, ehemals Xerox, sagte es so: „Wir geben eine ganze Menge Geld für Trainingsmaßnahmen aus. Nutzen wir diese Ausgaben wirklich auf die best-möglichste Weise? Ich vermute, daß wir uns nicht annähernd so viele Gedanken dar-über gemacht haben, wie wir sollten. Dazu sollte man sich zu Beginn des Prozesses Gedanken über Trainingsmaßnahmen machen. Wir haben häufig dazu tendiert, uns diese Gedanken erst am Ende zu machen."6

Ja, Schulung war zu oft ein nachträglicher Gedanke, denn Schulung diente uns nur zum Kitten von Löchern anstatt dazu, unser Geschäft mit Personal höchster Qualität auszustatten. Man kann sich nur schwer vorstellen, warum so viele Unter-nehmen sich des Wertes eines starken Lernantriebes unter ihren Beschäftigten so wenig bewußt sind. Als ob man einen Rolls Royce bestellen würde – mit werkseitig angezogener Handbremse.

Denn solche Trainingsprogramme können für das Überleben eines Unter-nehmens lebenswichtig sein.

2. Für Schulungen gilt: Eine Größe paßt nicht allen,
also nicht: "one size fits all".

Schulungen – und jede andere Form der Weiterbildung –, die die entscheidenden Unterschiede zwischen den Lernenden nicht berücksichtigt, werden für viele Lerner einfach nicht funktionieren. Ein Bewußtsein für unterschiedliche Lernstile sollte Eckpfeiler jedes Trainingsprogrammes sein.

Flexibilität läßt sich so effektiv in ein Trainingsprogramm einbauen, daß fast jeder, der in den Genuß des Programmes kommt, grundlegenden Nutzen aus dem Training ziehen wird. Lehrversuche ohne Verständnis für menschliches Lernen sind fruchtlos. Wir werden das später in diesem Kapitel noch vollständiger erklären.

3. Manager drücken sich häufig vor Schulungen und
sabotieren dann die Implementierung.

Der Widerstand gegenüber Schulungen kann minimiert werden, wenn Schulungs-maßnahmen nicht per Erlaß von oben eingeführt werden, sondern durch einen

Prozeß internen Marketings, der die Schulung nur denjenigen verkauft, die sie auch wollen oder für die sie zumindest von wesentlichem Wert ist.

4. Für diejenigen, die das im Unterricht Gelernte anwenden wollen, kann der Wiedereintritt in das Arbeitsleben eine deprimierende Erfahrung sein.

Jedes Training sollte praktische Erfahrungen mit seiner Umsetzung beinhalten, damit der Nutzen am Arbeitsplatz garantiert ist.

5. Wenn niemand nachprüft, was während der Schulung gelernt wurde – wer soll dann den Unterschied bemerken?

Kein Trainingsprogramm sollte jemals ohne nachfolgende Auswertung durchgeführt werden. Wie soll eine Organisation sonst wissen, welche Trainingsprogramme funktionieren und welche nicht? Ein Unternehmen, das ein wertvolles Trainingsprogramm weder erkennt noch auswertet, ist genauso blind wie ein Unternehmen, das immer wieder witzlose Programme auflegt.

6. Managern, die das Maximum aus ihrer außerbetrieblichen Schulung herausholen wollen, mangelt es gewöhnlich an Unterstützung, wenn sie an den Arbeitsplatz zurückkehren.

Es sollte keine Schulung angeboten werden, solange keine genauen Vereinbarungen getroffen wurden. Solche Vereinbarungen lassen sich vereinbaren, wenn alle, die es angeht, eine kurze Probe der Schulung erhalten.

Welche Art Schulung funktioniert denn nun?

Bevor wir zu einem herausragenden Beispiel für eine funktionierende Schulung kommen, müssen wir die Dynamik des Lernens verstehen – wann Lernen stattfindet, warum es Erfolg hat und wie sich die Chancen optimieren lassen, daß wirklich jeder lernt. Denn ohne dieses Verständnis ist der größte Teil aller

Schulungsmaßnahmen – und auch aller Ausbildung – nur ein Alles-oder-nichts-Versuch, bei dem Erfolg größtenteils zufällig und Scheitern fast unvermeidlich ist.

Wir sollten erwähnen, daß dies für uns beide der eigentliche Eintrittspunkt in das Thema Lernende Organisation war. Wir haben beide viele Jahre lang in einer Vielzahl von Umgebungen gelehrt – in Schulen, von Grundschulen bis Universitäten, und in der Erwachsenenbildung und an Arbeitsplätzen in einem weiten Spektrum verschiedener Lernkulturen. Von der neurologischen bis zur sozialen Ebene haben wir den Lernprozeß permanent studiert, beobachtet und erforscht. Und was wir über das Lernen gelernt haben, ist die Grundlage dieser Zehn Schritte.

Dieses Verständnis kann hier nicht in vollem Umfang wiedergegeben werden, obwohl es sich implizit im gesamten Buch findet. Um Ihnen dabei zu helfen, wie wir an das Lernen herangehen, werden wir Ihnen eine sehr kurze Einführung in die Schlüsselprinzipien des Integrativen Lernens geben.[7]

Das Integrative Lernen basiert auf einer neurologisch fundierten Untersuchung der Funktionsweise des Gehirns. Es leitet sich außerdem von einer Beobachtung des Denkens und Lernverhaltens einiger der Erwachsenen ab, die wir Genies nennen, wie auch der erfolgreichsten aller Lerner: Babys und Kleinkinder.

Wer hat Ihnen Ihre Muttersprache beigebracht?

Bedenken Sie vor allem die Tatsache, daß wir alle, unabhängig davon, wie sich unsere Lernpräferenzen später im Leben entwickeln, unsere Muttersprache gelernt haben. Babys lernen fast ohne Anleitung, aber der Prozeß, den sie benutzen (universell in allen Kulturen) kann im Unterricht imitiert werden. Dieser Prozeß beinhaltet die Nutzung aller Sinne, das Generieren der Entwicklungsstruktur hinter jeder erforschten Idee und das Spaßhaben am Bilden von Modellen für die konzeptuelle Funktionsweise der Dinge.

Wenn man noch keine Sprache beherrscht, ist das Erlernen einer neuen Sprache eine maximal harte Nuß, und trotzdem schafft es fast jeder. Also geht offenbar danach etwas schief, das diejenigen Menschen, die als „helle" angesehen werden, von den anderen trennt.

Warum haben wir alle Erfolg mit diesem verblüffenden intellektuellen Kunststück, und warum scheitern wir später an so leichten, trivialen Aufgaben? Schauen

Sie, wie Babys sprechen und kommunizieren lernen. Sie gehen auf in einer Atmosphäre der Zuneigung und Unterstützung, umgeben von Menschen, die begierig darauf sind, beim Spiel des Lernens mitzumachen, und die zuversichtlich sind, daß sie Erfolg haben werden. Für Babys ist Lernen selbst-gesteuert, vollkommen experimentell und bezieht das gesamte Wesen ein. Es ist Teil des Lebens, nicht eine abgetrennte formelle Aktivität.

Wenn dies für Anliegen von Erwachsenen irrelevant scheint, dann betrachten Sie die Charakteristiken eines Arbeitsplatzes, an dem Lernen und Arbeiten eine kontinuierliche Schleife bilden. In ihrer Studie *Continuous Learning Within Japanese Organizations*[8] ermittelt Avice Saint drei wesentliche Charakteristiken erfolgreichen Lernens am Arbeitsplatz.

1. **Das Lernen muß sich durch die Arbeit selbst ergeben.** Lernen ist ein unausweichlicher Teil der Arbeit und muß um die Arbeitsprozesse kreisen. Lernen ist nicht getrennt von Handeln; es ist ein Prozeß – Lernen/Handeln.
2. **Das Lernen muß entwicklungsbezogen sein.** Traditionelle Schulungen wurden als Korrektiv, als Heilmittel für schlechte Leistungen angesehen, die Fehler verursachten. Sie sollten die Lerner „auf die Höhe" bringen.
3. **Lernen bedeutet Entdecken.** Wirkliches Lernen beinhaltet Verbesserungen, Ausprobieren neuer Methoden, das Finden und Korrigieren von Fehlern und das Erfinden neuer und besserer Arbeitsmethoden.

Die Lücke bei der Anwendung

In der traditionellem Pädagogik klafft eine riesige Lücke zwischen dem, was man lernt, und der Anwendung des Gelernten. Diese Lücke ist so groß, daß Studien andeuten, daß schulischer Erfolg an sich kein Garant für späteren Erfolg im Leben ist. Obwohl es stimmt, daß man mit mehr Bildung bessere Chancen hat, stimmt es nicht, daß A-Schüler* notwendigerweise besser im Leben abschneiden als C-Schüler, nicht einmal unbedingt besser als diejenigen, die es akademisch gerade eben mit Hängen und Würgen geschafft haben. Ein A-Schüler absorbiert vielleicht

---

* In amerikanischen Schulen gibt es nur 5 Noten: A,B,C,D und F (failed, durchgefallen). Anm. d. Übers.

gut Wissen, aber er ist nicht unbedingt auch gut darin, aus diesem Wissen Bedeutung zu ziehen. Es ist jedoch die Bedeutung oder Nützlichkeit von Wissen, die es möglich macht, zwischen schulischer Arbeit und der wirklichen Welt Verbindungen herzustellen.

Um ein einfaches Beispiel herauszugreifen: Wenn im traditionellen Unterricht vermittelt werden soll, wieviel zwei und zwei ist, wird man normalerweise aufgefordert, die Summe zweier Zahlen auswendig zu lernen. Wenn man ausreichend viele einfache Summen und Produkte memoriert, kann man schon ziemlich komplizierte Aufgaben lösen, weil sie sich in einfachere Probleme zerlegen lassen, für die man die Antworten bereits auswendig kennt.

Das Resultat dieser fast universellen Methode des Mathematikunterrichts bedauert der Mathematiker John Allen Paulos:

> „Da sieht man jemanden, der einfach alles verstehen kann“, meint Paulos, „die kompliziertesten juristischen Nuancen, die kniffligsten emotionalen Transaktionen – nur bei Zahlen werden die Augen glasig, und aller gesunde Menschenverstand ist auf einmal verschwunden.“ Paulos schreibt dies einer simplen Angst vor Mathematik zu, gepflegt von einem Bildungssystem, das Wert auf Praxis ohne zugrundeliegendes Konzept legt, und von Berufsmathematikern, die sich durch Generationsmythen und Geringschätzung kritischen Denkens in theoretische Spekulationen flüchten. „Mathematik ist Denken“, meint er, „Denken über Zahlen, über Raum, quantitative Beziehungen, stammverwandt mit Logik und gesundem Menschenverstand.“[9]

Durch den Nachdruck, den das Integrative Lernen auf Entdecken und unmittelbares Erleben legt, kann der Lernende neues Wissen auf der Stelle mit persönlicher Bedeutung versehen. Wenn wir Sie in einem Integrativen Lernkurs auffordern, die Summe von zwei und zwei zu lernen, würden wir dazu einen Ansatz benutzen, der gleichzeitig konzeptuell und erfahrungsbezogen ist. Wir könnten zwei Schüler vorn im Raum plazieren und zwei andere bitten, nach vorn zu kommen und sich zu ihnen zu stellen. Wir würden dann die Klasse auffordern, festzustellen, wie viele Schüler wir nun haben. Die Klasse gibt daraufhin natürlich die korrekte Antwort.

Ins Konzept kommen

Aber hier geht es um einiges mehr als das bloße Memorieren von Lösungen für Summen. Die ersten zwei Schüler, die ich nach vorn hole, ziehen die Aufmerksamkeit der übrigen Klasse auf sich. Wenn Johnny und Maria dort stehen, fluten alle möglichen Ideen in die Köpfe der Schüler, wie die beiden zueinander stehen. Dann treten Susie und Jim zu den beiden, und wieder kann man nicht umhin, sich Gedanken über ihre persönlichen Beziehungen zu machen.

Kinder (und Erwachsene) lieben es, sich Gedanken über ihre Freunde zu machen; es ist unmöglich für sie, sich keine Gedanken zu machen. Wenn wir ihre Freunde in die Mathematikaufgabe einführen, setzen wir eine komplexe Folge von Reflexionen in Gang, die die Kinder tiefer und tiefer in mathematische Operationen hineinzieht.

Sie könnten fragen, was das alles mit Training im Unternehmen zu tun hat. Es hat alles damit zu tun. Es gibt zahlreiche technische Begriffe, die sich besser mit der oben beschriebenen dramatischen und erfahrungsorientierten Methode lernen lassen als mit der Methode, mit der sie gewöhnlich präsentiert werden. Wir lernen am besten, wenn es keine Scheidung von Lernen und Tun gibt, wenn unser ganzes Wesen einbezogen wird – Körper, Intellekt und Emotionen. Wir haben Menschen schon komplizierte Computerprogramme szenisch darstellen lassen, Organisationsstrukturen in der Fertigung, statistische Prozesse und Just-in-time-Konzepte aus dem Management-Inventar. Sie haben eine wundervolle Zeit, und sie verstehen wirklich, was sie lernen.

Der Kontext emotionalen Erlebens

Es gibt eine fundamentale Erkenntnis über das Gehirn, die erklärt, warum dieser allgemeine Ansatz so wichtig ist. Die Rolle der Emotion für das Erinnern läßt sich bis zu dem Punkt physiologischer Verarbeitung im Gehirn zurückverfolgen. Wenn man eine emotionale Erfahrung macht, erinnert man sich auch an alle möglichen Details, die nichts mit der Erfahrung selbst zu tun haben. Wenn Sie sich beispielsweise verlieben, erinnern Sie sich daran, wo Sie zu der betreffenden Zeit waren, was gerade im Radio lief und welche Kleidung Sie trugen. Mit anderen Worten, nichts ist zu trivial, um relevant für eine machtvolle emotionale Erfahrung zu sein.

Wenn das Lernen neuer Dinge Teil eines emotionalen Prozesses ist, sind alle Emotionen mit dem verbunden, was gelernt wird. Wenn Sie also das Addieren von zwei und zwei in einem Klassenzimmer lernen, das häßlich ist, mit einem Lehrer, den Sie nicht mögen, und Mitschülern, die Ihnen nichts bedeuten, dann wird das alles Einfluß darauf haben, welches Gefühl Sie für den Rest Ihres Lebens für Mathematik entwickeln. Aber wenn Sie auf eine begeisternde und vergnügliche Weise lernen, von einem faszinierenden Lehrer, der die anderen Schüler zu einem Gruppenerlebnis mit Ihnen zusammenbringt, dann werden Sie mit dem Thema für immer und ewig positive Gefühle verbinden.

Auf diese positiven Gefühle werden Sie häufig reagieren, indem Sie selbst denken, antizipieren, was im jeweiligen Kurs drankommen wird, und sich selbst Aufgaben ausdenken, genau wie das Menschen tun, die selbst sehr gute Lehrer sind.

Sie sind einer von zwanzig Milliarden

Die meisten Menschen erkennen nicht oder sind sich nur vage bewußt, daß wir alle auf verschiedene Weise lernen. Ein großer Teil unseres Bildungssystems wurde sogar auf der irrigen Auffassung aufgebaut, daß es eine beste Lernmethode gäbe. Obwohl sogar die alltägliche Erfahrung dieser Auffassung widerspricht, wird sie immer noch von weiten Teilen akzeptiert. Wenn ein Schüler oder eine Ehefrau oder ein Lehrer oder ein Angestellter oder ein Elternteil nicht in der Lage zu sein scheint, etwas auf die Art zu begreifen, die für uns funktioniert, neigen wir zu der Annahme, es handele sich hierbei um ein Defizit, das sich durch vehementeres Wiederholen mit der gleichen erfolglosen Methode überwinden lasse.

Glücklicherweise wurde inzwischen bestätigt, daß Menschen am besten auf ihre ganz persönliche Art und Weise lernen. Menschen verfügen über einzigartige Lernstile und weisen eine Vielfalt von Intelligenzen auf, denen traditionelle Unterrichtsumgebungen selten gerecht werden. Durch simples Kombinieren und Rekombinieren der bekannten Variablen menschlichen Verhaltens und menschlicher Wahrnehmung lassen sich ungefähr 20 Milliarden unterschiedliche Denk- und Lernstile errechnen. Die Wahrscheinlichkeit, daß es da draußen noch jemand gibt, der genauso denkt wie Sie, ist verschwindend gering – und selbst, wenn jemand genauso denken würde wie Sie, könnten Sie wahrscheinlich diese eine Person während Ihres ganzen Lebens nicht auffinden.

Wenn nun also Sie und jeder Ihrer Partner über eine einzigartige Art der Wissensverarbeitung verfügt, wie läßt sich dann überhaupt etwas so präsentieren, daß jeder etwas davon hat?

Die Theorie der Multiplen Intelligenzen

Lassen Sie uns nun eine der theoretischen Grundlagen Integrativen Lernens etwas näher betrachten, damit wir besser verstehen, welche Schulungen erfolgreich sind. Eine der jüngeren Erkenntnisse, die für das Verständnis der Essenz des Integrativen Lernens hilfreich ist, ist die Theorie der Multiplen Intelligenzen.

Vielpublizierte Studien über Gehirnforschungen von Howard Gardner (Harvard University) demonstrieren, daß in jedem menschlichen Gehirn zahlreiche verschiedene Intelligenzen vorhanden sind. Gardner hat sieben identifiziert; mehrere dieser Intelligenzen werden von den standardisierten Intelligenztests derzeit nicht erfaßt. Er glaubt, daß er in der Zukunft eventuell noch weitere Intelligenzen identifizieren kann. Wir alle verfügen über Multiple Intelligenzen. Die Ausprägung ihrer relativen Stärke variiert von Mensch zu Mensch, zum Teil aufgrund der unterschiedlichen Methoden, die wir alle als Resultat unserer Lernerfahrungen entwickelt haben.

Treffen Sie die sieben Teile Ihres Gehirns

Wenn Sie die Multiple-Intelligenzen-Checkliste am Schluß von Kapitel Fünf (S. 167 ff.) ausgefüllt haben, haben Sie bereits begonnen, Ihren persönlichen Intelligenzen-Cocktail zu erkennen. Die von Gardner identifizierten sieben Intelligenzen sind:

Linguistisch: Ihre Sensibilität für die Bedeutung und Anordnung von Wörtern beim Sprechen, Schreiben oder Studieren der Struktur der Sprache an sich.

Logisch/mathematisch: Ihre Intelligenz für Konzeptualisierungen in Mathematik und Wissenschaft und beim Umgang mit komplexen logischen Systemen.

Visuell/räumlich: Ihre Fähigkeit, die visuelle Welt akkurat wahrzunehmen oder sie auf Papier, im Geiste oder in Richtung und Entfernung neu zu erschaffen oder zu verändern. Auch nichtsehende Menschen verfügen über einen starken räumlichen Sinn, der ihnen hilft, sich ohne den Input des Gesichtssinnes in der Welt zu bewegen und zu orientieren.

Körperlich/kinästhetisch: Dies ist Ihre Fähigkeit zu „handgreiflichem" Lernen. Diese Intelligenz betrifft Ihre Fähigkeit, Ihren Körper für Selbstausdruck oder zielgerichtet zu bewegen – etwa durch Tanz, Schauspielen und Leichtathletik. Einige der größten Denker der Welt (unter anderem Einstein) mußten ihre Vorstellungen in ihrem eigenen Körper spüren, um effektiv denken zu können.

Musikalisch: Selbst, wenn Sie stocktaub wären und keine Melodie behalten könnten, würden Sie über die Fähigkeit verfügen, Musik zu verstehen und/oder zu schaffen. Ihr Gefühl für Rhythmus und Harmonie sind sehr wichtig für das Lösen mancher Probleme, die gar nichts mit Musik zu tun zu haben scheinen.

Interpersonal: Ihre Wahrnehmung und Ihr Verständnis anderer – ihrer Stimmungen, starken Wünsche und ihrer Bereitschaft, mit Ihnen zu interagieren.

Intrapersonal: das Verständnis Ihrer selbst, Ihrer Art, zu denken und zu fühlen, was Sie vom Leben haben wollen.

Das Beste aus seinem Gehirn herausholen

Wenn wir auf die Welt kommen, verfügen wir über diese sieben verschiedenen Wege zur Entdeckung der Welt. Sie sind unsere Rezeptoren für das volle sensorische Spektrum der physikalischen Welt. Durch diese Rezeptoren machen wir Sinn aus dem Universum, von der abstrakten Logik der Mathematik bis zum verwickelten sozialen Geflecht menschlicher Interaktionen. Als Babys belegen wir die Welt durch die geballte Ladung unserer Intelligenzen mit Beschlag. Das Lernen des Kleinkindes ist linguistisch, kinästhetisch, visuell, musikalisch, logisch, interpersonal und intrapersonal, alles in einem. Deshalb sind Kleinkinder auch solche Lernexperten.

Es fällt schwer, das beste aus einer Ressource zu machen, wenn man nur einen kleinen Teil der Ressource nutzen kann, und das menschliche Gehirn bildet dabei keine Ausnahme. Wenn wir als Gesellschaft – angefangen mit unserem Bildungssystem – bisher nur zwei Formen menschlicher Intelligenz (die logisch/mathematische und die linguistische) gemessen und die anderen fünf größtenteils ignoriert haben, dann haben wir nicht so effizient gearbeitet und gelernt, wie wir können.

Es geht ums Überleben

In einer Situation auf Leben und Tod muß man alle seine sieben Intelligenzen und sensorischen Kanäle beisammen haben. Wenn es ums Überleben geht, zapfen sogar Zootiere sonst unberührte Intelligenzen an, um ihr Leben in der Gefangenschaft interessanter zu machen. Durch die Abwesenheit der Stimulation, die sie in freier Wildbahn hätten, hat eine Anzahl Elefanten in mehreren Zoos die Ausübung der Kunst der Malerei aufgenommen. Vielleicht überraschenderweise haben ihre Werke anscheinend genügend individuellen Charakter und persönlichen Stil, um einen Elefantenkünstler vom anderen unterscheiden zu können. Wenn selbst Tiere ihre intellektuelle Dosis brauchen, sollte wohl offensichtlich sein, daß auch wir Menschen uns in eintönigen Jobs etwas zusätzliche Stimulation verschaffen sollten, um unser Gehirn fit zu halten.

Macht es unter der Voraussetzung dieses offensichtlichen biologischen Bedürfnisses plus der zunehmenden Komplexität der heutigen Welt nicht Sinn, so viel unserer Gehirnkapazität wie möglich zu nutzen und weiterzuentwickeln? Daraus ergibt sich ein weiteres machtvolles Grundprinzip für ein robustes, begeisterndes und kreatives Programm für jede Organisation, die hofft, eine Lernende Organisation zu werden.

Wahrscheinlich ist klar, daß das wichtigste Bedürfnis der modernen überlebenswilligen Organisation das Bedürfnis nach relevantem, schnellem und nachdrücklich wirksamem Lernen ist, nach Lernen, das einen bleibenden Eindruck auf die Organisation hinterläßt, deren operationale Kapazität es verändert, um sie für die ständig wechselnden Herausforderungen eines zunehmend globalen Marktes zu wappnen. Deshalb ist ein tieferes Verständnis des Wie des Lernens eine entscheidende Etappe im Kampf ums Überleben.

Auftritt: die Learning Leaders

Wie sieht nun also die bestmögliche Schulung in der Praxis aus? Diese Schulung beginnt mit Teams, die in den Prinzipien des Integrativen Lernens geschult sind und dieses Verständnis in jeden Kurs einbringen können, der den Absichten des

Unternehmens dient. Diese Teams werden zu einem äußerst machtvollen Werkzeug für das Stimulieren eines Denkens, das schließlich zu einer Lernenden Organisation führen wird. Wir haben mit solchen Teams sowohl als Einheiten in grossen Unternehmen als auch in Konsortien aus mehreren kleineren Unternehmen gearbeitet. Die Prinzipien sind in jedem Fall die gleichen. Ein großer Teil dieses Modells wurde in Zusammenarbeit mit Ron Heidke entwickelt, seinerzeit Leiter der Fertigung in Kodak Park.

Als ich mit den Learning Leaders bei Kodak arbeitete, beobachtete ich, wie diese Gruppe eine Revolution in sämtlichen Bereichen ihres Unternehmens auslöste, in denen sie arbeitete. In nur achtzehn Monaten hatten sie nicht nur neuntausend Menschen geschult, sondern auch den Respekt und die Unterstützung der beiden Human-Resource-Gruppen innerhalb von Kodak gewonnen. Das war ihnen gelungen, weil sie die Effektivität technischen Trainings in ihrem Unternehmen zwischen 200 und 900 Prozent steigerten, je nach dem Maßstab, den man anlegte.

Diese Teams bestanden aus Menschen aus dem gesamten Unternehmen, nicht nur aus erfahrenen oder professionellen Trainern. Im Gegenteil – statt sie als unqualifizierte Amateure abzulehnen, zollten ihre Mitarbeiter ihnen Respekt, als sie auf ihre Angebote zurückkamen und einen großen Teil des Lernprozesses, den sie zur weiteren Verbreitung im gesamten Unternehmen initiiert hatten, akzeptierten. Daß viele der führenden Köpfe im Unternehmen diese Revolution nicht einmal bemerkten, ist nur ein weiterer Beleg für ihren Erfolg, den sie, abgesehen von der Förderung durch Heidke, größtenteils ohne Unterstützung von oben erreichten. Sie benutzten ihren Erfolg zur Initiierung einer stillen Revolution, die kaum jemanden verletzte und zu keiner der Repressalien führte, die so häufig großartigen innovativen Programmen entgegenschlagen, die einem konservativen Management zu Ohren kommen. Außerdem haben die Learning Leaders, wie bereits erwähnt, selbst ohne volle Anerkennung durch das Management ihrem Unternehmen allein im ersten Jahr mindestens zehn Millionen Dollar gespart.

Das Modell der Learning Leaders

Mit dem Modell der Learning Leaders können Sie die Essenz eines Großteils des Zehn-Schritte-Prozesses einfangen und ihn in einen Arbeits-, Geschäfts- und

Lebensstil verwandeln, der schließlich die gesamte Organisation durchdringen kann. Und zwar folgendermaßen:

Als erstes muß sich die Organisation ein klares Lernziel mit hoher Priorität setzen. Das Ziel könnte beispielsweise sein, ein neues Qualitäts-Programm zu übernehmen und dafür zu sorgen, daß es vollständig implementiert wird. Oder Fertigkeiten in einem bestimmten Bereich weiterzuentwickeln. Was immer das Ziel ist; wenn es gut gewählt und gut organisiert wird, kann es Ihr Unternehmen transformieren. Halten Sie Ihr Ziel anfangs eng und konzentriert, um den Erfolg sicherzustellen.

Im zweiten Schritt wird bestimmt, wie viele Menschen geschult werden sollen und in welchem Umfang. Wenn es nur einige Dutzend sind, dann wäre es gut, einem Konsortium mit anderen Unternehmen beizutreten, die ähnliche Ziele anstreben. Dann läßt sich ein Trainingsprogramm in gemeinsamer Trägerschaft entwickeln.

Wenn die Zahl derjenigen, die interne Trainingsmaßnahmen benötigen, in die Hunderte oder Tausende geht, ist es sinnvoll, die Schulung intern zu entwickeln. Setzen Sie sich in diesem Fall ein Zieldatum für den Abschluß der Schulung und entscheiden Sie, wieviel Trainingsstunden bis dahin stattfinden sollen. Diese Zahl bestimmt dann die Anzahl benötigter Learning Leaders. Das Team sollte groß genug sein, um alle benötigten Schulungen zu veranstalten und gleichzeitig alle übrigen geschäftlichen Aspekte ihres Programmes im Auge zu behalten. Um beispielsweise bei Kodak in anderthalb Jahren rund 10.000 Menschen zu schulen, hielten wir ein Team aus etwas mehr als zwanzig Leuten für angemessen.

Die wichtigsten Qualifikationen

Sobald die Anzahl der Learning Leaders feststeht, wird es Zeit, die Werbetrommel zu rühren und interessierte Mitarbeiter zu gewinnen. In unserem Beispiel sollen, sagen wir einmal, zwanzig Leute geschult werden. In diesem Fall sollten Sie sich nach etwa dreißig bis vierzig Anwärtern umschauen.

Auf welche Eigenschaften eines Anwärters für diese Schulung sollten Sie Wert legen? Wir haben eine Liste vielversprechender Eigenschaften aufgestellt. In einem einzelnen Anwärter werden Sie wahrscheinlich nicht mehr als eine Handvoll dieser

Qualitäten finden, aber wenn Sie eine Gruppe zusammenstellen können, in der die
meisten dieser Qualitäten vorhanden sind, werden Sie ein wesentlich stärkeres
Team haben. Sie sollten diese Kriterien veröffentlichen; das wird den Anwärtern
etwas darüber sagen, was von ihnen erwartet wird, und dadurch den Auswahl-
prozeß erleichtern.

Hier einige der Qualifikationen, die wir zur Auswahl eines Teams von Learning
Leaders benutzen:

1. Disziplinenübergreifendes Bewußtsein für Mathematik/Naturwissenschaft und
    Geisteswissenschaften. Viele der Werkzeuge für wirksame Schulungen stam-
    men ursprünglich aus den Geisteswissenschaften. Deshalb ist es hilfreich, den
    für das Thema der Schulung erforderlichen technischen Hintergrund mit einem
    Hintergrund in Musik, Kunst, Literatur oder Drama zu kombinieren.

2. Empathie für eine kulturübergreifende Einstellung. Der Seminarleiter sollte sen-
    sibel für die Werte unterschiedlicher Kulturen sein, um das Gefühl von Sicher-
    heit in allen Gruppen zu wahren.

3. Die Fähigkeit, auf konfrontative Fragen souverän zu reagieren. In vielen
    Gruppen kann vormals kontrollierte Feindseligkeit an die Oberfläche kommen,
    sobald eine freizügigere Einstellung zugelassen wird. Ein guter Trainer kann auf
    solche Konfrontationen reagieren, ohne sie persönlich zu nehmen und ohne
    Situationen heraufzubeschwören, die andere Lernende in der Gruppe stören.

4. Die Fähigkeit der Umdeutung. Für den Fall, daß der Stoff den Teilnehmern
    schwierig vorkommt, sollte der Trainer geschickt darin sein, den Teilnehmern zu
    helfen, auch dann ein gutes Gefühl zu haben, wenn sie etwas nicht auf Anhieb
    verstehen.

5. Souveränität bei emotionalen Ausbrüchen. In der derzeitigen Geschäftswelt
    wirkt Veränderung gelegentlich bedrohlich; daher kann es Zeiten geben, in
    denen die Menschen wegen der Veränderung sehr emotional werden. Ein effek-
    tiver Seminarleiter kann solche Ausbrüche mitfühlend handhaben, Unter-
    stützung geben und gleichzeitig verhindern, daß die Veranstaltung aus dem
    Ruder läuft.

6. Bewußtsein für die Beziehung zwischen Bildung und Wirtschaft (*edu-econo-
    mics*). Ein Verständnis für diese Beziehung belegt die Auffassung, daß gute
    Schulung eine wichtige Investition ist. Auch hilft es dabei, den Einfluß von

Trainingsmaßnahmen auf die wirtschaftlichen Gegebenheiten der Organisation abzuschätzen.

7. Geschäftlicher Scharfsinn. Sofern das Thema im geschäftlichen Kontext angesiedelt ist, muß der Seminarleiter immer in der Lage sein, den Teilnehmern dabei zu helfen, die geschäftlichen Vorgaben zu berücksichtigen, an die sie gebunden sind.

8. Ausgeprägtes Marketingtalent. Lehren ist eine Form des Marketings. Man muß die zu vermittelnden Ideen verkaufen. Darüber hinaus werden die Seminarleiter ihr Programm in der gesamten Organisation verkaufen müssen, und das wird einiges an Marketingtalent erfordern.

9. Improvisationstalent. Keine zwei Kurse sind gleich. Sobald die Schulung beginnt, wird sie zu einer vor dem Hintergrund der Kursstruktur improvisierten interaktiven Erfahrung. Jeder Augenblick im Seminarraum wird zu einem einzigartigen Erlebnis, das eine frische Reaktionsfähigkeit erfordert.

10. Die Fähigkeit, Kritik einzustecken. Die Lernenden Leiter werden im Team arbeiten und sich gegenseitig kritisieren müssen. Auch die Kursteilnehmer werden häufig Kritik üben oder den Kurs überhaupt in Frage stellen. Gute Seminarleiter lassen sich unter solchen Umständen nicht in die Defensive drängen.

11. Ein Sinn fürs Paradoxe. Der Lernprozeß steckt voller Paradoxe. Je mehr man beispielsweise über etwas weiß, desto mehr merkt man, wie wenig man weiß. Oder: Um weniger Fehler zu machen, muß man die Toleranz für Fehler erhöhen. Menschen, die übermäßig kontrollbezogen und zu buchstabengetreu handeln, werden mit diesen Nuancen Schwierigkeiten haben.

12. Künstlerische Erfahrung. Lehren ist eine Kunst. Jeder Hintergrund mit künstlerischer Erfahrung, wie Zeichnen, Spielen eines Instrumentes oder Theatererfahrung ist als Hintergrund für das Verstehen der Kunst des Lehrens hilfeich.

13. Aufmerksamkeit für Quantifizierungsprozesse. Es ist immer wichtig, verallgemeinern zu können, aber am Ende müssen Verallgemeinerungen durch quantitative Aussagen gestützt werden. Das gilt besonders in der Industrie. Viele der angebotenen Programme betonen die Notwendigkeit der quantitativen Überprüfung.

14. Ein Wissen darüber, wie sich der Kursstoff in einen Integrativen Lernprozeß übersetzen läßt. Obwohl dieses Wissen von den Seminarleitern während der

Schulung vermittelt wird, verstehen einige Menschen schon intuitiv, was man braucht, um anderen etwas klarzumachen, während andere zu der Ansicht neigen, alles müsse über-erklärt werden.

15. Die Überzeugung, daß alle Menschen lernfähig sind.

16. Die Fähigkeit, zu denken wie ein Kind. Ein Kind ist jemand, der heißhungrig auf neue Lernerfahrungen ist. Der Zauber der Kindheit erfüllt alles mit Leben. Jedes Thema, wie langweilig es auch scheinen mag, kann von jemandem belebt werden, der es versteht, sein Denken mit dem Zauber der Kindheit zu verbinden.

17. Pro-aktive Orientierung. Learning Leaders müssen Probleme voraussehen und lösen können, bevor sie auftreten.

18. Sinn für Humor. Das Training sollte Spaß machen. Ein Alleinunterhalter kann einen guten Lehrer abgeben. Der beste Ansatz ist jedoch, die Seminargruppe ihre eigenen Lachquellen finden zu lassen. Dazu ist einiger Sinn für Humor vonnöten.

19. Sinn für universelle Muster und Beziehungen. Alles im Universum steht mit allem anderen in Beziehung. Wenn man etwas Unübersichtliches erklärt, muß man oft ziemlich schnell eine Analogie aus dem Alltag zur Hand haben.

20. Sensibilität für spezielle Bedürfnisse. Jeder lernt unterschiedlich. Aber manche Menschen haben ganz besondere Bedürfnisse, auf die eingegangen werden muß. Der Rollstuhlfahrer in Ihrem Seminar kann wahrscheinlich an einigen der angebotenen Aktivitäten nicht teilnehmen. Diese Aktivitäten lassen sich trotzdem durchführen, aber finden Sie einen Weg, um dem Betreffenden das Gefühl zu geben, dazuzugehören. Jemand anderes hat vielleicht ungewöhnlich große Schwierigkeiten mit einem Teil des Stoffes. Seien Sie kreativ beim Helfen.

21. Die Fähigkeit, sowohl individuelle Werte Einzelner wie auch ethnische Gruppen und ungewöhnliche Orientierungen anzuerkennen und zu respektieren. Das Ziel des Trainingsleiters ist, allen Menschen zu helfen, ihren einzigartigen Wert zu entdecken. Das geschieht natürlich im Kontext des Themenstoffes, aber der Schimmer wird auch auf alles andere ausstrahlen.

22. Die Fähigkeit, Fehler zuzugeben. Gelegentlich unterläuft einem ein Fehler vor der ganzen Gruppe. Es sollte einem leichtfallen, den Fehler zuzugeben und dann weiterzumachen. Ein Fehler läßt sich nicht selten sogar als Lerngelegenheit nutzen.

23. Flexibles Denken. Für die meisten Probleme existieren viele verschiedene gute Lösungen. Verrennen Sie sich nicht in einen Weg, sondern bestehen Sie auf Qualität.

24. Mangel an Bedürfnis nach sofortigem Abschluß. Sinn für das „offene Ende" des Lebens. Keine harten und vorschnellen Antworten. Vorzeitiges Abschließen- wollen zerstört häufig die Kreativität. Teil der Magie Integrativen Lernens ist die Fähigkeit, die Teilnehmer sich mit einer Frage herumschlagen zu lassen, bis sie selbst entscheiden, was die Frage zu bedeuten hat. Schnelle Antworten sind nicht immer die besten.

25. Die Bereitschaft und die Fähigkeit, sensibel zuzuhören.

26. Die Fähigkeit, Forschungsergebnisse im Lichte praktischer Anwendbarkeit zu interpretieren. Es gibt viele gute Forschungsergebnisse, und man sollte wissen, worum es dabei geht. Aber inwiefern ist diese Forschung für den gerade behan- delten Stoff wirklich aufschlußreich?

27. Die Bereitschaft, Forschung zur Verbesserung der Unterrichtspraktiken zu lei- sten. Es gibt eine unendliche Vielzahl von Wegen, ein Problem anzugehen. Einige dieser Wege sind noch nicht erforscht. Das Team der Learning Leaders oder ein von ihnen geschultes Team muß gelegentlich einen Abstecher in die Forschung machen, um herauszufinden, was am besten funktioniert.

Wir wiederholen noch einmal, daß Sie wahrscheinlich kaum mehr als eine Handvoll dieser Eigenschaften in einem Kandidaten finden werden, aber ein Team, dessen Mitglieder über diese Eigenschaften verfügen, wird sehr viel eher seine Mission verwirklichen können.

Sie brauchen keine erfahrenen Lehrer

Die für das Team der Learning Leaders ausgewählten Kandidaten brauchen über keine vorhergehende Schulungs- oder Lehrerfahrung zu verfügen. Manchmal ist es sogar besser, wenn sie keinerlei Lehrerfahrung mitbringen, weil sie dann die Gewohnheiten traditionellen Unterrichtens nicht aufzugeben brauchen. Aber es sollten alle den starken Wunsch verspüren, Teil des Teams zu sein. Ein Verdonnern

von Leuten zum Lehren, die sich vor anderen eher unwohl fühlen, verhängt
dagegen das Todesurteil über jedes Projekt dieser Art.

Das Trainieren der Trainingsleiter

Der nächste Schritt ist, Ihre Trainingsleiter im Integrativen Lernen schulen zu lassen. Es gibt eine Vielzahl von Ausbildern, die diese Anleitung geben können.[10]
Sobald Sie Ihren Experten ausgemacht haben und die geeigneten Arrangements
getroffen haben, planen Sie eine eintägige Kostprobe für mindestens zwanzig der
Leute ein, die Sie für potentiell geeignete Kandidaten für das Team der Learning
Leaders halten. Beobachten Sie, wie diese Leute auf die vorgestellten Aktivitäten ansprechen. Einige von ihnen steigen möglicherweise wieder aus, sobald sie sehen,
was alles dazugehört. Andere wieder zeigen vielleicht ein Verhalten, das nicht
funktioniert. Sie werden wahrscheinlich auch einige Leute sehen, die in dem neuen
Projekt vielversprechend stark sein werden.

Sobald Ihr Team steht, statten Sie es mit Möglichkeiten und Ressourcen für den
Entwurf und die Veranstaltung von Seminaren aus. Die Teammitglieder sollten auch
darauf vorbereitet und dazu ermutigt werden, sich gegenseitig zu beraten. Wenn sie
bereit sind, ihre gesamte Zeit dem Projekt zu widmen, dann beginnen Sie mit einer
Vierzig-Stunden-Schulung.

Die meisten Menschen brauchen mindestens vierzig Trainingsstunden, um die
Grundstruktur und die Philosophie des Integrativen Lernens zu verstehen. Aber
sobald das Integrative Lernen verdaut ist, läßt es sich auf jede Lehraufgabe anwenden, von den komplexesten technologischen Themen bis zum simpelsten Stoff
wie etwa Antwortprozeduren fürs Telefon. Auf diesem Hintergrund kann das Team
mit dem Entwurf des Kurses beginnen. Nach zwei oder drei Wochen Arbeit sollte
das Team ein Nachfolgetraining belegen, um die Kenntnisse in Integrativem Lernen
zu vertiefen. Von Zeit zu Zeit können ergänzende Nachfolgesitzungen oder auch
Kursplanungs-Beratung hilfreich sein.

Außerdem sollten Sie den Teammitgliedern spezielle Schulung in dem zu unter-
richtenden Thema angedeihen lassen. Wenn dieses Thema beispielsweise Total
Quality Management am Arbeitsplatz ist, dann legen Sie es in die Hände eines

Experten auf diesem Gebiet, der das Team in die Lage versetzt, mit den zu vermittelnden Inhalten professionell zu arbeiten.

Das Team legt los

Danach ist es Zeit für die Learning Leaders, zu beweisen, wozu sie fähig sind. Ihr Ziel ist, die Schulung, die Ihre Organisation benötigt, mit einer solchen Gründlichkeit und einem solchen Flair anzupreisen, daß sie ein Bedürfnis nach ihren Diensten erzeugen. Die Mitarbeiter in der Organisation werden begierig sein, an diesem begeisternden neuen Lernprozeß teilzunehmen. Außerdem sollten Sie Verbesserungen in der Arbeitsqualität der Absolventen der Kurse der Learning Leaders erwarten.

Wenn Sie alles gut organisieren, sollte es Ihnen gelingen, Ihre Learning Leaders innerhalb von sechs Monaten effektiv arbeiten zu lassen. Und Sie sollten eine bessere Implementierung des Kursstoffes erkennen, als wie er mit traditioneller Schulung erreicht wurde. Es könnte sogar nützlich sein, ein Experiment durchzuführen und die Arbeit der Lernenden Leiter mit der Arbeit herkömmlicher Seminarleiter bei dem jeweiligen Stoff zu vergleichen. Studieren Sie sowohl die Beurteilungen beider Gruppen als auch die Resultate, die sich erst nach einiger Zeit zeigen. Vermeiden Sie aber, hierbei zu stark Konkurrenz zu betonen, um keinen Graben aufzuwerfen.

Stellen Sie auch sicher, daß die Gruppen ausreichend Zugang zu Nachfolgetrainings in den entsprechenden Bereichen haben, damit die Maßnahmen wirklich erfolgreich sein können. Zu eng kalkulierte oder zu oberflächliche Schulung wird unweigerlich wesentlich weniger wirksam und dadurch auf lange Sicht weit kostspieliger sein.

Die größten Gewinne waren unerwartet ...

Zusätzlich zu den gesteigerten Erfolgsquoten beim Beherrschen des Stoffes haben wir weitere profitable Effekte beobachtet, die zuweilen recht überraschend sind. Häufig sind diese Nebeneffekte mindestens ebenso wichtig und profitabel wie der Kursstoff selbst.

Ein erhellendes Beispiel dafür waren die Learning Leaders bei Kodak nach ihrem ersten Kurs in Total Quality Management. Der Kurs war auf zwei Teile zu je zwei Tagen angelegt, mit einer einwöchigen Pause zwischen den beiden Teilen. Damals waren die Teammitglieder noch etwas unsicher. Als sie die ersten beiden Tage abschließend beurteilten, meinte der Leiter der Abteilung, die sie schulten, der Kurs sei ein Fehlschlag, und er wolle die zweite Hälfte des Kurses selbst übernehmen.

Als die Seminarleiter den Abteilungsleiter beknieten, sie den Kurs, den sie entworfen hatten, auch zu Ende führen zu lassen, gab er schließlich nach. Aber als der Abteilungsleiter nach dem Kurs die Ergebnisse sah, änderte sich seine Einstellung. Jetzt meinte er, daß die Mitarbeiter seiner Abteilung alle Kurse belegen sollten, die die Learning Leaders veranstalteten, so relevant oder irrelevant sie für seine Bedürfnisse auch sein mochten. Vor allem hatte er entdeckt, daß die Qualitätskonzepte wirklich beeindruckend gut gelernt wurden. Die Nebeneffekte der Schulung beeindruckten ihn allerdings noch mehr: Seine Gruppe war produktiver, unabhängiger und kooperativer als je zuvor.

Diese Veränderungen ähnelten sehr den bereits erwähnten, in einem Trainingsbericht bei Bell Atlantic dokumentierten Veränderungen.[11] Nach Beendigung der auf Integrativem Lernen und Accelerated Learning basierenden Kurse bemerkten die Inspektoren bei Bell Atlantic bemerkenswerte Verbesserungen in entscheidenden Bereichen, die mit den im Kurs behandelten Stoffen kaum etwas zu tun hatten: berufliches Selbstvertrauen, Problemlösefähigkeit, die Fähigkeit, selbständig zu arbeiten, Präzision, Tempo, Gebrauch von Referenzmaterialien, die Fähigkeit, eine vollständige Schilderung der Lage zu geben, persönliches Verantwortungsgefühl und soziale Fertigkeiten.

... aber kein Geheimnis

Wir fragten die Learning Leaders, was schließlich den Ausschlag dafür gegeben habe, daß der skeptische Abteilungsleiter eine Kehrtwendung vollzog. Warum hatte ihr TQM-Kurs am Ende der ersten Unterrichtseinheit so mangelhaft ausgesehen und warum am Ende der zweiten Einheit so beeindruckend? Einer der Trainingsleiter verglich die Reaktionen auf halber Strecke mit dem Gefühl, das man hat, wenn man nur die eine Hälfte eines tollen Geheimnisses kennt. Die Hinweise und Fäden der Geschichte sind noch nicht miteinander verbunden, und man hat das Gefühl, es ist noch nichts aufgelöst. Aber mit der Zeit, wenn man zur letzten Seite kommt, gibt es ein Gefühl der Überraschung und des Entzückens darüber, wie gut alles zusammenpaßt.

Tatsächlich war folgendes geschehen: Den Lernern wurde eine Reihe von Erfahrungen präsentiert, die darauf abzielten, vornehmlich *ihr eigenes* Verständnis von Qualität und davon, wie Qualität funktioniert, zu aktivieren. Da jeder anders lernt, mußte dieser Ansatz vom Standpunkt eines linearen Denkers aus chaotisch erscheinen. Entsprechend war der Abteilungsleiter am Ende des zweiten Tages überzeugt, daß nicht nur nichts Ernsthaftes vermittelt wurde, sondern daß nicht einmal klar wurde, was überhaupt vermittelt wurde.

Aber nach den nächsten zwei Kurstagen begannen die Beschäftigten sofort, das Gelernte umzusetzen. Sie hatten den Stoff durch und durch verstanden, weil sie in der Lage waren, dem Stoff auf ihre Weise zu begegnen und ihn auf eine Weise zu absorbieren, die speziell auf sie persönlich zugeschnitten war. Aus heiterem Himmel initiierten sie selbst neue Ideen und Prozesse, arbeiteten besser in Teams zusammen und lösten Probleme wesentlich kreativer.

Wenn Schüler befähigt werden

Wenn Schüler jeden Alters motiviert zum Lernen sind, sind die Resultate stets erheiternd und manchmal sogar entnervend. Als Seminarleiter Ed White bei Kodak eine neue Version eines Kurses über die Grundlagen der Elektronik, den er schon seit Jahren abhielt, auf der Grundlage des Integrativen Lernens veranstaltete, war er von der positiven Reaktion der Schüler erschüttert. Seine Schüler begannen plötzlich, Aufgaben selbst zu erfinden, die den Rahmen seines Kursplans sprengten. Zum ersten Mal dachten Fließbandarbeiter aus der Fertigung wirklich spielend über die Konzepte und Informationen nach, die er vermittelte. Als er sich daran gewöhnt hatte, empfand er das neue Niveau der Lernbegeisterung und des Engagements seiner Schüler herrlich stimulierend.

Diese Art Durchbruch muß nicht unbedingt in Kursen à la Total Quality Management stattfinden, einem Kurs zur Planung von Managementressourcen, der in 100.000 Unternehmen mit einer durchschnittlichen Erfolgsquote von 11 Prozent veranstaltet wurde. Sehen Sie diese Kurse durch die Brille eines traditionellen Lehrplanentwicklers, sind Sie nach einer halben Stunde garantiert eingeschlafen. Aber sehen Sie diese Kurse durch die Brille des Integrativen Lernens, und Sie überdenken Ihr gesamtes Leben, ändern gleich noch Ihre Beziehung zu Ihrem Ehepartner und reden anders mit Ihren Kindern. Plötzlich sehen Sie sich und Ihr Potential auf ganz neue Weise; Sie wollen neue Probleme lösen und neue Möglichkeiten schaffen. Das geschieht, sobald die Lernpower Ihres Geistes wiedererweckt wurde.

Schritt 7

Geben Sie Ihrer Vision gute Karten

„Eines der großen verlogenen, die Managementetagen durchziehenden Konzepte", schreibt Managementberater Allan Cox, „ist etwas namens *Konsens:* das Lösen von Problemen durch Einstimmigkeit. Schon als Konzept versagt Konsens, und was am Ende dabei herauskommt, ebenfalls: Versagen und Mittelmäßigkeit bei Leistung, Verantwortlichkeit, Wahlmöglichkeiten und Engagement für das Projekt. Was Aufgabe aller ist, wird niemandes Aufgabe."[1]

Trotzdem sind Teams unentbehrlich, weil eine wahrhaft überzeugende Vision von den Ressourcen einer Organisation und ihres Weges zum Erfolg auf Teamwork angewiesen ist. Teams müssen lernen, eine Vielzahl von Standpunkten zu handhaben. „Diese Strategie beruht auf dem Vermögen eines Unternehmens, mit Vielfältigkeit umzugehen."

Fallen der Gruppeninteraktion

Konsens führt häufig zu einem alarmierend mittelmäßigen Allgemeinzustand, in dem *der kollektive I.Q. der Gruppe mit großer Wahrscheinlichkeit niedriger ist als der niedrigste I.Q. der einzelnen Gruppenmitglieder.* Denn Konflikte haben die Tendenz, „nach unten" gelöst zu werden. Wenn jemand eine Idee hat und ein anderer dagegen ist, wird die Idee fallengelassen. Deshalb werden wahrscheinlich nur solche Ideen ernsthaft erwogen, die für alle akzeptabel sind – und diese Ideen stellen gewöhnlich Allgemeinplätze ohne jede Herausforderung dar und werden in vielen Fällen ohnehin schon von fast allen akzeptiert. Diese Neigung von Gruppen, auf dem Niveau ihres kleinsten gemeinsamen Nenners zu arbeiten, führt zu einer zynischen Einstellung gegenüber „Gruppendenken".

Das ist so wie mit der Erdnußbutter, also die Anwendung des Babynahrungsansatzes auf die Erwachsenenküche. Einer von uns liebte die Art Erdnußbutter, die beim Öffnen des Glases ölig war und ganz allmählich austrocknete, je näher man dem Boden des Glases kam. Jedes Sandwich war ein geringfügig anderes Erlebnis. Die homogenisierte Erdnußbutter, die heutzutage auf dem Markt ist, schmeckt lange nicht so gut und ist mit dem interessanten Geschmackserlebnis nicht zu vergleichen, das man mit einem Glas „natürlicher" Erdnußbutter haben kann, die ihren Charakter mit jeder Entnahme ein wenig verändert. Ein weiteres Kapitel in der Geschichte des „one size fits all"-Ansatzes für Nahrungsmittel, den wir inzwischen vor allem auf Kosten des Erlebniswertes von Nahrung, wie sie die Natur bereitet, hingenommen haben.

Genauso nimmt es einer Gruppe ihren Charakter, beraubt es einer Gruppe ihrer interessanten Ideen und ihrer Effektivität, wenn sie gezwungen wird, Konsens um jeden Preis zu erreichen; als würde man dem Nahrungsmittel vor dem Essen alle Nährstoffe entziehen.

Wegen dieser nahzu universellen Betonung des Konsens gewöhnt man sich daran, immer einer Meinung mit der Gruppe zu sein, egal, wie man sich dabei fühlt. Das führt zu einem weiteren Abfallprodukt des Gruppendenkens, dem Abilene-Paradox. Jerry Harvey erzählt in seinem Buch *The Abilene Paradox*[2] die Geschichte von dem fehlgeschlagenen Ausflug seiner Familie nach Abilene. Alle hatten es sich auf der überdachten Veranda der Schwiegereltern herrlich bequem gemacht, als der Vorschlag aufkam, ins dreiundfünfzig Meilen entfernte Abilene zu fahren. Sofort ging es los, in einem unklimatisierten 1958er Buick, durch einen Staubsturm und flirrende 40 Grad Celsius. Der Ausflug nahm vier erschöpfende Stunden in Anspruch und führte zu nichts. Obwohl jeder im nachhinein über den Ausflug schimpfte, hatte anscheinend keiner der Ausflügler eigentlich den Wunsch verspürt, loszufahren. Jeder war einfach mitgefahren, weil alle anderen auch mitfuhren.

Auf den ersten Blick mag es scheinen, als wären der kleinste gemeinsame Nenner und das Abilene-Paradox Gegensätze. Im einen Fall wird getan, was keiner will; im anderen geschieht nichts, solange nicht jeder zustimmt. Aber beide haben im Grunde die gleiche Wurzel. Wenn Menschen nur formelle Transaktionen ohne Bezug zu ihren Gefühlen kommunizieren, gibt es keine Möglichkeit, in Erfahrung zu bringen, was die Gruppe wirklich will oder möglicherweise erreichen könnte.

Und trotz des kleinsten gemeinsamen Nenners und trotz des Herdentriebs glauben wir, daß Menschen *lernen* können, in Gruppen intelligent zu handeln. Unser Ziel für Schritt Sieben ist, Ihnen dabei zu helfen, die Art Gruppenlernen aufzubauen, die zu Synergie statt zu Lähmung oder Chaos führt.

Die Grundlage für Gruppensynergie

In den vorangegangenen Schritten haben wir bereits die Selbsteinschätzung kennengelernt, positive Einstellungen, sicheres Denken, Risikobereitschaft, das Bedürfnis nach Lernen und kontinuierlicher Verbesserung sowie das Vermögen, einander als Ressourcen zu sehen. Diese Ressourcen bilden das Fundament für das, was nun geschehen muß. Denn sobald jede Gruppe eine hohe Selbstachtung entwickelt hat, hat auch jeder gelernt, in Begriffen einer persönlichen Zukunft zu denken, die in Beziehung zur Zukunft der Organisation steht. Dann kann die Zukunft der Gruppe als ganzer durch die Errungenschaft der gemeinsamen Vision ihren Prozeß natürlicher Evolution beginnen.

Diese Evolution einer gemeinsamen Vision kann kein mechanischer Prozeß sein. Er muß die gesamte Persönlichkeit jedes Gruppenmitglieds einbeziehen. Denn ohne starke Überzeugungen ist Synergie unmöglich. Auf dem Spiel stehen persönliche Gefühle und Werte, Meinungen darüber, wie die Dinge sein sollten, und territoriale Imperative. Zwar sind wir in der Lage, unser Territorium mit Freunden zu teilen, aber nur, wenn wir das Gefühl haben, daß sie unsere Werte und Überzeugungen reibungslos teilen oder jedenfalls verstehen können und unser Recht auf eigene Überzeugungen unterstützen.

Die Verhandlungen, die sich in Schritt Sieben ergeben können, können also unter Umständen sehr komplex, aber auch sehr erhellend sein. Wenn zahlreiche ausgeprägte Persönlichkeiten zusammenkommen, müssen sie häufig mit sich selbst genauso ringen wie miteinander. Daraus entsteht ein immer tiefer werdendes Gefühl für die Möglichkeiten aller, indem individuelle Visionen synergetisch zu einer gemeinsamen Vision zusammenfinden.

Auf dem Weg zu einer synergetischen gemeinsamen Vision

Wenn bei den Verhandlungen menschliche Gefühle berücksichtigt werden, läßt sich ein neues Niveau von Synergie erreichen, das jedem mehr gibt, als er je zu hoffen wagte. Eine durch Synergie erzeugte gemeinsame Vision integriert weit eher als bloßer Konsens die Beiträge eines jeden in einer neuen, weitaus reichhaltigeren Möglichkeit, als es irgendein Individuum oder irgeneine Gruppe allein vermöchte.

Ein synergetischer Prozeß führt jede Gruppe über die Möglichkeiten Einzelner hinaus. Durch die Magie der Synthetisierung der Ideen der Gruppe auf ein nie zuvor für möglich gehaltenes Komplexitäts- und Reichhaltigkeitsniveau kann sich die Gruppe über die Fähigkeiten ihrer einzelnen Mitglieder hinaus zu etwas überraschend Originellem, Einzigartigem und Machtvollem erheben.

Kollektive Intelligenz hat unsere Welt geschaffen

Das Potential sollte leicht zu erkennen sein. Schließlich ist die gesamte moderne Kultur auf die kollektive Intelligenz zusammenarbeitender Individuen angewiesen. Jede Technologie, die wir benutzen, repräsentiert die vereinigten Anstrengungen von Dutzenden bis Hunderten oder Tausenden von Hirnen, deren Ideen und Erfindungen sich über viele Jahrhunderte hinweg akkumuliert haben. Autos, Telefone, Computer, was auch immer – alles sind synergetische Resultate der Bemühungen einer Gruppe.

Selbst der Nobelpreis wird häufig einem Team zuerkannt, das durch seine Zusammenarbeit etwas hervorgebracht hat, was kein Einzelner durch seine Arbeit hätte zustandebringen können. Der wissenschaftliche Fortschritt selbst repräsentiert eine echte Synergie des Denkens von Hunderten oder Tausenden von

Individuen, von denen viele niemals Eingang in die Geschichtsbücher finden werden.

Wachstum ist auf gemeinsame Talente und Visionen angewiesen

Wie wir immer wieder betonen, kann eine Lernende Organisation nur in dem Maße existieren, in dem viele kreative Geister zu einem gemeinsamen Unternehmen zusammenkommen und ihr Bestes geben – nicht durch eine Verwässerung oder Abschwächung ihrer Talente, Einsichten, Ideen und Fertigkeiten durch Kompromisse, sondern durch das Synergetisieren ihrer Begabungen zu einer organischen Struktur, die weit über das Vermögen Einzelner hinausgeht.

Eine wahrhaft gemeinsame Vision sollte das Engagement und die einzigartigen Ressourcen disparater Individuen aktivieren. Man kann nicht effektiv in einem Team arbeiten, wenn jeder bloß die Bemühungen der anderen nachahmt. Wir müssen unsere Individualität bewahren und gleichzeitig erkennen, daß wir nicht effektiv sein können, wenn wir an Zielen arbeiten, die diametral auseinanderlaufen. Wenn sich eine Gruppe von Menschen sowohl für persönliches Wachstum als auch für die Absichten der Organisation engagiert, dann scheint die Synergie wie von selbst zu folgen.

Die Vision muß jedem zu eigen sein

Lassen Sie uns also die Bedeutung des Zweckes der Organisation klären. Wenn die Aufgabe der Organisation beispielsweise darin besteht, schwere Güter zu befördern, dann muß sich jedes Mitglied persönlich für den Wert des Bereitstellens von Transportmöglichkeiten engagieren. Jeder muß wissen, welchen Wert seine Arbeit und die Kooperation des Teams hat, um jedem Kunden die optimale Beförderungsmöglichkeit für seine Güter zu bieten.

Wenn die Organisation Stahlrohre herstellt, muß das Engagement für das Herstellen von Stahlrohren im gesamten Unternehmen fest verankert sein. Wir haben von einem Schrottsammler und Ramschhändler an der Westküste gehört, dessen Büro vollgestopft ist mit Dingen, die ihn an Schrott erinnern. Selbst die Aschenbecher und Lampen haben die Form von Mülleimern.

Wir alle wissen, daß weder das Befördern von Lasten noch Stahlrohre und ganz sicher nicht Schrott das wichtigste auf der Welt ist – wie können wir das also behaupten?

Der Leitimpuls hinter jedem erfolgreichen Geschäft und jedem erfolgreichen Dienstleistungsangebot ist, daß die Gesellschaft ohne das Produkt oder die Dienstleistung nicht so gut funktionieren kann – oder, andersherum, daß die Gesellschaft besser funktioniert, wenn das Produkt oder die Dienstleistung zur Verfügung stehen. Jeder, der den Streik der Müllabfuhr in New York City überlebt hat, wird zustimmen, daß das Abholen von Müll das wichtigste auf der Welt sein kann. Es ist diese entscheidende Natur der Dienstleistung oder des Produktes, die jedes Mitglied der Organisation als zentral erkennen muß. Alle müssen stolz auf das sein, was sie tun – nicht, weil es wichtiger ist als das, was andere Organisationen machen –, sondern weil es auf seine eigene Weise einzigartig, besonders oder wesentlich ist. Und aus diesem Stolz erwächst Engagement für Qualität.

Aus diesen Gründen ist es sehr sinnvoll, jedem Mitarbeiter die Geschichte der Organisation zu vermitteln. Dadurch wird klarer, warum es die Organisation gibt, wo sie Schwierigkeiten und wo sie Erfolg hatte. Dieses Wissen um die Geschichte wird eine große Hilfe beim Nachdenken über die Zukunft und für ein Verständnis des Potentials der Organisation sein. In dem Maße, in dem der Sinn dafür wächst, wie die Vergangenheit in die Zukunft führt, wird auch die Identifikation der Beschäftigten mit der Zukunft des Unternehmens wachsen.

Ein Unternehmen, das den Kontakt mit seiner Vergangenheit mit jedem neu eingestellten Mitarbeiter weiter verliert, kann leicht vom Weg abkommen. So wie gute Staatsbürger die Geschichte ihres Landes kennen müssen, müssen Beschäftigte die Geschichte ihres Unternehmens kennen.

Ein Hauch von Unternehmensgeschichte

Die Bedeutung einer gemeinsamen Wissensgrundlage über die Geschichte der Organisation wurde uns bewußt, als wir an einem Weiterentwicklungsprogramm für das mittlere Management mit dem Titel *Gestern, Heute und Morgen* teilnahmen. Die „Gestern"-Komponente wurde durch ein Video verdeutlicht, das die Geschichte des Unternehmens über mehr als hundert Jahre bis zu seiner Gründung zurückverfolgte. Das Video half den Teilnehmern, Schlüsselereignisse zu verstehen, die das Wachstum des Unternehmens gestalteten und erklärte dessen Produkt-entwicklungs-Philosophie.

Die Teilnehmer wußten diese Gelegenheit zu schätzen, einen Blick auf ihre Wurzeln zu werfen. Das Video half ihnen, zu verstehen, wie die Unternehmens-geschichte ihre tägliche Arbeit formte. Als ein Ergebnis dieses Wissens meinten die Teilnehmer, klarer erahnen und definieren zu können, in welche Richtung sich das Unternehmen bewegen sollte und welche Rolle ihnen in diesem Prozeß zukam. „Jetzt verstehe ich besser, warum wir einige der Sachen machen, die wir heute machen", meinte ein Teilnehmer. „Ich habe nie gewußt, daß dieses Produkt wegen des Zweiten Weltkrieges entwickelt wurde." „So lange am Raumfahrtprogramm mitzuwirken macht sicher einen Unterschied aus – auf eine Art und Weise, die mir vorher unbekannt war."

Wenn es einen gemeinsamen Sinn für die Vergangenheit gibt, wird auch die Zukunft verständlicher. Verständlicherweise kann die Sichtweise jedes Einzelnen von der Zukunft des Unternehmens fundamental verschieden sein.

Organisatorischen Krebs verhindern

Genau wie Ihr Körper aus vielen verschiedenen Teilen mit verschiedenen Aufgaben besteht, die alle perfekt aufeinander abgestimmt werden müssen, wenn Sie Ihren Geschäften nachgehen wollen, muß ein Unternehmen oder jede andere Organisation zu einer ähnlichen Vernetzung von Aufgaben gelangen, um mit voller Kraft arbeiten zu können. Jeder Einzelne übt dabei eine geringfügig andere Funktion aus und muß daher auch eine geringfügig andere Absicht und Vision haben – dennoch müssen alle zusammenarbeiten, um ein Ganzes zu bilden, in dem alle Teile in einer organischen Beziehung zueinander stehen.

Im Körper ist das Entstehen von Zellen, die ohne Rücksicht auf das Ganze nur ihre eigenen Absichten verfolgen, die Krankheit, die wir Krebs nennen. In einer

Organisation arbeitet unter Umständen eine ganze Gruppe den Absichten des Ganzen entgegen – und bildet dadurch eine Form organisatorischen Krebses.

In der Tat ist in vielen modernen Unternehmen genau dies der Fall. Wenn einzelne Abteilungen ausschließlich nach ihrer Profitabilität bewertet werden und nicht nach ihrem Beitrag für die Dynamik des gesamten Organisationsorganismus, verfolgen sie unter Umständen tatsächlich einander entgegengesetzte Ziele und löschen sich gegenseitig aus. Verkauf und Marketing bringen beispielsweise Produkte an den Mann, die die Herstellung noch gar nicht produziert hat; Kostenüberläufe, verspätete Auslieferungen und andere Katastrophen sind die Folge. Trotzdem vertreiben Verkauf und Marketing möglicherweise weiterhin unerschrocken, was partout nicht verfügbar ist.

Wie alle auf einzigartige Weise zur Organisation beitragen

Sobald die Vision des Ganzen in den Fokus rückt, wird klarer werden, wie unabhängig Individuen und Gruppen voneinander sind und wie eng sie zum Nutzen der Organisation zusammenarbeiten müssen. So wird das Rechnungswesen beispielsweise nervös auf Maßnahmen zur Kostenbeschneidung reagieren, die zu falschem Wirtschaften statt zu echten Einsparungen führen könnten. Der Verkauf geht dann nicht mehr in den Keller, weil etwa das Reisebudget der Vertreter beschnitten wird, die Qualität der gefertigten Produkte wird nicht mehr abnehmen, weil minderwertige Teile geordert werden, und die höchstbezahlten und wertvollsten Mitglieder des Unternehmens werden sich nicht bei der Konkurrenz bewerben, die viel besser weiß, was diese Spitzenkräfte wert sind, und dafür auch bezahlt.

So werden zwei Abteilungen ihre Energien nicht in einem Konkurrenzkampf miteinander verschwenden, indem sie versuchen, Produkte herauszubringen, die sich so ähnlich sind, daß sie sich beinahe gegenseitig vom Markt drängen.

Der Bibliothekar wird sich nicht so viele Sorgen um den möglichen Verlust von Büchern und Materialien machen, die plötzlich nicht mehr auffindbar sind. Statt dessen wird er neue Möglichkeiten finden, die Bücherei als ein primäres Kommunikationswerkzeug für die gesamte Organisation zu fördern.

Dadurch, daß jede Abteilung und jeder Einzelne die Vision und Mission des ganzen Unternehmens klarer in den Mittelpunkt stellt, werden sie ihre Anstrengungen koordinieren, damit die wichtigsten Interessen aller befriedigt werden.

Welches zentrale Motiv eint das Unternehmen?

Der russische Schauspieler und Regisseur Konstantin Stanislavsky revolutionierte das Schauspiel, indem er die Spieler anwies, nach dem zentralen Motiv der verkörperten Figur zu schauen, das sich dann in Form eines als Infinitiv-Konstruktion formulierten Leitgedankens aussprechen ließ. Durch diesen Schlüsselgedanken wurden die Texte, die unrealistisch papageienhaft heruntergeleiert wurden, und alle Charaktere, die hölzern heruntergespielt wurden, zu einer kohärenten Aufführung zusammengeschweißt. Dieser Ansatz ist seither die Grundlage praktisch aller Schauspielausbildung. Die meisten der Schauspieler, die heute auf der Bühne und im Fernsehen auftreten, haben gelernt, den zentralen motivierenden Antrieb ihrer Charaktere in Beziehung zur allgemeinen Handlung (oder zum Fehlen derselben) im Skript zu finden. Dazu verwenden sie damals wie heute die Infinitiv-Formulierung als fokussierendes, motivierendes Konzept.

Ein Großteil der Desorganisation im Geschäftsleben läßt sich durch den gleichen Prozeß, das Herausfinden des zentralen Motivs oder der Mission, unter Kontrolle bringen. Dieses Motiv wird dann exemplarisch im Geist und im Verhalten eines jeden in der Organisation verankert. Diese Orientierung an der Absicht unterscheidet sich beträchtlich von der alten Schule mechanistischen wissenschaftlichen Managements, in dem die meisten Leute ihren Fokus ausschließlich auf ihren Teil des Prozesses verengten, anstatt ihn auf dessen übergeordnete Absicht und Ziele zu erweitern. Diese allen gemeinsame, in einer Formulierung zusammengefaßte Absicht – z.B.: „In akzeptabler Zeit perfekt auf die Kundenbedürfnisse zugeschnittene Geräte herstellen" – läßt sich leicht verallgemeinern und zieht sich auf vielerlei Weise durch die ganze Organisation.

Wir müssen damit aufhören, eine Organisation als Maschine zu sehen, und beginnen, sie als Organismus zu betrachten. Die Fertigung stellt zwar Maschinen her, aber nie in einem trägen, mechanischen Prozeß. Statt dessen operiert sie systemisch, organisch. Wie ein Ameisenhaufen oder ein Regenwald besteht jede menschliche Organisation zu einem großen Teil aus miteinander verflochtenen, lebendigen Elementen, und diese Elemente koordinieren sich zu einem Mosaik, das viel komplexer ist als die lineare Struktur einer Maschine. Das gilt für jede menschliche Gemeinschaft: Geschäftsleben, Fabrikation, ehrenamtliche Aufgaben oder Dienstleistungsorganisationen.

Die Kunst, seinen Platz zu finden

In einer solchen Gemeinschaft muß jeder eine eigene Rolle finden und entwickeln. Keine zwei Rollen können gleich sein, und daher muß jede Rolle die Talente desjenigen, der sie für sich gefunden hat, voll entwickeln. In gewisser Weise muß jeder Arbeitsplatz mit dem Bild desjenigen vor Augen geschaffen werden, der ihn ausfüllt.

Das ist analog zu dem, was in einem lebendigen Organismus geschieht, dessen Struktur den Wert aller seiner Komponenten maximiert. Der gleiche Prozeß sollte, so schwierig es auch aussehen mag, in der Evolution einer Lernenden Organisation auftreten, in der die umfassendste Nutzung der Ressoucen des Einzelnen der Absicht der gesamten Organisation am besten dient.

Der Prozeß ähnelt auch der Aufführung eines Theaterstückes; dieser Analogie werden wir in Schritt Zehn noch weiter nachgehen. Wenn ein Regisseur die Besetzung für ein Stück festlegt, wird er kein gutes Resultat erzielen, solange nicht jeder Schauspieler über die Ressourcen verfügt, um den Part gut zu spielen. Außerdem muß er von seinem Part gefordert werden. Weder kann man einem großen Schauspieler eine völlig banale Rolle geben, noch sollte man jemanden überfordern. Daher ist die Auswahl der Schauspieler für die Rollen, die sie spielen sollen, der Beginn eines hochgradig sensiblen und komplexen Prozesses.

Aber die Besetzung des Stückes ist erst der Anfang. Von der ersten Probe bis zur Absetzung der Aufführung dauert die Erforschung der Rolle an. Wenn jeder Schauspieler durch diese Erforschung das Verständnis für seine Rolle vertieft, entsteht zwar etwas Wertvolles, aber noch nicht unbedingt eine Gesamtleistung des Ensembles. Erst das Zusammenbringen aller Rollen und das Verständnis jedes Schauspielers für die Beiträge der anderen führt zu den eindrucksvollsten Aufführungen.

Wie wir in Schritt Zehn noch detaillierter sehen werden, läßt sich ein solches Ensemble in einer Lernenden Organisation aufbauen. Schließlich versteht jeder die Beziehung seines Parts für das Ganze. Sobald dieses Verständnis erreicht ist, beginnt der kreative Prozeß.

Freiheit finden beim Festlegen der Grenzen

Das Paradox hierbei ist, daß man genau dadurch, daß man sich durch eine gemeinsame Vision und die aus ihr erwachsenen Prozesse enger an das Unternehmen bindet, die größte Freiheit und Unabhängigkeit erlangt. An diesem Punkt erkennt man am klarsten die einzigartige Natur des eigenen Beitrages – wo er beginnt und wo er endet –, und auch, wie sich dieser Beitrag durch den Gebrauch der Werkzeuge, über die man verfügt, reichhaltiger gestalten läßt.

Das Verständnis für den großen Rahmen der Organisation, an der man teilhat – und das gleichzeitige deutliche Erkennen des eigenen einzigartigen Beitrages zum Ganzen – schafft eine ideale Gelegenheit zu lebenslangem Lernen. Es ist Ihre Chance, wirklich kompetent, professionell und letztlich Sie selbst zu werden.

Der Wert nicht-strukturierter Strukturen

Die Art Umfeld, die wir beschreiben, ein Umfeld, das die maximalen Lernbedürfnisse der Menschen in diesem Umfeld erfüllt, ist eigentlich eine nicht-strukturierte Struktur. Das heißt, dieses Umfeld verfügt über Parameter, innerhalb derer die Operationen stattfinden, es spezifiziert die Operationen selbst aber nicht. Dies ist eine Erweiterung des in Schritt Drei erwähnten Konzeptes, nämlich das der *minimalen wesentlichen Spezifikation*.

Man kann sich dieses Konzept anschaulich machen, indem man reflektiert, wie die Regeln eines Spiels funktionieren. Fußball beispielsweise besteht aus einem Feld, einem Ball, einer bestimmten Menge erlaubter Möglichkeiten, den Ball über das Feld zu bewegen (oder nicht zu bewegen), und einer Menge von Punkten und Strafen für bestimmte Aktionen. Hier liegt der Ursprung der Faszination konkurrenzbetonten Sports: die beste Strategie für hervorragendes Spiel zu finden.

Denken Sie in der Fertigung, beim Leiten eines Seminars, beim Entwickeln einer Marketingstrategie oder wenn Sie sich überlegen, wie Sie ein Produkt noch besser in Windeseile vom Reißbrett zur Marktreife entwickeln, in Begriffen meisterlichen Spielens. Nicht-strukturierte Strukturen sind die Spielregeln, die als Katalysator für die Umsetzung origineller Ideen in die Entwicklung bestimmter Möglichkeiten zum Erreichen eines Ziels fungieren.

Wenn jeder in der Organisation über eine klare mentale Landkarte dieser nicht-strukturierten Strukturen verfügt, kann jeder das Gefühl haben, etwa Wichtiges zur Organisation beizutragen. Denn dieses Gefühl kann man nur dann haben, wenn man die Bedeutung des eigenen Beitrages für die gesamte Struktur versteht. Alle Mitglieder der Organisation müssen dieses Verständnis in ihren eigenen Begriffen entwickeln.

Wenn das geschieht, wird wie bei einem Spiel jeder wissen, welche Aktionen erlaubt sind und welche nicht; aber es bleibt den Spielern überlassen, immer wieder neu zu beurteilen, wie sich die Effektivität ihrer Aktionen steigern läßt. Das wird die Begeisterung in die geschäftlichen Aufgaben und in die Herstellung zurückbringen, denn jeder Beschäftigte kann zu dem Entwurf beitragen, der die Ausführung aller möglichen Arbeiten verbessern wird.

Mind-Mapping[*]

Wir möchten jetzt ein machtvolles graphisches Werkzeug einführen, das den Mitgliedern Ihrer Organisation helfen wird, eine gemeinsamen Vision zu entwickeln und ihre Rolle im Schema der Dinge zu verstehen. Die Stärken dieses *Gruppen-Mind-Mapping* genannten Prozesses liegen in seiner Verwurzelung im visuellen Denken und in den kooperativen Prozessen, die ihn mit Leben erfüllen.

Für diejenigen unter uns (in den USA 30%), die ein Bedürfnis haben, die Welt in visuellen Begriffen zu interpretieren, ist Mind-Mapping ein besonders wertvolles Werkzeug. Visuelle Lerner müssen Beziehungen zwischen den Ideen, die sie lernen und über die sie nachdenken, *sehen*. Sie können sich nur dann eine Verständnis-

---

[*] Beyer, M.: „Brainland", Junfermann;
     Bachmann, W. & Friedrich, M.: „Chaos-Management", Junfermann

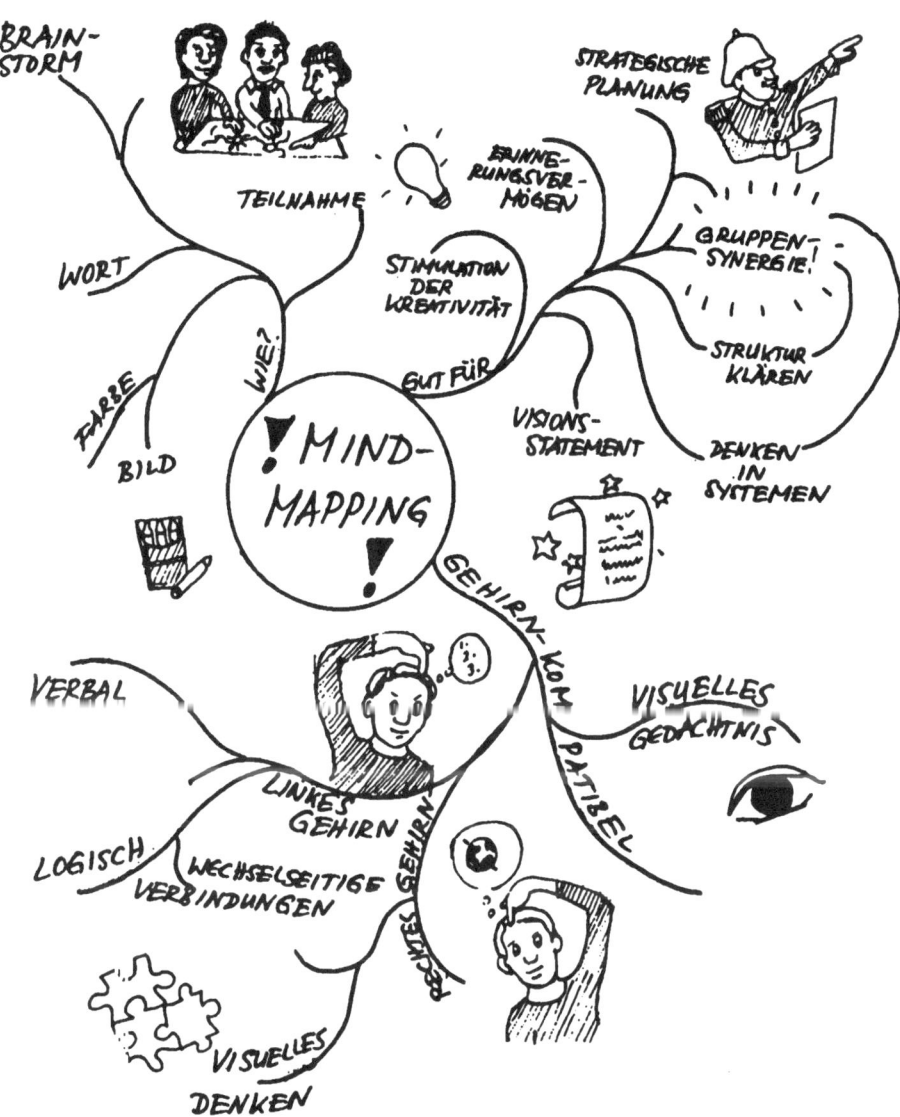

Abbildung: Ein Mind-Map über das Mind-Mapping

brücke zum aktuellen Thema bauen, sich ganz mit ihm identifizieren und dazu
motivieren, ihr Wissen bei ihrer Arbeit zu nutzen, wenn sie über klare Bilder verfügen, mit denen sie arbeiten können.

Viele Seminarleiter und Leute, die sich der Entwicklung menschlicher Ressourcen widmen, sind keine visuellen Lerner. Wenn Sie auch dazugehören, kann es
sein, daß Sie mit dem Mind-Mapping wenig Geduld haben. Leider, müssen wir
sagen, denn ein hoher Prozentsatz der Menschen, mit denen Berater für menschliche Ressourcen zu tun haben, sind visuelle Lerner, die vom Gebrauch von Mind-
Maps sehr profitieren würden.

Ein Mind-Map repräsentiert durch visuellen Symbolismus die Beziehungen zwischen Ideen, Projekten, Zielen etc., vergleichbar mit einer Landkarte geographi-
scher Beziehungen. Für den Fall, daß Sie noch nie ein Mind-Map gesehen haben,
haben wir Ihnen auf der letzten Seite ein Beispiel für ein Mind-Map *über* das Mind-
Mapping selbst gezeigt. Es ist – das sollten wir dazu sagen – nur eine der unzähli-
gen Möglichkeiten, diese Ideen aufzuzeichnen.

Wie Sie erkennen können, steht die zentrale Idee – in Form eines Bildes oder
Symbols oder in Worten – in der Mitte, so wie das Zentrum einer Stadt auf einer
Straßenkarte. Diverse Linien (Straßen) zweigen von der Hauptidee (der City) ab;
jede hat ihren eigenen Namen. Diese Linien bilden ein mögliches Arrangement der
wechselseitigen Beziehungen zwischen Ideen ab. Wir haben damit auf einen Blick
ein Diagramm, das einen globalen Überblick über zahlreiche Ideen repräsentiert.

Mind-Maps sind neurologisch fundiert

Mind-Maps sind ein Nebenprodukt und eine Aufzeichnung des Denkens. Sie sind
die graphische Reflexion geknüpfter Verbindungen und verstandener Beziehungen.
Lassen Sie uns überlegen, warum Mind-Mapping unsere Gedanken auf flexiblere
und unmittelbarere Weise aufzeichnen kann, als Worte allein es vermögen.

Ihr Gehirn speichert visuelle Informationen effektiver als Wörter. Allgemein
gesagt sind Bilder und visuelle Erinnerungen reichhaltiger und lebendiger als abstrakte Konzepte. Diese Bilder müssen jedoch nicht in Form von Postern oder
Photos vorliegen. Ein lebendiges Bild, das Sie sich aktiv in Ihrem eigenen Geist aus-

malen, läßt sich unter Umständen wesentlich leichter behalten als ein Bild, das Sie nur passiv betrachten. Ein Vortragender, der lebendige, konkrete Bilder benutzt, die Sie anregen, aktiv zu visualisieren, kann also einen starken Eindruck auf Sie machen. Wie Graphik-Designer und Werbeleute genau wissen, lassen sich auch Wörter leichter behalten, wenn sie auf eine visuell interessante Weise präsentiert werden.

Wie auch immer eingesetzt – visuelle Komponenten stellen zu Ideen und bereits bekanntem Wissen leichter eine Beziehung her als abstrakte Konzepte. Selbst die einprägsamsten Wort-Bilder können sich durch häufige Benutzung so sehr abnutzen, daß ihre ursprüngliche Bedeutung fast ganz verschwindet. Zwar können auch Bilder klischeehaft werden, aber Bilder hinterlassen eher einen dauerhaften Eindruck als Wörter. Ein Bild erinnert automatisch an das, wofür es steht.

Packen Sie einen Dinosaurier in Ihren Tank

Wenn ich Sie auffordere, sich bildlich einen Dinosaurier in Ihrem Benzintank vorzustellen, habe ich Ihnen nicht nur eine bequeme Eselsbrücke dafür gegeben, daß Ihr Wagen von fossilen Brennstoffen angetrieben wird, die aus prähistorischen Tieren und Pflanzen entstanden sind. Das Bild, das ich Ihrem Geist zum Spielen gab, könnte auch Fragen der Art aufwerfen, wie viele Dinosaurier sterben mußten, damit Sie morgens zur Arbeit kommen – die Art Fragen, die kürzlich öffentlich geäußerten Sorgen über die realen Kosten fossiler Brennstoffe Leben einhauchen.

Vielleicht regt Sie das Bild auch an, darüber nachzudenken, was mit dem Dinosaurier passiert, wenn er seinen Millionen Jahre alten Ruheplatz in der Erde verläßt und in seine neue Wohnung in der Atmosphäre umzieht. So könnten Sie auf den Gedanken kommen, daß Sie jedes Jahr ein paar tote Dinosaurier mehr einatmen müssen.

Das Verwenden visueller Bilder erleichtert also nicht nur lebendigeres und leichteres Erinnern, es lädt Ihren Geist auch ein, mit den Bildern freier und kreativer zu spielen, als wenn er nur mit einem Strom von Worten konfrontiert wird. Das Erforschen der Implikationen von Ideen und neuen, machtvolleren Anwendungen von Ideen wird auf diese Weise noch natürlicher.

Madison Avenue war als erste da

Werbeleute haben natürlich schon längst erkannt, daß sie viel mehr tun müssen, als nur über ihre Produkte zu reden, wenn sie die Konsumenten zum Handeln bewegen wollen. Bilder, Musik und Suggestionen fließen zusammen, um den Käufer in eine attraktive Phantasiewelt totaler Wunscherfüllung zu locken. Je ausgefeilter die Fernseh-Werbespots wurden, desto stärker haben sie sich auf die spielerische Assoziation von Bildern verlassen.

Deshalb ist das Sichtbarmachen der Beziehungen zwischen den einzelnen Bestandteilen eines Themas eine so machtvolle Methode zur Energetisierung des Geistes und zur Vertiefung des Kommunikationsniveaus. Deshalb lädt Sie ein Mind-Map mehr als lineare Abrisse dazu ein, ein Thema aus viel mehr Winkeln zu sehen und zu bedenken.

Der Bildungstheoretiker Leslie Hart steht nicht allein mit der Beobachtung, daß logisches Denken für das Gehirn keineswegs natürlich ist.[3] Es *kann* zwar Logik benutzen, aber das Gehirn findet wesentlich leichter Muster und Wechselbeziehungen als logische Sequenzen. Es hält Ausschau nach Hinweisen – häufig in Form unverbundener, scheinbar zusammenhangsloser Informationen – und verfügt über ein subtiles, aber nicht immer logisches Vermögen, Bedeutung aus scheinbar zersplitterten Elementen zu gewinnen.

Das Mind-Mapping verstärkt die natürlichen Gehirnprozesse, indem es disparate und scheinbar separate Ideen und Konzepte zu einem arbeitsfähigen, graphisch repräsentierbaren Ganzen verbindet. Das gibt dem Gehirn das Rohmaterial, das es später zur Herstellung besserer Beziehungen zwischen entdeckten Mustern benutzen kann.

Der Wert des Big Picture

Sobald Ihr Gehirn den Überblick, das Big Picture, hat, setzt es mit Leichtigkeit die Details ein. Die allgemein üblichste Methode beim Puzzeln ist, zuerst den Rahmen zusammenzusetzen und dann die verbleibenden Teile nach Ähnlichkeitskategorien zu sortieren, so daß Unterstrukturen entstehen. Entsprechend hilft ein globales

Bild oder Verständnis eines Themas, Sortimente von Fakten miteinander zu verbinden, um sie besser verstehen und organisieren zu können.

Nach der Auffassung von Forschern trainiert das Koordinieren des Big Pictures mit seinen Details Ihr rechtes und linkes Gehirn darin, als Partner in einer ganzhirnigen Verarbeitung zu arbeiten. Sie lernen also, Informationen effizienter zu verarbeiten, zu speichern und ins Gedächtnis zurückzurufen. Mind-Mapping ist sowohl leicht als auch machtvoll, weil es mehr von Ihrem Gehirn in den Denkprozeß einbezieht als traditionellere Methoden der Informationssammlung.

Auch wenn es nichts für Sie ist – probieren Sie es aus

Ich bin ein eher logisch/mathematischer Lerner, der sequentielle Skizzen Mind-Maps vorzieht. Dennoch unterrichte ich Mind-Mapping in allen meinen Seminaren und habe gelernt, es erfolgreich einzusetzen. Meine Erfahrung ähnelt wahrscheinlich der vieler anderer Seminarleiter: Zuerst ist das Mind-Mapping etwas ungewohnt und wirkt möglicherweise ein bißchen kindisch oder unstrukturiert. Doch mit einiger Übung stellen wir fest, daß wir mit Mind-Mapping vieles tun konnten, was wir mit keinem anderen Werkzeug so effektiv geschafft hätten.

Das gilt besonders für individuelles Brainstorming, das Sie veranstalten können, wenn Sie ein Inventar Ihrer Ideen zu einem gegebenen Thema erstellen wollen. Ich nutze Mind-Mapping häufig für ein Brainstorming, um mögliche Ideen für ein neues Buch oder einen Artikel zu erforschen oder um mir beim Entwurf eines Workshops oder Seminars zu helfen oder um mich auf ein kurzes Gespräch vorzubereiten. Manchmal – bei Beratungsgesprächen mit einem Kunden etwa – benutze ich Mind-Mapping auch zur Erforschung neuer Möglichkeiten. Ich habe Mind-Maps sogar für die Planung der Organisation meines Haushalts benutzt.

Logisch/mathematische Lerner wie ich werden wahrscheinlich feststellen, daß von der zunehmenden Entwicklung der visuellen Lernfertigkeiten durch Mind-Mapping auch der logisch/mathematische Denkstil profitiert. Denn wenn wir eine schwächere Komponente unserer mentalen Prozesse stärken, scheinen im Endeffekt auch die stärkeren davon zu profitieren.

Neben weiteren Methoden des Symbolisierens von Ideen oder Wörtern durch visuelle Repräsentationen, die Sie entdecken werden, ist schärferes Denken ein zusätzlicher Nutzen von Mind-Maps. Das Übersetzen von Wörtern in visuelle Bilder erfordert, daß man über ihre Bedeutung nachdenkt. Das bloße Neuabmischen auswendiggelernter Definitionen führt selten zu neuen Einsichten. Wird das Gehirn jedoch veranlaßt, Informationen von einem System mentaler Verarbeitung in ein anderes zu übertragen, bleibt Denken nicht aus.

Wenn Sie beispielsweise aufgefordert werden, ein Mind-Map Ihrer Vorstellung von Demokratie aufzuzeichnen, sind Sie gezwungen, sich zu entscheiden, was Demokratie für Sie bedeutet, sonst können Sie nicht weitermachen. Wenn Sie dagegen lediglich gefragt werden, welches politische System wir haben, und Sie antworten „ein demokratisches System", hat Ihr Zuhörer keine Möglichkeit, zu erfahren, was das für Sie bedeutet.

Die Leistungsfähigkeit eines visuellen Gedächtnisses

Wir verfügen über mindestens zwei Arten von Gedächtnis: das konzeptuelle Gedächtnis und das mechanische Gedächtnis. In unserem konzeptuellen Gedächtnis gespeicherte Begriffe spielen in unserem Denkprozeß eine aktivere Rolle als mechanisch auswendig gelernte. Allgemein gesagt verknüpfen sich Bilder eher mit konzeptuellen Erinnerungen als mit mechanisch auswendig Gelerntem. Denn das Manipulieren von Bildern und das Verknüpfen mit anderen Bildern in unserem Geist fällt uns leichter als das Manipulieren von Worten. Und da wir uns leichter Bilder merken können als Wörter, bleiben uns konzeptuelle Gedanken eher erhalten als auswendig Gelerntes. Sie halten es vielleicht für albern, wenn wir Sie fragen, was ein Stuhl ist: Das Konzept eines Stuhles ist so sehr Teil von Ihnen, daß Sie sich kaum vorstellen können, das Konzept Stuhl zu vergessen. Aber wenn wir Sie fragen, mit welcher Formel sich der Flächeninhalt eines Kreises berechnen läßt (ein sehr viel einfacheres Konzept als das eines Stuhles), verursachen wir Ihnen wahrscheinlich ein wenig mehr Unbehagen.

In seinem Buch *How We Remember What We See*[4] behandelt Ralph N. Haber das Thema der Bilderinnerung. In einer Untersuchung wurden Menschen 2.500 Bilder mit einer Geschwindigkeit von einem Bild pro Sekunde gezeigt. Als nach einer Stunde die gleichen Bilder mit ähnlichen, zuvor nicht gezeigten Bildern gepaart wurden, konnten die Testpersonen 85-95 Prozent der gezeigten Bilder identifizieren.

Unser bemerkenswert akkurates visuelles Gedächtnis wird von Peter Russell in seinem Buch *The Brain Book* erforscht, in dem er Berichte über weitere Forschungsprojekte anführt.[5] Frühere Beobachtungen werden durch Experimente bestätigt und erweitert, bei denen das Kurzzeitgedächtnis von Probanden anhand einfacher gesprochener Worte getestet wurde. Dabei werden Wörter wie „Fahrrad" oder „Hund" je dreimal wiederholt. Nach einer Stunde identifizierten die Testpersonen in 33 Prozent der Fälle die richtigen Wörter. Diejenigen Probanden, die sich für die gehörten Worte separate visuelle Bilder vorstellen konnten, hatten eine Erinnerungsquote von 46 Prozent. Diejenigen, die sich etwas ausgefeiltere interpretative Bilder ausdachten, hatten eine Erinnerungsquote von 71 Prozent. Diejenigen, die detaillierte interaktive Erlebnisse schufen (die sich beispielsweise einen fahrradfahrenden Hund vorstellten), hatten eine Erinnerungsquote von 95 Prozent.

Wenn Sie also Informationen in Ihrem Geist in visueller Form speichern, sollten Sie dafür sorgen, daß die Informationen in Ihrer Phantasie lebendig bleiben und sich weiter mit anderen Ideen verbinden. Wenn Sie sich dieses Bild *selbst* machen, erinnern Sie sich mit großer Wahrscheinlichkeit extrem gut daran, besonders, wenn Ihre Bilder hochdramatisch sind.

Wenn Sie sich darüber hinaus mentale Bilder zur Repräsentation einer Menge von Wörtern machen – wie etwa beim Mind-Mapping –, denken Sie automatisch darüber nach, was diese Bilder bedeuten, und speichern sie in Ihrem Geist in einem lebendigen und dynamischen Format. Das geht nicht, wenn Sie nicht über die Implikationen dieser Ideen nachdenken – nach und nach werden Sie beginnen, diese Ideen auch zu nutzen.

Mit Gruppen-Mind-Maps zur Synergie

Wir haben festgestellt, daß Mind-Mapping-Techniken dabei helfen können, Gruppendenken auf einem hohen Niveau der Synergie zu organisieren. Die meisten

Organisationen, mit denen wir gearbeitet haben, hatten dieses Werkzeug zuvor noch nicht entdeckt. Und selbst viele derjenigen, die solche Techniken für sich selbst einsetzen, bezweifeln, daß es möglich wäre, mehrere Mind-Maps zu einem zu kombinieren. Aber der Prozeß des Gruppen-Mind-Mappings läßt sich leicht erlernen und hilft der Gruppe beim Aufbau synergetischer Bindungen. Wenn Menschen nicht nur erfahren, wie sehr sich ihr Denken ähnelt, sondern auch, wie viel kraftvoller sie ein Problem angehen können, wenn die ganze Gruppe etwas beisteuert, wird ihr Sinn für das Mögliche erweitert.

Wir haben das Gruppen-Mind-Mapping erstmalig als Teil eines Trainings in großen Unternehmen getestet. Zuvor baten wir die Teilnehmer, Mind-Maps von den in ihren Abteilungen gebräuchlichen Kommunikationssystemen anzufertigen. Danach sollten sie sich in kleinen Gruppen zusammensetzen und die Weisheit ihrer Mind-Maps in einem Pool vereinigen. Vieles überlappte sich, aber trotzdem wies jede Abteilung Systeme auf, über die nur sie verfügte und die die anderen Abteilungen nicht unbedingt verstanden.

Die Teilnehmer betrachteten unser Vorhaben mit beträchtlicher Skepsis. Schließlich, so wandten sie ein, hatten wir sie doch gerade davon überzeugt, daß jeder Einzelne Ideen auf seine ganz persönliche Weise strukturiert. Nach unserem betonten Eintreten für Mind-Mapping als höchst persönliche Repräsentation der Ideen eines Einzelnen, als Darstellung eines personalisierten Standpunktes, leuchtete ihnen nicht ein, wie zwei oder mehr Menschen ihre Mind-Maps miteinander verbinden können.

Gruppensynergie bei der Arbeit

Nichtsdestotrotz fing eine Gruppe nach der anderen schließlich Feuer. Als die Teilnehmer entdeckten, wie sich ihre Ideen mit den Ideen anderer Gruppenmitglieder verweben ließen, teilten sie eine bewegende neue Erfahrung. Sie begannen zu erkennen, was es hieß, Gruppensynergie zu erleben.

Ziel war, in einem Überblick darzustellen, wie alle abteilungsinternen Kommunikationssysteme ineinandergriffen, und dabei die besondere Rolle der einzelnen Systeme hervorzuheben. Der Prozeß erforderte, daß jede Gruppe den anderen

Gruppen ihr einzigartiges System erklärte. Oft führte dies zu einem größeren Verständnis der Bedeutung des Systems, auch seitens der Gruppe, die es benutzte.

Wiederholtermaßen erlebten wir, wie die Teilnehmer genauer untersuchten, wie das Unternehmen eigentlich funktionierte. Sie rangen mit den heimlichen Tagesordnungen, der Infrastruktur und der Unternehmenskultur. Oft hörten wir, wie zwar mit viel Worten zu Risikobereitschaft aufgerufen wurde, wie aber diejenigen, die wirklich Risiken eingingen, durch die Reaktion des Managements abgeschreckt wurden. Es schien, als würde den Leuten plötzlich ein Licht darüber aufgehen, womit sie es hier zu tun hatten. Teilweise lag das daran, daß viele Dinge zum ersten Mal offen diskutiert wurden, um die man vorher nur insgeheim etwas wußte und verstand.

Es ist wundervoll, zu entdecken, daß man mit seinem Empfinden der Dinge um einen herum nicht allein steht. Überall schienen die Teilnehmer in ihrem Verständnis des Unternehmens Durchbrüche zu erzielen, als sie Ursache-Wirkungs-Beziehungen bildlich darstellten und bemerkten, wo Flaschenhälse überflüssigerweise Zeit und Mühe gekostet hatten. Sie bereinigten die Engpässe und zeitschluckenden Aktivitäten.

Es war klar, daß sie und viele andere über diese Dinge zum ersten Mal kommunizierten wie noch nie zuvor. Nie wieder, dachten wir, würden sie sich damit zufriedengeben, schlafende Hunde schlafen zu lassen. Manche der betrieblichen Prozesse wurden unmittelbar vor unseren Augen restrukturiert.

Durchbruch durch Gruppen-Mind-Mapping

Anschließend meinten mehrere Teilnehmer, daß sie während dieses zweistündigen Prozesses mehr über sich selbst, über die anderen und darüber gelernt hatten, wie das Unternehmen funktioniert, als in ihrem gesamten vorherigen Umgang miteinander. Während dieser Tage konnten wir diese neu gewonnenen Erkenntnisse in wohlstrukturierte strategische Pläne und Visions-Statements einmünden lassen. Sie reorganisierten radikal die Sehweise jeder Abteilung und des Unternehmens.

Wenn eine Gruppe die beschriebene Gruppen-Mind-Mapping-Übung durchführt, hört man nicht selten Kommentare wie: „Wenn unser Unternehmen wirklich so tief in der Klemme steckt, wieso sind wir dann immer noch im Geschäft?" Wenn

das passiert, verzweifeln Sie nicht, und lassen Sie auch die Gruppe nicht verzweifeln. Zu erkennen, daß man in der Klemme steckt, ist der erste Schritt, aus dem
ganzen Schlamassel wieder herauszukommen. Das geht nicht über Nacht, sondern
ist eine Reise über tausend Meilen …

Mit der größten Wahrscheinlichkeit wird der Durchbruch beim Vereinen der
Mind-Maps für die Beteiligten in der neuen Erkenntnis bestehen, daß es möglich
ist, die Prozesse, Infrastruktur und Kultur zu verstehen, die das Rückgrat der Organisation bilden. Sobald man diese Prozesse versteht und ihre Funktionsweise
erklären kann, ist man auf dem richtigen Weg zur Umstellung und Verbesserung
dieser Prozesse. Resultat dieses verbesserten Managements wird sein, daß alle bessere Möglichkeiten haben, ihre Bedürfnisse bei der Arbeit zu erfüllen.

Konkurrierende Kräfte ausbalancieren

Gruppen-Mind-Mapping ist ein exzellentes Werkzeug für das Setzen von Zielen für
die Organisation und strategische Planungen, weil es das Bewußtsein für die deli-
kate Balance zwischen dem Individuum und der Gruppe schärft. Da jeder Einzelne
für einen Teil der Gesamtzukunft des Unternehmens verantwortlich ist, müssen all
die verschiedenen Verantwortlichkeiten richtig ineinandergreifen. Wenn eine
Gruppe zur Artikulation einer gemeinsamen Vision mehrere Durchgänge des
Gruppen-Mind-Mappings durcharbeitet, steigt die Wahrscheinlichkeit, daß die
gemeinsame Vision wirklich alle Sichtweisen berücksichtigt und daß jeder Einzelne
ein klareres Verständnis seiner Rolle in der langfristigen Evolution der Organisation
gewinnt.

Bei der strategischen Planung muß ein weiteres Gleichgewicht aufrechterhalten
werden: Wenn man an die Zukunft denkt, muß man sich ständig an die gegenwärtige Realität erinnern. Zum Überbrücken der Lücke zwischen Gegenwart und
Zukunft kann das Mind-Mapping dienen.

Bei der Arbeit mit einem Klienten oder während eines Seminars bitten wir
manchmal Teilnehmer, getrennte Mind-Maps von der gegenwärtigen Realität und
von dem gewünschten Zustand ihrer Organisation anzufertigen. Die Übung unterstützt das Entstehen eines realistischen Bewußtseins für die Spannung zwischen
dem gegenwärtigen Standpunkt und dem angepeilten Ziel. Durch das Klarstellen

der Unterschiede zwischen der Gegenwart und der Vorgabe schaffen Sie eine nicht-
strukturierte Struktur, die den Weg zum Ziel ebnet. Den erreichten Fortschritt zu
messen erscheint ganz natürlich. Diese Messungen werden fast intuitiv vorgenommen, noch bevor sie exakt ausgeführt werden.

Eine ungewöhnliche Erfolgsgeschichte

Im Jahre 1990 veranstaltete die Susan Lindgren School in St. Louis Park in Minne-
sota ein interessantes Projekt zur strategischen Planung.[6] Zur Ermittlung des kollektiven Inputs von mehr als fünfhundert unparteiischen Kandidaten wurden Mind-
Maps benutzt. Unter den Teilnehmern waren Schüler, Eltern, Mitarbeiter aus Stabs-
stellen, Verwaltungsangestellte des Distrikts und Geschäftsleute.

Die Teilnehmer wurden aufgefordert, Mind-Maps auf einen Flipchart-Bogen zu
zeichnen. Auf der oberen Papierhälfte zeichneten sie ein Mind-Map von ihrer „idealen Schule". Auf der unteren Hälfte stellten sie die gegenwärtige Realität der Schule
dar. Dann arbeiteten die Teilnehmer in kleinen Gruppen und integrierten ihre
Visionen von einer „idealen Schule" mit der Schulrealität und entwickelten so ein
zusammengesetztes Mind-Map. Aus diesem Prozeß zur Entwicklung einer gemeinsamen Vision heraus wurden sieben Statements entwickelt, die zusammengenommen dem Schulrat als Hilfestellung für Zielsetzungen und Vorgaben für die
Zukunft dienten.

Die sieben Visions-Statements lauteten:
1) Förderung von Selbstachtung in der gesamten Schulgemeinschaft.
2) Respektieren der Unterschiede verschiedener Menschen.
3) Wertschätzung kooperativen Lernens.
4) Ansprechen aller Lernstile.
5) Einladung an die Schüler, bei schulischen Entscheidungen mitzureden.
6) Stärkere Elternbeteiligung.
7) Unterstützung von „bottom-up"-Management.

Die Schulvision, die aus diesem Prozeß für eine gemeinsame Vision entstand,
lautete: „Anbieten eines integrierten Unterrichts für alle Lerner in einem kooperativen Lernumfeld, das Erfolg durch dezentralisierte demokratische Partnerschaften

Gleichberechtigter fördert." Die Schule verband ihre Ziele mit ihrer gemeinsamen
Vision und rief vier Komitees ins Leben. Der Schulrat arbeitete mit dem Schuldi-
strikt eine Vereinbarung aus, die ihm ermöglichte, sein Budget selbst zu verwalten
und so seine eigenen Ziele zu finanzieren.

Im Dezember 1992 wurde der Susan Lindgren School der *National School
Excellence Award* verliehen. Der Direktor erzählte uns, daß die Jury, die die Schule in
Augenschein genommen hatte, gemeint hätte, daß der auf Mind-Maps basierende
Visionsprozeß für die Entscheidung, den Preis dieser Schule zuzuerkennen, eine
wesentliche Rolle gespielt habe.

Wie man sich selbst leitende Teams plant

In einem weiteren Trainingsprogramm in einem Unternehmen arbeiteten wir mit
einem Team von zehn Leuten, die vom stellvertretenden Leiter der Herstellung
abgestellt worden waren. Das Team sollte untersuchen, wie aus der Fabrikarbeiter-
schaft heraus sich selbst leitende Arbeitsteams entstehen könnten. Als wir das Team
zum ersten Mal zusammenbrachten, mußten wir ein Gefühl für den Zweck des
Unternehmens und den Zusammenhang unter den Mitgliedern entstehen lassen.
Wir hofften, daß diese stärker werdenden Bindungen innerhalb des Teams es leichter machen würden, die Entstehung einer Vision, das Setzen von Zielen und das
Entstehen von Teamverantwortlichkeiten zu unterstützen.

Eine der Methoden zur Unterstützung dieses Teams war dabei das Gruppen-
Mind-Mapping. Hier die Schritte, nach denen wir während einer der frühen
Sitzungen bei der Zusammenstellung eines Teams vorgingen. Der ganze Prozeß
nahm etwa einen halben Tag in Anspruch:

1. Wir zeigten den Teilnehmern eine Anzahl von Beispiel-Mind-Maps aus Büchern
    über Kreativität und Lernen, zusammen mit Illustrationen, die in unseren ande-
    ren Workshops entstanden waren. (Unsere Hauptquelle war dabei *The Brain
    Book* von Peter Russell.)
2. Wir forderten die Teilnehmer auf, ein Mind-Map des Wachstumsprozesses von
    Bäumen anzufertigen. Das Thema wurde in die Blattmitte gesetzt. Die Teil-
    nehmer verbrachten mit unserer Hilfestellung die nächsten Minuten mit dem
    Aufbau eines Gruppen-Mind-Maps.

3. Es folgte eine kurze Diskussion über das Warum und das Wie des Mind-Mapping.

4. Wir gaben jedem Teilnehmer einen Flipchart-Bogen. Wir baten sie, ihre Blätter zu falten. Auf die obere Hälfte sollten sie mit farbigen Textmarkern *Hindernisse* schreiben. In dieser Sektion sollten sie alles festhalten, was der erfolgreichen Einrichtung sich selbst leitender Arbeitsteams im Wege stehen könnte.

5. Auf die untere Hälfte sollten die Teilnehmer *Förderndes* schreiben, also alles, was für sie und die Implementierung von sich selbst leitender Arbeitsteams arbeitete.

6. Nach der Fertigstellung ihrer Mind-Maps sollten sich die Teilnehmer zu Zweier- und Dreiergruppen zusammentun und die Unterschiede ihrer Mind-Maps diskutieren. Jede Gruppe sollte sich dann auf ein aus ihren Einzel-Mind-Maps erstelltes Gruppen-Mind-Map einigen. Wir schlossen dann jeweils zwei kleinere Gruppen zu einer größeren zusammen und wiederholten den Prozeß.

7. Als schließlich das endgültige Gruppen-Mind-Map stand, besprachen wir den ganzen Prozeß bis hierhin.

8. Ausgehend von dem Gruppen-Mind-Map plante das Team seinen Weg zum Ziel, der Einführung sich selbst leitender Arbeitsteams.

9. In der letzten Übung des Tages zeigte jeder Teilnehmer der ganzen Gruppe sein persönliches Mind-Map und sprach kurz darüber, welche Einsichten das Team über das Projekt, das sie sich vorgenommen hatten, gewonnen hatte.

10. Jedem Mitglied wurde eine Kopie des endgültigen Mind-Maps zugestellt. Die Teammitglieder wurden angehalten, ihre ursprünglichen Mind-Maps als Referenzpunkt zu behalten und den Inhalt allen Mitarbeitern zu erläutern, die es eventuell zu Gesicht bekamen.

Das während dieser Sitzung entwickelte Mind-Map war ein vollständiger visueller Report und eine Leistungskontrolle der Arbeit des Teams. Mit Hilfe des Mind-Mapping-Prozesses ließ sich leicht feststellen, was den einzelnen Mitgliedern und ihnen allen zusammen wichtig war. Das Mind-Mapping ermöglichte mit verhältnismäßig geringem Zeitaufwand den Aufbau einer gemeinsamen Ausgangsbasis für die Arbeit. Natürlich stand der Gruppe mit der Bestimmung der Details ihrer Visionen und Ziele noch weitere Arbeit bevor, aber diese Erfahrung war eine Starthilfe, die durch das Vehikel Mind-Map überhaupt erst möglich geworden war.

Vollständige Schritt-für-Schritt-Anleitung

Als unser großes Finale bieten wir Ihnen ein Beispiel für den Einsatz von Mind-Maps in der Finanzabteilung eines großen Unternehmens. Dieses Mind-Map-Modell wurde in vielen verschiedenen Umgebungen eingesetzt, mit Fabrikarbeitern, Mitgliedern des Unterstützungsstabes, Ingenieuren, sich selbst leitenden Arbeitsteams und in Managemententwicklungsworkshops. Unser Beispiel faßt zusammen, wie Gruppen aller Art Gruppen-Mind-Maps für das Erreichen von Synergie für Zielsetzung, Visionsentwicklung, Entwicklung von Visions-Statements und Prozeßumgestaltung einsetzen können.

Im folgenden geben wir einen vollständigen Abriß des Workshops; Sie können ihn also, wenn Sie wollen, entweder reproduzieren oder an Ihre eigenen Bedürfnisse anpassen. In diesem Fall war der Finanzdirektor daran interessiert, innerhalb seiner Abteilung etwas zu ändern. Er beschloß, mit dem Abteilungsleiter und dem Management zu beginnen – insgesamt achtzehn Mitarbeitern. Die Abteilung hatte vorher einen sehr kontrollierenden, risikomeidenden und für die Organisation als ganze unflexiblen Managementstil. Absicht des Workshops war, die Gruppe beim Finden gemeinsamer Werte, einer Absichtserklärung und einer Methode für die Einigung des Managements zu unterstützen, damit sie als Team effektiver arbeiten konnten als je zuvor.

Die Vorgabe war dabei die Entwicklung einer Vision mit maximal sieben Zielen, die sich der ganzen Abteilung zwecks Klärung und Annahme präsentieren ließen. Der Direktor wollte, daß der Workshop nicht auf die herkömmliche Art und Weise geleitet wurde.

Das hätte nämlich bedeutet, das Team den ganzen Tag reden zu lassen, die Ideen auf eine Flipchart schreiben zu lassen, ein paar Leute dafür abzustellen, die Ergebnisse festzuhalten und die Resultate für die Abteilung zu veröffentlichen. Und bis zum nächsten Jahr wäre gleich alles wieder vergessen gewesen.

Der innovative Lernentwicklungsprozeß konzentrierte sich statt dessen auf Mind-Maps als Haupthilfsmittel. Wir entwickelten den Stoff in der folgenden Reihenfolge:

1. Wir stellten die Tagesordnung und die gewünschten Ergebnisse vor.

2. Wir forderten die Teilnehmer auf, ein Thema zu wählen, anhand dessen wir das Mind-Mapping demonstrieren konnten. Jemand meinte: „Schokoladenkekse backen".

3. Wir schrieben das Thema in die Mitte der Flipchart und umrahmten es mit einem grellen Textmarker. In den Kreis zeichneten wir einige kleine Bilder von Schokoladenkeksen.

4. Mit Hilfe des Inputs der Teilnehmer fertigten wir innerhalb von zwei oder drei Minuten ein Mind-Map an. Fünf weitere Minuten lang beantworteten wir Fragen zur Funktion von Mind-Maps.

5. Wir gaben jedem Teilnehmer ein großes Stück Flipchart-Papier. Wir baten sie, ihre Blätter in der Mitte zu falten.

6. Auf die obere Hälfte ließen wir sie „Gegenwärtige Realität" schreiben. Auf die untere Hälfte „Vision". Dazu stellten wir ihnen Schachteln mit mehrfarbigen Textmarkern zur Verfügung.

7. Dann forderten wir die Teilnehmer auf, ein Mind-Map der gegenwärtigen Realität in ihrer Abteilung anzufertigen, vozugsweise nur mit Bildern. Wir baten sie, in dieser Phase der Aktivität nicht miteinander zu reden.

8. Nachdem die Teilnehmer ihr Mind-Map von der gegenwärtigen Realität erstellt hatten, forderten wir sie auf, ein Mind-Map ihrer Vision für die Abteilung anzufertigen. Jeder Teilnehmer sollte sein fertiges Mind-Map an die Wand hängen.

9. Wir forderten die Teilnehmer auf, sich alle Mind-Maps anzuschauen, ohne miteinander zu reden, und die folgenden Fragen zu beantworten:

    a. Welche Themen tauchen in der gegenwärtigen Realität immer wieder auf?

    b. Welche Themen tauchen in der Vision häufig auf?

    c. Was verstehen Sie nicht, was Sie gerne klären würden?

10. Nachdem jeder die Möglichkeit hatte, sich alle Mind-Maps anzuschauen, fingen die Leute an, Fragen wie die folgenden zu ihren Mind-Maps zu stellen: „Was bedeutet dieses Bild?", „Wie kommt es, daß deine Farben für die gegenwärtige Realität so düster sind?", „Wozu sind denn diese Strichmännchen in dem Kreis?", „Was soll die Sonne bedeuten, die am Horizont aufgeht?"

11. Nachdem die Teilnehmer ihre Mind-Maps erkundet und diskutiert hatten, listeten sie die häufig auftauchenden Themen in den Mind-Maps der gegenwärtigen

Realität und der Vision auf. Diese häufig auftauchenden Themen wurden auf zwei separaten Flipcharts gesammelt.

12. Die Teilnehmer wurden aufgefordert, sich ab und zu die Mind-Maps an der Wand noch einmal anzuschauen und zu sehen, ob ihnen vielleicht irgend etwas Wichtiges entgangen war.

13. Nach Fertigstellung der beiden Listen begann die Gruppe eine Analyse der Lücke zwischen den beiden Listen. Wer eine Diskrepanz entdeckte, wurde aufgefordert, auf der Suche nach größerer Klarheit zu den Mind-Maps an der Wand zurückzukehren. Anläßlich der Untersuchung der Listen, der Diskussionen und der Betrachtung der anregenden Mind-Maps gab es viel „Flow" (siehe Schritt Sechs). Dadurch hatten wir multi-modale Straßen gebaut, die den Teilnehmern ermöglichten, individuell und kollektiv zu erforschen und zu klären, welche Anliegen ihnen wichtig waren.

14. Den Rest des Tages verbrachte das Team mit der Arbeit an der Beschreibung ihrer gegenwärtigen Realität, dem Vergleich dieser Beschreibung mit ihrer Vision von einer idealen Arbeit und der Entwicklung entscheidender Erfolgsfaktoren, für die sie sich im folgenden Jahr alle engagieren konnten.

15. Am Ende der Tagessitzung sollten die Teilnehmer ihre Mind-Maps mitnehmen und in ihren Büros oder ihren Arbeitsbereichen für alle sichtbar aufhängen. Die Mind-Maps sollten ihnen ein Aufhänger für Gespräche während ihrer Zusammenkünfte oder für den Fall sein, daß jemand vor dem Mind-Map stehenblieb und darüber sprechen wollte. Sie waren auch als ständige Erinnerung an ihre Gedanken und Gefühle zu einem bestimmten Zeitpunkt gedacht – eine simple Form persönlicher Leistungskontrolle.

Der hier beschriebene Mind-Mapping-Prozeß ist ein hochwirksames Werkzeug für die Unterstützung eines Teams, das herausfinden möchte, was seine Mitglieder bezüglich der Probleme, Konflikte, Situationen und Ziele denken und fühlen, mit denen sie tagtäglich umgehen müssen.

Der traditionelle Ansatz, viel Zeit mit Diskussionen, einigen Kleingruppensitzungen und einer Menge Ideenlisten zu verbringen, verengt den gesamten Lern- und Entwicklungsprozeß. Deshalb gelingt es im traditionellen Ansatz nicht, die multiplen Fähigkeiten einer heterogenen Gruppe zu aktivieren.

Mind-Mapping gibt allen Teilnehmern die Möglichkeit, aktiv am Lern- und Entwicklungsprozeß teilzunehmen, für die einzigartigen individuellen Perspektiven respektiert zu werden und kollektive Zielvorgaben aufzubauen, die sowohl dynamisch als auch produktiv sind.

Vorwärts und aufwärts

So effektiv Mind-Maps auch sind, sie bleiben meiner Meinung nach doch immer ein wenig abstrakt. Wir haben sie nicht benutzt, um in aller Ausführlichkeit zu erforschen, wie all die Beziehungen und Handlungen in der Praxis aussehen werden. Dazu werden wir uns im nächsten Kapitel ein noch leistungsfähigeres Werkzeug vornehmen.

Schritt 8

Erwecken Sie die Vision zum Leben

In den 60er Jahren führte Richard Held am MIT ein Experiment durch, das mit erstaunlicher Klarheit einen überraschenden Aspekt davon demonstrierte, wie der Geist funktioniert.

Held setzte zwei Kätzchen auf ein oben offenes Karussell von etwa 60 Zentimetern Durchmesser. Die das Karussell umgebende Wand wurde mit farbigem Papier tapeziert. Eines der Kätzchen saß in einer Gondel auf einer Stange fest, die durch den Drehpunkt lief. Es fuhr also wie in einer Attraktion auf dem Jahrmarkt. Die Beine des Kätzchens waren so festgeschnallt, daß es gemütlich Karussell fuhr und dabei von dieser Position aus zwei Wochen lang seine Umgebung beobachtete.

Das zweite Kätzchen lief in einem bequemen Geschirr, das mit dem Mittelpunkt des Karussells verbunden war. Das Im-Kreis-Laufen des Kätzchens drehte die Scheibe und setzte die Gondel des ersten Kätzchens in Bewegung. Die beiden Kätzchen waren also zwei Wochen lang den gleichen visuellen Stimuli ausgesetzt.

Als die Kätzchen nach den zwei Wochen vom Karussell genommen wurden und wieder frei laufen durften, zeigte das Kätzchen, das beim Betrachten seiner Umgebung herumlaufen durfte, ein völlig normales Verhalten. Das andere Kätzchen aber, das in der Gondel gesessen hatte, war zeitweise funktional blind: Es stolperte im Gras herum und es gelang ihm nur langsam und mühevoll, seinen visuellen Input mit seinen Körperbewegungen zu verknüpfen, bis es endlich wieder normal sehen konnte.

Helds berühmtes Experiment führt vor Augen, wie wichtig kinästhetischer Input für die Interpretation des Gesichtssinnes ist. Jeder, der schon einmal ein Baby dabei beobachtet hat, wie es nach und nach lernt, Körper- und Augenbewegungen miteinander zu koordinieren, hat gesehen, wie diese Verknüpfung im menschlichen Gehirn erzeugt wird. Denn ohne die Koordination unseres Körpers können wir keine bedeutungsvolle Reaktion auf visuellen Input aufbauen. Diese Wahrheit hat weitreichende Implikationen für das Lernen und Unterricht allgemein und speziell für den erfolgreichen Aufbau einer Lernenden Organisation.

So teuer kommt es, die kinästhetische Intelligenz zu vernachlässigen

In Schritt Sechs bezogen wir uns kurz auf Howard Gardners Theorie der Multiplen Intelligenzen, die sich aus der Beobachtung ableitet, daß alle Menschen über eine Vielzahl von Intelligenzen verfügen. Wir erkannten, daß im traditionellen Unterricht nur zwei dieser Intelligenzen, die linguistische und die mathematisch/logische, regelmäßig angesprochen werden. Der Prozeß des Denkens mit unserem Körper, unserer kinästhetischen Intelligenz, wird in unseren Schulen am stärksten vernachlässigt.

Aber für einen beträchtlichen Prozentsatz der Bevölkerung, der vornehmlich kinästhetisch lernt, ist es fast unmöglich, etwas zu verstehen, ohne es zuvor in irgendeiner Weise als körperlich/kinästhetische Erfahrung zu verarbeiten. Die traurige Vernachlässigung unserer kinästhetischen Lerner ist so ernst, daß diese etwa 80 Prozent aller Schulabbrecher ausmachen. Die gleichen Schüler könnten mit leichten Veränderungen ihrer Unterrichtserfahrung hervorragende Studenten werden und eine akademische Karriere anstreben.

Bei der Schulung von Lehrern und beim Entwurf von Lehrplänen haben wir festgestellt, daß dieses Problem ziemlich einfach in den Griff zu bekommen ist. Wenn die Kurse in den jeweiligen Fächern mit Repräsentationstechniken wie denen aus Schritt Acht beschrieben unterrichtet werden, können die kinästhetischen Lerner die vermittelten Konzepte schnell in sprachlichen Ausdruck übersetzen. Schüler, die vorher versagten, werden erfolgreich, machen Fortschritte beim Lernen und zeigen dabei genausoviel Intelligenz wie ihre Mitschüler.

Ein hoher Grad kinästhetischer Intelligenz findet sich häufig bei Sportlern, Tänzern und anderen Berufen, die sich zu Sport und Aktivitäten hingezogen fühlen, die exzellente Geist-Körper-Koordination erfordern. Im Gegensatz zu der Auffassung, die die meisten von uns von »intellektueller« Aktivität haben, verbessert und erhellt Körper-Intelligenz auch abstraktes Denken. Daß sich Albert Einstein auf Gedankenexperimente stützte, in denen er sich lebhaft vorstellte, wie er selbst durch Raum und Zeit reiste, ist wohlbekannt. In der Tat weist auch der Biograph des Physikers und Nobelpreisträgers Richard Feynman darauf hin,

> daß Einsteins großes Werk physischer Intuition entsprang. Wenn Einstein aufhörte, kreativ zu sein, dann, weil er „aufhörte, in konkreten physischen Bildern zu denken und zu einem Gleichungsmanipulator wurde". Die Intuition war dabei nicht nur visuell, sondern auch auditiv und kinästhetisch. Jedem, der Feynman in Augenblicken intensiver Konzentration beobachtete, vermittelte sich ein starkes, wenn nicht sogar verstörendes Gefühl für die Körperlichkeit des Prozesses – als ob sein Gehirn nicht in den grauen Zellen aufhöre, sondern sich durch jeden Muskel seines Körpers fortsetze.[1]

Ironischerweise ist die kinästhetische Intelligenz – im akademischen Unterricht unangemessen geringgeschätzt und unterkultiviert – in der Industrie höchst wertvoll. Um Erfolg zu haben, muß an vielen Arbeitsplätzen gedacht werden wie bei konkurrenzbetonten Sportarten. Wenn es um ein Verständnis dafür geht, wie Dinge physisch zusammenpassen, brilliert der kinästhetische Denker. Im Unterricht wird diese Fähigkeit selten oder nie angesprochen oder geschult. Kein Wunder also, daß erfolgreiche Geschäftsleute in der Schule oft gar nicht gut waren.

Die Industrie muß lernen, ihre kinästhetischen Lerner zu würdigen

Aber selbst in der Industrie ist die Aussicht für stark kinästhetisch orientierte Lerner gewöhnlich nicht sehr rosig. Für viele Beschäftigte stellt der Arbeitsplatz nur eine Fortsetzung ihrer enttäuschenden Erfahrung aus der Schule dar. Wenn die gleichen Mitarbeiter auch mit einem Auge für ihre kinästhetische Intelligenz geschult würden, könnten sie bei ihren Kollegen Anerkennung finden und in ihrer Karriere brillant vorankommen.

In einer Lernenden Organisation läßt sich diese Vergeudung menschlichen Potentials vermeiden. Vorwiegend kinästhetisch ausgerichtete Lerner sollten wie alle
anderen in der Lage sein, ihre volle Intelligenz einzusetzen.

Schreiten Sie zur Tat

In Schritt Acht werden wir den ungewöhnlichsten und in gewissem Sinne unortho-
doxesten unserer Zehn Schritte erforschen, und zwar insbesondere durch eine Technik, die wir *Kinästhetisches Modellieren* nennen. Für manche wird das Kinästhetische
Modellieren anfangs eine Herausforderung darstellen – bis sie die Gelegenheit
haben, es selbst auszuprobieren. Denn vieles von dem, was wir Ihnen vermitteln
möchten, läßt sich am besten durch unmittelbares Erleben verstehen und bestätigen. Es muß kinästhetisch gelernt werden. Indem wir unsere körperlichen Handlungen besser auf unsere kreativen Denkprozesse abstimmen, beginnen wir vieles
zu genießen, was zuvor wie harte Arbeit schien. Richtig eingesetzt ist Kinästhetisches Modellieren nicht-bedrohlich, nicht-wertend und äußerst erhellend.

Kinästhetisches Modellieren kann uns auch eine Menge über Kommunikation
vermitteln, insbesondere über die 93 Prozent nonverbaler Kommunikation. Indem
wir uns der Gesten, des Tonfalls und der übrigen Signale, die unsere Handlungen
aussenden, bewußter werden, möchten wir vielleicht auch in Betracht ziehen, wie
wir unabsichtlich Botschaften aussenden, derer wir uns nicht bewußt sind. Denn
unser Körper neigt dazu, viel ehrlicher und enthüllender zu sein als der Wortenebel,
den wir häufig versprühen, um zu verbergen, was wir wirklich denken. Indem wir
durch Kinästhetisches Modellieren lernen, uns über unsere Gedanken und unseren
Kommunikationsprozeß klarer zu werden, beginnen sich neue Möglichkeiten zu
entfalten.

Mind-Mapping mit dem Körper

In Schritt Sieben haben wir Mind-Mapping als eine Methode des Visualisierens,
Darstellens und Manipulierens von Informationen eingesetzt, die dynamischer und
flexibler ist als unser lineares, logisch/analytisches Denken. Es gibt jedoch zahlrei-

che Aktivitäten, Prozesse und Beziehungen, die sich am besten verdeutlichen und verbessern lassen, indem wir einen Schritt weiter gehen und uns die Zeit nehmen, uns tatsächlich selbst ins Mind-Mapping einzubringen – körperlich, in drei Dimensionen.

Was bedeutet das Verwandeln von Mind-Maps in Kinästhetische Modelle? Ein erhellendes Erlebnis legt nahe, wie sich diese Verwandlung erreichen läßt.

Die Bürokratie verstehen lernen

Kürzlich wurden wir gebeten, Arbeitslosen zu vermitteln, eine nach oben offene Karriere für sich selbst zu planen. Während wir Interessierte für diesen Kurs gewannen, stellten wir fest, daß es nötig war, mit diversen Behörden zu arbeiten, die alle Vorgaben und Bedingungen hatten, welche unsere Klienten betrafen. Damit diejenigen, die auf Beihilfe angewiesen waren, Kinderbetreuung, An- und Abfahrt zum Unterricht und andere notwendige Hilfestellungen erstattet bekamen, mußten sie zahlreiche Formulare ausfüllen und mit einer ganzen Reihe von Beschäftigten aus dem Sozialsystem Kontakt aufnehmen. Viele unserer Kursteilnehmer waren diesem Prozeß gegenüber ungeduldig und kritisch gegenüber dem System, das sie unterstützte.

Um die Kommunikation und den guten Willen zwischen den Behörden und den Kunden unseres Karrieretrainings zu verbessern, luden wir Mitarbeiter der staatlichen Träger ein und baten sie, uns beim Erstellen eines Kinästhetischen Modelles behilflich zu sein. Dieses Modell sollte all die Beziehungen zwischen Menschen, Systemen, Vorgaben und Geldgebern darstellen, die erforderlich waren, um den Interessierten die Teilnahme an unserem Programm zu ermöglichen.

Ein Teilnehmer nach dem anderen nahm seine Position in der Mitte des Raumes ein. Jeder repräsentierte eine Behörde oder einen Mitarbeiter in einer Behörde. Jedem Teilnehmer, der nach vorne kam, erklärte ein Mitarbeiter der Behörde seine jeweilige Rolle im Ablauf. Direkte Beziehungen zwischen zwei Behörden zeigten die Teilnehmer durch Händeschütteln oder eine andere Darstellung der Verbindung an, die durch die Beziehung impliziert wurde. Abwandlungen des Händeschüttelns konnten beispielsweise einfach im Einhaken der Arme oder im Legen einer Hand auf die Schulter eines anderen bestehen.

Als all die Komponenten der bürokratischen Maschinerie an ihrem Platz waren, spielte ein Teilnehmer die Rolle des Vorganges, der sich von Station zu Station durch das System bewegen mußte. Als diese Bewegung aufgeführt wurde und der Prozeß auf jeder Station ablief, verstanden die Teilnehmer zum ersten Mal, wozu all die bürokratischen Schritte nötig waren. Als sie diesen Ablauf verstehen lernten, wurden sie begierig, denjenigen, die versuchten, den Ablauf zu ihrem Nutzen zu organisieren, ihre Anerkennung auszudrücken. Den Mitarbeitern der Behörde machte die Erfahrung ebenfalls Spaß; sie waren froh, bei dieser Gelegenheit den Menschen, denen sie dienten, die internen Abläufe zu erklären.

Dieses Beispiel weist schon darauf hin, daß kinästhetische Modelle für das Aufbauen einer Lernenden Organisation von unmittelbarem Nutzen sein können.

Anfangen in der eigenen Organisation

Jede Organisation verfügt über Abteilungen mit unterschiedlichen Funktionen und Verantwortlichkeiten. Jede Abteilung hat ihre typischen Kommunikationsabläufe eingerichtet. Oft versteht kein Einzelner in der Organisation ganz, was all die Abteilungen tun oder wie die Kommunikationsabläufe funktionieren. So wie die Arbeitslosen lernten, wie das Sozialsystem funktioniert, kann das Management einer jeden Organisation den Beschäftigten zeigen, wie es organisiert ist. Dazu kann es jeden Beteiligten die beteiligten Beziehungen auf die eben beschriebene Weise aufführen lassen.

Sie werden feststellen, daß diese Übung (die nur ein paar Minuten in Anspruch nimmt) jedem Anwesenden klarmacht, wie das System arbeiten soll und wie seine Teile miteinander zusammenhängen.

Sehen, wie die Dinge funktionieren könnten

Aber das ist nur ein Vorspiel. Kinästhetisches Modellieren kann sowohl eine statische Repräsentation von Beziehungen als auch ein dynamisches Ballett kontinuierlicher Interaktionen sein. Auch als Mittel zur Erforschung möglicher Veränderungen in Prozessen, Strukturen und Systemen, aus denen Ihre Organisation besteht, kann Kinästhetisches Modellieren äußerst hilfreich sein. Viele dieser Abläufe, Systeme und Strukturen sind so lange als selbstverständlich hingenommen worden, daß sie schon fast unsichtbar geworden sind. Aber wenn Sie diese Prozesse körperlich darstellen, sie kritisieren oder Wege zu ihrer Veränderung erforschen, werden Sie zum Mittelpunkt dessen gelangen, was Ihre Organisation funktionieren läßt. Indem Sie dazu beitragen, daß sich die Organisation ihrer eigenen Struktur bewußt wird, unternehmen Sie einen der wichtigsten Schritte, um Ihre Organisation in eine Lernende Organisation zu verwandeln.

Stellen Sie sich beispielsweise vor, Sie entwickeln ein Qualitäts-Programm. Das einzige, was Sie mit Sicherheit wissen, ist, daß es so wie bisher nicht weitergehen kann. Sie könnten mit dem Aufbau eines Kinästhetischen Modells der gegenwärtigen Realität beginnen. Dann können Sie nach Vorschlägen für Verbesserungen im Ablauf fragen. Dann können Sie die Teilnehmer jeden geäußerten Vorschlag durch Veränderung ihrer Positionen und Interaktionen untereinander modellieren lassen.

Kinästhetisches Modellieren ist auch eine effektive Methode zur Einführung und geistigen Vorwegnahme neuer Konzepte und Prozesse. Es kann nicht nur die Prozeduren, sondern auch die Absichten verdeutlichen, die jedem neu eingeführten Prozeß zugrundeliegen. Wenn wir den Zehn-Schritte-Prozeß in unseren öffentlichen Vorträgen präsentieren, erklären wir häufig erst die Schritte und lassen dann einige Zuhörer ein Modell der Schritte aufbauen. Das zeigt, in welcher Beziehung die Schritte zueinander stehen. Etwa die Hälfte der Anwesenden meinten, daß sie vor der Einführung des Modellierungs-Prozesses gar nicht richtig verstanden hätten, worum es eigentlich ging.

Modellieren eines Just-In-Time-Prozesses

Angenommen, Sie wollen einen sehr großen Lagerbestand durch einen Just-In-Time-Prozeß ersetzen, indem Sie nur das ordern, was für eine vorgegebene Produktionsmenge erforderlich ist. In unseren Seminaren haben wir Just-In-Time-Abläufe häufig dadurch modelliert, daß wir Einzelne aus der Gruppe den Vorrat der in der Produktion zum Einsatz kommenden Rohmaterialien darstellen ließen. Wir fordern sie auf, schauspielerisch die diversen Arbeitsabläufe darzustellen, die diese

Materialien in der Produktion durchlaufen. Zur Darstellung der gegenwärtigen Realität sind diese Materialien als viel zu hoch aufgetürmter Lagerbestand gebündelt. Zur Darstellung der neuen Art der Materialbestellung – nur, wenn benötigt – lassen wir die Gruppe, die den Lagerbestand repräsentiert, zunächst außerhalb stehen und dann einzeln (Stück für Stück) hereinkommen, sobald sie im Produktionsprozeß benötigt werden. So simpel dieses Modell auch ist, es bringt das Wesentliche viel schneller herüber als Vorträge und Diagramme. Außerdem haben die Teilnehmer nach dem Durchlaufen des Prozesses die beabsichtigte Funktionsweise genau verstanden.

Warum diese Lernmethode so effektiv ist

Vielleicht fragen Sie sich noch, warum Kinästhetisches Modellieren besser ist als das bloße Beschreiben des Prozesses oder das Vorführen von Filmen über den Prozeß – insbesondere, wenn Sie den Prozeß selbst gut genug verstehen und gewöhnt sind, ihn anderen zu erklären. Wenn man jemand anderem einen Prozeß beschreibt, so unsere Erfahrung, sieht man im Geiste das zu Beschreibende genau vor sich. Aber dem Zuhörer, der wenig oder keine Erfahrung damit hat, der eigenen Argumentationskette zu folgen, fällt es viel schwerer, die Bilder zu sehen, die man selbst im Kopf hat. Das Kinästhetische Modellieren nimmt nun die Bilder aus dem Kopf des Ausbilders und erschafft sie in lebendiger, drei-dimensionaler Form farbig dort neu, wo sie jeder klar und deutlich erkennen und erleben kann. Und allen, die am besten kinästhetisch lernen, macht die Möglichkeit, den Prozeß selbst zu durchlaufen, den Prozeß deutlicher, als jede Erklärung es könnte.

Wir haben herausgefunden, daß viele Menschen eine Idee einfach nicht verstehen können, solange sie diese Idee nicht entweder mit ihrem eigenen Körper dargestellt oder beobachtet haben, wie jemand anderes an einem Prozeß teilnimmt, den sie nachvollziehen können. Sobald sie den Prozeß verstanden haben und damit in der Lage sind, ihn auch mental durchzugehen, verstehen sie ihn sehr gut. Das Halten von Vorträgen und Vorführen von Filmen jedoch schafft in keinem Fall das Verständnis, das kinästhetische Lerner benötigen.

Gruppen-Entdeckung mit Kinästhetischem Modellieren

Das Beispiel der Just-In-Time-Produktion ist recht simpel. Es geht darin um den Übergang von einer Art des Tuns zu einer anderen. Vom Standpunkt des Ausbilders oder Managers gibt es keinerlei Zweifel darüber, wie die Veränderung aussehen wird. Häufig soll jedoch eine bessere Qualität durch Prozesse erreicht werden, die es noch gar nicht gibt.

Bei der Gruppen-Mind-Mapping-Aktivität aus Schritt Sieben haben wir gezeigt, wie sich diese neuen Prozesse als Resultat von Gruppensynergie entdecken lassen. Aber solange sie nur in Mind-Map-Form vorliegen, haben sie noch nicht dreidimensionale Realität angenommen. Kinästhetisches Modellieren kann diese Realität schaffen, indem es Prozesse lebendig macht.

Wenn eine Gruppe auf diese Weise arbeitet, wird sich durch die Suche nach dem besten Modell zur Verwirklichung ihrer Wünsche wahrscheinlich eine ganze Menge an Forschung und Spurensuche in der Vergangenheit ergeben. Wahrscheinlich verdankt dieser Erforschungsprozeß keiner Aktivität so viel wie dem Kinästhetischen Modellieren. Wenn die Gruppe nach besseren Wegen sucht, den gewünschten Prozeß zu modellieren, werden von den Teilnehmern spontan Fragen aufgeworfen und beantwortet, die in einer eher zweidimensionalen Darstellung nie aufgekommen wären.

Andere Anwendungsgebiete des Kinästhetischen Modellierens

Weil das Kinästhetische Modellieren ein so machtvolles Mittel zur Verbesserung gegenseitigen Verständnisses und der Kommunikation ist, wird es bereits in einer Vielzahl von Bereichen mit Erfolg eingesetzt. Die Familientherapeutin Virginia Satir, die diese Praxis *Menschliche Skulpturen* nannte, entdeckte, daß Familienmitglieder durch das Modellieren ihrer familiären Beziehungen ein tieferes Verständnis dieser Beziehungen entwickeln können.

Vor gar nicht langer Zeit stellten Lehrer im ganzen Land fest, daß das Verständnis der Gruppe für die Struktur eines Themas beträchtlich verbessert wird, wenn die Schüler die Beziehungen zwischen den Aspekten eines Themas schauspielerisch darstellen. Diese Erkenntnisse sind konsistent unabhängig vom Thema: ob Multiplizieren, das Anfertigen des Strukturdiagrammes eines Satzes, die geographischen Beziehungen zwischen den Bundesstaaten, die Interaktion von Charakteren in einem Roman, das Strukturieren eines Aufsatzes, die beste Methode der Organisation von Ideen in einer Debatte, der Ablauf von Reaktionen in einem Reagenzglas oder die Funktionsweise eines Computerprogramms. Kurz gesagt: Es gibt kein Thema in der Schule, das sich nicht mit Kinästhetischen Modellen erforschen ließe. Bei einem solchen Erforschen wird eine ganze Menge potentieller Verwirrung erkannt und aufgelöst.

Der Physiker Richard Feynman erzählte die Geschichte von einer Sitzung, an der er teilnahm und bei der eine Anzahl gelehrter Professoren ein abstraktes Konzept aus der theoretischen Physik diskutierten. Feynman bat listig um eine Definition des diskutierten Konzeptes. Zuerst machte sich wegen seiner Frage jeder über ihn lustig. Aber er bestand darauf, daß das Konzept definiert werden sollte, und schließlich bot jemand eine Definition an. Sofort wandte ein anderer ein, das stimme wohl nicht ganz. Und schon degenerierte die gesamte Zusammenkunft zu einer Auseinandersetzung über die Definition eines Konzeptes, das jeder der Anwesenden zuvor stillschweigend als verstanden vorausgesetzt hatte.

Diese Anekdote illustriert ein weit verbreitetes Kommunikationsproblem. Häufig meinen wir, wir würden einander verstehen, obwohl das nicht stimmt. Indem uns die Aktivität des Kinästhetischen Modellierens zwingt, eine symbolische Repräsentation unseres Verständnisses, einer Idee oder eines Prozesses zu schaffen, zwingt sie uns zugleich, Definitionen und zugrundeliegende Konzepte klarzustellen, die, nicht verstanden und von allen stillschweigend vorausgesetzt, große Verwirrung anrichten können. Das ist ein Grund dafür, daß der angemessene und rechtzeitige Einsatz Kinästhetischer Modelle bei strategischen Planungsprozessen so enorm viel Zeit sparen kann. Einige Organisationen verbringen tatsächlich buchstäblich Monate mit strategischer Planung, die sie mit Hilfe Kinästhetischer Modelle auf wenige Tage reduzieren könnten.

Teamplanung leichtgemacht

Beim Aufstellen eines neuen Teams können Sie mit Hilfe Kinästhetischer Modelle die Kernstruktur entwickeln, um die herum Sie das Team aufstellen. Ziel ist, mit dem endlosen Gerede aufzuhören und endlich in die Gänge zu kommen. Wir erforschen Ideen, indem wir sie modellieren. Dadurch können wir innovativer, kreativer, flexibler sein und schneller reagieren. Das Modellieren erfüllt dabei das entstehende Lernumfeld mit Leben – eine wesentliche Zutat für das Aufbauen der Lernenden Organisation. Das Modellieren ist eine Form aktiven Lernens, das uns hilft, mit einem größeren Verständnis für Konsequenzen, Implikationen und Auswirkungen in neue Rollen und Beziehungen zu schlüpfen.

Während eines Team-Aufbau-Workshops für fünfundzwanzig Fabrikarbeiter und ihre Vorarbeiter forderten wir die Teilnehmer auf, ein Kinästhetisches Modell ihrer gegenwärtigen Zusammenarbeit zu bilden. Einer meldete sich freiwillig und stellte sich in die Mitte des Raumes, um den Prozeß in Gang zu bringen. Er sollte eine Körperhaltung einnehmen, die die Gefühle darstellte, die er bei der Zusammenarbeit des Teams hatte. Dann setzte sich ein anderer in Beziehung zum ersten Freiwilligen. Und so setzte sich der Prozeß fort, bis alle fünfundzwanzig sich an den Ort begeben hatten, der ihr Gefühl dafür widergab, wie die Zusammenarbeit in ihren Augen aussah.

Die Teilnehmer sollten während der ersten fünf bis zehn Minuten nicht reden, sondern statt dessen darüber nachdenken, was gerade geschah. Als das Modell Gestalt annahm, kommunizierten die Teilnehmer Symbole über die Art ihrer Zusammenarbeit. Nach Fertigstellung des Modells konnte jeder, der wollte, Gedanken, Gefühle und Einsichten über die Effektivität der Gruppe als Team austauschen. Wir, die Veranstalter, stellten keine eigenen Beobachtungen an. Wir ermutigten die Teilnehmer, zu sagen, was sie sagen wollten. Manche sagten lieber nichts.

Wir listeten alle Kommentare auf einer Flipchart auf und machten dann eine Pause. Diesmal sollten die Teilnehmer ein Symbol der gewünschten Zusammenarbeit unter idealen Umständen bilden. Wieder listeten wir die Gedanken und Gefühle auf.

Als Resultat begann das Team, eine Art destillierter oder kristallisierter Erfahrung ihrer gegenwärtigen Zusammenarbeit und der Verbesserungswünsche für ihre Beziehungen aufzubauen. Der Prozeß des Kinästhetischen Modellierens bot ihnen ein dramatisches Mittel, um dieses wichtige Problem für jeden in der Gruppe mit Leben zu erfüllen. Der Prozeß bot ihnen eine gemeinsame Lernerfahrung, auf der sie weitere Diskussionen und Dialoge zur Entwicklung einer gemeinsamen Vision und eines Handlungsplanes aufbauen konnten.

Das Kinästhetische Modellieren läßt sich also als Options-Erweiterungsprozeß ansehen. Es ruft Ressourcen und Fähigkeiten in der Organisation auf den Plan, die bei Anwendung stärker verbal orientierter Brainstorming- und Problemlöseformate eventuell nie angezapft werden. Das Modellieren macht auch der Verwirrung und dem unscharfen Denken ein Ende, das sich häufig gut mit Worten kaschieren läßt: Handlungen sprechen oft nicht nur lauter als Worte, sondern auch deutlicher.

Der Arbeitsfluß im Bilde

Kinästhetisches Modellieren ist auch ein gutes Hilfsmittel, um sich auf spezifischere und lokalere Aspekte organisatorischer Prozeduren zu konzentrieren und mögliche Veränderungen dieser Prozeduren auszutesten.

Jeder Arbeitsplatz besteht aus Tausenden von Interaktionen. Viele davon sind persönlicher Natur. Einige dieser Interaktionen betreffen den Arbeitsfluß oder das gemeinsame Verständnis dafür, wie etwas getan werden soll. Wenn ich beispielsweise zum ersten Mal in ein Büro komme, macht es für mich einen Unterschied, ob ich von einer Empfangsdame oder von einem Manager begrüßt werde. Die Empfangsdame ist nur wenig besser als ein Telefon – eine Methode, eine Verbindung zwischen mir und jemand anderem herzustellen. Der Manager kann mir auf der Stelle eine neue Beziehung zu dem Unternehmen eröffnen, mit dem ich Geschäfte mache.

Angenommen nun, die Empfangsdame steigt zur Managerin auf. In diesem Fall wird sich einiges ändern müssen. Die Managerin wird draußen viele Probleme handhaben und sich dabei auf die Aufmerksamkeit des Innendienstes verlassen müssen. Dadurch wird aber im Innendienst ein Mitarbeiter weniger verfügbar.

Was, wenn die ehemalige Empfangsdame jetzt als untere Führungskraft einige nicht sonderlich gute Entscheidungen trifft? Was, wenn Leute, die zum Innendienst möchten, nun vor verschlossenen Türen stehen? Wie viele frühere Beziehungen werden sich verändern, und welche Auswirkungen werden diese Veränderungen haben?

Nach unserer Erfahrung kann man über diese Art Veränderungen noch und noch reden und versteht trotzdem nie das Labyrinth der Konsequenzen, die aus dem Implementieren der Veränderungen erwachsen. Aber wie wir zu Beginn dieses Kapitels gezeigt haben, werden viele Dinge viel früher klar, wenn man die Körper der Menschen in den Prozeß einbezieht. Wenn Sie beispielsweise einen Sketch aufführen, der einige mögliche Folgen der Veränderung aufzeigt, wird jeder Beteiligte eine klarere Vorstellung der Konsequenzen bekommen.

Kinästhetisches Modellieren kann Beziehungen erhellen

Sie können das ganze auch nonverbal aufziehen und die Beziehungen mit Hilfe Kinästhetischer Modelle symbolisieren. Um die Veränderungen für die Rolle der gerade diskutierten Empfangsdame dramatisch darzustellen, könnten Sie folgendes ausprobieren: Die Empfangsdame geleitet sie automatisch ins Büro. Eine symbolische Geste des Geleitens könnte dazu *eine* offensichtliche Möglichkeit sein. Der Manager verweist dann zu anderen Büros, blockt ab und geleitet nur selten selbst hinein. Also muß die symbolische Geste komplexer sein.

Indem diejenigen, die am Aufbau des neuen Modells beteiligt sind, versuchen, für den Ausdruck ihrer Rollen geeignete Gesten zu finden, vertiefen sie ihr Verständnis. Bei der Diskussion des Mind-Mappings wiesen wir darauf hin, wie der Prozeß des Übersetzens von Wörtern in visuelle Repräsentationen verschiedene Intelligenzen aktiviert und das Gehirn stimuliert. Durch Kinästhetisches Modellieren vertiefen wir den Denkprozeß noch weiter. Denn Beziehungen und ihre Implikationen werden nun durch Handlungen, nicht durch Abstraktionen, ausgedrückt. Das geht erst, wenn die Bedeutungen erforscht wurden, die ihnen zugrundeliegen. Das resultierende Denken kann noch machtvoller, subtiler und flexibler als beim Mind-Mapping sein.

Die subtile Verschiebung in Ton und Bewegung, die im Verlaufe des Erforschens der Kinästhetischen Modelle auftritt, wird den gerade diskutierten Beziehungen eine wesentlich größere Tiefe und tieferes Verständnis verleihen. Mitarbeiter werden sich auf den Standpunkt der anderen einstimmen wie nie zuvor. Das geht aber nur dann, wenn die Gruppe das Mind-Mapping bereits beherrscht und Mind-Maps so weit wie möglich als Hilfe beim Definieren von Beziehungen und Visionen einsetzt. Bevor die Gruppe bereit dafür ist, wirkt sich der Einsatz Kinästhetischer Modelle wahrscheinlich eher verwirrend aus und verschwendet Zeit.

Vision in Handlung übersetzen

Sobald Sie Ihre Vision in die wirkliche Welt umsetzen wollen, müssen Sie über Möglichkeiten verfügen, Wörter, Ziele und Ideale auszudrücken und in reale Handlungsmöglichkeiten zu übersetzen. Kinästhetische Modelle können dafür den Rahmen bilden. Wenn Sie versuchen, ein Konzept mit menschlichen Körpern zu modellieren, geraten Sie unausweichlich in alle möglichen Arten von Diskussionen über die wirkliche Bedeutung Ihrer Idee. Diese Diskussionen sind nötig, wenn Sie die gewünschten Resultate wirklich erzielen wollen.

Die Vision der Organisation könnte beispielsweise lauten: „Der Kunde ist König." Ein Versuch der Modellierung dieser Aussage könnte mit einer Kundin beginnen, die mit einer Krone auf dem Kopf mitten auf dem Flur steht und vor der sich alle anderen verbeugen. Aber sollte die Beziehung sich so gestalten? Den Leuten, die hier unterwürfig Ehrbezeigungen leisten, fällt es in dieser Position möglicherweise schwer zu denken. Vielleicht weiß die Kundin gar nicht genau, was sie will. Wie helfen Sie einer Königin, sich über ihre Wünsche klarzuwerden? Vielleicht sollten wir die Phrase etwas abändern, beispielsweise zu: „Der Kunde ist derjenige, auf den wir unsere Aufmerksamkeit konzentrieren, wobei wir all unseren Einfallsreichtum aufbieten, um ihm die Dinge anzubieten, die er wünscht."

Wenn Diskussionen dieser Art stattfinden, wird in verhältnismäßig kurzer Zeit vieles geklärt. Manchmal kann man in wenigen Stunden mit dieser Aktivität etwas klarstellen, mit dem man sich sonst monatelang herumschlägt und bei dem man sich nicht einmal sicher ist, was man eigentlich erreichen will.

Die Rolle der Körpersprache

Die Anliegen, die wir in unserer Sicht Kinästhetischer Modelle bis jetzt angesprochen haben, sind Erläuterung, Verständnis und Klärung. Wir haben versucht, eine Einigung der Gruppe über tatsächliche Bedeutungen, Strukturen, Prozesse etc. zu erzielen.

Mit Hilfe Kinästhetischer Modelle läßt sich noch eine weitere Dimension des Verständnisses und der Kommunikation verbessern: das emotionale Element, das mit Kommunikation unweigerlich einhergeht. Bei dem folgenden Thema sind wir uns bewußt, daß einige unserer Leser bereits über viele Erfahrungen auf dem Gebiet nonverbaler Kommunikation verfügen. Dieses Thema war bereits in Schritt Zwei bei der Förderung positiver Interaktionen innerhalb einer Organisation wesentlich. Denn auf die Vermittlung einer positiven Botschaft in allen Situationen können wir uns am effektivsten zubewegen, wenn wir verstehen, wie unser Tonfall und unsere Körpersprache auf andere wirken.

Nur 7 Prozent unseres Kommunikationsprozesses wird durch die Wörter vermittelt, die wir benutzen. Weitere 38 Prozent durch den Tonfall. Aber umwerfende 55 Prozent durch unsere Körpersprache. Da ein großer Teil dieser Kommunikation außerhalb unseres Bewußtseins stattfindet, sollte man sich gut überlegen, welche Konsequenzen daraus erwachsen, wenn man nicht versteht, was unsere Körpersprache während der Kommunikation übermittelt. Wir wenden uns also jetzt der Frage nach den Gefühlen zu, die hinter den Beziehungen liegen, die durch Kinästhetische Modelle kommuniziert werden.

Die emotionalen Dimensionen der Kommunikation

Zu sagen, daß sowohl Sie als auch ich Funktionen in einer Organisation erfüllen, ist eines, aber eine ganz andere Sache ist die Diskussion des Gefühls, das wir bei diesen Funktionen haben. Zu verstehen, worin meine Arbeit besteht, ist ebenso wichtig, wie bei meiner Arbeit ein positives Gefühl zu haben.

Wenn ich meine Arbeit mag, sie aber nicht richtig verstehe, werde ich viel Zeit mit unnützen Dingen zubringen. Wenn ich andererseits meine Arbeit zwar verstehe, sie aber nicht mag, werde ich weniger als mein Bestes geben und sie wahrscheinlich ziemlich uneffizient erledigen. In jedem Fall leidet die Arbeit, und der Arbeiter ebenso.

Um den hoch-produktiven Zustand zu erreichen, in dem jeder ein positives Gefühl für das Gesamtsystem und die eigene Rolle in diesem System haben kann, müssen wir uns der emotionalen Dimensionen der Kommunikation innerhalb des Systems bewußt sein. Wie wir sehen werden, sind die emotionalen Komponenten häufig subtiler Natur und werden unter Umständen niemandem richtig bewußt. Sie sind aber nichtsdestotrotz entscheidend. Entsprechend muß also *Kongruenz* bestehen zwischen dem Verhalten, das jemand zeigt, und den Einstellungen, Werten, Worten und Urteilen, die jemand bekanntermaßen hat.

Verhaltenskongruenz ist ein wichtiges Konzept – es kann eine Organisation „machen" oder kaputtmachen. Wenn das, was ich sage und was ich tue, nicht kongruent ist, werde ich schnell Argwohn unter allen säen, mit denen ich zu tun habe. Wie das Sprichwort kurz und bündig sagt: Ich muß eins sein in Wort und Tat („*I have to walk my talk*").

Entsprechend konzentrieren wir uns in Schritt Acht auf die Beziehung zwischen diesen beiden machtvollen Aspekten kinästhetischen Ausdrucks menschlicher Bewegung. Wir müssen also, mit anderen Worten, nicht nur erforschen, wie Menschen Bedeutung kommunizieren, sondern auch, wie sie ihre Einstellung zu dieser Bedeutung kommunizieren. In diesen entscheidenden Bereichen ist das Kinästhetische Modellieren ein wertvolles Werkzeug. Wir haben gesehen, wie Kinästhetische Modelle zur Darstellung eines tatsächlichen oder vorgeschlagenen Prozesses oder Systems dienten. Jetzt werden wir den Nutzen Kinästhetischen Modellierens für die Förderung von Kongruenz im Verhalten der Menschen im System erforschen.

Was man nicht tun sollte, wenn man wegen zu schnellen Fahrens angehalten wird

Wir haben einmal gelesen, es sei eine gute Idee, den Wagen zu verlassen und dem Polizisten von Angesicht zu Angesicht gegenüberzutreten. Dadurch stehe man ihm als Gleichberechtigter gegenüber und bewirke eine andere Reaktion seitens des Ordnungshüters. Wenn Polizisten sich herunterbeugen und einen durch das Fenster anschauen, kauert man sich leicht hinter dem Steuerrad zusammen und wartet auf das Urteil für die eigene Hinrichtung. Wenn der Polizist einen aber auf der gleichen Ebene mit sich selbst sieht – so die Theorie –, verhängt er eher ein mildes Urteil.

Nach Jahren des Wartens auf die Gelegenheit war ich endlich in der Lage, diese Theorie in der Praxis auf die Probe zu stellen. Der Polizeiwagen hatte mich rechts rausgewinkt, weil ich in New York an einer Stelle, an der andere Regeln galten als überall sonst (was mir aber nicht bekannt war), bei Rot rechts abgebogen war. Ich stieg aus und ging zurück zum Polizeiwagen hinter uns, während der Polizist auf mich zukam. „Setzen Sie sich wieder in Ihren Wagen, Sir", sagte er.

Ich erkannte sofort, daß er so gut wie ich verstand, was hier gespielt wurde; und er wollte genau die Beziehung zu mir herstellen, die ich vermeiden wollte. Außerdem wurde mir etwas klar, das der Autor offensichtlich nicht berücksichtigt hatte – daß in diesen Tagen und Zeiten meine Handlungen von dem Polizisten als bedrohlich interpretiert werden könnten. Auch das war Teil der blitzschnell verlaufenden, unausgesprochenen kinästhetischen Kommunikation zwischen uns.

Die Beziehung, die ein Polizist herstellt, wenn er sich herunterbeugt und durch das Fenster schaut, während man hinter dem Steuer sitzt, illustriert die Wirksamkeit körperlich ausgedrückter Kommunikation. Wie Sie und ich uns körperlich zueinander positionieren, sagt eine Menge über unseren psychologischen Austausch.

Wir sagen vieles ohne Worte

Nahezu jeder Aspekt körperlichen Verhaltens bei der Kommunikation trägt zur Beschreibung der Beziehung zwischen den Beteiligten bei. Bei Seminaren macht es beispielsweise einen großen Unterschied, ob die Teilnehmer im Seminarraum frontal zum Seminarleiter sitzen oder in einem Halbkreis mit Augenkontakt untereinander. Unser tägliches Leben ist voll von diesen Botschaften, obwohl wir ihrer Bedeutung nur selten bewußte Aufmerksamkeit zuwenden.

Mit der Zeit entwickeln Organisationen eine breite Palette von Signalen und Symbolen, die eine Menge unausgesprochener Informationen ausdrücken. Diese Informationen betreffen den Raum, den Menschen einnehmen, wie sie einander begegnen, die Art und Weise, wie sie sich bei Gesprächen positionieren, kleinere wie größere organisatorische Rituale und so weiter. Diese Verhaltensweisen lassen uns viel über unsere Beziehungen verstehen und vermitteln Informationen und

Einstellungen, über die wir uns möglicherweise keine bewußten Gedanken machen, die wir aber nichtsdestotrotz sehr ernst nehmen.

Wir alle sind auf die zahllosen und variationsreichen Formen nonverbaler Kommunikation äußerst fein eingestimmt. Das passiert von selbst. Obwohl wir alle sehr sensibel für die Körpersprache anderer und sehr geübt darin sind, die subtilen Bedeutungen von Tonfall und Gesten wahrzunehmen, sind wir uns häufig der Inkongruenz zwischen unseren eigenen Worten und Gedanken, zwischen dem, was wir eigentlich sagen wollen, und dem, was wir wirklich kommunizieren, sehr wenig bewußt.

Sich durch Körpersprache verraten

Wir haben einmal einen Workshop veranstaltet, in dem die Teilnehmer als letzte Übung zeigen sollten, was sie gelernt hatten. Ein Teilnehmer ließ den Wunsch in uns aufkommen, wir hätten den Workshop nie abgehalten. Mit einer solchen Vehemenz verdammte er alles, wofür wir eingetreten waren, daß der gesamte Raum sich durch seinen Angriff in einem Schockzustand befand.

„Ich werde Ihnen sagen", fing er an, „was ich hier gelernt habe. Ich habe gelernt, in fünf Minuten einen ganzen Kurs umzukrempeln. Und das ist längst noch nicht alles, hören Sie, außerdem habe ich hier gelernt…", und er fuhr mit einer Litanei fort, die anzuhören richtig weh tat.

Als wir an jenem Abend noch einmal durchgingen, was er gesagt hatte, schien, abgesehen von seinem Sarkasmus, alles, was er beschrieben hatte, Sinn zu machen. Stellen Sie sich unsere Überraschung am nächsten Tag vor, als uns die Organisatoren des Workshops mitteilten, daß unser sarkastischer Freund in Wirklichkeit ein wahrer Gläubiger war: Er hatte die Meinung geäußert, der Workshop sei eine der großartigsten Lernerfahrungen seines Lebens gewesen und er könne es gar nicht erwarten, seine neugewonnenen Erkenntnisse umzusetzen.

Erst da wurde klar, daß alle Anwesenden auf seinen Tonfall geachtet, seine Körpersprache verfolgt und *seine Worte komplett ignoriert* hatten. Weil er sich in einem höchst sarkastischen Tonfall ausdrückte, war es egal, was er sagte. Worte des höchsten Lobes hörten sich an wie bittere Verwünschungen.

Warum es uns schwerfällt, uns selbst zuzuhören

Vielleicht ist Ihnen gelegentlich schon aufgefallen, daß man laut lesen kann, ohne den gelesenen Wörtern Aufmerksamkeit zu schenken, so wie man spazieren gehen oder Auto fahren kann, ohne zu merken, wohin die Reise geht. Vielleicht haben Sie – obwohl seltener – auch schon einmal während einer Unterhaltung bemerkt, daß Sie teilweise „abwesend" waren und selbst nicht mitbekamen, was Sie sagten. (Manchmal erwischen wir uns selbst mit der mentalen Notiz: „Warum habe ich *das* denn nun schon wieder gesagt?")

Im Gehirn ist der Sprach-Organisator nicht direkt mit dem Zuhör-Organisator verbunden. Wir müssen lernen, unseren eigenen Worten zuzuhören, weil wir das nicht *automatisch* tun. Wie oft haben Sie schon jemanden abstreiten hören, etwas gesagt zu haben, was Sie deutlich gehört haben?

In dem Schauspiel *Julius Caesar* streiten sich zwei Verschwörer, und einer beschuldigt den anderen, behauptet zu haben, er wäre der Bessere von beiden. Worauf der andere erwidert: „Ich sagte, ein *älterer* Soldat, nicht *besserer.*" Wenn Sie zurückgehen und die Szene noch einmal lesen, werden Sie bemerken, daß er beides gesagt hatte. In Shakespeares Stücken wissen die Leute wie im wirklichen Leben oft nicht, was sie selbst gesagt haben.

Das Problem wird nicht nur durch unsere Unfähigkeit, zuzuhören, *was* wir sagen, weiter kompliziert, sondern auch noch dadurch, daß wir vergessen, *wie* wir es sagen. Mimik, Körpersprache und Tonfall, für alle andere nur zu deutlich und vielsagend, bleiben dem Sprecher bisweilen verborgen. Deshalb können wir manchmal ziemlich komplizierte Dinge sagen und tun, die vollständig außerhalb unseres Bewußtseins liegen. Die gebrüllte Bemerkung: „Ich schreie dich nicht an!" ist ein gewöhnliches Beispiel.

Solche Beispiele für Mangel an Kongruenz zwischen unserer Absicht und unserer tatsächlichen Kommunikation können trivial, sogar komisch sein. Aber Kongruenz kann für den Erfolg eines Unternehmens von entscheidender Wichtigkeit sein. Effektive Kommunikation ist für jede Organisation wesentlich. In einer Lernenden Organisation müssen wir darüber kommunizieren, wie wir kommunizieren.

Die Geschichte von Edward

Vor einigen Jahren arbeiteten wir mit einem Abteilungsdirektor in einem großen Unternehmen. Nennen wir ihn Edward. Edwards Verständnis für Chemie war bemerkenswert. Wo andere wochenlang über einem Problem brüteten, konnte Edward es in wenigen Stunden lösen. Dadurch fiel er fast wie von selbst in das Rollenmuster, stets Anlaufstelle für die Probleme aller zu sein.

Das Managen einer Gruppe von fünfundsiebzig Mitarbeitern hielt Edward gut auf Trab. Er ging herum, sah den Leuten über die Schulter, gab Ratschläge und machte klar, daß er sehr wohl wußte, wer den Anforderungen entsprach und wer nicht. Konsequenterweise glaubte keiner in der Abteilung, daß es Sinn hätte, zu versuchen, sich als origineller Denker hervorzutun. Edward konnte und würde schon alles lösen, dachten sie, so daß sie automatisch darauf warteten, daß er tat, worin er ja mit Sicherheit der Beste war.

Das Problem war, daß auch Edward mit all seiner Brillanz das Denkpotential einer großen, wohlorganisierten Gruppe nicht kompensieren konnte. Das Nettoresultat von Edwards Verhalten war deshalb ein beträchtlicher Verlust an Gesamteffektivität der Abteilung.

Als wir uns mit Edward unterhielten, entdeckten wir, daß seiner Auffassung von Management zufolge er der verantwortliche Mann (er konnte sich keine Frau in dieser Rolle vorstellen) für alles zu sein hatte. Wir begannen, indem wir Edward darauf hinwiesen, daß der Angstpegel in den Himmel schoß, wenn er in der Produktion hinter jemandem stand, und daß der betreffende Mitarbeiter eben deshalb fast immer weniger effizient arbeiten würde. Sein Versuch, die Effizienz seiner Mitarbeiter zu steigern, reduzierte sie in Wirklichkeit. Es könne also kaum überraschen, so sagten wir ihm, daß niemand gern für ihn arbeitete und daß fast jeder starr vor Angst die Arbeit antrat.

Edward erkennt das Problem ...

Da Edward so brillant war, nahm sich sein Geist sofort das Problem vor, das wir ihm dargestellt hatten. Er konnte erkennen, daß sein Managementstil sein Team davon abhielt, effektiver zu werden. Trotzdem glaubte er, daß Kontrolle eine Entweder/Oder-Wahl war. Wenn er nicht an der Spitze von allem bliebe, so schien ihm, könnte er ebensogut an die frische Luft gehen, den ganzen Tag Golf spielen und die Abteilung sich selbst überlassen.

Wir stellten Edward eine Aufgabe, die er lösen sollte. „Angenommen", sagten wir, „es wäre Ihr Ziel, dafür zu sorgen, daß alles genauso (oder noch besser) läuft, wie Sie es wollen, aber so, daß alle Beschäftigten glauben, sie wären selbst verantwortlich und hätten selbst alles bedacht?" Eine Zeitlang konnte Edward nicht verstehen, worauf wir hinauswollten. Es schien ihm wie ein Paradox. Der Versuch, durch Nichtkontrollieren zu kontrollieren, kann nur bedeuten, die Kontrolle aufzugeben – oder so ähnlich, dachte er.

Dann sprachen wir darüber, wie dreiundneunzig Prozent der Kommunikation im nonverbalen Bereich ablaufen. Durch das Spezifizieren der Ziele, die er erreichen wollte, und das Fördern jener Verhaltenweisen (größtenteils durch seine Körpersprache), die am wahrscheinlichsten zu diesen Zielen führen, könnte er die gewünschten Resultate erzielen. Der Unterschied wäre, daß diejenigen, die die Arbeit machten, das Gefühl hätten, daß sie beim erfolgreichen Erreichen des Ziels eine signifikante Rolle spielten.

Wir erinnerten Edward an die Maxime, daß es besser ist, einem Hungernden eine Angelrute zu geben als einen Fisch. Zwar waren bei seinen ersten Versuchen zur Lösung des Problems auf die von uns angedeutete Weise die Resultate nicht unbedingt berauschend, wir waren uns jedoch sicher, daß seine Teams nach einer Weile lernen würden, auftretende Probleme selbst zu lösen und allmählich sogar zu besseren Lösungen zu kommen, als Edward sich selbst ausdenken konnte. Sobald die Teams volles Vertrauen in sich selbst hatten, konnte Edward seine Vorschläge ins Spiel bringen – sofern sie dann noch gebraucht wurden.

Nach und nach war Edward vom Sinn eines solchen Ansatzes überzeugt. Er mußte seine Aufmerksamkeit von der sofortigen Lösung von Problemen ab- und zum Aufbau einer Abteilung hinlenken, in der Probleme generell effizienter gelöst wurden. Dazu mußte er etwas Bestimmtes tun – die Art verändern, wie er einen Raum betrat.

... und findet die Lösung

Als wir einige Wochen nach diesem Gespräch wieder mit Edward sprachen, beschrieb er eine Veränderung, die sich in der Zwischenzeit ergeben hatte. „Normalerweise", meinte er, „ging ich in der Abteilung herum, und jeder wandte sich schleunigst wieder seiner Arbeit zu, wie Küchenschaben, die vor dem Licht fliehen. Aber jetzt ist es anders. Wenn irgendwo Leute mit legitimen Problemlösungsdiskussionen beschäftigt sind, dann setzen sie die Diskussionen fort, und nur diejenigen, die herumgelungert haben, versuchen noch zu fliehen und zu verbergen, was sie getan haben."

Wir fragten Edward, was diese Veränderung bewirkt habe. Er meinte, er habe viel über das Problem nachgedacht und versucht, etwas mehr Abstand von den Leuten zu halten, wenn er ihnen beim Arbeiten zusah; er habe ihnen stets offene Fragen über ihre Arbeit gestellt. Er hatte auch versucht, etwas sanfter zu werden und langsamer zu sprechen. Als er auf diese neue Weise handelte und sprach, schienen sich die Menschen in seiner Umgebung wohler zu fühlen.

„Ich habe das Gefühl, daß ich noch etwas steif dabei bin", meinte er. „Ich habe mich noch nicht daran gewöhnt, und ich muß mich an viele neue Dinge gewöhnen. Wenn ich mir Sorgen mache oder es eine Krise gibt, falle ich manchmal noch in meine alte Art zurück. Aber ich lerne, meine dominante Art etwas in den Hintergrund zu rücken, und ich stelle fest, daß ich den Leuten dadurch besser zuhören und sie besser verstehen kann."

Ein interessanter Nebenaspekt dieser Geschichte ist, daß Edward trotz seiner Fähigkeiten länger als eigentlich vorgesehen in einer Position im mittleren Management festgesessen hatte. Kurz nach dieser letzten Unterhaltung begann seine Karriere Fortschritte zu machen, und heute hat er eine wesentlich einflußreichere Position in seinem Unternehmen inne. Nach einigen Fehlstarts ist er ein Experte darin geworden, eigene Macht abzugeben, um sie zu vergrößern.

Es ist in unserer Kultur

Die Edwards der Welt, finden wir, sind in Organisationen ziemlich weit verbreitet, in erster Linie, weil die meisten Manager mit einem kontrollierenden Managementstil großgeworden sind. Ein solcher Stil will häufig nicht mehr, als um jeden Preis Feuer löschen, Kurzzeitresultate erzielen und die Kontrolle aufrechterhalten.

Moderne Manager lernen, die Art Katalysator, Coach und Lehrer zu werden, die Edward heute verkörpert. Mittlerweile lernen auch viele Manager der alten Schule, ihren nonverbalen Kommunikationsstil zu ändern, um weniger konfrontierend und dafür empfänglicher und fördernder zu werden. Dadurch hat in zahlreichen Büros und Produktionsstätten ein Lächeln das Stirnrunzeln ersetzt.

Aber solche gelegentlichen Konversionen genügen nicht. In Schritt Acht wollen wir nicht nur Kongruenz im Kommunikationsstil des Einzelnen erreichen, sondern die Organisation als ganze verändern. Denn wir können nur dann eine Lernende Organisation erreichen, wenn sich solche Verhaltenweisen im ganzen Unternehmen stabilisieren.

Warum man sich selbst nicht auf Video sehen will

Die besondere Art und Weise, wie Informationen ihren Weg durch unser Gehirn nehmen, erzeugt Effekte, die wir nicht direkt mitverfolgen können. Deshalb sind Menschen vom Klang ihrer eigenen Stimme, die Ihnen aus dem Kassettenrecorder entgegentönt, so oft so überrascht und manchmal sogar verstört. Darüber hinaus kann es tief erschüttern, sich selbst – mit der Illusion, alles genau richtig zu machen – bei der jahrelang gewohnten Ausübung einer beruflichen Funktion auf Video zu sehen. Stellen Sie sich vor, wie es für den vorhin beschriebenen Besucher unseres Seminars sein müßte, ein Videoband seiner so ganz und gar falsch verstandenen Worte und seiner Körpersprache zu sehen, die sein gesamtes Resümee ruinierte.

Die Diskrepanz fällt selten so dramatisch aus, aber die meisten Menschen haben beim Kommunizieren ein gewisses Maß an Inkongruenz in ihrem Tonfall und ihrer Körpersprache. Das ist einer der Gründe, warum gute Schauspieler so selten sind. Denn der Schauspieler ist ein professioneller Experte darin, Körper und Tonfall konform zu den kommunizierten Ideen und Gefühlen zu machen. Genauso wie wir alle Lehrer gehabt haben, die mit einer flachen, näselnden Stimme vor der Klasse standen und uns erzählten, wie interessant ihr Fach doch sei, hatten wir alle Manager, die uns erzählten, wie wohlgelitten sie doch allerorten seien, während wir uns fragten, in welchem Guerillacamp sie wohl ausgebildet wurden.

Wir brauchen Feedback, aus dem wir lernen können

Zu erkennen, wie man bei anderen ankommt, erfordert oft einen langen Prozeß aus Versuch und Irrtum. Während dieses Prozesses braucht man eine Möglichkeit, Feedback darüber zu bekommen, wie man auf andere wirkt. Dieses Feedback sollte natürlich niemand geben, der einem nur erzählt, wie übel man beim Kommunizieren der eigenen Ideen wieder versagt habe, aber man sollte sich auch nicht erlauben, sich immer weiter Feinde zu machen, indem man die eigene Wirkung auf Menschen chronisch falsch einschätzt.

Viel besser ist es, wenn wir von anderen lernen können, wie unser Tonfall und unsere Körpersprache auf sie wirken, ohne daß die Erfahrung ein traumatisierendes Gefühl zurückläßt. Gleichzeitig kann es sehr schwerfallen, dieses Feedback einzustecken, selbst wenn es mit den besten Absichten gegeben wird. Manche Menschen reagieren unvorhersehbar, wenn sie plötzlich mehr Feedback über die Wirkung ihrer Kommunikation erhalten, als sie gerade handhaben können. Bis Sie geschickt und erfahren darin sind, empfehlen wir beim Erforschen von Anliegen nonverbaler Kommunikation also Fingerspitzengefühl.

Es ist definitiv richtig, daß behutsames Feedback über einige simple Aspekte des Kommunikationsstils äußerst fruchtbar sein kann. Das läßt sich am besten durch ein unpersönliches Ansprechen der Angelegenheit erreichen, so daß der Einzelne frei ist, die Entdeckungen zu machen, mit denen er halbwegs bequem umgehen kann.

In der Tat sind außer in extremen Fällen ein paar simple Veränderungen schon alles, was nötig ist. Eine Möglichkeit, uns unserer Wirkung auf andere bewußt zu werden, ist ein allmählich wachsendes Verständnis für Ursache-Wirkungs-Beziehungen. Ich weiß, daß es Folgen haben wird, wenn ich Ihnen auf die Nase boxe. Ein Großteil meines Verhaltens wird von eben solchen Wahrnehmungen geregelt.

Ein Sketch, der die 93 Prozent sichtbar macht

Dieses Phänomen läßt sich mit einer Übung zur Erhöhung der Aufmerksamkeit für nonverbale Kommunikation erforschen. Wir bieten diese stets unterhaltsame und erhellende Übung häufig in Workshops an. Sie erfordert keine besondere

Vorbereitung oder Utensilien. Alles, was Sie für diese Übung brauchen, sind zwei Freiwillige. Lassen Sie die beiden einen Sketch mit dem folgenden Szenario aufführen:

Zwei alte Freunde treffen sich nach langer Zeit der Trennung wieder und reden über die alten Zeiten. Dabei entwickelt sich ein Streit, der in einen heftigen Konflikt ausartet. Und schon schreien sich die alten Freunde in bedrohlichem Tonfall an. Aber sie finden rechtzeitig eine Möglichkeit, den Konflikt beizulegen, und der Sketch endet mit einer Erneuerung und Stärkung ihrer Freundschaft.

Das einzige verbale Hilfsmittel bei der Aufführung des Sketches für die Teilnehmer sind *Zahlen*. Sie zählen der Reihe nach von eins bis hundert und legen dabei in die Zahlen ebensoviel Schmackes wie in einen echten Dialog. Wenn sie in dieser Folge der Zahlen die Fünfzig erreichen, befinden sie sich auf dem Höhepunkt ihres Konfliktes, schreien sich an und gestikulieren wild. Aber mit dem Erreichen der Hundert ist alles wieder in schönster Ordnung. Zum Schluß des Sketches freuen sich beide wieder über ihre Freundschaft.

Während des Sketches werden die Zahlen wie echte Wörter oder Gesprächsphrasen gruppiert und betont. Um Verwirrung und unnötige Ablenkung zu vermeiden, macht jeder Darsteller dort weiter, wo der andere aufgehört hat, und alle Zahlen werden in der Folge ohne Wiederholung gesprochen. Dadurch kann man sich ganz auf den Tonfall und die körperlichen Gesten konzentrieren, die in jeder echten Unterhaltung vorkommen.

Wenn Sie das noch nie probiert haben, werden Sie überrascht sein, wie leicht und wie dramatisch diese Übung ist. Bitten Sie nach der Aufführung des Sketches die Teilnehmer um Kommentare. Häufig fällt den Teilnehmern auf, wie lebensecht der Sketch war, und wie viel sie über die Ereignisse sagen können, die sich ohne Worte ergaben. Wenn jeder seine Meinung zu dieser Erfahrung abgegeben hat, wird es Zeit für den nächsten Schritt.

Kommunikationsfertigkeiten coachen

An diesem Punkt können die Schauspieler des Sketches etwas darüber lernen, wie sie beim jeweils anderen „ankommen" – wie gut ihre nonverbale Kommunikation ihren Absichten entspricht und wie effektiv diese Kommunikation ist.

Rufen Sie die Darsteller wieder nach vorn und gehen Sie mit ihnen noch einmal einige Phasen der dargestellten Szene durch, beispielsweise während des eskalierenden Streites. Lassen Sie die Darsteller nach ein paar „Wortwechseln" innehalten, und fragen Sie einen der beiden, welche speziellen Aspekte des Verhaltens des anderen Gefühle der Wut oder sonstiges Unwohlsein auslösen könnten. Einer könnte zum anderen beispielsweise etwas sagen wie: „Als Sie in dem Augenblick mit mir sprachen, haben Sie mich nicht angesehen, und Sie standen mit verschränkten Armen da. Außerdem haben Sie geschrien."

Fragen Sie dann den anderen Darsteller, was die beschriebene Körpersprache und der Tonfall eigentlich kommunizieren sollten. Sie bekommen vielleicht eine Antwort wie: „Standhaftigkeit" oder: *„Dem* wollte ich es aber mal zeigen." Die Frage ist dann, ob diese Botschaft beim anderen auch ankam. Und wenn nicht, warum nicht? Was kam denn tatsächlich an?

In jenem Augenblick verlangte das „Skript" des Sketches den Ausdruck von Wut. Aber jetzt können Sie damit experimentieren, den emotionalen Gehalt der kinästhetischen Sprache des Darstellers zu isolieren und zu verändern. „Gibt es eine andere Möglichkeit für Sie, Ihre Gefühle auszudrücken, ohne dabei zu tun, was Ihr Partner so abschreckend findet? Vielleicht könnten Sie beispielsweise Ihre Arme mehr oder weniger an Ihrer Seite herunterhängen lassen, ihm direkt in die Augen schauen und mit fester, aber ruhiger Stimme sprechen?"

Verfolgen Sie diese Gedanken eine Weile. Probieren Sie mehrere verschiedene Möglichkeiten aus, das, worum es geht, ohne aufkommende Angst oder andere unerwünschte Reaktionen im Zuhörer zu vermitteln. Arbeiten Sie dann eine Weile mit dem anderen Darsteller, wählen Sie dabei eine andere Stelle in der Szene und erforschen Sie, wie auch die zweite Person eventuell Tonfall und Körpersprache verändern könnte, um etwas Wesentliches zu kommunizieren.

Jeder Zuschauer soll etwas aus dieser Übung lernen. Für viele wird das vollkommen neue Einsichten über Kommunikation bedeuten.

Ist das hier eine Lernende Organisation – oder eine Schauspielschule?

Allgemein herrscht der Eindruck vor, man drücke beim Sprechen seine Persönlichkeit aus; es gehe gegen die eigene Natur, anders zu sprechen. Unsere Art, durch

Tonfall und Körpersprache zu sprechen, ist jedoch auf gewisse Weise beliebig, so beliebig wie die Kleidung, die wir tragen. Wir können ziemlich frei wählen, wie wir etwas kommunizieren – ohne dabei die Grenzen unserer Grundpersönlichkeit zu verlassen. Aber weil den meisten Menschen nie erklärt wurde, wie man Tonfall und Körpersprache wählt, haben sie den Eindruck bekommen, es gebe im Grunde nur eine Reaktionsmöglichkeit auf eine gegebene Situation.

Versucht man, mit jemandem über dieses Thema zu sprechen, erntet man häufig Reaktionen wie: „So bin ich eben", „So drücke ich mich halt aus" oder: „Ich könnte das nicht; ich wäre nicht ehrlich dabei."

Aber diese Kommentare dienen nur der Verteidigung dagegen, etwas Neues und potentiell sehr Nützliches zu lernen. Jeder versteht, daß man Tanzen, Karate oder Tennis lernen und seinem Körper einige neue Tricks beibringen kann. Ziemlich viele Menschen glauben auch, daß man einen Kurs in Journalismus oder in kreativem Schreiben belegen kann und sich einige neue sprachliche Tricks für effektiven schriftlichen Ausdruck aneignen kann. Genauso kann man lernen, welche innere Haltung man beim Kommunizieren mit jemandem einnehmen muß, um die gewünschte Reaktion zu erzielen. Das hat nichts mit einem Verraten der eigenen Natur zu tun, sondern vergrößert einfach das eigene Vokabular nonverbaler Kommunikationstechniken.

Man kann allen Teilnehmern dabei helfen, zu erkennen, daß es viele verschiedene Möglichkeiten der Kommunikation gibt – arbeiten Sie beispielsweise wie vorgeschlagen mit einer Gruppe von Teilnehmern und lassen Sie dabei einen Teilnehmer durch einen anderen in Richtung präziseren Selbstausdruckes coachen. Greifen Sie anschließend ein Beispiel aus der Kommunikation des anderen Darstellers heraus und lassen Sie diesen einen ähnlichen Coachingprozeß durchlaufen. Man kann leicht lernen, in einer Situation wie dieser zwischen Hilfreichem und Hinderlichem zu unterscheiden.

Dieser Ansatz ist *sicher*, weil hier Freiwillige eine fiktive Situation darstellen, und nicht reale Leute Dinge aus ihrem realen Leben. Der Schauspieler spielt nur eine Rolle. Wer bei einer Aktivität wie der beschriebenen zuschaut, kann sein persönliches und privates Urteil darüber fällen, was er selbst beiträgt, um den Kommunikationsprozeß zu verwirren. Auf diesem Gebiet haben wir alle eine Menge zu lernen, und niemand sollte einen anklagenden Finger auf jemanden richten.

Nebenprodukt der Übung

Als wir diese Übung machten, erzählte uns eine Frau von einer Situation, die sich an ihrem Arbeitsplatz ergeben hatte. Zwei Frauen, die sonst einigermaßen miteinander auszukommen schienen, wurden immer gereizt und wütend, wenn sie zusammenarbeiteten. Schließlich ging ein Mitarbeiter der Situation mit den beiden auf den Grund und fand die Wurzel des Problems.

Die erste Frau meinte, daß die zweite Frau immer, wenn sie ein Buch auf dem Tisch ablegte, das Buch so auf den Tisch knallen würde, als sei sie wütend. Das machte die erste Frau nervös und führte dazu, daß sie in einen lauten und kritischen Tonfall verfiel.

Wenn das Hinschmettern von Gegenständen aufhören könnte, meinte sie, wäre es viel leichter für sie. Die zweite Frau beteuerte, daß sie ja keine Ahnung davon hatte, daß sie Bücher auf Tische knallt, und daß sie sicher versuchen würde, damit aufzuhören, da sie ja keinerlei Nutzen davon hatte. Sie konnte ihr Verhalten ändern, und von da an kamen die beiden Mitarbeiterinnen sehr gut miteinander aus.

In einem weiteren Fall bemerkte eine Frau, daß der Mann, der ihr assistierte, sich in ihrer Nähe unwohl fühlte. Nach der oben beschriebenen Übung ging er zu ihr und meinte, sie würde ihm immer einen Befehl geben, wenn er etwas für sie erledigen sollte.

„Könnten Sie das nicht als Frage formulieren, etwa wie: »Würden Sie jetzt bitte die Stühle zurechtrücken?« Ich würde mich dann wohler fühlen", meinte er. Ihre Reaktion war, daß sie keine Ahnung hatte, daß sie Befehle erteilte; sie sei aber möglicherweise vor langer Zeit in diese Gewohnheit verfallen und hatte sie nie überdacht. Es fiel ihr leicht, ihre Bitten anders zu formulieren, damit sich der Mann, der für sie arbeitete, wohler fühlte.

Es gibt Tausende solcher großen und kleinen Irritationen und Mißverständnisse, die zwischen Menschen auftreten können, die nicht auf ihre Körpersprache und ihren Tonfall achten. Wir können unsere Beziehungen zu anderen wesentlich verbessern und ein wesentlich erfolgreicheres Arbeitsumfeld schaffen, wenn wir uns dieser Bereiche bewußter werden.

Ein Wort über Unbehagen bei Kinästhetischem Modellieren

Bevor Sie noch tiefer in die Erforschung des Kinästhetischen Modellierens eintauchen, ist zumindest eine Warnung angebracht. In „höflicher Gesellschaft" wird stark körperlich betonter Ausdruck oft entmutigt oder sogar regelrecht kritisch betrachtet. Es überrascht daher nicht, daß jede Aktivität, die von Menschen verlangt, durch das Medium ihres Körpers zu denken und zu erforschen, gelegentlich auf Widerstand und Unbehagen seitens einiger weniger Teilnehmer stößt. Wenn das der Fall sein sollte, dann nehmen Sie ein bißchen zurück.

Sobald eventuell auftretende Gefühle des Widerstands dadurch überwunden sind, daß man sich mit der Vorstellung anfreundet, daß wir, wie mit unserem Geist, auch mit unserem Körper denken und daß moderne Organisationen auf diese Fähigkeit angewiesen sind, können wir eine neue Dimension der Kommunikation verinnerlichen, die ein Gruppenverständnis ermöglicht, das sich vielleicht auf keine andere Weise erreichen läßt.

Eigentlich waren körperliche Interaktionen lange Zeit ein Hauptbestandteil organisatorischen Trainings. Wilde *Outdoor Adventures* im Freien, in denen Vertrauen durch Teamarbeit bei der Überwindung einer körperlichen Herausforderung aufgebaut wird, können für das Aufbauen von Teams weitreichende Auswirkungen haben. Auch die Techniken von Kampfsport-Trainern werden häufig in Teamaufbau-Seminare integriert. Und Methoden zur Steigerung des Bewußtseins für die innere Verfassung des Körpers werden als integraler Teil von Gesundheits- und Unfallverhütungsprogrammen für Beschäftigte vermittelt.

Verglichen damit ist Kinästhetisches Modellieren zahm und einfach genug. Alles, worum wir Sie bitten, ist, daß die Beschäftigten ihre beruflichen Beziehungen durch bestimmte Gesten symbolisch darstellen.

In den Umständen, die nach Erreichen der Schritte Eins bis Sieben zum Tragen kommen, kann der Einsatz des Kinästhetischen Modellierens zu zahlreichen Enthüllungen führen. Nützliche Korrekturen lassen sich nun wesentlich leichter im normalen Lauf der Dinge durchführen. Mit dem Fortschreiten der eventuell mehrere Stunden dauernden Erforschung Kinästhetischer Modelle durch die Gruppe können die Implikationen der durch die Gruppe erschaffenen Modelle und zusätzliche neue Erkenntnisse in neuen Mind-Maps festgehalten und revidiert werden. Nach einiger Zeit kann man sich die Modelle dann erneut vornehmen und überarbeiten, bis das Team einen harmonischen und so natürlichen und angenehmen Kommunikationsstil entwickelt hat, daß vieles buchstäblich ohne Worte funktioniert.

Mit dem Denken und Diskutieren, zu dem Kinästhetische Modelle führen, wird die Organisation unbewußt viel über das Denken in Systemen lernen. Im nächsten Schritt werden wir sehen, wohin das führen kann.

Schritt 9

Verbinden Sie die Systeme

Systeme. Systemdenken. Wir haben diese Ausdrücke tausendmal gehört – und wahrscheinlich sogar schon selbst herbeigewünscht –, weil sie so wesentlich für den Erfolg einer jeden Organisation sind.

Peter Senge identifiziert das Denken in Systemen als die fünfte Disziplin organisatorischen Lernens. W. Edwards Deming vertritt die Ansicht, es sei fast nie die Schuld Einzelner, wenn in einer Organisation etwas schiefläuft, sondern die Schuld der Systeme, die diktieren, wie die Einzelnen sich zu verhalten haben.

Aber obwohl das Denken in Systemen ein Grundprinzip effektiver Organisationen ist, ist die Gefahr groß, daß es wie andere Prinzipien auch erst hochgeschätzt wird und schnell wieder im Prinzipienschrein der Organisation verschwindet und der Vergessenheit anheimfällt – wie die schon fast sprichwörtlichen Inhalte der Vorlesung, die vom Lehrbuch des Professors in die Kladde des Studenten wandern, ohne im Geist eines Beteiligten eine Spur zu hinterlassen.

Auch wir sind überzeugt davon, daß das Denken in Systemen für jede Organisation lebenswichtig ist. Wenn Sie die vorangegangenen acht Schritte zu einer Lernenden Organisation gegangen sind, besonders die letzten beiden, sind Sie dem Denken in Systemen sogar schon begegnet. Sie werden – wie es sich für eine Lernende Organisation geziemt – das Denken in Systemen probiert, geübt und sogar in Aktion durchgespielt haben.

Denn das Gruppen-Mind-Mapping und das Kinästhetische Modellieren aus
Schritt Sieben und Acht sind im Grunde das Erforschen und Umsetzen von Systemen
in zwei und drei Dimensionen. Ohne das Denken in Systemen ließen sich weder
Mind-Maps noch Kinästhetische Modelle umsetzen. Schritt Neun verbindet die
Denkprozesse hinter diesen Aktivitäten – damit die Organisation noch bewußter für
die Macht und Relevanz des Denkens in Systemen wird und damit sich das Denken
in Systemen auf alle Phasen des Lebens einer Organisation ausweitet.

Das Denken in Systemen und die Lernende Organisation

Die Lernende Organisation ist in zweierlei Hinsicht ein bemerkenswertes Beispiel
für das Denken in Systemen. Erstens betont der Zehn-Schritte-Prozeß das menschliche Element als eine wesentliche Komponente eines jeden Systems innerhalb
einer Organisation und des Gesamtsystems der Organisation selbst. Das menschliche Element – das Potential der Menschen, ihre Emotionen, ihre schwer faßbaren
Arten der Kommunikation, ihre Motivationen – ist das wesentliche, aber oft unvor-
hersagbare und „unordentliche" Element, das bei der Planung von Systemen oft
ausgelassen wird, ganz zu schweigen von den Programmen von Busineß- und
Organisationsexperten. Aber wie wir gesehen haben, beginnt eine Lernende Organisation mit der Erkenntnis, daß sie das menschliche Element berücksichtigen
muß. Dafür bietet die Lernende Organisation Gelegenheiten und Werkzeuge.

Zweitens ist eine Lernende Organisation selbst ein effektives System – ein ler-
nendes System. Wie wir in diesem Kapitel sehen werden, läßt sich eine Lernende
Organisation so strukturieren, daß sie Informationen sowohl auf täglicher als auch
auf Langzeitbasis verarbeitet, um zu lernen, zu wachsen und zu gedeihen. Um zu
zeigen, wie Organisationen diese Fähigkeit entwickeln und bewahren können, werden wir mit einem weiteren Blick auf die Bedeutung des Denkens in Systemen
beginnen.

Was wir über Systeme bereits wissen

Wo immer eine Gruppe von Elementen so ineinandergreift, daß jede Veränderung
eines Elementes eine Veränderung der gesamten Struktur bewirkt, liegt ein System

vor. Ein Buch ist kein System, weil das Herausreißen einer Seite keinerlei Einfluß darauf hat, was auf den übrigen Seiten steht. Aber ein Computerprogramm ist ein System, denn wenn man ein Element des Programms verändert, riskiert man, die Funktionsweise des Programms insgesamt zu verändern. Deshalb sind Computerviren so verheerend und so treffend benannt. Wie organische Viren greifen sie ein Programm auf Systemebene an.

Der Normalbürger versteht das Denken in Systemen schon, wenn es in gewissen familiären Situationen auftritt. Wir wissen beispielsweise, daß in einem leerstehenden Haus im Winter ohne Heizung und Elektrizität die Rohre zufrieren, brechen und später das Haus unter Wasser setzen können. Aber andere Effekte lassen sich möglicherweise weniger genau vorhersagen. Das Eis im Gefrierfach könnte schmelzen und den Fußboden überschwemmen. Das Wasser könnte ins Bad sickern, wo die Sommerkleidung aufbewahrt wird, und bewirken, daß die Kleidung modert. In der Zwischenzeit funktioniert die Alarmanlage nicht, so daß das Haus leicht einem Einbruch zum Opfer fallen kann. Diese und ähnliche Probleme haben zur Entwicklung intelligenter Häuser geführt, die in ihrer Funktionsweise noch systemischer, aber aus der Entfernung einfacher zu überwachen sind.

Auf kleine, lokale Ursachen folgen komplizierte, sich fortpflanzende Wirkungen. Wenn wir überreizt sind, entwickelt unser Nervensystem möglicherweise Schlaflosigkeit, Gedächtnisschwund und andere nervöse Störungen. Und da unser Körper selbst ein System ist, ergeben sich möglicherweise weitere, weniger offensichtliche Auswirkungen, wie Magenverstimmung oder sogar Magengeschwüre. Wenn das Wetter eine Kaltfront auf eine Warmfront treffen läßt, kann dicker Nebel entstehen, woraufhin möglicherweise Flughäfen den Betrieb einstellen und das Transportsystem aus dem Tritt kommt, wodurch wiederum das politische System gestört wird, weil ein Kandidat zu einer wichtigen Rede zu spät kommt.

Die Lektionen des Herdes

Einer der Gründe dafür, daß viele von uns leichte Probleme mit dem Verständnis der vollen Implikationen des Denkens in Systemen haben, ist, daß unsere stärksten

Erfahrungen von Ursache und Wirkung von frühester Kindheit an häufig übermäßig eng und vereinfacht sind.

Zur Illustration: Als neugieriges Kind von drei Jahren zieht man sich schmerzhafte Verbrennungen zu, wenn man seine Hand auf die rotglühende Herdplatte legt. Die Lektion ist unmittelbar, greifbar und eindeutig. Die Wahrscheinlichkeit, daß man sich diesen bestimmten Ausrutscher noch einmal leistet, ist verschwindend gering. Die schmerzhafte Verbrennung war eine simple und doch machtvolle Lektion.

Die gelernte Lektion besteht jedoch nicht nur darin, daß man sich verbrennt, wenn man die Hand auf einen Herd legt. Sie ist allgemeiner als das. Man hat gelernt, daß eine Handlung ein einziges, eindeutiges Ergebnis zur Folge hat.

Weil diese Lernerfahrung so intensiv und grundlegend ist, verankert sie leicht ein fundamentales Muster in unserem Denken. Wo immer etwas zusammenbricht, fahnden wir nach der Ursache des Zusammenbruchs. Weil wir so sicher sind, daß ein einfacher Zusammenbruch eine einfache Ursache hat, sind wir sofort dieser einen Ursache auf der Spur. Schließlich war ja auch die heiße Herdplatte die Ursache der verbrannten Hand, was bedeutet, daß wir für immer und ewig heiße Herdplatten meiden werden.

Was Frösche über kochendes Wasser nicht wissen

In dieser Hinsicht ähnelt ein Mensch ein bißchen einem Frosch. Steckt man einen Frosch in siedendes Wasser, so hüpft er auf der Stelle von dannen. Steckt man den Frosch dagegen in kaltes Wasser und wärmt es ganz allmählich auf, wird der Frosch, durch die langsam zunehmende Hitze in angenehme Entspannung gelullt, die Botschaft nicht mitbekommen, daß es höchste Zeit wird, aus dem Wasser zu hüpfen – bis es zu spät ist. Sobald das Wasser heiß genug ist, um Schmerz zu verursachen, hat das Frosch-System bereits so viel Schaden genommen, daß er nicht mehr hüpfen kann. Von da an hat der Frosch keine Alternative mehr; er kann nur noch dasitzen und still vor sich hinköcheln.

Sowohl der Frosch als auch der Mensch neigen dazu, erst dann zu reagieren, wenn das Problem unmittelbar offensichtlich ist. Wenn sich die Ursache langsamer entwickelt oder komplexerer Natur ist, reagieren Menschen womöglich nicht, bis es zu spät ist. Und selbst dann suchen sie in ihrer Eile, das Problem zu lösen, nach der simplen Maxime: Nach mir die Sintflut. Bei Problemen in einer Beziehung neigen wir beispielsweise dazu, jemandem (gewöhnlich dem anderen) die Schuld an dem Problem zu geben. Wenn ein politischer Prozeß zusammenbricht, suchen wir überall nach einem Sündenbock, den wir abwählen können. Und wenn bei der Arbeit etwas nicht gut läuft, suchen wir den einen mutmaßlichen Missetäter, der uns den ganzen Schlamassel eingebrockt hat.

In jedem Fall suchen wir nach einer einzelnen Ursache für die unerwünschte Wirkung. Die gleiche Auffassung lauert hinter einem großen Teil unseres täglichen Denkens, wie etwa auch bei unserer Gesundheit oder unseren Körpersystemen. Wenn etwas mit der Gesundheit nicht stimmt, werden die meisten von uns nach *der* Pille oder Operation suchen, die das Problem löst. Und der Glaube an die eben zitierte Sintflut, an die Zauberpille ist nicht nur auf den Patienten beschränkt; auch das medizinische Establishment hat dieses Konzept ge- und verkauft.

Das Problem bei dieser Art zu denken ist, daß es den hochgradig interaktiven Prozeß ignoriert, der die Beziehung zwischen Ursache und Wirkung kompliziert, sobald ein System beteiligt ist. Wenn wir es mit etwas so Komplexem wie einer Organisation zu tun haben, läßt sich eine bestimmte Wirkung fast nie auf eine bestimmte Person oder ein bestimmtes Ereignis zurückführen.

Bedenken Sie also, wie fruchtlos es ist, wenn der Vierteljahresumsatz um vierzig Millionen Dollar zurückgeht und sich der CEO vor die versammelten Manager hinstellt und ihnen die Leviten liest. Was immer die plötzlichen Gewinneinbußen verursacht hat, es sind nicht nur die Manager. Um an das Problem heranzukommen, müssen wir das System ändern. Deshalb ist es wichtig, Menschen in Begriffen ihrer Interaktionen zu sehen, nicht in Begriffen ihres individuellen Verhaltens. Ihre Interaktionen sind häufig selbst Systeme, die sich neu gestalten lassen.

Systeme beeinflussen lernen

Das Mind-Mapping und das Kinästhetische Modellieren sind zwei flexible Werkzeuge, die uns nicht nur erlauben, die Systeme zu verstehen, die uns beeinflussen, sondern deren Umstrukturierung auch wirklich zu erleben. Das Restrukturieren mit Hilfe von Mind-Maps und Modellen ist Vorschau und Praxis organisatorischen Umstrukturierens.

Der Zweck dieser beiden Prozesse besteht darin, jedem Mitarbeiter nicht nur klarzumachen, wie die Organisation systemisch zusammenhängt, sondern auch, wie sich diese Struktur verändern und effektiver gestalten läßt. Das setzt einen Denkprozeß in Bewegung, der zur Formulierung notwendiger Veränderungen führen kann, während er gleichzeitig den Menschen hilft, zu verstehen, welche Veränderungen stattfinden, so daß sich die Verantwortung und Motivation für diese Veränderungen auf die gesamte Organisation ausbreitet.

Schauen wir, welche Denkprozesse mit dem Denken in Systemen kompatibel sind und wie diese sich von nicht-kompatiblen Denkprozessen unterscheiden.

Probieren Sie zwei schnelle Gedankenexperimente

Lassen Sie uns zwei Gedankenexperimente durchführen, damit wir diesen Unterschied besser verstehen.

Ermitteln Sie als erstes, wie oft das Wort „Recht" im Text der deutschen Nationalhymne vorkommt. Lesen Sie erst weiter, wenn Sie die Anzahl der Nennungen ermittelt haben.

Ihre nächste Aufgabe ist, in Gedanken Ihr Wohnzimmer aufzusuchen und die Lampen darin zu zählen. Lesen Sie wieder erst weiter, wenn Sie das getan haben.

Sie bemerken wahrscheinlich, daß Sie an diese beiden Aufgaben unterschiedlich herangegangen sind. Wenn Sie wie die meisten Menschen sind, haben Sie sich die Wörter der Nationalhymne der Reihe nach vorgenommen, eines nach dem anderen, und dabei nach dem Zielwort Ausschau gehalten. Sie haben wahrscheinlich nicht den gesamten Text auf ihre mentale Leinwand projiziert und dann die einzelnen gewünschten Wörter herausgepickt.

Aber wenn Sie Ihr Wohnzimmer besuchen sollen, dann entspricht das genau der Ihnen angemessenen Arbeitsweise. Vor Ihrem geistigen Auge können Sie sich selbst in einen dreidimensionalen Raum versetzen und sich umschauen, bis Sie alle Lampen gefunden haben.

Anders als bei den Wörtern im Lied können Sie die Lampen in beliebiger Reihenfolge zählen, dabei irgendwo im Raum beginnen, und Sie müssen nicht einmal in einer bestimmten Reihenfolge herumgehen, wenn Sie nicht wollen. Sie können auch alles in dem Raum ignorieren, was keine Lampe ist, obwohl Sie es in dem Augenblick, in dem Sie es ignorieren, klar sehen können. Diese mentale Handlung simuliert, was Sie im wirklichen Leben tun, wenn Sie einen realen Raum betrachten.

Der Unterschied zwischen diesen beiden Techniken, die Sie wahrscheinlich für die zwei Aufgaben benutzt haben, beleuchtet unsere grundsätzlich möglichen Methoden der Informationsverarbeitung. Es ist der Unterschied zwischen linearem und globalem Denken.

Lineares vs. globales Denken

Manche Probleme lassen sich am besten durch lineares Vorgehen lösen. Es wäre beispielsweise unklug, auf einer Seite wie dieser Rechtschreibfehler durch Herumspringen und punktuelle Proben zu korrigieren. Die besten Aussichten auf eine effiziente Korrektur haben Sie, wenn Sie sich den Text Wort für Wort vornehmen und jedes Wort der Reihe nach einzeln prüfen. Damit soll nicht gesagt sein, daß jemand nicht das Talent entwickeln könnte, einfach zu „wissen", wo die inkorrekten Wörter sitzen. Aber die Erklärung für dieses „Wissen" fiele in einem linearen Rahmen schwer.

Wenn Sie sich dagegen ein Buch zum Lesen aussuchen, ist es höchst unwahrscheinlich, daß Sie am einen Ende des Regals anfangen und der Reihe nach jedes Buch durchlesen, bis Sie am anderen Ende ankommen. Sie werden wohl eher in dem Teil des Regals suchen, der Ihre Interessen reflektiert, oder Sie werden einfach von einem Buch angezogen, das Ihre Aufmerksamkeit fesselt.

Ein Großteil Ihres Denkens ist global und systemisch

Die meisten Dinge, die wir im Leben tun, tun wir nicht durch rigoroses lineares Prüfen aller Möglichkeiten, sondern durch Herumspringen, Verfolgen von Intuitionen und Fällen von Urteilen auf der Grundlage einer verhältnismäßig schmalen Basis bewußter Informationsverarbeitung.

Wenn wir in einem streng linearen Rahmen arbeiten, aktivieren wir wahrscheinlich nur eine der Hauptfunktionen der linken Hemisphäre unseres Neokortex, die uns helfen soll, Ordnung und Logik in die Dinge zu bringen. Wenn wir globaler arbeiten, benutzen wir wahrscheinlich die rechte Hemisphäre des Neokortex.

Aus einer akademischen Perspektive scheint die beste Methode zu sein, alles sorgfältig und der Reihe nach zu prüfen, denn im Vergleich dazu wirkt jeder andere Weg schlampig, inkonsistent und undiszipliniert. Tatsächlich lassen sich aber nur verhältnismäßig wenige Probleme effektiv durch die Art linearer Betrachtung lösen, die Sie wahrscheinlich beim Text der deutschen Nationalhymne benutzt haben.

In den meisten Fällen sind wir gezwungen, Urteile auf der Grundlage unvollständiger Informationen zu fällen, weil die Situation so komplex ist, daß das Einholen vollständiger Informationen unmöglich ist. Lineares Denken kann uns daher oft in Schwierigkeiten bringen, weil wir einen Schritt nach dem nächsten machen, ohne dabei die ganze Bandbreite interaktiver Merkmale der Situation in Betracht zu ziehen.

Die ideale Beschäftigte, die das System störte

Ein Manager stellte einmal fest, daß eine seiner Mitarbeiterinnen sich so sehr für ihre Arbeit engagierte, daß sie nie fehlte. Dadurch hatte sie keinerlei krankheitsbedingte Abwesenheit aufzuweisen und hatte dadurch am Ende des Jahres keine Möglichkeit, sich einige Zeit freizunehmen, was fast jeder getan hatte. Der Manager hatte das Gefühl, daß seine Mitarbeiterin um etwas betrogen wurde, und beschloß, eine neue Regelung einzuführen: Jeder, der jeden Tag zur Arbeit kam, sollte für eine Woche mehr bezahlt werden.

Das Denken des Managers in dieser Situation war linear. Er erkannte, was seiner Ansicht nach ein Problem von Ungerechtigkeit war, und machte den nächsten

Schritt, der darin bestand, eine Lösung für das Problem zu finden. Er erwog nicht, das Problem in einen größeren Kontext zu stellen und sich alle Interaktionen auszumalen, zu denen seine Lösung führen könnte. Kurz gesagt erinnerte sein Denken in dieser Situation an Ihr Denken beim Zählen des Wortes „Recht" in der Nationalhymne.

Wäre der Manager dagegen mental in seinem Problem herumspaziert, wie Sie beim Zählen der Lampen in Ihrem Wohnzimmer, hätte er vielleicht etwas in der Art des Resultates antizipiert, das tatsächlich eintrat. Mit Inkrafttreten der Regelung verhielten sich die Beschäftigten seltsam unerwartet. Sie überlegten sich, daß sie im Jahr eigentlich genug verdienten, aber da es jetzt diese zusätzlich bezahlte Woche gab, konnten sie ohne Lohneinbußen einfach eine Woche blaumachen. Indem das Unternehmen eine Mitarbeiterin für vorbildliches Verhalten belohnte, ermutigte es im Endeffekt Trägheit bei anderen und verursachte in dem Prozeß beträchtliche Kosten.

Solche unerwarteten Nebenwirkungen sind typisch für Lösungen, die nicht das ganze System in Betracht ziehen. Wenn etwas schiefgeht, rennen wir meistens sofort los auf der Suche nach der unzuverlässigen Lösung „mit der heißen Nadel". Weil so viele dieser „Heiße-Nadel-Lösungen" zumindest zeitweise für bestimmte Probleme tatsächlich funktionieren, neigen wir dazu, zu ignorieren, was danach unter der Oberfläche weitergärt – und uns eventuell später erneut heimsucht.

Wie „Heiße-Nadel-Lösungen" ihre Narben in Organisationen hinterlassen

Ob zum Besseren oder Schlechteren – alles, was in einer Organisation geschieht, ist das Ergebnis vieler, in Wechselbeziehungen miteinander stehender verschiedener Ursachen. Oft ist kein Einzelner für ein Übel verantwortlich – Ereignisse, Menschen, Strukturen und andere Faktoren interagieren einfach nicht in einer erwünschten Weise.

Wenn Sie darüber nachdenken, wie Ihre Organisation über die Jahre gewachsen ist, werden Sie viele Beispiele dafür finden, wie die „Heiße-Nadel-Lösungen" aus der Vergangenheit im heutigen Verhalten der Organisation immer noch weiterleben.

Vielleicht rutschte vor zehn Jahren jemand auf einem glatten Fußboden aus und verklagte das Unternehmen auf Schmerzensgeld. Dieses Ereignis führte zu Bestimmungen über das Verhalten am Arbeitsplatz, von denen sich einige als nötig und andere möglicherweise als unnötige Hemmschuhe für den Fortschritt erwiesen.

Als das Unternehmen anfing, war es vielleicht noch ziemlich klein. Die Fertigung erfolgte in einem kleinen Gebäude. Lagerhaltung erfolgte in einem anderen kleinen Gebäude am anderen Ende der Stadt. Obwohl sich heute vielleicht Fertigung und Lager im gleichen Gebäude befinden, ist die Entfernung zwischen beiden Abteilungen größer als nötig, und eine beträchtliche Menge an Zeit und Energie wird für den Transport von Dingen von einem Teil des Gebäudes in den anderen Teil vergeudet. Als die Aktivitäten in ein Haus zusammengelegt wurden, hatten sich die Mitarbeiter schon so sehr an die weiträumige Trennung zwischen Herstellungs- und Lagerräumen gewöhnt, daß niemand daran dachte, sie näher zusammenzubringen und die neuen Vorteile zu nutzen, die aus einer solche Zusammenlegung erwachsen würden.

Weil Ihr Unternehmen „einfach wächst", haben Sie gelernt, sich an alle möglichen Arten Streß zu gewöhnen, die in Ihrem System nebenbei anfallen und von denen viele für Sie inzwischen unsichtbar geworden sind. Unsere Körper tun das gleiche, passen sich Verletzungen oder Streß an, bauen die Anpassung ein und behalten sie oft noch lange bei, nachdem die eigentliche Verletzung schon wieder verheilt ist.

Aber wenn Sie sich mit anderen Mitgliedern der Organisation auf die Suche nach diesen Relikten alten Stresses begeben, werden Sie sie schließlich auch bemerken. Dann werden Sie beobachten, wie sich hier ein Ablauf von fünf auf zwei Schritte vereinfachen läßt, daß sich dort eine Genehmigung des Managements viel einfacher einholen läßt, als sechs Leute auf Papieren unterzeichnen zu lassen, die niemand liest, und wieder woanders werden Sie feststellen, daß Gedrucktes und in Aktenschränken Verwahrtes sich statt dessen ebensogut auf Disketten speichern läßt.

Die meisten Organisationen könnten von einer solchen Untersuchung nur profitieren. Aber bei dieser Aufgabe muß mit großer Sorgfalt und Vorsicht zu Werke gegangen werden. Weil alte Gewohnheiten dazu neigen, simplifizierendes Denken hervorzubringen, läßt sich die Revision am besten durch eine Beschreibung der gegenwärtigen Systeme im Unternehmen und anschließende Modellierung als Systeme erreichen. Anschließend können Sie darüber nachdenken, diese Prozesse neu zu planen und zu vereinfachen.

Zwanzig Fragen zu Ihren Systemen

Jetzt ist es also an der Zeit, Ihre Organisation in der neuen System-Sichtweise zu betrachten. Alle Mitarbeiter können mitmachen, indem sie die Systeme beschreiben, an denen sie teilnehmen. Für den Anfang empfehlen wir die Gründung einer Kommission aus etwa fünf Leuten, die die diversen operierenden Systeme in Ihrer Organisation identifizieren und über ihre Arbeit berichten. Hier eine Checkliste mit ersten Fragen:

1. Welches System dient dem Beantworten von Anrufen?
2. Welches System schreibt die Rechnungen?
3. Wie sind diese Systeme miteinander verbunden?
4. Welches System wird für das strategische Planen benutzt?
5. Welches System wird zur Leistungsbeurteilung eingesetzt?
6. Welches System dient zur Entscheidung darüber, wer am besten dafür geeignet ist, Innovationen im Unternehmen einzuführen?
7. Welches Gesamt-Produktionssystem setzen Sie ein?
8. Auf welches Marketing-System setzen Sie?
9. Auf welche Weise berühren und beeinflussen sich diese Systeme?
10. Wie werden in Ihrer Organisationen Berichte aufbewahrt?
11. Welches sind die am dringendsten benötigten fehlenden Informationen?
12. Auf welche Weise müßte man das System umgestalten, um diese Informationen verfügbar zu machen?
13. Woher wissen Sie, ob ein System effektiv ist oder nicht?
14. Wenn Sie ein System verbessern wollen, wie kommen Sie dann an die nötigen Informationen?
15. Wie entdecken Sie das Bedürfnis nach einem System, wo noch kein System arbeitet?

16. Auf welche Weise gestalten die Mitarbeiter die Systeme zur Verbesserung ihrer Arbeitsumgebung um?

17. Welche Lernsysteme nutzen Sie in Ihrem Unternehmen?

18. Wie lernen die Systeme in Ihrem Unternehmen?

19. Auf welche verschiedenen Weisen findet in Ihrer Organisation Kommunikation statt?

20. Welche Systeme existieren für den Umgang mit Sorgen und Problemen aller Art?

Diese Fragen sind mit Absicht etwas beliebig und erheben bestimmt keinen Anspruch auf Vollständigkeit. Sie sollen Sie anregen, darüber nachzudenken, welche Fragen Sie sich selbst und den Mitgliedern Ihrer Organisation über die Systeme stellen können, die im Gebrauch sind.

Entwickeln Sie Ihre eigene Systemtheorie

Wenn Sie über die Systeme in Ihrer Organisation nachdenken, die Sie sich mit Hilfe dieser Fragen klarer vor Augen geführt haben, und die Systeme im Lichte dessen betrachten, was wir über Systeme im allgemeinen gesagt haben, werden Sie beginnen, mögliche, besser funktionierende Systeme in Ihrer Umgebung ins Auge zu fassen. Sie werden also Ihre eigene Systemtheorie aufstellen.

Falls Sie meinen, Sie könnten das nicht, dann lassen Sie uns festhalten, daß Sie bereits über eine Theorie des Geschäftemachens, eine Theorie der Kommunikation mit anderen Menschen und eine Sprachtheorie verfügen. Selbst wenn Sie sich nicht hinsetzen und diese Theorien zu Papier bringen könnten, wirken diese implizit in allen Ihren Handlungen. Ihre Theorien ermöglichen Ihnen, Ihren Weg in der Welt zu gehen, weil sie Ihnen ermöglichen, die Konsequenzen diverser Handlungen vorherzusagen und zu antizipieren.

Ihre eigene Systemtheorie wird sich natürlich von den Eigenarten Ihrer Organisation ableiten und speziell auf diese Eigenarten zugeschnitten sein. Die Möglichkeit, daß eine Quelle von außen Sie mit all den Informationen versorgen könnte, die Sie für die Umgestaltung der Systeme benötigen, mit denen Sie arbeiten, gibt es nicht. Jede Organisation operiert unter sehr spezifischen Bedingungen. Es ist genau dieses Spezifische, das erfaßt und ausgewertet werden muß, um die Art Ihrer Systeme zu ermitteln und Verbesserungsmöglichkeiten für diese Systeme erkennen zu können.

Sie wissen bereits, wie Sie Mind-Maps zur visuellen Beschreibung jedes gegebenen Systems, jeder Strategie, jedes Prozesses nutzen können, die Ihr Unternehmen gegenwärtig einsetzt. Und Sie wissen bereits, wie sich diese Prozesse, Strategien und Systeme durch Kinästhetisches Modellieren in größerer Tiefe erforschen lassen. Ebenso wissen Sie, wie man erforscht, was geschieht, wenn sich logische Analyse und menschliche Gefühle treffen. Beide Methoden sind für eine Klärung der in einer Organisation etablierten Systeme unverzichtbar. Sie helfen bei der Erklärung von Verhaltensweisen und Prozeduren, die anderenfalls völlig undurchschaubar wirken.

Sechs Wegweiser zum Aufbau Ihrer eigenen Systemtheorie

Wenn Sie darüber nachdenken, die Systeme in Ihrer Umgebung stromlinienförmiger zu machen, werden Sie notwendigerweise mit Problemen konfrontiert, die mit Systemen allgemein zu tun haben. Ohne zu versuchen, alle wichtigen Aspekte der Systemtheorie abzudecken, möchten wir bestimmte Schlüsselpunkte über effektive Systeme hervorheben, die für eine Lernende Organisation besonders wichtig sind. Denken Sie, wenn Sie diese Aspekte erwägen, auch darüber nach, wie Sie durch das Berücksichtigen dieser Aspekte Systeme aufbauen können, die in der Lage sind, selbst zu lernen und sich zu transformieren.

1. **Gedächtnis:** Gute Systeme merken sich ihren eigenen Werdegang. Wenn Ihre Systeme so gestaltet werden, daß sie sich alles Wichtige merken, das in Ihrer Organisation passiert, haben Sie schon einen guten Start.

Wahrscheinlich ist Ihre Organisation Experte im Aufzeichnen von Daten, die sie für das Überleben einer Betriebsprüfung benötigt. Aber viele Organisationen betrachten Betriebsprüfungen als ein notwendiges Übel, statt als Gelegenheit zur Einrichtung und Instandhaltung von Datenbanken und gedächtnisfähigen Systemen. In vielen Fällen könnten sich Daten aus einem Teil des Systems in einem anderen als nützlich erweisen. Vielleicht möchten Sie allen Wissensbedürftigen einen unmittelbaren Zugang zu diesem Gedächtnis ermöglichen.

2. **Zweck:** Der Zweck jedes Systems muß definiert werden.

Wenn man klar weiß, was jedes System leisten soll, lassen sich dessen Operationen effizienter gestalten, denn dann läßt sich alles ausmerzen, was nichts zum Erreichen des Systemziels beisteuert. Wenn Sie etwas finden, das aus diesem Grunde eliminiert werden muß, aber anderweitig von Nutzen ist, können Sie ein neues System entwerfen, das diesem bestimmten Nutzen Rechnung trägt und den Zweck des Systems entsprechend definieren.

3. **Regeln:** Artikulieren Sie die Regeln, nach denen das System operiert.

Um diese Regeln aufzufinden, müssen Sie die gesamte funktionale Bandbreite des Systems verstehen. Das beinhaltet Wissen über das Gesamtnetz der Beziehungen innerhalb des Systems. Erforderlich ist dazu die Fähigkeit, Konsequenzen diverser Veränderungen vorauszusagen. Das bedeutet, daß man wissen muß, welche Punkte mittels Feedback informiert werden müssen, welche Überprüfungen und kompensierende Maßnahmen eingeführt werden sollten und wo.

Die Gründungsväter Amerikas waren exzellente Systemdenker, ohne es zu wissen. Aufgrund ihrer Erfahrungen mit der tyrannischen Herrschaft Englands und im Lichte einiger revolutionärer Gleichheitsgrundsätze konstruierten sie ein in drei Ästen ausbalanciertes Regierungssystem, das fest in der Hand des Volkes lag. Dieses Kunststück gelang ihnen durch die Voraussicht systemischen Denkens. Sie verstanden die komplexen Aufgabenfelder eines Staates und schufen die Regeln, die den Staat am Leben hielten.

Jedes andere System läßt sich durch diesen globalen, systemischen Ansatz ebenso sorgfältig strukturieren. Es lassen sich Regeln zur Förderung der effizientesten Arbeitsweise des Systems finden. Angenommen, Sie wollen eine Menge von Regeln für die Festigung der Kundenbeziehungen finden. Auf der Grundlage des Wissens über Ihr Produkt, des Wissens über die Art der Dienstleitung, die Ihre Kunden erwarten, und weiterer bestimmter Bedingungen in Ihrer Organisation könnten Sie ein Kundendienstleistungssystem entwickeln. Das könnte erfordern, daß alle Ihre Beschäftigten einen Kurs in Umgangsformen absolvieren. Oder es könnte bedeuten, daß jeder aus Ihrem Stab kontinuierlich mehr darüber lernt, wie man Kundenprobleme löst.

4. **Kontinuierliche Verbesserung:** Revidieren Sie ständig die Regeln des Systems durch kontinuierliche Verbesserung der Handlungsabläufe.

Durch das Definieren und Umstrukturieren der Operationsregeln Ihres Systems können Sie kontinuierlich die Systeme selbst verbessern. Manchmal ist Versuch und Irrtum nötig, um alle Dimensionen und Beziehungen innerhalb eines Systems aufeinander abzustimmen. Regeln und Abläufe sollten so lange offen für Verbesserungen sein, wie die Veränderungen das Ziel des Systems besser erfüllen.

5. **Feedback:** Systeme benötigen kontinuierliche Kontrolle und Regulation.

Denken Sie daran, in jedes System Feedbackquellen einzubauen – damit Sie wissen, wie gut das System seine Ziele erreicht. Denn wenn ein System lernen kann, daß es effizient ist, läßt es sich so gestalten, daß es Alarm gibt, wenn zusätzliche Eingriffe erforderlich werden. Sie könnten beispielsweise eine statistische Prozeßkontrolle entwickeln, die Sie alarmiert, wie viele Kunden Sie pro Monat verlieren. Dann könnten Sie Prozeduren erforschen, die Ihnen bei Neukundengewinnung und -pflege helfen.

Sie könnten etwa eine Anlage entwickeln, die ermittelt, wie oft das Telefon innerhalb der ersten beiden Klingelzeichen abgenommen und der Anruf reibungslos abgewickelt wird. Diese Eichungsmaßnahme könnte ermitteln, wo sich beim Beantworten eingehender Anrufe etwas verbessern läßt. Manche Systeme lassen sich selbst-regulierend konstruieren und lernen selbst, sich dem Feedbacksystem anzupassen. Ein Heizungs- oder Kühlungssystem reguliert beispielsweise die Raumtemperatur, indem es auf Feedback des Thermostats reagiert. Die systemimmanenten Feedbackquellen und die Reaktionsprogramme auf dieses Feedback ermöglichen den Systemen, zu lernen und sich zu transformieren. Die Systeme lernfähig zu machen ist ein gigantischer Schritt in Richtung Lernende Organisation.

Diese Transformation von Systemen läuft in der gesamten Natur ununterbrochen ab und ist ein wesentlicher Bestandteil des Lernprozesses. Um etwas zu lernen, muß man es verstehen. Dann muß man das Wissen mit bereits erworbenem Wissen synthetisieren. Dieses Synthetisieren ist in Wirklichkeit eine Umgestaltung aller vom neuen Wissen betroffenen Wissenssysteme. Nur nach dieser Umstrukturierung der Systeme kann der Lernende auf eine neue Weise handeln, die Resultat des Gelernten ist.

Der gleiche Prozeß gilt für die Lernende Organisation, die nur lernen kann, wenn sie ihre Systeme durch die Integration neuer und besserer Strukturen transformiert.

Indem wir mehr und mehr darüber lernen, wie Systeme funktionieren und wie sich Systeme verändern lassen, nimmt die Macht jedes Einzelnen zu, eine solche Veränderung auszulösen. Und genau mit dieser Berücksichtigung des Einzelnen kommen wir zum letzten Wegweiser, den wir beim Bedenken der Funktionsweise von Systemen ins Auge fassen sollten.

6. **Menschliches Verhalten ist Teil des Systems:** Gute Systeme fördern das positivste und effektivste menschliche Verhalten. Systeme, denen das nicht gelingt, vergeuden ihre größte und lebenswichtigste Ressource.

Die diskutierten Prinzipien menschlichen Lernens und Verhaltens haben in zahllosen Fällen bewiesen, daß sie das Beste im Menschen hervorbringen. Wenn die Mitglieder Ihrer Organisation verantwortungsbewußt sind, positiv interagieren, bei der Arbeit denken, Risiken eingehen, kooperativ arbeiten, persönliche Höchstleistung anstreben, sich auf die Vision der Gruppe einstimmen und systemisch denken, werden sie als wesentliche Teilnehmer an allen Systemen fungieren.

Schließlich bestimmt die Funktionsweise Ihrer Systeme das Vermögen Ihrer Organisation, eine Lernende Organisation zu werden. Denn nur wenn die Systeme das Lernen jedes Einzelnen favorisieren – und wenn die Systeme selbst lernfähig sind –, wird die Organisation aufhören, Menschen wie Zahnräder in einer Maschine zu behandeln und sich ihnen statt dessen als den primären Quellen neuer Lösungen und kreativer Arbeitsweisen zuwenden.

Wir wissen, wie man auf Systeme reagiert, lange bevor wir sie gestalten können

Der Lerninstinkt in allen Menschen ist so stark, daß die Beherrschung und Transformation eines Systems stets eine der lohnendsten Erfahrungen ist, die das Leben zu bieten hat. Bedenken Sie beispielsweise ein herausragendes Charakteristikum des Denkens in Systemen, das Sie bereits erreicht haben: das Beherrschen Ihrer Muttersprache. Als Sie Ihre Muttersprache erlernten, dechiffrierten und internalisierten, beherrschten Sie ein immer komplexer werdendes System der Kommunikation. Das haben Sie nicht aus Bedürfnis nach Belohnung und Anerkennung getan, sondern weil es die natürliche Veranlagung Ihres Geistes war, zu lernen, wie man kommuniziert.

Ob Sie versuchen, sich eine Fertigkeit anzueignen oder eine Freundschaft aufzubauen – in Ihrem ganzen Leben wird Ihnen das Beherrschen der Systemdynamik neue Möglichkeiten eröffnen. Einige dieser Möglichkeiten werden Ihr ganzes Leben verändern. Und wie machen Sie das? Sie verstehen die Regeln, Sie üben die notwendigen Fertigkeiten, und Sie perfektionieren Erfolgsstrategien. Durch diesen fortwährenden Prozeß werden Sie ein Meister des Systems.

Ein großer Teil dieser Aktivität ist nicht bewußt geplant. Das heißt, Sie nehmen sich nicht vor, Tennis zu spielen, um ein System zu verändern, sondern Sie spielen Tennis, weil es Spaß macht. Wenn Sie die Aktivitäten, an denen Sie Freude haben, genau betrachten – Kartenspielen, neue Freunde kennenlernen, einen Ausritt aufs Land unternehmen oder was immer Ihnen am meisten Spaß macht – werden Sie wahrscheinlich feststellen, daß Sie in Wirklichkeit Ihr Verständnis oder Ihre Fertigkeit in einem System vertiefen und dabei Strategien zu seiner Transformierung suchen. Kurz gesagt sind viele der lohnendsten Dinge, die wir im Leben tun, genau die Dinge, die wir für die Umwandlung einer Organisation in eine Lernende Organisation am meisten benötigen.

So wichtig ist innere Motivation

Ein Umfeld, das so gestaltet wurde, daß es das Beste in den Menschen hervorbringt, kann wirkungsvoll ohne jede Motivation von außen arbeiten. Man braucht die Menschen nicht mit Preisen oder Sondervergütungen oder Belohnungen zu überschütten. Was die Menschen brauchen, sind statt dessen Gelegenheiten, in ihrem Arbeitsleben etwas zutiefst Bedeutungsvolles und Transformierendes zu tun.

Interessanterweise ist das Versagen beim Erfüllen dieses Bedürfnisses mit dem enttäuschenden Abschneiden von Quality-Programmen in einigen amerikanischen Unternehmen in Zusammenhang gebracht worden. Karen Bemowski hat beobachtet, daß die Einstellung zu Qualität in unserer Gesellschaft zum großen Teil negativ ist, weil die Menschen so oft von Qualität hören, wenn sie in einem Produkt oder einer Dienstleistung fehlt.[1] Auf ähnliche Weise betonen viele Quality-Programme in großen Unternehmen die Abwesenheit von Qualität und behandeln Qualität wie etwas Fehlendes, das bereitgestellt werden muß.

Amerikaner reagieren nicht gut auf diesen Ansatz, weil sie sich gern als auf ihre einzigartige Art erfolgreich sehen. Sie sprechen jedoch normalerweise gut auf ein Quality-Programm (oder jedes andere Bestreben des Betriebs) an, das ihnen Verantwortung und Verantwortlichkeit bietet und ihnen gleichzeitig Gelegenheit zum Ausdruck ihrer Einzigartigkeit gibt.

Bemowskis Rat an Organisationen lautet daher, erfolgreiche Teams zu belohnen, indem man sie mit den Mitteln ausstattet, die sie benötigen, um ihre selbstgesetzten Ziele zu erreichen. Häufig bedeutet das, Ihnen Werkzeuge für persönliche Weiterentwicklung zu geben. Dieser Ansatz wird weit besser funktionieren, als sie mit Anerkennung oder Boni vollzustopfen. Weiterhin ist wichtig, daß die neuen Werkzeuge nach dem Erreichen des Erfolges so schnell wie möglich zur Verfügung gestellt werden. Dann wird das Team auch mit der bis dahin entwickelten Energie und Motivation weiterarbeiten.

W. Edwards Deming glaubt, daß unsere kulturelle Praxis des Motivierens von Menschen mit Rangabzeichen, Boni und anderen Belohnungen die Wirkung hat, die intrinsische Lern- und Arbeitsmotivation abzutöten. Von einem systemischen Standpunkt aus bedeutet das, daß jeder Punkt des potentiellen Ursprungs von Wissen im System auf geringem Effizienznivau arbeitet, wodurch das System als ganzes ineffizient wird. Auf gut deutsch führt das dazu, daß sowohl die Arbeiter als auch die Arbeit leiden.

Ein System, das auf höchstmögliche Effizienz und den maximalen Gebrauch seiner Ressourcen zielt, muß also auf gesunder Einsicht darin gegründet sein, was Menschen antreibt. Dadurch, daß eine Lernende Organisation auf diese Einsicht angewiesen ist und menschliches, intrinsisch motiviertes Verhalten verstärkt und belohnt, ist sie auf dem Weg zum Erfolg.

Schritt 10
"Get the Show on the Road"

Wenn Sam Walton unerwartet eine Stippvisite in einem seiner Geschäfte machte und in der Fabrikation die Beschäftigten besuchte, pflegte er wie ein Regisseur während des Stückes seine Schauspieler mit Anweisungen einzudecken. In seinem Überraschungsbesuch lag Dramatik, und das Drama, das er durch seine Persönlichkeit schuf, sollte auf die gemeinsame Vision des Unternehmens erfrischend wirken, sie kristallisieren und in seinen Beschäftigten Dramatik inspirieren.

Was wir hier in Schritt Zehn mit Drama meinen, ist nichts Unaufrichtiges, Künstliches oder von der realen Erfahrung Entferntes. Es ist die Höhe des Lebens, die immer dann erreicht wird, wenn etwas überragend gut gemacht wird. Wir schlagen vor, daß Sie die Lernende Organisation als neue Art des Dramas betrachten, als Kulmination unserer Art der Gestaltung der Organisation, die im einundzwanzigsten Jahrhundert Erfolg haben wird. Das alte Stück hat gerade seine Laufzeit hinter sich und wird bald abgesetzt werden. Die Zeit ist reif, das neue Stück auf die Bühne zu bringen.

Alles zusammenfügen

Bisher haben wir im Zehn-Schritte-Prozeß die Grundlage dafür gelegt, daß in diesem finalen Schritt alles wie geplant zusammenkommt. Wir haben gecoacht, Übungen gemacht, eine Unternehmenskultur aufgebaut und auf viele andere Weisen die Grundwerkzeuge bereitgestellt, mit denen eine Organisation ihren Erfolg strukturieren könnte. Die ersten neun Schritte verschmelzen den Charakter und die Vision einer Organisation jedoch noch nicht bis zu dem Punkt, an dem sie von jedem Beteiligten internalisiert werden. Zusammengenommen fehlt ihnen noch die vereinigende Kraft, die alles zusammenhält.

Schritt Zehn ist vielleicht der unentbehrlichste Schritt, denn in ihm kulminiert alles – hier erleben wir am klarsten nicht nur die vereinigende Kraft, die die Organisation zusammenhält, sondern auch die überlappende Energie zwischen der Organisation und dem Leben selbst. Unser Ziel ist nun, das Gelernte zu internalisieren und durch die besonderen Handlungsformen auszudrücken, in die wir unsere Lebensenergie lenken wollen.

Die Macht von Leitmetaphern

Die Bilder zur Beschreibung unserer Aktivitäten beeinflussen zutiefst unser Bild von uns selbst und unser Verhalten. Die meisten Organisationen haben eine Art Bild oder Leitmetapher, die die Handlungen der Organisation konzentriert und energetisiert. Diese Bilder können verhältnismäßig subtil oder unausgesprochen sein oder offenkundig und kunstvoll ausgearbeitet. Aber in jedem Fall können sie alles, was in der Organisation geschieht, stark beeinflussen. Das ist für eine Lernende Organisation besonders interessant, weil alles, was geschieht, durch das ganze Unternehmen hindurch geschehen und alle Beschäftigten einbeziehen muß.

Das wahrscheinlich häufigste und am leichtesten zu erkennende Beispiel für eine solche Leitmetapher ist *Krieg*. Geschäftszweige und Gruppen, die sich als Teilnehmer an einer tödlichen *Schlacht* um knappe Belohnungen sehen, tendieren dazu, ähnliche Einstellungen in- und außerhalb ihrer Organisation zu fördern. *Kampagnen* und *Feldzüge* sind geringfügig beschränktere Variationen dieses Themas. Dem Krieg ähnlich, aber weniger final, ist die Metapher des *Sports*, der die Teilnehmer zu überragenden Leistungen und Teamwork um des *Sieges* willen anstacheln kann. Auf der dunkleren Seite der Leitmetapher steht der Kampf ums *Überleben*, in dem die weitere Existenz und das Leben selbst ständig auf dem Spiel stehen. *Töten oder getötet werden.*

Wir schlagen im letzten Schritt unseres Zehn-Schritte-Prozesses vor, daß eine Lernende Organisation als ihre Leitmetapher das *Drama* erforscht – daß sie ihre internen Aktivitäten und ihre Einstellung auf die Welt im großen bündelt und energetisiert. Mit diesem Vorschlag reihen wir uns in die Liga innovativer Denker unter den Top-Führungskräften führender Unternehmen ein, wie beispielsweise Total-Quality-Experte Barry Sheehy, der sich für die Metapher des Dramas starkmacht, weil sie dem Unternehmen so viel Begeisterung und Energie bringt. Für alle Unternehmen, die eine neue Art des Geschäftemachens anstreben, kann diese Art Vision ein sehr machtvolles Werkzeug sein.

Leitmetapher Drama

Wenn Ihre ersten Gedanken dahin gehen, daß es zwischen der „ernsten" Welt der Organisationen und der „Schauspielerei" des Dramas – abgesehen von etwas Showbusineß-Getue – wenig Gemeinsamkeiten gibt, dann geben Sie der Sache noch eine Chance. Denn objektiv und mit ein wenig Phantasie betrachtet, gibt es eine Menge, was Organisationen von den individuellen und Gruppenaktivitäten lernen könnten, die in die Aufführung einer erfolgreichen Show fließen.

„Die ganze Welt ist eine Bühne", sagte Shakespeare, „und alle Männer und Frauen sind Schauspieler." Wenn wir am besten sind, spielen wir am überzeugendsten die Rollen, die uns das Leben zu spielen gegeben hat, sei es das Annehmen einer Herausforderung, ein stiller Augenblick der Vertrautheit mit einem Familienmitglied oder das Reißen derber Witze auf Partys. Und wir bereiten uns häufig und bewußt auf Rollen vor, die wir spielen möchten. Nicht nur Schauspieler wiederholen und perfektionieren ihre Rollen. Gehirnchirurgen und Basketballspieler, Ingenieure und werdende Mütter, Schriftsteller und Schweißer, Astronauten und Ökonomen: Alle wiederholen Rollen, die sie gerne spielen.

Über die individuelle Perspektive hinaus verbessert das Modell einer dramatischen Produktion in einer Lernenden Organisation sowohl das Bild der Organisation von sich selbst als auch das Bild, das andere von der Organisation haben. Das Modell des Dramas suggeriert das Niveau der für Spitzenleistung erforderlichen Kooperation und des Könnens innerhalb der Organisation. Und von außen – für das Publikum, den Kunden – suggeriert das Modell des Dramas die besondere Einzigartigkeit eines erfolgreichen Unternehmens.

Die Begeisterung, die vom Drama ausstrahlt, erzeugt sowohl für die Darsteller wie für das Publikum eine eigene, zusätzliche Energie. Denn in der Gußform des Dramas finden alle Teilnehmer zu einer vereinten Anstrengung zusammen. Sie verstehen, wie jeder Beitrag zum Ganzen paßt, und teilen die Begeisterung für das kollektiv Erreichte. Kein Wunder, daß der alte Aufmunterungsruf „*The show must go on!*" so stark elektrisch geladen ist.

Das Showbusineß im Busineß

Es gibt noch mehr suggestive Analogien zwischen einer erfolgreichen Show und einer erfolgreichen Lernenden Organisation. Ob ein Stück ein Renner wird oder ein Flop, hat fast nichts mit der Konkurrenz zu tun – nur mit seinem einzigartigen Beitrag zum Vergnügen des Publikums. Ein Stück, das sein Publikum genügend erfreut, kann fast ewig laufen. Shakespeares Stücke sind heute noch so lebendig wie bei ihrer ersten Aufführung. Die Wirkung der Filmversion des *Zauberers von Oz* wird wahrscheinlich nie abstumpfen.

Auf ähnliche Weise scheinen einige Organisationen schon immer dagewesen zu sein und auch in Zukunft dazusein. Das Rote Kreuz und die New York Yankees fallen uns ein. Generationen haben Kodak-Filme benutzt und Coca-Cola getrunken. Diese Unternehmen sind zu Institutionen geworden. Es gibt sie schon viel länger, als die 40-Jahre-Durchschnitts-Lebensspanne einer Organisation beträgt, weil sie es verstanden haben, die Phantasie der Öffentlichkeit zu fesseln und an sich zu binden. Wir werden wohl nie aufhören, uns über jene Kodak-Babyphotos von uns zu freuen.

Der Aufbau einer Organisation hat so gesehen einen künstlerischen Aspekt. Es gibt keine Beschränkung für das, was Kunst zu leisten vermag, und keine Beschränkung für das, was im Geschäftsleben möglich ist. Wir können die Auffassung vom Gewinnen und Verlieren beiseite schieben und uns statt dessen auf die Begeisterung durch kontinuierlich erneuerten und gesteigerten Erfolg freuen. Denn es ist das Sammeln von Energie um eine zentrale Idee und das Erwecken dieser Idee zu Leben in der öffentlichen Arena, durch das die Superstars unter den Organisationen Erfolg haben.

Wenn wir an Federal Express denken, dann denken wir an eine moderne Erfolgsgeschichte, die jeden Mitarbeiter und Geschäftspartner des Unternehmens so tief durchdringt, daß Federal Express inzwischen aus unserer nationalen Geschäftslandschaft so wenig wegzudenken ist wie Campbell oder McDonald's. Federal Express gibt es jedoch erst seit vergleichsweise kurzer Zeit. Wie die meisten erfolgreichen Unternehmen hat Federal Express seinen ganz eigenen Charakter, eine Art zu denken und sich den Kunden vorzustellen, die es einzigartig und unersetzbar macht. Das Drama, das das Unternehmen aufführt, besteht aus der durchgängigen Einhaltung der in der Werbung gemachten Versprechen, seiner Buchführung über seinen Erfolg und seiner Art des Umgangs mit der Öffentlichkeit. Wenn wir an Federal Express denken, dann denken wir nicht nur an absolute Zuverlässigkeit bei rechtzeitiger Lieferung, sondern auch an die Fähigkeit, genau darüber Auskunft zu geben, wo sich jeder einzelne Brief, jedes einzelne Päckchen und Paket gerade befinden und wo und wann die Post ausgeliefert wird.

Dieses von jedem Beschäftigten unterstützte Bild wäre nicht möglich, wenn die Beschäftigten ihren Auftritt vor Publikum nicht regelmäßig „proben" würden – auf der öffentlichen Bühne, auf der ihre Kunden sie sehen; sie haben ihre Charaktere und Aktionen perfekt einstudiert. Man könnte besser sagen, daß sie ihre Rollen entdeckt haben, denn Drama ist dann überzeugend, wenn die Schauspieler lebendig sind und an ihre Rollen glauben.

Das Drama findet zu beiden Seiten des Vorhangs statt

Beim Drama ist die Vorbereitung auf die Premiere und die folgenden Aufführungen eine bekannte Größe. Das aufzuführende Stück hat ein Skript, und die Schauspieler, der Regisseur, der Bühnenbildner, die Bühnenbauer und alle anderen an der Produktion Beteiligten haben sich verpflichtet, nicht nur die Ideen des Stückes so getreu wie möglich aufzuzeigen, sondern auch dessen genaue Gestaltung und Struktur. In manchen Fällen stellt das Skript die Arbeit eines Einzelnen dar. In vielen Fällen ist es ein Gemeinschaftsprodukt einschließlich einer beträchtlichen Menge nebenbei stattfindenden Improvisierens, Experimentierens und Umschreibens.

Ebenso hat auch die erfolgreiche Organisation ihr Skript, ihren Geschäftsplan, der möglicherweise aus der Zusammenarbeit der Darsteller entstanden ist, die gemeinsam die Lernende Organisation ausmachen. Und sie hat einen Regisseur – den CEO –, der dieses Skript zum Leben erweckt. Jeder Regisseur hat eine andere Methode und einen anderen Stil, aber wenn der Regisseur erfolgreich ist, fesselt das Stück das Publikum und läuft lange. Und nicht nur der Regisseur ist Abend für Abend anwesend, sondern ebenso die Schauspieler, die Techniker, die Platzanweiser und die Bühnenmannschaft. Alle Beteiligten müssen dafür sorgen, daß die Aufführung so weit wie möglich wie am Premierenabend verläuft – es sei denn, daß sich während der Laufzeit kontinuierliche Verbesserungen ergeben.

Wenn es Ihnen schwerfällt, das Operieren einer Organisation als dramatisches Ereignis zu betrachten, könnte es helfen, sich einige wohlbekannte fiktive Beispiele für das Geschäft als Drama anzuschauen. In Cecil B. DeMilles Film *The Greatest Show on Earth* liegt ein großer Teil der Faszination nicht nur in den melodramatischen Aktionen der Charaktere beim Leiten der Zirkusgeschäfte. Dieser Film zeigt eine Menge darüber, was alles dazugehört, um einen Zirkus auf die Beine zu stellen – wie die zahlreichen Aktivitäten sorgfältig koordiniert werden, lange bevor das große Zirkuszelt in jeder Stadt errichtet wird und es wieder Zeit zum Abbauen und Weiterziehen wird. Man begegnet dem Zirkusdirektor, der mit allen möglichen Problemen fertigwerden muß – von zwischenmenschlichen Problemen über logistische Probleme bis zu Problemen der Öffentlichkeitsarbeit – so wie jeder Manager.

Ob Sie einen Zirkus leiten oder eine Fabrik, ein Krankenhaus oder ein Hotel, immer ist es Ihre Aufgabe, dafür zu sorgen, daß alles den Wünschen der Kunden entspricht, und mit all den Menschen zu interagieren, die im Hinter- und Vordergrund des Unternehmens arbeiten. Drama ist die Kombination von beidem.

Wie bei einer guten Aufführung eines guten Stückes wollen Sie sehen, daß kompetente Leute ihre Arbeit gut machen – Schauspieler, die ihre Rollen überzeugend spielen, die Bühnencrew, die den Vorhang rechtzeitig hebt, und Schminkkünstler, die ihr Handwerk verstehen –, so wie Sie als Stammkunde eines Restaurants oder beim Kauf eines neuen Autos den Beweis dafür sehen wollen, was gute, kompetente Leute geleistet haben.

Alle, die für die erwähnten Organisationen arbeiten, und noch viele andere hervorragende Leute mit ähnlich gutem Ruf haben sorgfältig geprobt, um alle Vorstellungen und die Struktur des Unternehmens, an dem sie teilhaben, darzustellen.

Die Analogie zwischen einer Theaterproduktion und dem Aufbau eines hervorragenden Unternehmens ist also instruktiv. Wenn das Stück eine Woche, ein Jahr oder ein Jahrzehnt lang läuft, muß die Qualität der Aufführung aufrechterhalten werden, egal, wie oft die Schauspieler es schon auf die Bühne gebracht haben.

Wie Schauspieler ihre Überzeugungskraft behalten

Lassen Sie uns hinter die Kulissen gehen und beobachten, was genau beim Theater es einer Gruppe von Schauspielern möglich macht, Abend für Abend ein Publikum zu bewegen. Einer der Kommentare, die wir von Schauspielern in lange laufenden Produktionen am häufigsten hören, ist: „Es ist jedesmal eine neue Show." Was genau meinen sie damit?

Ein guter Schauspieler, der auftritt, ist in gewisser Weise zu der dargestellten Person *geworden*. Und im Geiste dieser Person sind die Ereignisse, die sie im Verlaufe des Stückes erlebt, die Freuden, die Sorgen, die Überraschungen und Erwartungen, immer wieder neu. Jedesmal, wenn der Schauspieler in der Höhepunkt-Szene des Stückes am Weihnachtsmorgen das Paket auspackt, muß die Begeisterung für etwas Neues und Wundervolles, bisher Unbekanntes, in seinem Geist sein, denn sein Geist ist der Geist der betreffenden Person in dem Stück..

Um dabei erfolgreich zu sein, müssen sich die Schauspieler so sehr für das Stück engagieren, daß sie es jedesmal neu erleben. Dazu müssen sie ihre Lebensenergie in ihre Rolle einbringen und in alle ihre Handlungen fließen lassen. Sie müssen immer über signifikant mehr Energie und mehr Kompetenz verfügen, als sie tatsächlich nutzen, denn die Leichtigkeit, mit der der Schauspieler agiert, kommt aus dem Gefühl, daß der Schauspieler immer eine größere Leistungsfähigkeit hat, als eine bestimmte Aktion erfordert. Daraus erwächst eine gewisse Spannung zwischen dem Engagement des Darstellers und dem, was im Augenblick wirklich getan wird. Diese Spannung begründet sich in dem Verlangen, mehr zu tun – ein größeres

Potential auszuspielen, größere Dynamik, größere Kreativität. Der gute Darsteller platzt immer fast vor Ungeduld, die Meßlatte für die Aufführung höher und höher zu legen.

Nichts davon wäre möglich, wenn es kein Publikum gäbe. Schauspieler wissen sehr wohl, daß jedes Publikum anders ist. Eine Textzeile, die an dem einen Abend großen Beifall erntet, verhallt an einem anderen unbemerkt. Schauspieler lernen, das Publikum zu erfühlen, den speziellen Charakter des Publikums psychisch auszukundschaften und ihre Aufführung dem Publikum anzupassen. Natürlich mögen sie manchmal das eine Publikum mehr als das andere, aber ihre Professionalität verlangt, daß sie in jeder Aufführung ihr Bestes geben.

Sich darauf konzentrieren, was eine Arbeit begeisternd macht

Ziel in einer Organisation ist für jeden an einer Arbeit Beteiligten, diese Arbeit in dem gleichen Geiste zu tun wie der Schauspieler. Es muß Begeisterung da sein, ein Gefühl der Neuheit und Originalität, wenn der Arbeiter zum zigsten Mal das soeben abgekühlte Rohr aus dem Ofen nimmt und es für die endgültige Feinbearbeitung von Hand vorbereitet. In dem Maße, wie alle immer wiederkehrenden gleichen Handlungen von Maschinen übernommen werden, kommt der Mensch ins Spiel, um die Einzigartigkeit der Arbeit zu erfahren – die Unterschiede, die durch die Natur des Prozesses vorgegeben werden, indem jedes Rohr sich von allen anderen unterscheidet und daher auch unterschiedlich behandelt werden muß.

An diesem Punkt im Zehn-Schritte-Prozeß haben alle Beschäftigten nicht nur ihre Rolle bei der Gestaltung der Kultur und der Vision des Unternehmens gespielt, sondern auch dazu beigetragen, dessen Systeme aufzubauen. Entsprechend groß ist ihr Verständnis für die Komplexität ihrer Arbeit. Sie haben gelernt, das Denken anderer – und ihr eigenes – zu respektieren, visuelle Bilder ihrer Arbeitsweise zu entwickeln, diese mit ihren Körpern zu modellieren und systemisch zu verstehen.

In Schritt Zehn kommen die Begeisterung, das Engagement, die Emotion, die Leidenschaft in Spiel. Hier verwandelt der Beschäftigte, der einen Weg gefunden hat, seine Leistung bei der Arbeit zu einem interessanten Teil der Lebenserfahrung zu machen, diese Erfahrung in eine begeisternde Wirklichkeit.

Wenn ich zu McDonald's gehe und einen Big Mac bestelle, sehe ich, obwohl jeder Mitarbeiter verschieden ist, selten viel Variation in der bestimmten und freundlichen Art, wie meine Bestellung bearbeitet wird. Die Arbeitsabläufe und Aktionen sind fast perfekt einstudiert und gehen glatt von der Hand. Gleichzeitig scheint jeder Beschäftigte ein Gefühl des Selbstvertrauens und Stolzes zu verspüren, für ein so gutes Unternehmen zu arbeiten.

Wenn ich auf der anderen Seite zu *Makeshift Hamburgers* gehe, fällt mir auf, daß die Dinge nicht ordentlich organisiert sind. Der Mensch am Schalter ist sich nicht sicher, wieviel meine Bestellung kosten wird. Einige der Gerichte von der Karte sind gerade nicht verfügbar – nicht, weil sie ausverkauft sind, sondern weil keiner es geschafft hat, sie rechtzeitig zuzubereiten. Die Leute bei Makeshift scheinen nicht recht zu wissen, was man von ihnen erwartet. Sie agieren wie Amateurschauspieler, die ihren Text noch nicht gelernt haben, und stolpern die ganze Zeit durch eine Aufführung, die mies ankommt.

Entsprechend ähnelt das Aufbauen eines großartigen Unternehmens dem Kreieren eines großartigen Dramas. Alles muß aufeinander abgestimmt sein, und selbst wenn die zweite Besetzung einspringen muß, gilt unter allen Umständen: "The show must go on."

Die Rolle des Regisseurs

Es gibt so viele Wege, eine Show zur Aufführungsreife zu bringen, wie es Produzenten oder Regisseure gibt. Aber die verschiedenen Regiestile unterscheiden sich hauptsächlich darin, wieviel Kontrolle über die Elemente des Stückes ausgeübt wird. Im einen Extrem ist der Regisseur wie Gott, der Gesetze für jedes kleinste Detail erläßt und in dessen Produktionen jede Abweichung einen Schauspieler die gesamte zukünftige Karriere kosten kann. Im anderen Extrem ist der entspannte Typ, der kaum in die schauspielerische Evolution der Produktion eingreift und im Grunde nur dazusein scheint, um die Probe einzuläuten, sie am Laufen zu halten und sie schließlich für beendet zu erklären.

Jedes dieser Extreme kann eine gute Aufführung produzieren – die gute Aufführung einer *Show*. Wie wir im gesamten Verlauf dieses Buches jedoch immer wieder erläutert haben, können Manager auf jeder Ebene der modernen Organisation nicht länger davon ausgehen, daß sich das Skript nie mehr verändern wird. Sie müssen sogar vom Gegenteil ausgehen. Keine Organisation kann sich den Luxus eines Managements leisten, und sei es noch so brillant, das ausschließlich nach einem unveränderlichen Skript arbeiten kann. In der Wirtschaft und der Welt bedeutet das mit Sicherheit, daß der Vorhang bald wieder fällt und die Aufführung abgesetzt wird. So wie manche Theatergesellschaften die Show jeden Abend neu improvisieren, muß die verantwortliche Geschäftswelt unter Umständen viele ihrer Aktionen improvisieren, um den Bedürfnissen einer sich rasant wandelnden Weltwirtschaft und lokalen Marktbedingungen gerecht zu werden.

Daher muß der Regisseur des organisatorischen Dramas in der Lage sein, den Schauspielern dabei zu helfen, sich auf eine lebensechte Aufführung vorzubereiten, in der möglicherweise nicht nur das Skript, sondern auch die Rollen selbst Veränderungen unterworfen sind. Wie paßt die Analogie des Einstudierens einer Show auf diese Bedingungen – auf die Lage der Lernenden Organisation in der wirklichen Welt?

Regieführen –
die Antwort auf die Herausforderung des Wandels

Lassen Sie uns einen Augenblick zum Theater zurückkehren, um zu sehen, wie wir dieser Herausforderung gerecht werden können. Wie der Zufall spielt, hat einer von uns einige Erfahrungen mit dem Theater, und diese Erfahrung hat sich für den Aufbau des organisatorischen Dramas als wirklich hilfreich erwiesen. Trotz der Verschiedenheit der Regietechniken möchte ich Ihnen die Technik erläutern, die ich hier benutze – weil sie Menschen mit wenig Erfahrung dabei helfen kann, die Herausforderung einer mitreißenden und zuverlässigen Aufführung zu meistern.

Nach meiner Erfahrung ist der beste Weg zum Erzielen guter Resultate eine echte Zusammenarbeit zwischen Regisseur und allen, die zum Gelingen der Show beitragen – Schauspieler, Bühnenbauer, Beleuchtungstechniker, bis hin zum Theatermanager. Ein Regisseur sagte mir einmal, er würde einem Schauspieler folgendes mit auf den Weg geben: „Du kannst machen, was du willst – solange ich es mag."

Ich finde, daß das eine wundervolle Charakterisierung in einem Satz dafür ist, wie man Regie führen sollte.

Bei diesem Regiestil kommt der Regisseur mit einer angestrebten Aufführungs-qualität vor Augen zur Probe – und tut dann, was er kann, um die Schauspieler zu stimulieren, etwas noch Besseres zu bringen. Der Prozeß des Regieführens bedeutet also, das Potential der Schauspieler zu erkennen. Wenn dabei aus irgendwelchen Gründen etwas herauskommt, das nicht so gut ist wie meine Vorstellung, kann ich die Schauspieler immer noch auffordern, es nach meinen Wünschen zu tun. Aber wenn ich zusehe und zuhöre und in Frage stelle, bedenke ich oft Dinge, die mir sonst nie in den Sinn gekommen wären.

Schauspielern beim Überdenken ihrer Rolle helfen

Anstatt zu versuchen, alle Details einer Show von vornherein gleich bei den ersten Proben festzulegen, belasse ich die Schauspieler sehr lange in einem Zustand der Mehrdeutigkeit. Sie wissen nicht, was sie tun sollen oder wie, und deshalb begin-nen sie nachzudenken. Häufig protestieren sie zuerst, aber sobald sie denken, kön-nen wundervolle Dinge geschehen.

Eine sehr einfache Methode der Regieführung in einer Szene, die jedesmal funk-tioniert, ist die folgende: Zu Beginn der Szene lasse ich die Schauspieler ein paar Zeilen lesen, während sie sich auf der Bühne den Worten entsprechend bewegen und versuchen, die Charaktere zu sein, die diese Worte sagen. Nach ein paar abge-lesenen Zeilen bitte ich einen Schauspieler, mir zu sagen, was die Textzeile bedeutet. Häufig erfordert das einiges echtes Nachdenken, wenn der Schauspieler die Zeile vorher nur wie ein Papagei ohne zu denken nachgeplappert hatte.

Meine Fragen sollen die Schauspieler zum Denken anregen, obwohl ich sorgfäl-tig vermeide, ihnen zu sagen, was sie denken sollen. Dadurch haben die Schauspieler das Gefühl, das ganze Stück selbst zu durchdenken. Wenn sie dann die Textzeile sprechen, dann sprechen sie mit der Überzeugung ihrer eigenen Gedanken.

Normalerweise ist es viel leichter, etwas zu tun, wenn man sich selbst überlegt hat, wie es geht, als wenn einem jemand erzählt, wie es gemacht werden soll.

Genauso bringt man jemandem bei,
einen Tennisschläger zu halten

Ich könnte mit der gleichen Methode jemandem beibringen, einen Tennisschläger zu halten. Die meisten Lehrer zeigen dem Schüler, wie er den Schläger halten soll. Ich persönlich reagiere darauf, indem ich mich die nächsten sechs Jahre frage, ob ich es nun richtig mache oder nicht. Wenn nicht, frage ich mich, ob der Lehrer wirklich der richtige ist und ob es nicht eine bessere Methode geben könnte, den Schläger zu halten.

Aber wenn Sie die Tennisschülerin dazu bringen, den Schläger auf viele verschiedene Weisen zu halten und jede durchzusprechen, wird sie nach und nach eine Schlägerhaltung finden, die Ihren Anforderungen entspricht. Es sei denn, die Haltung fühlt sich richtig für sie an, weil sie sie selbst gefunden hat. Ihre Schülerin wird eine ganze Reihe von Schlägerhaltungen ausprobiert und abgelehnt haben – vielleicht müssen Sie nur ihre Aufmerksamkeit darauf lenken, wie es sich anfühlt, den Schläger so oder so zu halten.

Allmählich kommen wir so zu einer Schlägerhaltung, die für die Spielerin angenehm ist und die ihrer Erfahrung gemäß am besten funktioniert. Aber die Spielerin hat ihre eigene Schlägerhaltung gefunden und dadurch ein völlig neues Verständnis für die beste Methode geschaffen.

Wenn Schauspieler und Regisseur verschiedener Meinung sind

Zurück zum Theater. Bis jetzt haben mir die Schauspieler gesagt, was sie ihrer Meinung nach tun sollten, und sich eine Meinung darüber gebildet, wie sie tun, was sie sich vorgenommen haben. Sobald wir diese Phase mit einigen Textzeilen beenden, denken die Schauspieler wesentlich mehr darüber nach, wie jede Zeile „sitzt" und wie sie wirken sollte.

Angenommen, wir bewegen auf diese Weise einen Schauspieler dazu, eine durch und durch überzeugende Aufführung zu bringen, die allerdings überhaupt nicht zu meiner Konzeption paßt. An diesem Punkt ist das Problem nicht mehr, ob der Schauspieler ein klares Konzept seiner Rolle besitzt, sondern ob seine Art, die

Rolle zu spielen, zu meiner Sicht des Dramas als ganzem paßt – und speziell zu meiner Sichtweise als Regisseur.

Dann lade ich den Schauspieler erneut ein, dieses Dilemma durch Nachdenken selbst zu lösen. Möglicherweise muß ich ihm einige Informationen über andere Aspekte des Stückes geben – über andere Charaktere, andere Szenen und wie diese den von ihm gespielten Charakter beeinflussen. Ich erkläre ihm zwar, was ich denke und was ich will, aber ich habe keine minimalen kritischen Spezifikationen dafür, was genau er aus der Szene machen wird. Diese Spezifikationen werden aus seinem eigenen Denken und seinen Reaktionen auf unser Gespräch kommen.

Mit diesem Ansatz ist es meiner Erfahrung nach möglich, selbst völlig unerfahrene Darsteller anzuleiten und zu führen, selbst durch intensive Szenen bei Shakespeare – und zwar auf eine Art, durch die sie in nicht mehr als einer halben Stunde zu einer bewunderungswerten Aufführung kommen. Mit anderen Worten: Dieser Ansatz erzielt äußerst gute Resultate in sehr kurzer Zeit, auch wenn er vielleicht den Anschein erweckt, er sei etwas unentschlossen oder langwierig.

Anwendungen auf die Arbeit

Beim Arbeiten mit Menschen am Arbeitsplatz kann man ebenfalls sehr gute Resultate in sehr kurzer Zeit erzielen, wenn man bei ihrer Arbeit ihr Denken voll einbezieht. Der gleiche Ansatz, der zu einer besseren Aufführung eines Theaterstückes führt, läßt sich zur Erforschung der Aktionen bei der Arbeit benutzen. Wir schlagen hier einen Entdeckungs-Dialog zur Einstimmung Ihres Beschäftigten auf seine Rolle im fortwährenden Drama Ihrer Organisation vor.

Diese Art Dialog ist im Grunde ein ziemlich einseitiger, sokratischer Ansatz. Im Gegensatz zur Debatte soll der Dialog keinen scharfen Kontrast zwischen den Überzeugungen oder Wahrnehmungen zweier Individuen hervorrufen. Statt dessen ist der Dialog eine Methode, mit der zwei Gesprächspartner sich gegenseitig zu einer Schärfung ihrer Wahrnehmungen führen können, ohne gegensätzliche Standpunkte zu vertreten. Beim Dialog denken zwei Menschen gemeinsam, um ein klares Gefühl dafür zu bekommen, welche dramatischen Aktionen angemessen sind.

Hier ein Beispiel:

Manager: „Was sind Ihrer Meinung nach die wichtigsten Eigenschaften eines guten Verkäufers am Telefon?"

Mitarbeiter: „Daß er imstande ist, im Gesprächspartner am anderen Ende der Leitung so schnell wie möglich echtes Interesse zu wecken."

Manager: „Welche Vorstellungen haben Sie schon davon, wie sich das effektiv erreichen läßt?"

Mitarbeiter: „Darüber habe ich mir noch keine Gedanken gemacht. Ich fange hier gerade erst an."

Manager: „Können Sie sich an eine Zeit erinnern, als ein Verkäufer Interesse in Ihnen geweckt hat?"

Mitarbeiter: (erzählt eine Geschichte über eine Erfahrung, wie jemand von jemandem etwas gekauft hat.)

Manager: „Das ist ein gutes Beispiel. Was hat dieser Verkäufer getan, um Ihre Aufmerksamkeit zu fesseln und in Ihnen den Wunsch auszulösen, das Produkt zu kaufen?"

Der Vorteil eines solchen Ansatzes ist, daß die Arbeiter lernen, eine Methode zu entwickeln, in die sie Vertrauen haben können. Die Antworten auf diese Fragen müssen aus dem Bezugsrahmen *des Mitarbeiters* stammen, was überzeugend ist und Erfolg hat. Im Verlaufe des Dialogs gestalten Mitarbeiter und Manager gemeinsam die zukünftige Rolle des Mitarbeiters, so daß sich die Phantasie des Beschäftigten an den Möglichkeiten der hier zu spielenden Rolle entzündet. Der Prozeß funktioniert um so besser, je besser die Fragen des Managers dem Mitarbeiter helfen, Beziehungen zwischen der besonderen Arbeit hier und dem Funktionieren der Organisation als ganzer zu erforschen.

Nach der gemeinsamen Erforschung des Themas gibt es vielleicht noch mehr Möglichkeiten, die noch nicht angesprochen wurden. An diesem Punkt ist es vollkommen angemessen, den Mitarbeiter auf weitere Optionen zu verweisen, wie beispielsweise empfohlene Verkaufstechniken aus einem Verkaufshandbuch, die das Denken des Beschäftigten stimulieren könnten. Danach müssen nur noch die Anrufe getätigt werden.

Leistungsverbesserung in einer Lernenden Organisation

Eine Lernende Organisation braucht Menschen, die begeistert über jeden einzelnen Aspekt ihrer Arbeit nachdenken. Da wir alle dazu neigen, über einige unserer Handlungen hinwegzugehen, ohne sie zu überdenken, gibt uns dieser Prozeß der Rollendefinition eine Gelegenheit, unsere Aufmerksamkeit auf Aspekte der Arbeit zu lenken, die wir vielleicht nie zuvor bedacht haben. Jeder, wie erfahren auch immer, wird wahrscheinlich leistungsfähiger, wenn er die Dinge so durchdenkt.

Sie werden außerdem feststellen, daß das Beantworten dieser Fragen in einer nicht-bedrohlichen Atmosphäre Spaß macht und leicht zu gesteigerter Selbstachtung führt. Wir alle diskutieren und erforschen gerne, was wir gut tun, und machen gerne neue Entdeckungen, wie wir noch besser arbeiten könnten. Wenn Sie mir eine Frage über meine Leistung stellen und ich darauf mit einer brillanten neuen Einsicht antworte, wie ich besser werden kann, ist das meine Einsicht und nicht Ihre, so daß ich nicht das Gefühl haben muß, daß Sie mir eine Predigt halten oder mich belehren. Ich habe das Gefühl, daß ich etwas sehr Wertvolles entdecke. Und ich werde unserer nächsten Unterhaltung mit positiver Erwartungshaltung entgegensehen.

In einer Lernenden Organisation werden solche Fragen ständig gestellt und beantwortet. Aber bei den Fragen geht es dabei nie um die philosophische Erforschung von Ideen – sie sind immer handlungsorientiert. Nach dem Durchlaufen der anderen neun Schritte dienen die Fragen hier der Herauskristallisierung aller noch nicht angesprochenen Subtilitäten bei der Feinabstimmung der Aktionen. Denn da das Drama der Lernenden Organisation in der wirklichen Welt aufgeführt werden muß, kann das Lernen, das die Organisation charakterisiert, nur durch Handlung entstehen, nicht durch abstraktes Philosophieren. Jede erforschte Idee ist nur in dem Maße wertvoll, wie sie funktioniert, wenn sie auf die Probe gestellt wird.

Der Regisseur rotiert ...

Gehen wir einen Schritt weiter. Wir befinden uns bei der Probe, drei Schauspieler spielen auf der Bühne eine Szene, während einige andere zuschauen und auf ihren

Auftritt warten. Die Schauspieler durchlaufen den oben beschriebenen Prozeß und entwickeln dabei allmählich ein Verständnis für die Charaktere und die Handlungen, mit dem einzigen Unterschied, daß jetzt mehr Leute beteiligt sind.

Plötzlich meldet sich einer der Zuschauenden zu Wort und gibt einem Schauspieler auf der Bühne zu verstehen, daß eine bestimmte Geste eine besonders günstige Wirkung haben könnte. Der Schauspieler auf der Bühne hört zu und probiert den Vorschlag aus. Dann meint der andere zuschauende Schauspieler: „Das ist eine gute Idee, aber wenn du das hier probierst, könnte es noch besser werden."

Und wieder wird ein Versuch unternommen. An dieser Stelle meint einer der spielenden Darsteller: „Ich bemerke eine Emotion, die es mir schwermacht, meinen Text zu sprechen, wenn du so auf mich zukommst. Sei doch bitte so nett und geh in einem Kreis um mich herum; das würde für mich mehr Sinn machen." Plötzlich ist jeder der Anwesenden in den gemeinschaftlichen Prozeß des Regieführens eingetreten.

Mit Hilfe dieser Methode war ich in der Lage, mehr als vierzig Teenager ohne Schauspielerfahrung ein Stück von Shakespeare bearbeiten zu lassen. Dabei warf praktisch jeder hier und da einen Vorschlag ein und bekam die volle Aufmerksamkeit und den vollen Respekt aller anderen. Der Prozeß ist ordentlich, effizient, kreativ, begeisternd und stärkt das Vertrauen in die eigenen Fähigkeiten.

Bei so vielen kreativen Geistern, die an einem Projekt arbeiten, kann die entstehende Qualität verblüffend sein. Behalten Sie vor Augen, daß ich als Regisseur sehr wohl mit meinen eigenen Richtlinien für die Produktion in das Projekt kam. Es sollte mindestens so gut werden wie in meiner Vorstellung, und das veranlaßte mich häufig, einen bestimmten Ausdruck einer Textstelle, bestimmte Aktionen und bestimmte Tonalitäten beim Spielen einer Szene anzustreben.

Aber ich war nicht bereit, meine kreative Phantasie die Obergrenze des Machbaren bestimmen zu lassen. Solange die Schauspieler etwas taten, das mindestens ebenso gut war wie das, was ich wollte, war ich zufrieden. Wenn das Spiel – was häufig der Fall war – wesentlich besser als meine Vorstellung war, war ich natürlich von Hochstimmung erfüllt. Denn eine Gruppe kreativer Menschen, die zusammenarbeiten, muß einfach etwas wesentlich Besseres hervorbringen, als in der Vorstellung jedes Einzelnen möglich gewesen wäre.

Die besten Ergebnisse ergeben sich
aus der Arbeit vieler kluger Köpfe

Wenn Sie sich Ihren Beschäftigten auf die beschriebene Weise nähern, erreichen sie unter Umständen nur so viel, wie Sie ihnen zutrauen. Andererseits erreichen sie möglicherweise auch wesentlich mehr. Wie auch immer, Sie werden für Ihre Führungsqualitäten anerkannt, und Ihre Mitarbeiter werden Ihnen enorme Wertschätzung entgegenbringen, weil Sie ihr Denken stimuliert und ihnen dadurch das Gefühl vermittelt haben, fähig zu sein. Wenn Sie den Prozeß effektiv handhaben, werden Sie schließlich feststellen, daß eine Gruppe kreativer Menschen, die zusammenarbeiten, einfach etwas wesentlich Besseres hervorbringen muß, als in der Vorstellung jedes Einzelnen möglich gewesen wäre.

In dieser Situation hat der gute Menschenführer alles unter Kontrolle und tritt dabei gleichzeitig in den Hintergrund. Es ist eine extrem befriedigende Art, mit Menschen in jeder Situation zu arbeiten. Beim Unterrichten von Menschen in Hunderten von Seminaren haben wir festgestellt, daß dieser Ansatz bessere Resultate erzielte als jede andere Methode. Und als wir anderen beibrachten, auf die gleiche Weise zu leiten, haben sie ebenso gute Resultate erzielt wie wir. Diese Methode der Stimulierung von Menschen zum Denken und gemeinsame Arbeit ist also nicht nur effektiv, sondern läßt sich auch leicht auf andere übertragen.

Und in jeder Gruppe, mit der wir gearbeitet haben, war das Resultat eine entstehende dynamische Kreativität, die ganz anders war als die Kreativität, die die Gruppenmitglieder bereits in anderen Situationen erlebt hatten.

Wir glauben, daß dies einer der Hauptgründe dafür ist, warum die Learning Leaders bei Kodak so außergewöhnliche Resultate erzielten. Wir arbeiteten nicht nur mit ihnen auf die allgemeine, eben beschriebene Weise zusammen, sondern auf die gleiche Weise auch mit den Teilnehmern ihrer Kurse. Die Leute kamen aus dem Unterricht und hatten das Gefühl, daß ihr Denken respektiert und geschätzt worden war und daß sie daher noch besser werden konnten.

Aber es geht nie nur darum, Menschen zu helfen, Selbstachtung und Respekt für ihr eigenes Denken zu gewinnen. Es geht darum, sie zu veranlassen, eine Rolle im Unternehmen zu spielen – eine Rolle, die nur sie spielen können. Sie müssen selbst herausfinden, was für eine Rolle das ist, und ihr den Stempel ihrer

Persönlichkeit aufdrücken. Indem wir ihnen halfen, diese Rolle aus ihrem eigenen Denken entstehen zu lassen, führten wir sie allmählich zu ihrer eigenen inneren Weisheit und ihrer Fähigkeit hin, diese Weisheit zur einzigartigen Gestaltung der Rolle zu nutzen, die sie am Arbeitsplatz spielen werden.

Warum das mit einer Lernenden Organisation funktioniert

Während der Evolution einer Lernenden Organisation durch die vorangegangenen neun Schritte werden die Beschäftigten ein gutes Gefühl dafür entwickelt haben, wie sie am besten zusammenarbeiten können. Teamwork, Kreativität und Problemlösefähigkeiten werden auf einem hohen Niveau sein, und bei der Erledigung der täglichen Arbeit wird überall *gedacht*. Die Beschäftigten werden Freude an ihrer Arbeit und am gemeinsamen Unternehmen haben. Sie werden sich über die Vision des Unternehmens klar sein und dessen interaktive Systeme verstehen.

Mit der Zeit wird dieses Wissen so tief einsickern, daß sie sich mit der gleichen Sicherheit und dem gleichen Flair durch ihre Rollen bewegen wie professionelle Schauspieler während der Probe. Sie werden verstehen, was von ihnen erwartet wird und warum, und wie das zur Effektivität des gesamten Unternehmens beiträgt. Sie werden auch verstehen, wie ihre Rollen mit denen anderer Mitarbeiter ineinandergreifen.

Indem *Flow* bei der Arbeit den Beschäftigten zur zweiten Natur wird, werden sie an ihre Arbeit mit einer leichtfüßigen Sicherheit herangehen, die nicht aus der endlosen Wiederholung des Immergleichen entsteht, sondern aus einem fundierten und geweiteten Verständnis für das Bedürfnis nach kontinuierlicher Verbesserung und die Möglichkeiten für dessen Umsetzung.

Das Bedürfnis nach Improvisation

In diesem Schritt sind wir in das Reich des Dramas vorgestoßen, und unsere Nachforschungen über die Natur des Dramas haben uns eine Metapher und ein Modell für Manager geschenkt, die ihre Organisation zu mehr als einem bloßen Mechanismus zur Erledigung von Dingen strukturieren wollen, zu einem Ausdruck kreativer Impulse, die wir alle gern erfüllt sähen.

Wie wir jedoch schon früher sagten, erlaubt uns das wirkliche Leben, das organisatorische Drama des wirklichen Lebens, nicht länger den Luxus des Vorgehens nach einem feststehenden Skript. Die alte Methode für das Managen des unternehmerischen Dramas – ähnlich dem Lenken von Marionetten an vorherbestimmte Orte –, hat sich als ungeeignet für eine Produktion erwiesen, in der sich die sich ewig wandelnden Charaktere sogar zu schnell für eine Zeitlupe bewegen, in der das Bühnenbild ständig neu entworfen wird und die Handlung häufig neue Wege geht. Das heutige Drama ist ein Drama, das Improvisation erfordert.

Aber auch Improvisation ist eine Fertigkeit, die man lernen, eine Kunst, die man üben kann. Vor einigen Jahren heuerte einer von uns eine örtliche Komödiantentruppe für eine Vorstellung auf einer Konferenz an. Der Besuch einer ihrer Proben war ein Erlebnis, das einem die Augen öffnete: So paradox es anfangs auch schien, so ist in dem, was das Publikum als Improvisationstheater sieht, doch signifikant Planung und Struktur eingebettet. Es erfordert enorm viel Übung, die Hinweise und Indizien auf die Art der Reaktion zu erspüren. Es ist eine Art nicht-strukturierter Struktur, die großes Vertrauen unter den Spielern voraussetzt und inspiriert.

Für den heutigen Markt, die Fabriken, den Aufbau von Teams, Konferenzen in allen Bereichen organisatorischer Aktivität brauchen wir ein ähnliches Improvisationstalent.

Besonders in Organisationen, die handfeste Produkte herstellen, wird dieses Organisationstalent auf einer Ebene in der Hardware reflektiert. Zahlreiche produzierende Betriebe haben den Übergang zu flexiblen Produktionskapazitäten bereits vollzogen, und einige Organisationen befinden sich gerade im Prozeß der Planung der Modalitäten dieses Übergangs. Das Zertifikat für den Produktionsschauplatz der Neuen Arbeit beinhaltet strukturierte Improvisation und die Fähigkeit, multiple Produktvarianten innerhalb der gleichen Fabrik herzustellen.

Manche Geschäftszweige tun das schon seit Jahren. Die Automobilindustrie ist beispielsweise in der Lage, mehrere Variationen des gleichen Wagens – Themas – zur gleichen Zeit herzustellen. Beispielsweise rollt erst ein DX vom Fließband, anschließend ein LS, dann ein GT und so weiter. Andere Produkte, von Kuchen bis zu Fertighäusern, lassen sich im Produktionsverlauf speziell auf die Kundenbe-

dürfnisse zuschneidern. Und Unternehmen wie Computer- und Elektronik-
hersteller haben gelernt, ihre Produktionskapazitäten flexibel an immer kürzere
Produktzyklen anzupassen.

Improvisationstalent kultivieren

Natürlich beginnen Flexibilität, Improvisationstalent und Innovation nicht in der
Hardware, sondern in den Menschen innerhalb der Organisation – in ihrem organi-
satorischen Umfeld, ihrem Training, ihrem Geist. Die Kultivierung dieser
Fähigkeiten ist eine der Säulen einer Lernenden Organisation.

Die in Schritt Acht eingeführten Techniken für das Kinästhetische Modellieren,
die ihrerseits wiederum so viele weitere Praktiken und Wahrnehmungen verkör-
pern, sind für das Erforschen des Organisations-Dramas besonders nützlich. Nach
einigem Wiederholen von Übungen wie dem Kinästhetischen Modellieren und
dem Sketch mit Zahlen werden die Beteiligten diese Art der Improvisation so sehr
internalisieren, daß sie die erforderlichen Schritte fast instinktiv machen, wenn
Veränderungen am Arbeitsplatz anstehen.

Tony Steblay leitet in Minneapolis einen Workshop für Organisationen, der
„Techniken für die Bühne Unternehmen" vermittelt. Dieser „Interplay" genannte
Workshop vermittelt Managern Grundtechniken des Schauspielens, die ihnen beim
Ausdruck von Ideen, Plänen und Überzeugungen ihren Stäben gegenüber helfen.
In dem Seminar kommen zahlreiche improvisatorische Aktivitäten zum Einsatz. Die
Teilnehmer lernen, ihren natürlichen Rhythmen zu vertrauen und Sofortentschei-
dungen darüber zu treffen, was als nächstes zu tun ist. Sie lernen auch, ihre Antizi-
pationsfähigkeit zu steigern – eine signifikante, in der heutigen Gesellschaft unent-
behrliche Improvisationsfertigkeit.

Durch das Praktizieren dieser Fertigkeiten beginnen die Workshopteilnehmer,
ihr Vermögen zu erkennen, sich auf unvorhersehbare Ereignisse einzustellen. Mit
dem täglichen Fortschritt in den Sitzungen erleben sie, wie ihr Selbstvertrauen
zunimmt, wenn sie aufgefordert werden, immer herausforderndere Aktivitäten zu
unternehmen.

Die künstlerische Dimension

Auch die Analogie eines Jazz-Ensembles oder einer Jazzband wirft Licht auf die improvisatorischen Erfordernisse heutiger Organisationen. Alle Spieler haben ihre indivduellen Jobprofile (Regeln und Verantwortlichkeiten) und teilen miteinander eine Menge von Richtlinien und Regeln, ohne die es totales und unkontrollierbares Chaos geben würde. Aber auch innerhalb der Struktur hat jeder Spieler und die Gruppe als ganze sehr viel Flexibilität. Sie werden, im organisatorischen Sprachgebrauch, zu einem sich selbst leitenden Team. Wenn alle Spieler sich an die Regeln der Musik halten, die sie spielen, bauen sie eine Beziehung gegenseitigen Vertrauens und gemeinsamer Absicht auf, es folgt ganz natürlich ein magischer Fluß von Energie und Erfolg.

In seinem Buch *The Power Point* listet Michael E. Gerber fünf wesentliche Fertig-keiten auf, die ein modernes Geschäft allen seinen Mitarbeitern einschärfen muß.[1] Es sind Fertigkeiten, die künstlerischer Meisterschaft zugrundeliegen und die auch von einem Management beispielhaft vorgelebt werden, das seinen Part beherrscht und das Allerbeste aller Mitarbeiter nutzt und der Welt ein Denkmal setzt, das dem menschlichen Geist geweiht ist.

Diese Fertigkeiten sind: Konzentration, Unterscheidung, Organisation, Innova-tion und Kommunikation.

Der Künstler muß in der Lage sein, sich auf die Erschaffung eines Kunstwerkes zu konzentrieren, muß alle Ideen und Materialien, die nützlich sein könnten, von jenen unterscheiden, die am meisten beitragen werden, muß diese Materialien dann zu einer bedeutungsvollen Form organisieren und an diesem Punkt etwas in die Mischung einführen, was das Kunstwerk einzigartig und wertvoll in seiner Bedeutung macht. Dann muß die Bedeutung ausgedrückt werden, so daß sich der Wert des Kunstwerkes anderen mitteilt. Ob Sie eine Symphonie komponieren, ein Bild malen, ein Gedicht schreiben, einen Tanz erfinden – oder eine Gruppe von Menschen managen oder ein Fortune-100-Unternehmen leiten –, immer müssen Sie alle fünf Fertigkeiten nutzen.

Bei einem unserer Seminare lauschten wir der aufgezeichneten Analyse des Komponisten-Dirigenten Leonard Bernstein von Beethovens Fünfter Symphonie. Danach listeten wir ungefähr achtzehn unterschiedliche, in der Symphonie enthaltene Ausdrucks- und Kommunikationsqualitäten auf. Dann stellten wir die Frage: Welche dieser Qualitäten hat keinen Bezug zum Problem des Managements? Nach einiger Diskussion wurde klar, daß unsere Liste ein ebenso effektiver Leitfaden für das Management war wie für das Schreiben einer Symphonie.

Die fünf von Gerber genannten Fertigkeiten gelten gleichermaßen für Künstler wie für Manager, und beim Aufbau einer Lernenden Organisation müssen Sie diese Fertigkeiten nutzen. Wer einen Job hat, so Gerber, tut dieser Tage eins von zwei Dingen. Entweder spielt er das Spiel namens *Busineß*, oder er spielt das Spiel des *Sich-Verabschiedens*.

Entscheiden Sie sich dafür, kreativ zu bleiben

Indem wir uns unseres eigenen Alterungsprozesses bewußter werden, verlieren wir den Kontakt zur Bedeutung unserer Arbeit und beginnen uns zu verabschieden, aber wenn wir uns nach innen, dem jüngsten Teil von uns, dem Kind in uns zuwenden, können wir das Spiel des Busineß mit ganzem Herzen spielen. Das Spiel muß von kreativen Menschen gespielt werden, die Anteil aneinander nehmen und denen es Freude macht, miteinander zu spielen. Es muß spontan sein und Spaß machen. Und das Spiel muß jeden mit einbeziehen.

Das Kind in uns wird in diesem Prozeß der zuverlässigste Führer sein. Verbringen Sie einige Zeit mit einem Kind und achten Sie darauf, wieviel Phantasie in drei grundlegende geistige Prozesse fließt: Geschichtenerfinden, das Erforschen der Funktionsweise von Dingen und das Entwickeln von Symbolismus. Manchmal lassen sich diese drei Prozesse in einer einzigen Erzählung verbinden, und die meisten der besten Kindergeschichten tun genau das.

Das Leitdrama der Lernenden Organisation kann das gleiche tun: Es kann eine Auffassung von der Arbeitsweise der Organisation mit den zentralen, diese Arbeit aktualisierenden Leitsymbolen verbinden und alles zusammen zu einer Geschichte verweben, die die Mission des Unternehmens ausdrückt. Das ist ein künstlerischer Prozeß. Egal, wie anspruchsvoll und komplex die Aktivitäten einer Organisation auch sein mögen – die Show wird erst dann wirklich auf dem Weg zum Erfolg sein, wenn alle Teilnehmer sich für dieses grundlegende, zentrale Drama engagieren.

Die Show auf den neuesten Stand bringen

Die Welt von heute verspricht für die absehbare Zukunft keinen Mangel an herausfordernden Problemen. Der durchschnittliche CEO muß mit einem in ständigem Wandel begriffenen Feld von Situationen jonglieren, das erfordert, daß Menschen häufig umziehen, alte Abteilungen geschlossen und neue eröffnet, mittlere Manager eliminiert und sich selbst leitende Teams eingerichtet werden – kurz: daß alle Spieler mit beiden Beinen fest auf dem Boden stehen. Wie der Schauspieler-Veteran im klassischen Schauspieler-Alptraum hat er unter Umständen gelegentlich das Gefühl, nackt vor einem großen Publikum zu stehen und ein Stück aufzuführen, für das er noch kein Skript bekommen hat.

Alle CEOs oder Manager, die sich unterbeschäftigt, unterfordert und unerfüllt fühlen, müssen sich den dramatischen neuen Realitäten der neunziger Jahre zuwenden. Anders ausgedrückt: Sie müssen die Möglichkeit ins Auge fassen, daß sie die Besetzung für eine Show sind, die schon lange nicht mehr aufgeführt wird, und daß alle ihre sorgfältigen Proben für ihre Rollen ihnen jetzt nichts mehr nützen. Sie müssen sich auf das neue Drama vorbereiten, in dem anders gespielt und der Text improvisiert wird.

Nutzen Sie das dramatische Moment

Wir leben in der Tat in dramatischen Zeiten, in einem dramatischen historischen Augenblick für unser Land und die Welt im großen. Ökonomisch, politisch, sozial ist dies eine ungewöhnliche Chance – wie alle Perioden der Krise und des Wandels. Diejenigen, die diese Chance klar erfassen und nutzen und alle in ihrer Umgebung mit einem Gefühl für das Begeisternde in ihrem Bemühen inspirieren können, sind die wahren Führer von heute und morgen.

Der Management-Experte Barry Sheehy glaubt, daß unser Bewußtsein dafür, daß wir uns an einem Wendepunkt in der Geschichte befinden, tatsächlich ein machtvoller Schlüssel für organisatorisches Leadership ist. Denn dieses Bewußtsein stellt eine Möglichkeit dar, die Menschen für ihre Arbeit und die Chancen zu begeistern, die ein Bedürfnis nach Veränderung bietet. „Wenn man sich ein Unternehmen anschaut", erzählte er uns kürzlich, ob groß oder klein, gibt es enorme inhärente, mit dem Unternehmen verknüpfte, Dramatik. Manchmal neigen wir dazu, Unternehmen als seelenlose Maschinen zu sehen, obwohl sie alles andere sind als das, zumindest während sie wachsen und leben. Wenn ich mit Führungskräften zu tun habe, besonders, wenn sie unter starkem Streß stehen oder schwierige Entscheidungen zu treffen haben, versuche ich so weit wie möglich, sie den Akt, an dem sie mitwirken, als Drama sehen zu lassen anstatt als große Plackerei, als begeisterndes Drama, in dem hauptsächlich sie die Schauspieler sind ...

Wenn man Menschen das Gefühl für das Dramatische der Übung einimpfen kann, an der sie mitwirken, macht das die Entscheidungen und die Last leichter. Und offen gesagt, denke ich, es stimmt: Man kann seine Arbeit entweder als Plackerei oder als Drama sehen. Wenn ich hereinkomme und sehe, wie sich eine Organisation mit Problemen herumschlägt, mit dem Weltmarkt ringt und versucht, die Qualität von Produkten und Dienstleistungen zu erhöhen, den Bedürfnissen der Aktionäre und Beschäftigten gerecht zu werden und die Gemeinschaft zu bereichern, dann liegt darin enorme Dramatik![2]

Proben für neue Herausforderungen

Der Aufstieg einer Lernenden Organisation, an sich schon ein großes Drama, ereignet sich in einem dramatischen Augenblick. Dieser Augenblick wird Kühnheit erfordern und unternehmerischen Mut und Phantasie belohnen. Manager, Direktoren und Führungskräfte, die in der Lage sind, dieses Gefühl für das Drama und die Chancen ihrer Zeit zu erschließen, können es als machtvolle Quelle der Energie, Inspiration und Sinngebung für die ganze Organisation nutzen.

Das bedeutet, daß Sie bereit sein müssen, alles umzusetzen, was Ihrer Meinung nach wertvoll ist. Sie müssen es so lange proben, bis Sie es zum Leben erwecken, bis es so sehr Teil von Ihnen ist, daß Sie sich nicht vorstellen können, es nicht zu kennen. Sie müssen also Teil eines neuen Dramas werden, in dem alle Rollen mit vollem Einsatz gespielt werden, in dem jeder den weiteren Lauf der Handlung kennt und bereitwillig fördert und in dem das Stück ein sicherer Superhit wird.

Dieses neue Drama, das wir erschaffen, müssen wir auf der Weltbühne spielen. Wir müssen lernen, unsere gesamte Zivilisation dabei zu berücksichtigen, indem wir die Implikationen aller unserer Handlungen in Betracht ziehen. Wir können enorme Ressourcen für uns schaffen, indem wir die vollen, aufs schönste in kooperierenden Systemen koordinierten Intelligenzen sämtlicher Mitglieder des organisatorischen Teams nutzen. Zur Befriedigung der Bedürfnisse aller haben wir jetzt die Chance, die Aktivität der Organisation nicht nur um ein Vielfaches effektiver, son-

dern auch von einem nicht-materiellen Standpunkt aus weit lohnender zu machen
als je zuvor.

Eine neue Art der Erfüllung

Wenn wir unsere Arbeit gut gemacht haben, wird die Organisation der Zukunft Mitarbeiter anziehen, da sie der befriedigendste Arbeitsplatz ist, den man sich vorstellen kann. Mit diesem großen Ziel vor Augen können wir die Vision einer Wirtschaft
und Gesellschaft erkennen, in der die Arbeit, der die Menschen ihr Leben widmen,
die beste Art der Erfüllung ist, die sie sich nur wünschen können.

In der Welt, die wir erschaffen, werden steigende Gewinne das wachsende En-
gagement der Einzelnen und die damit einhergehende wachsende „Weisheit" der
Organisation widerspiegeln. Solche Organisationen, die sich höchster Dienstlei-
stungs- und Produktionsqualität verschrieben haben, werden von allen respektiert.
Die Beschäftigten haben allen Grund, stolz auf ihre Organisation zu sein. In dieser
Welt werden die Spannungen zwischen Management und Gewerkschaften sowie
zwischen öffentlichem und privatem Sektor einem Gefühl der aktiven Kooperation
Platz machen, das die vitalsten Bedürfnisse des Gemeinwohls erfüllt und die wahre
Bedeutung dieses Begriffes im Grunde zum ersten Mal in seinem ganzen Umfang
deutlich macht.

Anmerkungen

Einleitung

1   Mary Jane Gill und David Meier: „Accelerated Learning Takes Off", in: *Training and Development Journal*, Januar 1989, S. 63-65.

2   Peter Senge: *Die fünfte Disziplin* (Stuttgart: Klett-Cotta 1996).

3   John Naisbitt: *Megatrends* (New York: Warner Books, 1982).

4   Peter Klines Buch *Das alltägliche Genie – oder: Wie man sich in das Lernen (neu) verlieben kann* (Junfermann Verlag, Paderborn 1995) ist ein Buch über die Theorie und Praxis Integrativen Lernens für den Laien. Es enthält zahlreiche Beispielaktivitäten für den schulischen und familiären Bereich. Das Buch von Peter Kline und Laurence Martel *School Success – erfolgreich durch die Schule* (Junfermann Verlag, Paderborn, in Vorbereitung) präsentiert viele dieser Ideen in einem autodidaktischen Arbeitsbuchformat.

5   Chuck Laughlin und Karen Sage, mit Marc Bockmon: *Samurai Selling: The Ancient Art of Modern Service* (New York: St. Martin's, 1993).

6   Alfie Kohn: *No Contest: The Case Against Competition* (Boston: Houghton Mifflin, 1986).

Schritt Eins: Beurteilen Sie Ihre Lernkultur

1   Robert N. Kharasch: *The Institutional Imperative* (New York: Charterhouse Books, 1973).

2   Philip B. Crosby: *Quality is Free* (New York: McGraw Hill, 1979), S. 52.

3   *Quality is Free*, S. 50.

4   Nancy M. Dixon: „Organizational Learning: A Review of the Literature with Implications for HRD Professionals", in: *Human Resource Development Quarterly*, Vol. 3, No. 1, Frühjahr 1992, S. 31-32.

5   Therese Walter: „A Winning Team Begins with You", in: *Industry Week*, 6. Mai 1991, S. 35-38.

6   Es gibt eine Vielzahl verfügbarer Assessment-Hilfsmittel und Gruppenreaktions-Technologien. Eine Computertechnologie namens *The OptionFinder* kann diesen Prozeß beschleunigen. Debra Bennett-Leet von Mapping Strategies in Minneapolis führt als Vorteil des OptionFinders das sofortige visuelle Feedback und die Klarheit beim Sortieren der Gründe für die Reaktionen von Menschen an. Eine Reihe von Beratern bieten auch Assessment-Technologien für größere Unternehmen an.

Schritt Zwei: Fördern Sie das Positive

1   John Hillkirk und Gary Jacobson: *Grits, Gruts and Genius* (Boston: Houghton Mifflin, 1990), S. 101-103.

2   In seinem Buch *Care for the Soul* (New York: Harper Collins, 1992) argumentiert der Pychotherapeut Thomas Moore einleuchtend, daß wir uns selbst mit ausreichend Respekt behandeln müssen, um auf unsere inneren Aufforderungen zu hören und zu lernen, was uns unsere Erfahrung wirklich lehrt. Tägliche Sorgfalt beim Beobachten der kreativsten Impulse in uns kann dafür sorgen, daß wir auf der Schnellstraße zum Erfolg nicht aus dem Blick verlieren, was wichtig ist.

3   Patricia M. Carrigan: „Up From the Ashes", in: *O.D. Practitioner*, Vol. 18. No. 1, März 1986, S. 2-3.

Schritt Drei: Ermöglichen Sie sicheres Denken am Arbeitsplatz

1   Linda Honold: „Manager As Coach" (Präsentation), Sheboygan, WI: Empowerment Systems, Oktober 1991.

2   Tracy Kidder: *The Soul of a New Machine* (Boston: Little Brown, 1981).

3   Peter Senge: *Die fünfte Disziplin* (Stuttgart: Klett-Cotta 1996).

Schritt Vier: Belohnen Sie das Eingehen von Risiken

1   Zitiert in *Scientific American*, November 1992, S. 138.

2   Robert Kanigel: *Apprentice to Genius: The Making of A Scientific Dynasty* (New York: Macmillian, 1986; Baltimore: The Johns Hopkins University Press, 1993), S. 234.

3   *Apprentice to Genius*, S. 234.

4   *Apprentice to Genius*, S. 235.

5   *Apprentice to Genius*, S. 60.

6   Das Thema des Vertrauens in die eigenen Fähigkeiten und Potentiale wird ausführlicher in dem Buch *Das alltägliche Genie* von Peter Kline erforscht. Das Buch erklärt eine Sicht erweiterten menschlichen Potentials.

Schritt Fünf: Helfen Sie den Menschen, Ressourcen füreinander zu werden

1   Fred Rogers, zitiert in *The South Bend Tribune*, 23. Januar 1993.

2   Tom Peters, „On Excellence" in: *Minneapolis Star Tribune,* Marketplace, 27. Oktober 1992, S. 2.

3   Tom Peters: *Liberation Management* (New York: Knopf, 1992), S. 601.

4   M. Mitchell Waldrop: *Complexity* (New York: Simon and Schuster, 1992), S. 312.

5   Multiple-Intelligenzen-Checkliste von Bernhard Saunders und Kaia Svien, abgeleitet aus den Arbeiten von Howard Gardner (*Frames of Mind: The Theory of Multiple Intelligences*, New York: Basic Books, 1984) und Thomas Armstrong (*In Their Own Way*, Los Angeles: Tarcher, 1987).

Schritt Sechs: Machen Sie sich mit Lernpower an die Arbeit

1   John Horgan: „Eugenics Revisited", in: *Scientific American*, Juni 1993.

2   Calhoun W. Wick und Lu Stanton Leon: The Learning Edge (New York: McGraw-Hill, 1992), S. 158-159.

3   Zitiert in *The New York Times* vom 8. Februar 1989, von Edward B. Fiske.

4   „How Much Good Will Training Do?" in: *Business Week* vom 22. Februar 1993, S. 76-77.

5   *The Learning Edge*, S. 29-31.

6   David Kearns interviewt in: *Training and Development Journal*, Mai 1990, S. 42.

7   Vollständiger diskutiert in *Das alltägliche Genie*, das ein vollständiges Bild der Theorie und Praxis Integrativen Lernens gibt.

8   Avice Saint: *Continuous Learning Within Japanese Organizations*, Continuous Learning Center, Far West Laboratory, San Francisco, CA, 1982, S. 174.

9   Zitiert von Janet Stites in: „Running the Numbers: The Ruminations of John Allen Paulos", in: *Omni Magazine*, April 1993, S. 35-36.

10 Wenn Sie weitere Informationen über Schulungen in Integrativem Lernen wünschen, wenden Sie sich bitte an den Herausgeber oder rufen Sie an: USA 001-800-634-0055.

11 Mary Jane Gill und David Meier: „Accelerated Learning Takes Off", in: *Training and Development Journal*, Januar 1989, S. 63-65.

Schritt Sieben: Geben Sie Ihrer Vision gute Karten

1 Allan Cox: „Scrap Consensus, Try Diversity", in: *The New York Times*, 7. April 1991, Section 3, S. 11.

2 Jerry Harvey: *The Abilene Paradox* (Lexington, MA: Lexington Books, 1988).

3 Leslie Hart: *Human Brain and Human Learning* (New York: Longman, 1983).

4 Ralph M. Haber: „How We Remember What We See", in: *Scientific American*, Mai 1970, S. 105.

5 Peter Russell: *The Brain Book* (New York: E.P. Dutton, 1979). Er zitiert Alan Baddeley: *The Psychology of Memory* (New York: Harper and Row, 1976, S. 225) und Gordon Bower: „Mental Imagery and Associate Learning" in: *Cognition, Learning and Memory*, Hrsg. von L. W. Gregg (New York: John Wiley, 1972, S. 76).

6 Informationen zur Verfügung gestellt von Harry Hoff, Susan Lindgren School, St. Louis Park, MN.

Schritt Acht: Erwecken Sie die Vision zum Leben

1 James Gleick: Genius: *The Life and Science of Richard Feynman* (New York, Pantheon, 1992), S. 224.

Schritt Neun: Verbinden Sie die Systeme

1 Karen Bemowski: „Quality, American Style", in: *Quality Progress*, Februar 1993, S. 65-68.

Schritt Zehn: "Get the Show on the Road"

1 Michael E. Gerber: *The Power Point* (New York: Harper Business, 1991), S. 17-23.

2 Barry Sheehy, persönliche Gespräch.

Die sieben Intelligen- zen

1995, 414 Seiten. kart.
DM 44,-
ISBN 3-87387-132-7

In jedem von uns steckt ein Genie. Das *Integrative Lernen*, das Peter Kline in seinem Buch „Das alltägliche Genie" vorstellt, ermöglicht es, dieses Genie mit Spaß und Vergnügen am Lernen und Lehren aus seinem Dornröschenschlaf zu wecken und zu voller Entfaltung zu bringen.

Aufbauend auf den Erkenntnissen der Hirnforschung entwirft Peter Kline ein komplexes Modell unseres Denkorganes und untersucht, welche Lernblockaden uns schon in der Kindheit von Eltern und Lehrern eingeimpft werden - und wie wir sie aus dem Weg räumen können. Er entwirft ein Lernen, das alle Sinne anspricht und selbst unzufriedene Schüler, notorische „Quengler" oder sogenannte „Lernbehinderte" zu begeisterten Schulgängern macht. Das innovative Lernmodell von Lozanov und ausgefeilte Techniken des Neurolinguistischen Programmierens (NLP) schweißt Kline, der jahrelang selbst unterrichtete, mit seiner Lehr- und Lebenserfahrung zu einem unwiderstehlichen Paket geballter Motivation und Lebensfreude zusammen. Nichts könnte besser für das Integrative Lernen sprechen, als seine Erfolge in den USA.

Dies alles ist kein Kurs für Trockenschwimmer - Kline ist Praktiker und verfügt über die Fähigkeit, seine Erfahrungen und Ideen praxisnah zu vermitteln. So quillt „Das alltägliche Genie" über vor praktischen Übungen, Anregungen und Spielen.

Peter Kline zählt weit über die USA hinaus zu den innovativsten Lernforschern und -praktikern. Seit Jahren arbeitet er mit NLP sowie dem Mind Mapping, was sich auch im vorliegenden Buch in überzeugender Weise zeigt.

JUNFERMANN VERLAG • Postfach 1840
33048 Paderborn • Telefon 0 52 51/3 40 34

Die Sprache des Monarchen

300 S., Querformat, geb.
DM 58,–
ISBN 3-87387-184-X

Dudley Lynch und Paul Kordis ist nach den *DelphinStrategien* eine weitere geniale Handlungsanleitung gelungen, indem sie zum einen - auf den Forschungsarbeiten von Dr. Clare Graves aufbauend - die Hintergründe und Methoden erweiterten und vertieften, und zum anderen damit zeigen, daß wir nicht nur ein mentales System in der Gegenwart finden, sondern daß in verschiedenen RaumZeiten evolvierte neuroimmunologische Systeme gleichzeitig am Werk sind. Sie formulieren die Bedingungen, in denen sich der Wandel vollziehen wird, und mit dem *Schlüssel zur Globalisie-* *rung* stellen sie ein Handwerkszeug zur Verfügung, das zeigt, wie Wandel und Innovation in den Wirtschaftseinheiten kultureller Systeme (Unternehmen und Volkswirtschaften) zu erreichen sind. Ihre These lautet, daß die Menschheit nachhaltiges Wachstum erreichen kann, wenn sie sich vom Überfluß zur Fülle wendet. Der Schlüssel zur Fülle liegt im Geist des Menschen, dessen Fähigkeiten sich aus den im Universum liegenden Zielen ableiten, und aus der Art, wie der Mensch diese geistigen Fähigkeiten zur Gestaltung der Welt einsetzt.

Dieses neue Buch der *DelphinStrategien*-Autoren ist ein Buch für das 21. Jahrhundert: Die elegante Fortschreibung für alle Delphine im Teich...

„...das treffende Anforderungsprofil für Führungskräfte der Zukunft: erfolgsorientiert, lernfähig, mutig, realistisch.“

- Management & Seminar

JUNFERMANN VERLAG • **Postfach 1840**
33048 Paderborn • **Telefon 0 52 51/3 40 34**